Wilhelm Blendinger · Psychologie und Verhaltensweisen des Pferdes

Psychologie und Verhaltensweisen des Pferdes

Wilhelm Blendinger

mit Vergleichen aus der Psychologie anderer Tiere und des Menschen

Fünfte, durchgesehene Auflage 1988 · 68 Abbildungen

Verlag Paul Parey · Berlin und Hamburg

CIP-Kurztitelaufnahme der Deutschen Bibliothek

Blendinger, Wilhelm:
Psychologie und Verhaltensweisen des Pferdes :
mit Vergleichen aus d. Psychologie anderer
Tiere u. d. Menschen / Wilhelm Blendinger. –
5., durchges. Aufl. – Berlin ; Hamburg :
Parey, 1987.
  ISBN 3-489-51832-2

Die ersten drei Auflagen erschienen im
Erich Hoffmann Verlag, Heidenheim/Brenz

Einband: Christian Honig BDG/BDB, Neuwied/
Rhein, unter Verwendung eines Fotos von
Elisabeth Weiland, Zollikon/Schweiz

© 1988 Verlag Paul Parey, Berlin und Hamburg
Anschriften: Lindenstr. 44–47, D-1000 Berlin 61,
Spitalerstr. 12, D-2000 Hamburg 1

Gesetzt aus der Korpus Sabon-Antiqua
Satz und Druck: Saladruck, D-1000 Berlin 36
Bindung: Buchbinderei Bruno Helm, D-1000 Berlin 30

ISBN 3-489-51832-2 · Printed in Germany

O ewiger Beweger
alles Bewegten!

Leonardo da Vinci

Vorwort zur fünften Auflage

Der Tod unseres Autors Wilhelm Blendinger, der am 25. Oktober 1980 bei einer Reitjagd verunglückte, stellte den Verlag bei der Herausgabe der fünften Auflage des Buches »Psychologie und Verhaltensweisen des Pferdes« vor die Aufgabe, das Lebenswerk dieses unvergleichlichen Pferde- und Menschenkenners nicht nur zu erhalten, sondern auch belebend fortzusetzen. Der Text wurde daher kritisch durchgesehen und in den Passagen bearbeitet, die neuen Erkenntnissen nicht mehr standhielten. Im ganzen jedoch ist die Neuauflage nach wie vor der »Blendinger«, das Werk, das weiteste Verbreitung und Anerkennung gefunden hat.

Verlag Paul Parey

Auszug aus den Vorworten zur ersten bis vierten Auflage

»Psychologie ist die umfassendste aller Wissenschaften« (Rohracher), denn sie faßt Natur- und Geisteswissenschaft zusammen. Daraus ergibt sich die Notwendigkeit, will man den Überblick über dieses gewaltige Gebiet nicht verlieren, eine planmäßige Gliederung einzuhalten. Sie wurde nach einem bisher noch nicht üblichen System vorgenommen, das inzwischen guten Anklang gefunden hat.

Zum besseren Verständnis wurde wiederholt die vergleichende Betrachtungsweise herangezogen. Ihr liegt die Selbstbeobachtung zugrunde, die nach Ansicht der meisten namhaften Psychologen unentbehrlich ist für das Verständnis anderer Menschen. Sie ist es auch für das der höheren Tiere. »Auf die Hauptmethode der Psychologie, die Selbstbeobachtung, kann in der Tierpsychologie nicht verzichtet werden. Manche Fragen sind nur am Menschen mit Erfolg zu studieren« (v. Maday). Es ist beispielsweise unmöglich, die Rechts- und Linkshändigkeit des Pferdes zu verstehen, wenn man nicht von menschlichen Verhältnissen ausgeht, die Selbstbeobachtung zugrunde legt und die am Menschen gewonnenen Forschungsergebnisse heranzieht. Keineswegs soll jedoch damit eine unzulässige Vermenschlichung des Tieres verbunden werden, wie man sie nicht selten und gar oft zum Schaden der Tiere antrifft. Freilich wird auch vom Tier her manches Menschliche oder Allzumenschliche verständlich. Schließlich stammt eben der Mensch vom Tier, nicht aber das Tier vom Menschen ab.

Gefährlich wird dieses Vorgehen freilich dann, wenn womöglich schon die Ausgangsposition, das eigene Bild der Selbstbeobachtung, schief oder gar falsch ist. Wenn man davon ausgeht, daß dem ursprünglichen menschlichen Grundcharakter friedliches Wesen eigentümlich ist, wird man die Psyche des Pferdes anders einschätzen, als wenn man den Menschen als ein von Natur aus aggressives Raubtier betrachtet. Diese Andeutungen mögen zeigen, wie eng psychologische Untersuchungen des Pferdes mit anthropologischen Aspekten verkettet sind.

Neben v. Maday wird insbesondere R. Sommer mehrfach zitiert. Er war, Professor für Psychiatrie, ein Schüler des berühmten Mediziners, Psychologen und Philosophen W. Wundt, des Begründers der experimentellen Psychologie. Als Autor ist er in grundlegenden Arbeiten über experimentelle Psychologie und über Psychiatrie hervorgetreten. Er war ein unerbittlicher Gegner jeder mechanistischen Auffassung vom Leben und vom Seelischen, ein Standpunkt, der auch in der vorliegenden Arbeit vertreten wird. Kaum ein anderer hat so entschieden die verhängnisvollen Lehren des Cartesianischen Materialismus angeprangert und widerlegt wie er, leider mit wenig nachhaltigem Erfolg.

Im Interesse seiner eigenen Spezialdisziplin als Psychiater, betrieb er auch Tierpsychologie, in der er sich besonders eingehend mit dem Pferd beschäftigt hat. Zahlreiche Vergleiche zwischen menschlichen und tierischen Verhaltensweisen wurden von ihm aufgezeigt. Auch er vertritt den Standpunkt, daß man Tierpsychologie nur im Vergleich mit der Humanpsychologie betreiben könne.

Mit der Übernahme des vorliegenden Werkes aus dem Verlag E. Hoffmann in den Verlag Paul Parey findet eine alte Tradition ihre Fortsetzung. Sie hatte begonnen, als 1911 (!) das Buch des Mediziners, Physiologen und Kavallerieoffiziers v. Maday »Psychologie des Pferdes und der Dressur« im Verlag Paul Parey erschienen war.

Wilhelm Blendinger

Inhaltsverzeichnis

Einleitung

Psychologische Kenntnisse sind für jeden, der mit Pferden zu tun hat, heute mehr denn je von Bedeutung. Zunächst einmal deshalb, weil uns zivilisierten, oft einseitig intellektuell eingestellten Menschen der Gegenwart weitgehend das natürliche Gefühl für den Umgang mit dem Tier verlorengegangen ist, ein Gefühl, das für den Menschen früherer Zeit vermutlich selbstverständlich war.

Dies zeigt sich schon in den eiszeitlichen Malereien, die das Tier als beherrschendes Thema, das Pferd als eines der beliebtesten Objekte darstellten. Zum psychischen Kontakt zwischen Mensch und Tier bedurfte es also nicht erst der Domestikation. Wahrscheinlich war der eiszeitliche Jäger sogar mehr als der Tierzüchter späterer Zeit darauf angewiesen, sich über die seelischen Vorgänge im Tier, über sein Verhalten, ein Urteil zu bilden, sich in das Tier einzufühlen. Nur so war es möglich, daß sich jene Menschen der Vorzeit mit ihren primitiven Waffen und Hilfsmitteln zu Herren auch der größten und gefährlichsten Tiere aufschwingen konnten.

Es gibt jedoch auch berechtigte Gründe, annehmen zu dürfen, daß das psychologische Interesse des Eiszeitmenschen über die reine Zweckbindung hinausging, daß jener Frühmensch ein gewisses Gefühl der Achtung, ja der Ehrfurcht oder gar der Zugehörigkeit zu dem gleich ihm lebenden Wesen empfand. Dies würde bedeuten, daß die Höhlenmalereien mehr waren als nur ein Jagdzauber. Manchem jagdlichen Brauchtum der Gegenwart liegt eine ähnliche ethische Haltung zugrunde.

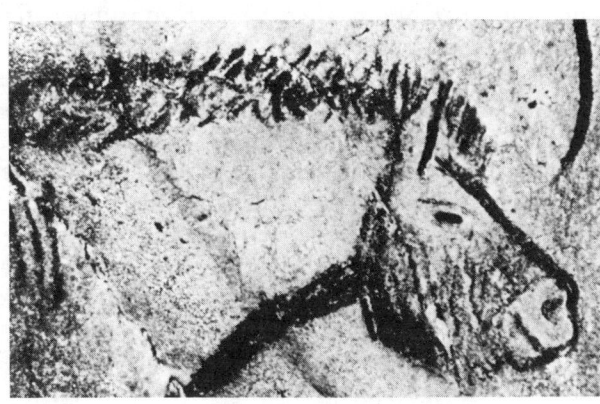

Abb. 1: Eiszeitliche Pferdedarstellung — Niaux bei Tarascon-en-Ariège — 30 000 bis 20 000 v. Chr.

Wenn der Jäger dem erlegten Hirsch einen Bruch, den letzten Bissen, in den Äser legt, wenn er beim Verblasen der Strecke mit gezogenem Hut schweigend davor steht, dann bringt auch das die Achtung zum Ausdruck, die man vor den Geschöpfen aus der Tierwelt empfindet.

Von der Achtung der Frühmenschen vor dem Tier zeugen auch die vielfach aufgefundenen Bestattungen der Häupter von Höhlenbären. Dabei ist es gleichgültig, ob man annehmen will, daß es sich um Jagdbeuten oder um gezähmte Haus-Tiere gehandelt hat.

Für den Menschen der Gegenwart ist die Vorstellung von der psychischen Haltung des vorzeitlichen Menschen nicht ohne Bedeutung. Manche betrachten wohl nicht zu Unrecht seine archetypischen Verhaltensweisen als Schlüssel für das Verständnis der gegenwärtigen Menschheit. Die Auffassung, das ursprüngliche Verhalten des Menschen als natürlich und bis heute fortwirkend anzusehen, ist gewiß in vieler Beziehung wertvoll und aufschlußreich. Nur kann es verhängnisvoll sein, wenn man dabei einer irrigen Vorstellung erliegt. Manches spricht dafür, daß man bisher vielfach einem falschen Bild über unsere Ahnen zum Opfer gefallen ist. Da werden jene Frühmenschen gern als zähnefletschende, blutrünstige, kannibalische Ungeheuer, in zügellosen Horden lebend, dargestellt, die nichts Besseres zu tun hatten, als nicht nur Tiere, sondern auch ihresgleichen totzuschlagen und aufzufressen.

In Wirklichkeit scheint es sich um empfindsame Wesen gehandelt zu haben. Dafür spricht nicht nur die auffallende künstlerische Veranlagung mit offenbar ausgeprägtem Sinn für Farbe, Form und Schönheit, wie sie sich in den erstaunlichen Wandmalereien offenbart. »Daß der Neandertaler ein überaus empfindsamer und nachdenklicher Mensch gewesen sein muß, geht im Gegensatz zu manchen früheren Spekulationen auch aus neuen Fundergebnissen einwandfrei hervor: In der Höhle von Shanidar im nördlichen Irak wurde unter anderem vor mehreren Jahren eine Kinderbestattung gefunden, die ungefähr 60 000 Jahre alt ist. Das Skelett des etwa neun Monate alten Säuglings lag in Hockstellung auf einer bräunlichen Schicht von unbekannter Konsistenz. Die Pollenuntersuchung in einem Pariser Laboratorium ergab, daß sie aus verschiedenartigen, aber ausschließlich blauen Wiesenblumen bestanden hat. Neandertaler Menschen haben hier einen Säugling auf blauen Blumen bestattet« (G. Kleemann). Demnach ist es wohl falsch, sich unsere Ahnen als ungeschlachte Gesellen vorzustellen, als Idealtypen aggressiver Kraftmenschen, heute, in einer Zeit, in der so oft Stärke mit Roheit, Gefühl mit Schwäche verwechselt wird.

Die Geschichte zeigt, daß der Umgang mit dem Pferd gesittetes Wesen verlangt, wenn eine schöpferische, kulturelle Leistung entspringen soll. In der Folge wird nicht zuletzt deutlich gemacht, daß das Pferd eine Art von Naturrecht für gesittete Behandlung in Anspruch nehmen darf. Die Überzeugung, daß dies einer naturgemäßen menschlichen

Abb. 2: Steinzeitliche Bestattung des Hauptes eines Höhlenbären. Naturwissenschaftliches Museum Nürnberg

Haltung entspricht, mag dazu beitragen, diese Forderung um so eher zu erfüllen.

Im Gegensatz zum intuitiven Einfühlungsvermögen jener naturverbundenen Menschen der Vorzeit sind wir heute Lebenden gezwungen, auf Grund unseres naturfernen Lebens in einer verstädterten Umwelt und unserer überwiegend rationalen Denkweise die systematischen, wissenschaftlichen Methoden der Naturforschung zu Hilfe zu nehmen, wenn wir in die Psyche des Tieres eindringen wollen. Sie bestehen in den drei klassischen Arbeitsweisen der Naturwissenschaften, nämlich in der logischen Analyse, in der statistischen Beobachtung und im prüfenden Experiment.

Psychologische Kenntnisse im Umgang mit dem Pferd benötigen wir aber auch wegen des unmittelbaren Nutzens. »Zur körperlichen Ausbildung des Reitpferdes, zu seiner gymnastischen Formung, muß sich die psychologische Behandlung gesellen. Wir müssen bei der Ausbildung des Pferdes für jede Art Verwendung seinen Verstand zu Hilfe nehmen, auf das Pferd geistig eingehen, es nicht einfach als völlig seelenloses Objekt unserer Willkür betrachten. Bei der Beobachtung und Berücksichtigung der Psyche des Pferdes werden wir in viel kürzerer Zeit als bisher mit der Ausbildung fertig werden. Durch die Kenntnisse der Pferdepsyche kommt man erst zum vollen Genuß und zur reinen Freude am Pferd« (G. Rau). »Richtiges Verständnis für die seelischen Eigenschaften und Äußerungen des Pferdes und darauf beruhend zweckentsprechende Einwirkung auf diese ist unerläßlich, und zwar um so unerläßlicher, je weiter wir in der Ausbildung fortschreiten. Richtige Beurteilung des

Temperamentes und klares Durchschauen des Charakters eines Pferdes sind für den Erfolg ebenso unentbehrlich wie richtige Beurteilung seiner körperlichen Eigenschaften« (Steinbrecht).

Die Vermutung liegt nahe, daß noch in der jüngsten Vergangenheit mehr Psychologie bei der Ausbildung und im Gebrauch der Pferde angewandt wurde als jetzt. Heutzutage sind wir infolge unseres technischen Zeitalters zwangsläufig einer derartig mechanischen Denkweise verhaftet, daß sie uns selbst kaum mehr zum Bewußtsein kommt. Jeder Reiter bewegt sich weitaus mehr und längere Zeit im Kraftfahrzeug vorwärts als mit dem Pferd. Unwillkürlich ergibt sich daraus die Gefahr, das im Auto Gewohnte auf das Tier zu übertragen, den Sporn als Gashebel, den Zaum als Handbremse, die Zügel als Steuerrad zu betrachten.

Schließlich ist eine Psychologie des Pferdes auch wichtig aus Gründen des Tierschutzes. Alle echten Pferdefreunde und Pferdeliebhaber sind am Wohlergehen ihrer Schützlinge interessiert. Man weiß aber auch, daß da und dort ein zwar wohlgemeinter Tierschutz aus Mangel an genügender Sachkenntnis, insbesondere aus Mangel an psychologischen Voraussetzungen, danebengreift und sogar gelegentlich trotz guten Willens dem Pferd mehr Schaden als Nutzen zufügt. Die Grundlage des Tierschutzes ist zwar ein Gefühl, nämlich das des Mitleids, das aber nicht zur Emotion ausarten darf. Es soll vielmehr in rationalen Überlegungen, in sachlichen und wissenschaftlichen Erkenntnissen fundiert sein und nicht etwa lediglich sentimentalen oder gar leidenschaftlichen Motiven ausgeliefert werden.

Allgemeine Grundlagen
der Psychologie

Was ist Psychologie?

Psychologie ist die Wissenschaft von der Beseeltheit. Was aber ist das
Beseelende? Es ist jedenfalls etwas, das der unbelebten Materie nicht,
einem toten Körper nicht mehr zu eigen ist. Demnach ist es zunächst
gleichbedeutend mit Leben. »Das Wesen der Seele ist die Belebung. Sie
kommt deshalb auch jedem Lebewesen ohne Ausnahme zu« (A. Bier).
Die wörtliche Übersetzung des griechischen Wortes Psyche lautet Seele
oder Lebenskraft in dem Sinn, in dem Aristoteles es schon gebraucht
hat. Deshalb ist es berechtigt, auch von der Beseeltheit des Tieres zu
sprechen.

Wenn die älteste Wortbedeutung des Begriffes Seele die der Belebung
ist, wenn Belebung im weitest gefaßten Sinn dasselbe ist wie Seele, dann
kommt man an der Frage nach dem Wesen des Lebens bei der Behandlung allgemeiner Grundlagen der Psychologie nicht vorbei. Sie ist eng
mit dem Problem der Entstehung des Lebens verbunden. Bis heute
ungelöst, hat es die Welt der biologischen Naturwissenschaften in zwei
Lager gespalten, nämlich in das der sogenannten Mechanisten und in
das der Vitalisten.

Die *Mechanisten* vertreten die Anschauung, daß sich das Belebte
lediglich durch einen besonderen chemischen Aggregatzustand der
Materie, nicht grundsätzlich, sondern nur quantitativ vom Unbelebten
unterscheide. Sie vertreten ferner die Auffassung, daß das Belebte aufgrund einer zwangsläufigen Entwicklung aus der unbelebten Materie
hervorgehe. Sie schließen daraus ferner, daß es Zwischenformen zwischen belebt und unbelebt geben müsse. Manche von ihnen meinen
schließlich, daß auch heute noch und fortwährend Leben aus Unbelebtem entstehe.

Die *Vitalisten* hingegen nehmen an, daß sich das Belebte vom Unbelebten durch den Besitz einer sogenannten Lebenskraft unterscheide.
Der Begriff der Lebenskraft, als Psyche, Anima, Seele bezeichnet, unter-
lag im Laufe der Geschichte vielfältigen Vorstellungen. Früher hielten
manche die Seele für eine besondere, der belebten Materie innewoh-
nende stoffliche Substanz. Die Mehrzahl jedoch betrachtete sie seit jeher
als etwas Unstoffliches. Aus dem Prinzip der Unstofflichkeit entwickelte

sich zwangsläufig das der Unvergänglichkeit. Wohl die meisten Vitalisten neigen dazu, die Entstehung des Lebens nicht einer aus sich selbst heraus sich entwickelnden chemischen Veränderung, sondern einer von außen auf die Materie zugekommenen Einwirkung zuzuschreiben.

Keine der beiden Richtungen vermochte bisher ihre Ansichten durch zwingende Argumente zu beweisen. Es ist auch nicht anzunehmen, daß ein schlüssiger Beweis jemals gelingen wird. Für exakte Messungen oder Experimente übliche Methoden werden dort versagen, wo es sich um Kräfte handelt, die nicht mit Meßwerkzeugen erfaßbar sind.

Das bedeutet nicht, daß man deshalb ihre Existenz abstreiten müßte. Niemand wird zu behaupten wagen, man dürfe die *Schwerkraft* als eine reale Wirklichkeit anerkennen, weil niemand weiß, welche Art von Kraft ihr zugrunde liegt. Tatsächlich sind ja über die Auswirkungen der Gravitation viele Gesetzmäßigkeiten bekannt. Schließlich spürt jeder Mensch nichts anderes so genau und unablässig wie die Schwerkraft. Zwar kennt man seit jüngster Zeit Gravitationswellen, ohne jedoch damit irgendwelche Aussagen über ihre Natur machen zu können. Es ist völlig unbekannt, welcher Art die Kräfte sind, die zwischen allen im Weltall befindlichen Körpern ständig aufeinander einwirken, welche die Massenanziehung zwischen einem Millionen Lichtjahre entfernten Spiralnebel, unserer Sonne, den Planeten und jedem einzelnen irdischen Lebewesen bedingen. Obgleich also niemand weiß, was die Schwerkraft eigentlich ist, würde niemand daran denken, sie abzustreiten. Nicht weniger falsch wäre es, eine Lebenskraft nur deshalb zu leugnen, weil sie sich dem menschlichen Erkenntnisvermögen entzieht. Um sie abzustreiten, müßte man sie widerlegen. Das aber ist noch schwieriger, als sie zu beweisen.

Immerhin haben Untersuchungen neuerer Zeit einen kleinen Schritt auf dem Weg weitergeführt, in die Grundprinzipien des Lebens einzudringen. So führten biochemisch-physikalische Beobachtungen zu der Erkenntnis, daß mit großer Wahrscheinlichkeit das Wesen des Lebens auf eine Wechselwirkung bestimmter Art zwischen chemischen Reaktionen und physikalischen Prozessen, auf einen elektrisch-chemischen *Rückkopplungsvorgang* in Eiweißkörpern, zurückzuführen ist. Der bekannte Millersche Versuch hat dafür Hinweise gegeben. Miller füllte einen Glaskolben mit Gasen, die etwa der Erdatmosphäre entsprachen, die vermutlich vor einigen Milliarden Jahren herrschte, als sich erstes Leben bildete. Dann ließ er im Glaskolben elektrische Entladungen ablaufen und auf die Gase einwirken. Dabei bildeten sich eiweißartige Substanzen, die sich auf dem Boden des Gefäßes ansammelten. Ähnlich kann man sich die Entstehung der Vorstufen des Lebens in der von elektrischen Entladungen erfüllten, brodelnden Uratmosphäre der Erde vorstellen. In Zeiträumen von Jahrmillionen mögen auf diese Weise große Mengen aminosäureartiger Stoffe entstanden sein.

Dann aber kam es in einer ganz bestimmten Sekunde der Weltzeit zu einem einmaligen Ereignis. Es wurde ein einzelnes Molekül jener Substanz durch einen elektrischen Funken so getroffen, daß es zu einer eigengesetzlichen inneren Bewegung gebracht wurde. Diese innere Bewegung war verbunden mit einer chemischen Reaktion, die elektrische Aktionsströme erzeugte, welche ihrerseits wiederum die chemische Reaktion in gegenseitiger Wechselwirkung in Gang hielten. Mit Hilfe der Sonnenenergie und aus umgebendem Substrat wurde dann der notwendige Kraftbedarf gedeckt, neues Material angelagert und der Körper vermehrt. Das Leben begann zu »pulsieren«.

Aus dem Millerschen Versuch geht hervor, daß das Leben vielleicht aus Zufall, nicht aber aus einer notwendigen, spontanen Evolution chemischer Substanzen aus sich selbst heraus entstanden ist. Seine »Erschaffung« ist vielmehr dem Zusammentreffen zahlreicher, merkwürdiger Faktoren und einer *von außen* auf die Materie erfolgten Einwirkung zu verdanken.

Tatsächlich scheinen in allen lebenden Körpern und Organen, soweit unsere technischen Hilfsmittel den Nachweis erlauben, die sogenannten Aktionsströme abzulaufen. Tot ist demnach ein Körper dann, wenn er nicht mehr in der Lage ist, den Wechselkreis zwischen Aktionsströmen und chemischen Reaktionen aufrechtzuerhalten. Zwar sind diese Ströme minimal im Vergleich mit jenem ersten Initialfunken. Doch mag es sich verhalten wie bei einer Uhr, die nach dem ersten, kräftigen Anstoß nur noch geringfügiger Impulse zum weiteren Inganghalten bedarf. Manche Gründe sprechen dafür, daß jenes Ereignis nur ein einziges Mal in der Erdgeschichte eingetreten ist und somit alles Leben, das wir kennen, aus dem ersten, belebten Urmolekül hervorging — omne vivum e vivo —, daß ferner nie mehr ein derartiges Ereignis stattfinden wird. Deshalb hat ein Chemiker, der ein Eiweißmolekül entwickelt, das keine rückwirkenden Aktionsströme hervorbringt, nicht mehr als einen Leichnam produziert.

Gegen die verbreitete, mechanistisch-materialistische Theorie der Lebensentstehung aus »Zufall und Notwendigkeit« nimmt entschieden Stellung der Nobelpreisträger H. Staudinger, der Altmeister der makromolekularen Chemie: »Die kleinste Bakterienspore besteht aus etwa zehn Millionen Atomen, die sämtlich in einer ganz bestimmten Form und Raumordnung aufgebaut sein müssen, um leben zu können. Daraus geht hervor, daß Laboratoriumssynthesen von makromolekularen Körpern, die lebenden Organismen entsprechen, nach dem heutigen Wissen nicht ausführbar sein werden. Aufgrund der Einmaligkeit der Lebensentstehung ist auch die seit Giordano Bruno vielfach verbreitete Meinung, daß Leben auf zahlreichen Planeten möglich sei, nicht haltbar.«

Eine der Ansicht des Chemikers Staudinger entsprechende Meinung vertritt der Physiker Heitler: »Die Gesetze der Physik sind ausnahmslos kausal und differenziell. Das bedeutet: sie wirken von einem Punkt aus auf die unmittelbare Nachbarschaft und nur für den unmittelbar folgenden Zeitpunkt. Gesetze, die räumlich oder zeitlich direkt in die Ferne wirken, gibt es in der Physik nicht. Wenn also noch die Zellteilung physikalisch verständlich sein könnte, was aber sehr zweifelhaft ist, dann ist wirklich nicht verständlich, warum und wieso sie nach vieltausendfacher Wiederholung zum Stillstand kommen sollte, und zwar so, daß eine ganz bestimmte Form, z. B. das charakteristische Blatt einer Pflanze, entsteht. Etwas irgendwie Vergleichbares gibt es in der Physik toter Materie nicht. Ein Stück eines toten Materials kann jede Form und Größe annehmen. Eine Koordination von Funktionen über die Ferne gibt es in der leblosen Natur überhaupt nicht.«

Man kann daher den Begriff Leben folgendermaßen definieren: Ein lebendes Wesen ist eine eiweißhaltige Substanz, die durch innere chemisch-molekulare Vorgänge elektrische Aktionsströme erzeugt, deren Impulse ihrerseits wieder nach dem Prinzip der Rückkopplung den Aufbau derselben chemischen Substanzen aus sie umgebenden Substraten und mit Hilfe der Sonnenenergie bewirken. Die damit verbundene innere Wechselwirkung bedingt eine Eigengesetzlichkeit, die wir Seele nennen, ein so beschaffener Körper ist beseelt. Er ist aufgrund seiner Eigengesetzlichkeit dem Kausalitätsprinzip nicht mehr absolut, sondern nur noch relativ unterworfen. Platon und Aristoteles bezeichneten diese zielstrebige Eigengesetzlichkeit als *Entelechie,* die sie als das eigentliche Grundprinzip des Lebens betrachteten. Einfacher ausgedrückt heißt das: »Leben ist eigengesetzlich, zielstrebige Bewegung.«

Infolge der Abhängigkeit von der Außenwelt, vom Austausch mit äußeren Substanzen und Reizen ist die Eigengesetzlichkeit begrenzt, sie ist nicht absolut, sondern nur relativ. Das Beseelte ist auf die Materie angewiesen. Je höher sich jedoch das Leben entwickelt, desto größer wird seine Unabhängigkeit von der materiellen Umgebung, sein »Freiheitsgewinn« (Fischel).

Das bedingt eine Einschränkung des Vitalismus insofern, als es eine unabhängige, isolierte Lebenskraft nicht gibt. Das Leben, die Seele, ist eine Funktion des belebten Körpers ebenso, wie umgekehrt der belebte Körper eine Funktion der Seele ist. Eines ist ohne das andere nicht denkbar.

Somit bleibt der Begriff der Entelechie, der innewohnenden Zielstrebigkeit, nach wie vor die eindrucksvollste Definition des Lebens. Zwar gefallen sich manche heutzutage darin, sie mit überlegener Herablassung als überholt abzutun. In Wirklichkeit scheint mir diese Entdeckung der griechischen Philosophen nicht weniger bewunderungswürdig zu sein als die Atomtheorie des Demokrit.

Die Polarität

Alles, was besteht, und alles, was geschieht, beruht auf *Gegensätzen*.
Diese Gesetzmäßigkeit wurde schon vor zweieinhalbtausend Jahren von
dem griechischen Philosophen Heraklit erkannt und formuliert, von
Goethe als »das Urphänomen« bezeichnet. Himmel und Erde, Tag und
Nacht, Berg und Tal, rechts und links, warm und kalt, keines ist ohne
das entgegengesetzte Äquivalent denkbar. In noch gesteigerter Form
herrscht dieser Dualismus im Reich des Lebendigen, sowohl auf körperlichem als auch auf seelischem Gebiet. Leib und Seele, männlich und
weiblich, jung und alt, wachen und schlafen, Lust und Schmerz, Gefühl
und Verstand, der Antagonismus der Hormone und vieles andere beruhen auf dem Gegensatz aller Dinge und allen Geschehens.

Wenn zwischen zwei Gegensätzen ein Spannungszustand auftritt,
spricht man von *Polarisierung*, allgemein bekannt vom Magnetismus
oder von der Elektrizität. Ein Pluspol ist ohne Minuspol ebensowenig
möglich wie elektrischer Strom ohne Spannung. Alle lebenden Körper
befinden sich in Spannungszuständen, die mit dem Tode enden.

Kommt es bei unter Spannung stehenden Gegensätzen zu einer
Wechselwirkung, so spricht man von *Rückkopplung,* die in Form der
schon erwähnten elektrisch-chemischen Prozesse wahrscheinlich das
Grundprinzip des Lebens ist. Die Rückkopplung wird durch komplizierte *Regelungsmechanismen* in einem Gleichgewichtszustand erhalten.
Diese sogenannte Kybernetik tritt in zahlreichen Formen und bei den
verschiedenartigsten Vorgängen in allen Lebewesen bis in die letzte
Körperzelle hinein auf, beispielsweise bei der Aufrechterhaltung einer
gleichbleibenden Körpertemperatur. Damit hängen die sowohl im körperlichen als auch im seelischen wirkenden *Gegenregulationen* zusammen. Diesen Vorgang der Gegenregulation kann man sich am Wirken
eines Thermostaten vergegenwärtigen. Angenommen, der Temperatur-
regler für das Kühlwasser unseres Autos ist auf 80° eingestellt. Am Hin-
und Herschwanken des Zeigers am Armaturenbrett erkennen wir, daß
die Wassertemperatur zunächst *über* 80° ansteigt, um dann nach dem
Öffnen des Thermostaten *unter* den Normwert zu sinken.

Eine der bekanntesten körperlichen Gegenregulationen ist die uns
allen bekannte Erscheinung, daß stark abgekühlte Hände bei nachfolgender Erwärmung heißer werden, als sie vorher im Normalzustand
gewesen sind. Eine andere körperliche Gegenregulation tritt beispielsweise auf, wenn man Traubenzucker in die Blutbahn injiziert. Der
zunächst erhöhte Zuckergehalt des Blutes sinkt nach einigen Stunden
unter die ursprüngliche Norm ab. Bekannt als psychische Gegenregulation ist die fröhliche Ausgelassenheit vieler Trauergesellschaften als

Gegenreaktion auf die vorausgegangene, keineswegs geheuchelte
Betrübnis. Gegenregulationen suggestiver Art kommen in altbekannter
Weise beim Glückwünschen zum Vorschein. Man wünscht »Hals- und
Beinbruch«, um das Unterbewußtsein zu einer Gegenregulation, zu
erhöhter Aufmerksamkeit zu veranlassen. Wer anderen gegenüber sei-
nen Erfolg, sein Glück rühmt, klopft erschrocken an den hölzernen
Tisch, in der Hoffnung, eine ungünstige Gegenregulation aufzuhalten.
»Man soll die Gegenkräfte des Geschicks nicht wecken« (Goethe).

Mit Gegen- oder besser gesagt mit *Überregulationen* ist die Entwicklung vieler Eigenschaften zu erklären, die aus der Selektionstheorie allein
nicht verständlich wäre. Neben vielen anderen Beispielen läßt sich dies
besonders deutlich an der Entstehung der menschlichen Wortsprache
zeigen. Noch vor 100 000 Jahren vermochte der Mensch nicht in
zusammenhängenden Worten zu sprechen. Unmöglich konnte in der
relativ kurzen, seither verflossenen Frist lediglich durch Auslese der
Begabteren vor den weniger Begabten die Sprache entstanden sein. Das
wäre allenfalls im Laufe von vielen Jahrmillionen denkbar. Man kann
sich nicht vorstellen, daß in einer so kurzen Zeitspanne von einigen
hunderttausend Jahren allein durch Zufall und Auslese die Millionen
Ganglienzellen und ihre Querverbindungen, die sogenannten Synapsen,
gebildet wurden, die im Gehirn das Wunderorgan des menschlichen
Sprachzentrums hervorbrachten. Tatsächlich ist aber die Wortsprache
nicht nur nicht allmählich, sondern geradezu ruckartig aufgetreten
(Pleßner). Das Sprachzentrum war bereits in prospektiver, d. h. zielstre-
biger Weise fertig ausgebildet, bevor der Mensch zu sprechen begann.
Ein anderes Beispiel: Man kann davon ausgehen, daß eine gewisse
Musikalität oder eine Begabung für Zahlenvorstellungen im Kampf ums
Dasein notwendig oder zweckmäßig ist. Die Begabung der meisten
Menschen oder gar das mathematische oder musikalische Genie Ein-
steins oder Mozarts geht aber weit über das zum Kampf ums Dasein
Notwendige hinaus. Es hat sich gewiß nicht durch allmähliche Auslese
der zufällig musikalisch oder mathematisch Begabteren entwickelt, dies
um so weniger, als sich solche Genies erfahrungsgemäß für die oft
primitiven Bedingungen des Daseinskampfes keineswegs als die Tüchtig-
sten erweisen.

Noch merkwürdiger, aber ebenfalls mit Hilfe von Überregulationen
erklärbar, ist die Frage nach der Entstehung *negativer Eigenschaften*. So
ist die allen Menschen und vielen warmblütigen Tieren angeborene
Affinität zu Rauschgiften ganz gewiß keine im Kampf ums Dasein
nützliche Eigenschaft. Sie kann nicht dadurch entstanden sein, daß sich
die Süchtigeren als die erfolgreicheren vor den weniger Süchtigen
behauptet und infolgedessen besonders stark vermehrt hätten. Dagegen
läßt sich eine Auslese derjenigen, die nach Genuß strebten und sich
deshalb im Kampf ums Dasein besonders anstrengten, durchaus vorstel-

len. In einer Überregulation, man könnte sagen, in einer Hypertelechie, hat sich daraus die Anlage zur Süchtigkeit gebildet. Auch die in sämtlichen warmblütigen Tieren schlummernde Veranlagung zur *Aggressivität* kann man in ähnlicher Weise erklären. Alle haben die im Lebenskampf sicherlich wertvolle Eigenschaft, sich oder die eigenen Jungen gegen Angreifer, zumindest solche ähnlicher Arten, zu verteidigen. In einer Überregulation mag sich daraus die Anlage zur Aggressivität entwickelt haben, die dann durch unnatürliche Umweltbedingungen körperlicher oder seelischer Art, beispielsweise durch die Infektion mit dem Erreger der Tollwut oder infolge von Bewegungsmangel, auch bei Tieren wie Hasen, Rehen oder Pferden ausgelöst wird, in deren natürlicher, adäquater Umwelt zwar Defension, niemals aber Aggression eine Bedeutung haben kann.

Die letzten Beispiele zeigen bereits, wie infolge zu geringer oder infolge übersteigerter Gegenreaktionen schädliche *Extremhaltungen* entstehen können; eine Gefahr, der wir alle ständig ausgesetzt sind. Besonders kraß tritt dies in Erscheinung bei jenen Menschen, die infolge von gestörten Regulationsvorgängen ohne zwingenden Grund von ekstatischer Fröhlichkeit in tieftraurige Melancholie zu verfallen pflegen. Wenn die Regulation der Rückkopplung versagt, kann es sogar zu einer fortwährenden Steigerung, man könnte sagen, zu einem Aufschaukeln der Extreme kommen, allgemein bekannt als circulus vitiosus. Da verfettet der Träge infolge mangelnder Bewegung. Die Verfettung macht ihn plump und unbeholfen und steigert dadurch seine Trägheit.

Eine häufige Form der Extremhaltung ist beim Menschen die Paranoia, die Wahnsüchtigkeit. Von einem einseitigen, übersteigerten, nicht zu beherrschenden Wahnzustand »verfolgt«, ist die seelische Harmonie der Gegensätze so einseitig gestört, daß diese krankhaft werden. Bekannte Formen sind der Größenwahn (s. S. 40), der religiöse, der Eifersuchts-, der Verfolgungswahn oder der ideologische Fanatismus politischer Extreme. Beim Menschen werden diese Extremhaltungen durch das reflektierende Denken häufig in ungeahnter Weise aufgeschaukelt. Doch können verwandte Erscheinungen in Form von Neurosen auch beim Tier infolge unnatürlicher Lebensbedingungen, beispielsweise als Eifersucht, Masochismus, Haftneurosen, in Erscheinung treten (siehe S. 231).

Aus dem allen ergibt sich die Folgerung, daß es Sinn der Höherentwicklung sein muß, die Gegensätze zu verbinden. »Aus der Zusammenführung entgegengesetzter Töne entsteht die Harmonie« (Heraklit). Diese Vereinigung der Gegensätze bezeichnet man als Polarität, als *einschließenden Gegensatz* (Pförtner), coincidentia oppositorum, les extremes se touchent. Der damit verbundene Spannungszustand erfordert unaufhörliche Anstrengung. Es ist leichter, in Extremen zu verharren, als Gegensätze zu verbinden, wie folgende Beispiele zeigen mögen:

Extreme		Vereinigung der Gegensätze
tollkühn —	feige	mutig und doch vorsichtig
hochmütig —	unterwürfig	selbstbewußt und doch bescheiden
verschwenderisch —	geizig	sparsam und doch freigiebig

Ferner ist auf Grund der Polarität darauf zu schließen, daß dort, wo eine Vereinigung der Gegensätze stattfindet, eine nicht mehr zu überbietende Vollkommenheit erreicht ist, sei es in der Entwicklungsgeschichte oder im einzelnen Individuum. Eine Steigerung menschlicher Persönlichkeit über das »selbstbewußt und doch bescheiden« hinaus gibt es nicht.

Aus alledem geht hervor, daß die Regulationsmechanismen, beginnend bei der Entstehung des Lebens mit der Steuerung chemisch-elektrischer Rückkopplungen bis hin zu den höchsten psychischen Bereichen, ein Urphänomen des Lebens darstellen. Doch wäre es ein Irrtum zu glauben, man habe nun die Lösung eines der größten Welträtsel gefunden. Sie wurde nur verschoben. Denn woher kommen jene geheimnisvollen Regulationen? Entstanden sie wirklich nur aus Zufall oder Notwendigkeit?

Das Lebensprinzip der Irrbarkeit

Der Gegensatz zwischen unbelebter und belebter Materie besteht nach dem Vorausgegangenen darin, daß jene dem Kausalitätsprinzip, dem Gesetz von Ursache und Wirkung, absolut, diese ihm nur relativ unterworfen ist. Zur Erläuterung ein Beispiel: Man stelle sich vor, auf dem Scheitel eines Berges befinde sich ein loser Steinblock in labilem Gleichgewicht. Da erfolgt in der Nähe eine Explosion, vielleicht eine Sprengung. Der Block gerät durch die Erschütterung in Bewegung, er stürzt zu Tal, prallt gegen einen Felsen und zersplittert. Niemand wird bestreiten, daß alle Bewegungen des fallenden Steines dem Kausalitätsprinzip absolut unterworfen waren und theoretisch nach den Gesetzen der Schwerkraft und der Trägheit im voraus berechnet werden konnten. Nun denke man sich dieselbe Situation mit einem belebten Wesen, vielleicht mit einer Gemse, die sich an derselben Stelle befindet wie vorhin der leblose Stein. Auch das Tier wird infolge der Explosion aus der Ruhe gebracht, es erschrickt und springt den Berg hinunter. Es unterliegt also ebenfalls dem Kausalitätsprinzip, jedoch nur begrenzt. Auch die Gemse wird zwangsläufig auf die Ursache reagieren, aber nicht in vorausberechenbarer Weise. Sie kann vielleicht nach rechts oder nach links abbiegen, sie kann mehr oder weniger zweckmäßig oder unzweckmäßig reagieren. Vielleicht prallt sie in kopfloser Angst gegen den Felsen, an dem vorhin der Stein zersplittert ist, und bricht sich das Genick, vielleicht aber kommt sie auch heil unten an und rettet ihr Leben.

Auf dieser eigengesetzlichen Reaktion, jener relativen Unabhängigkeit von der Umwelt beruht eines der entscheidenden Phänomene des Lebens, die Fähigkeit zu irren, die Irrbarkeit. Nur das Belebte kann irren, nicht das Unbelebte. Niemals wird man sagen können, der Stein, weil er am Felsen zersprungen ist, habe falsch reagiert, er habe sich geirrt. Wohl aber kann das Lebewesen mehr oder weniger zweckmäßig, sinnvoll oder sinnwidrig reagieren oder irren. Daraus, aus dem Phänomen der Irrbarkeit, ergeben sich weitere wichtige psychologische Erkenntnisse. Wo Leben ist, muß auch das Prinzip der Irrbarkeit gelten. Wo kein Irrtum, kein Fehler erfolgen kann, wo alles folgerichtig vor sich geht, würde kein Unterschied zwischen Belebtem und Unbelebtem bestehen. Wenn Leben sein soll, muß ihm also die Freiheit des Irrenkönnens gegeben sein, denn nur das Unbelebte irrt nie.

Es liegt im Wesen des Lebens, der Entelechie und der Irrbarkeit, daß zwar jede Reaktion zielstrebig, keineswegs aber immer zweckmäßig ist. Auf der Verwechslung von Zielstrebigkeit mit Zweckmäßigkeit beruht bei manchen die Ablehnung des Entelechie-Begriffs. Ohne Zweifel sind unzählige Lebensvorgänge keineswegs zweckmäßig. Dennoch können sie zielstrebig sein. Das gilt nicht nur für das einzelne Individuum, sondern auch für die Entwicklung der Arten. Das heißt, die Irrbarkeit tritt ebenso wie die Zielstrebigkeit sowohl im einzelnen Lebewesen als auch in der Entwicklungsgeschichte in Erscheinung. Weder die Reaktion des einzelnen Tieres, noch irgendeine Entwicklung überhaupt muß fehlerfrei sein. Die Entwicklungsgeschichte gerade des Pferdes im Laufe der letzten 50 Millionen Jahre zeigt, daß viele Seitenlinien ausgestorben sind, offenbar, weil sie unzweckmäßig organisiert waren, wenn nicht etwa klimatische Veränderungen ihre Lebensgrundlagen zerstörten. Deshalb sollte man das Wort Orthogenie, das heißt gradlinig-zweckmäßige Fortentwicklung, besser nicht verwenden, sondern statt dessen vielmehr von Telegenie sprechen.

Auf dem Prinzip der Irrbarkeit beruht auch die im Leben der Menschen und vieler Tiere so häufige Täuschung oder Irreführung. Schon in der Pflanzenwelt begegnet man diesem Prinzip. Da verleitet etwa eine fleischfressende Pflanze durch herrliche Farbenpracht nektarsuchende Insekten, in ihren Blütenkelch zu kriechen, um darin eingefangen und verspeist zu werden. Das allgemein bekannte, geradezu klassische Beispiel in der Tierwelt für die Verbindung von Irrtum und Täuschung ist der Lebenslauf des Kuckucks. Der Ausdruck Täuschungsmanöver ist ein allgemein bekannter und feststehender Begriff. Nirgends wird der Unterschied zwischen belebten und unbelebten Körpern deutlicher als hier.

Als charakteristische Eigenschaft der Seele wird die Irrbarkeit um so größer sein, je höher das betreffende Lebewesen entwickelt ist. Sie erreicht auch tatsächlich ihre Kulmination in der Fähigkeit des Menschen, sich selbst zu belügen und sich selbst zu vernichten.

Leben, Rhythmus und Bewegung

Jedes Leben ist zielstrebige Bewegung, und wenn auch nur in Form intrazellulärer molekularer Bewegungsweisen. Dagegen befindet sich alles Unbelebte, das gesamte Universum, zwar ebenfalls in unaufhörlicher Bewegung vom Elektron über das Atom bis hin zu den größten und entferntesten Gestirnen, nicht aber in vorausplanender, zielstrebiger, sondern in kausal-deterministischer Weise. Bewegung ist das Primäre allen Seins. »Vom Atom bis zum Stern basiert das Leben des gesamten Kosmos auf Geschwindigkeit in der Zeit« (Tesio).

Eine besondere Eigentümlichkeit jeder Bewegung sowohl im Bereich des Belebten als auch des Unbelebten ist die, daß es offenbar keine kontinuierlichen, sondern nur rhythmische Bewegungen gibt. Man versteht unter Rhythmen wiederholte Bewegungsvorgänge gleicher Art, die jedoch nicht in maschinenhaften oder taktmäßig gleichförmigen Zeitabständen ablaufen müssen. Das Wasser, die Luft, der Schall, das Licht, alle elektromagnetischen Kräfte bewegen sich in Wellen, in Rhythmen. Sämtliche Gestirne haben rhythmische Bahnen. Der für unser Leben wichtigste äußere Rhythmus ist der zwischen Tag und Nacht.

Auch die Bewegungen lebendiger Körper laufen in rhythmischen Intervallen ab. Innere Rhythmen bestimmen den Kreislauf, die Atmung, das Wachen und Schlafen, den rhythmisch wechselnden Blutspiegel, die Nahrungsaufnahme und unzählige andere Vorgänge. Die Lebensrhythmen sind entsprechend der Besonderheit des Lebens dadurch gekennzeichnet, daß sie bis zu einem gewissen Grad eigengesetzlicher Natur und dem Zwang äußerer Ursachen und Wirkungen nur teilweise unterworfen sind. Diese eigengesetzlichen Rhythmen scheinen bei jedem Lebewesen verschieden, aber doch auch für jede Tierart von einer bestimmten Charakteristik zu sein. Der Gang eines Pferdes ist zwar von dem aller anderen Tiere verschieden, aber doch von einer charakteristischen Art. Wenn man im Rundfunk das künstlich erzeugte Getrappel eines Pferdes hört, weiß jedermann, daß es sich um ein laufendes Pferd handeln soll. Der Rhythmus ist sogar so typisch, daß man allein aus ihm die Gangart erkennen kann.

Eindrucksvolle Gesetzmäßigkeiten von Rhythmen hat die moderne Schlafforschung entdeckt. Danach besteht nicht nur der bekannte

Rhythmus zwischen Wachsein und Schlaf, sondern ein ebensolcher innerhalb des Schlafes, der «keineswegs ein gleichförmiger Zustand ist, sondern eine Aufeinanderfolge von Zyklen, die jeweils vier verschiedene Zustände der Gehirn- und Körpertätigkeit enthalten« (H. v. Borch).

In der Psychologie ist das Gesetz des Rhythmus für das Lernen von Bedeutung. Jedes Lernen einer neuen Fertigkeit oder Fähigkeit beruht auf der Wiederholung von Übungen in Intervallen. Bei der Behandlung des Gedächtnisses wird darauf näher einzugehen sein.

Besonders augenfällig wird die Rolle von Rhythmen und Frequenzen bei der Reaktionsfähigkeit auf äußere, bewegte Abläufe. Dabei ergeben sich eigenartige Gesetzmäßigkeiten. »Schon 1894 hat Karl Ernst v. Baer festgestellt, daß die kürzeste Wahrnehmungseinheit, in der der Mensch ein Bild noch isoliert von anderen erfassen kann, den achtzehnten Teil einer Sekunde ausmacht« (Heiss). Diese Tatsache wurde später durch den Film eindrucksvoll bestätigt. Wenn der im Film vorgetäuschte Ablauf kontinuierlicher Bewegungen für den Menschen fließend erscheinen soll, müssen mindestens 18 Bilder in der Sekunde vor seinem Auge vorüberrollen. Wir sind dann nicht mehr in der Lage, sie einzeln und getrennt voneinander zu erfassen. Die für ein Lebewesen kürzeste Wahrnehmungseinheit wird nach v. Baer »*Moment*« genannt. Beim Menschen beträgt sie, wie gesagt, $\frac{1}{18}$ Sekunde.

»Nun fragte sich v. Baer, was geschähe, wenn wir diese Einheit entweder verkürzen oder erweitern würden, was also geschähe, wenn wir beispielsweise in der Sekunde nicht 18, sondern 100 oder 1000 Wahrnehmungseinheiten hätten. Oder was wäre, wenn wir nicht in der Sekunde 18, also in der Minute etwa 1000 Bilder, sondern nur zehn Bilder wahrzunehmen fähig wären? Wir würden bei den entsprechenden Verschnellerungen unserer Wahrnehmungseinheit den Weg einer Flintenkugel, die wir jetzt nicht sehen, eine Strecke verfolgen können. Dafür würde ein mit Stundengeschwindigkeit von 100 Kilometern fahrender Schnellzug langsam und gravitätisch an uns vorbeispazieren. Gleichzeitig aber würden wir auch nicht mehr erkennen, daß eine kriechende Schnecke sich bewegt.

Der umgekehrte Fall zeigt das Entsprechende. Hätten wir etwa nicht in der Sekunde, sondern in der Minute 18 Bilder, dann würde die Schnecke wie der Blitz an uns vorbeisausen, den Radfahrer, der an uns vorbeifährt, würden wir aber kaum mehr sehen. Nach sehr gründlichen Versuchsanordnungen scheint gesichert, daß die Schnecke einen Auffassungsmoment hat, der beträchtlich viel länger ist als der des Menschen, nämlich nur $\frac{1}{4}$ oder $\frac{1}{5}$ Sekunde. Der Kampffisch hingegen hat einen sehr viel kürzeren Auffassungsmoment, nämlich $\frac{1}{30}$ Sekunde. Der Kampffisch sieht Einzelheiten der Bewegung, die das menschliche normale Auge nicht sehen kann, die wir uns allenfalls mit einer entsprechenden Zeitlupenaufnahme deutlich machen könnten« (Heiss).

Der Kampffisch sieht also, vereinfacht gesagt, etwa doppelt so schnell wie wir, und deswegen laufen für ihn die Bewegungen nur halb so schnell ab. Die Schnecke, die ungefähr viermal so lange zu ihrer Wahrnehmungseinheit braucht wie wir, sieht Bewegungen dementsprechend viermal so schnell ablaufen, sie kann Einzelheiten, die wir sehen, nicht mehr erkennen.

Daß es sich bei diesen Vorgängen nicht so sehr um Eigenschaften der Sinnesorgane, sondern um zentralnervöse Einrichtungen handelt, dürfte daraus hervorgehen, daß im Reich der Töne ähnliche Rhythmen gültig zu sein scheinen. Luftschwingungen empfinden wir nur dann als einen Ton, wenn sie mindestens 16 bis 20 Frequenzen pro Sekunde erreichen. »Die Zeitskala der Entladungsfrequenzen und der Aktionspotentialdauer von Nervenzellen ist bei Wasser- und Landschnecken 10–100mal langsamer als die von schnelleren Tieren oder gar Warmblütern« (Creutzfeld).

Möglicherweise sind die Verhältnisse sogar noch komplizierter als soeben dargelegt wurde. Es ist denkbar, daß der Bewegungssehschärfe nicht nur nach oben, sondern auch nach unten eine Grenze gesetzt ist. Dies würde bedeuten, daß der Kampffisch zwar schnellere Bewegungen als der Mensch differenziert, sehr langsame jedoch als unbewegt empfindet. Vielleicht würde eine Schnecke den Minutenzeiger einer Uhr als bewegtes Objekt wahrnehmen, während er uns als unbewegt erscheint. Ein bequemes, überall zur Verfügung stehendes Objekt, um zu experimentieren, ist die Stubenfliege. Sie nimmt offensichtlich die sehr langsam auf sie zukommende Hand nicht als Bewegung wahr. Dagegen flieht sie vor der schnellbewegten Hand mit einer Geschwindigkeit, die nur mit einer überragenden Bewegungssehschärfe erklärbar ist.

Die Katze macht sich den kurzen Bewegungsmoment des Singvogels zunutze. Sie bewegt sich unterhalb der von ihm noch differenzierbaren Frequenz und kriecht so langsam vorwärts, daß der Vogel auf dem Baum den Katzenkörper nicht als bewegtes Objekt wahrnimmt. Nur so ist es erklärbar, daß Katzen die schnellen Vögel oder Mäuse fangen können. Entsprechende Beobachtungen macht der Imker beim Umgang mit den Bienen. Er wird nur langsame und bedächtige Bewegungen mit den Händen ausführen, die unterhalb des Bewegungsmomentes der Insekten bleiben und von diesen nicht als Bewegung wahrgenommen werden. Wenn also der ahnungslose Laie von einer Biene summend und argwöhnisch umkreist wird, wäre es falsch, mit aufgeregten Händen um sich zu schlagen. Richtig ist es, völlig bewegungslos stehenzubleiben. Die Biene wird im allgemeinen nach einigen Umrundungen des verdächtigen Objektes wegfliegen, wenn sie nicht etwa durch einen auffallenden menschlichen Geruch angelockt wird.

Die biogenetische Grundregel

Bei der Behandlung der Grundprinzipien des Lebens ergab sich die untrennbare Verkettung des Seelischen mit dem Körperlichen. Diese Verflechtung bedingt zwangsläufig, daß mit einer körperlichen Aufwärtsentwicklung stets auch eine seelische verbunden ist.

Die bei der Aufwärtsentwicklung zutage tretenden Gesetzmäßigkeiten werden in der sogenannten biogenetischen Grundregel fixiert, die folgendes aussagt:

1. In der Höherentwicklung der Arten, der sogenannten Phylogenie, werden aufeinanderfolgende Stufen durchlaufen, die in der Paläontologie in zahlreichen Beispielen erforscht und belegt wurden.

2. Die entsprechenden Entwicklungsstadien stimmen weitgehend mit den Ordnungen der heute noch lebenden Arten von den niederen bis zu den höchststehenden Lebewesen überein.

3. Diese Stufen werden bis zu einem gewissen Grade wiederum durchlaufen in der Entwicklung des einzelnen Individuums vom Embryonalstadium über das fetale, das jugendliche Stadium bis zum Erwachsenen in der sogenannten Ontogenie.

4. Die einzelnen Entwicklungsstufen sind auch im fertigen Individuum noch erkennbar.

Mit anderen Worten bedeutet diese Gruppierung: Man weiß, daß sich das Leben vom einzelligen Lebewesen über die niederen und höheren Tiere bis hinauf zum Menschen entwickelt hat. Dieser Rangleiter von unten nach oben begegnen wir auch in den heute noch lebenden Tier- und Pflanzenarten. Ferner ist bekannt, daß jeder Mensch aus einer einzelnen Zelle, nämlich der Eizelle, über das Embryonalstadium hervorgegangen ist und daß er dabei einzelne Stufen seiner entwicklungsgeschichtlichen Vorfahren durchlaufen hat. Schließlich ist er auch als fertiges Individuum aus einzelnen Zellen, aus einfacheren und komplizierteren Organen zusammengesetzt.

Die Regeln im Bereich des Körperlichen gelten in gleicher Weise für das Seelische. In den Einzellern sind im wesentlichen nur dem Stoffwechsel und der Zellteilung dienende Impulse am Werk. Sie spielen sich in ähnlicher Weise in den Körperzellen des Menschen ab. Dies läßt sich an isolierten, vom Körper losgelösten Gewebekulturen beobachten. Mit der Aufwärtsentwicklung der Arten im Körperlichen geht diejenige im Seelischen einher. Es kommt parallel zur organischen auch zu einer psychischen Differenzierung. Aber auch im höchstentwickelten Lebewesen, dem Menschen, ist noch die gesamte psychische Stufenleiter der ihm vorausgegangenen seelischen Entwicklungsgeschichte zu erkennen.

Die psychische Stufenleiter

Am deutlichsten läßt sich die psychische Rangordnung aufgrund der biogenetischen Grundregel in der Entwicklung des menschlichen Kindes beobachten. Infolge seines langsamen Wachstums treten bei ihm die einzelnen Phasen der seelischen Differenzierung langsamer und damit deutlicher auf als bei anderen Säugern.

Im werdenden Embryo sind vermutlich vorwiegend die dem Stoffwechsel dienenden vitalen Impulse tätig. Als erstes nach der Geburt ist das Auftreten eines Triebes zu bemerken, nämlich der des Schreiens. Das nächste ist ein Instinkt, das Suchen nach der Brust der Mutter. Ihm folgt als ein Reflex das Saugen. Dann beginnen die Sinne funktionstüchtig zu werden und Reize zu empfinden. Einige Zeit später beobachtet man die ersten Gefühlsregungen, etwa Lachen und Weinen. Bald werden auch Charaktereigenschaften und Wille erkennbar. Hierauf stellt sich das Gedächtnis ein, danach werden Folgerungen gezogen. Daraus entwickeln sich Wissen und Bewußtsein. Mit dem Beginn der Sprache kommt es schließlich zur Entwicklung des Ichbewußtseins, das an dem so spät sich einstellenden Wort ›Ich‹ erkennbar wird. Vieler Jahre endlich bedarf es, bis Nachdenken, Phantasie, Vernunft und Ethik — wenn überhaupt — zur vollen Ausbildung gebracht werden. Freilich geht das alles nicht in schematischer, sondern in fließender und rhythmischer Weise vor sich. Die Entwicklung kann sich überschneiden, neue Bereiche treten hinzu, bevor ältere ausgebildet sind. Andere Einzelbereiche können erst nachträglich ausgebildet werden, so zum Beispiel der Geschlechts-Trieb.

Teilweise werden die Reflexe als ursprünglicher und früher auftretende Impulse angesehen als die Triebe. Manches spricht für diese Einordnung. So kann das erste Tun des neugeborenen Säuglings, das Schreien, auch als Reflex auf die Berührung mit der kälteren Umgebung der Außenwelt aufgefaßt werden. Wahrscheinlich sind hierbei Trieb und Reflex so gleichzeitig beteiligt, daß sie zeitlich nicht getrennt werden können. Beobachtungen in der Pflanzenwelt dürften jedoch darauf hindeuten, daß Taxien oder Tropismen, die den Trieben in der Tierwelt ähnlich sein mögen, noch ursprünglicher sind. Wenn man die Zeitrafferaufnahme einer Schlingpflanze beobachtet, wird zuerst der Trieb, sich zu ranken, sichtbar, dem dann der bei der Berührung eines zu umrankenden Gegenstandes ausgelöste Reflex nachfolgt.

Zu ähnlichen Ergebnissen kommt man auch mit anderen Methoden, so mit der Empfindlichkeit gegen Narkotika. Je höherstehend ein psychischer Bereich ist, um so frühzeitiger wird er in der Narkose ausgeschaltet. Deshalb erlischt die Selbstkritik vor dem Bewußtsein, dieses früher als das Gefühl, das wiederum vor dem Reflex und vor den vegetativen Impulsen ausgeschaltet wird.

Dasselbe gilt für die Tierreihe. Je höher eine Tierart entwickelt ist, um so empfindlicher spricht sie auf Narkotika an, besonders deutlich erkennbar am Morphin. Am empfindlichsten ist der Mensch, der Schimpanse empfindlicher als der Hund, dieser empfindlicher als das Pferd. Der Frosch reagiert auf Morphin überhaupt nicht. Unter den Menschen wiederum reagieren hochdifferenzierte Typen deutlicher als primitive.

Mit diesen Gegebenheiten dürfte es zusammenhängen, daß die höheren Bereiche, beispielsweise die des Charakters, auch durch Einflüsse der Umwelt mehr beeinflußbar sind als die stärker fixierten niedrigen.

Wenn man die biogenetische Stufenleiter zugrunde legt, ergibt sich nachfolgende Einteilung:

Bereiche	Beispiele
Vitale Impulse	Zellteilung, genetische Information
Triebe	Sozialtrieb, Bewegungstrieb, Ernährungstrieb
Instinkte	Orientierungsinstinkt, Zeitsinn, Nahrungsinstinkt
Reflexe	Lidreflex, Speichelreflex
Empfindungen	Sehen, Hören
Bewußtsein	averbales, assoziierendes Wissen
Gefühl	Lust-, Schmerzgefühl
Gedächtnis	Orts-, Personen-, Zahlengedächtnis
Verstand	Kombinieren, Schlußfolgern
Charakter	freundlich, mutig, feige
Wille	energisch, schwach
Sprache	Ausdrucksweisen, Wortbildung
Ichbewußtsein	reflektierendes Denken, Nachdenken
Ethik	Gewissen, Mitleid, Moral
Vernunft	Selbstkritik, Selbstbeherrschung

Die hier aufgestellte Rangleiter mag wohl etwas Künstliches an sich haben, denn vieles geht in Wirklichkeit ineinander über, manches könnte vielleicht auch anders angeordnet werden, doch ist eine Gliederung aus Gründen der Übersicht und systematischen Behandlung unentbehrlich.

Die Gesamtheit der aufgezeigten Bereiche nennt man *Seele*. Manchem ist dieses Wort unsympathisch wegen seines metaphysischen, mystischen oder gar theologischen Beigeschmacks. Es gibt aber kein anderes Wort, mit dem man alle Teile zusammenfassen könnte. Irgendein Sammelbegriff ist jedoch notwendig. Wer also das Wort Seele ablehnt, müßte einen anderen Ausdruck dafür erfinden. Daß einzelne Kräfte, wie Verstand, Gedächtnis, Gefühl, Bewußtsein, Vernunft, existieren, wird niemand bestreiten. Ebenso wird jeder zugeben, daß sie eng

miteinander zusammenhängen. Also ist ein gemeinsamer Oberbegriff
nötig. Da ein anderes, geeignetes Wort nicht zur Verfügung steht, ist
nicht einzusehen, weshalb man den Ausdruck Seele ablehnen sollte.
Wenn dem entgegengehalten wird, man könne den Begriff Seele nicht
definieren, ja man wisse nicht einmal, was sie eigentlich ist, so kann man
dasselbe von den einzelnen Unterbegriffen behaupten. Niemand vermag
zu definieren, was Vernunft, Verstand, Bewußtsein oder Gefühl wirklich
ist, und doch sind das die mächtigsten Kräfte auf Erden. Somit ist das
Wort Seele ein Sammelbegriff für alle in einem lebenden Wesen wirkenden nichtkörperlichen Kräfte, wie Gefühl, Gedächtnis, Bewußtsein,
Verstand, Vernunft, Wille, Charakter.

Oft wird Psychologie als Wissenschaft auf das bewußte Erleben
beschränkt. Diese Abgrenzung wirft aber die Frage auf, von wann ab
und wo überhaupt man in der Tierreihe von Psychologie sprechen darf.
Kaum jemand wird bestreiten, daß es Tierarten mit und andere ohne
Bewußtsein gibt. Wo aber soll in der Entwicklungsgeschichte und in der
Tierreihe die Grenze gezogen werden? Die Folge wäre mit Recht die,
sich allein auf ethologische Betrachtungen zu beschränken. Damit wäre
aber dem, der sich mit Pferden wirklich abgibt, nicht gedient. Der
menschliche Säugling, der ganz gewiß noch kein Bewußtsein und ebenso
gewiß kein bewußtes Erleben besitzt, hat er etwa auch keine Seele? Oder
von wann ab beginnt das heranwachsende Kind, eine Seele zu haben?

Eine systematische Gliederung und Analysierung der Seele birgt die
Gefahr in sich, daß man darüber die geradezu sphärenhafte Harmonie
im Zusammenwirken aller Bereiche vergessen könnte, die zu beachten
sich die sogenannte Ganzheitspsychologie zur besonderen Aufgabe
gestellt hat. Doch wäre es falsch, in das entgegengesetzte Extrem zu
verfallen, jede Gliederung der Seele abzulehnen und das Verhalten eines
Lebewesens nur in seiner Gesamtheit zu betrachten. So unvollkommen
es auch sein mag, den beschränkten Möglichkeiten des menschlichen
Geistes bleibt bei der Erforschung wissenschaftlicher Probleme allein der
Weg der Gliederung und des systematischen Vorgehens. Wer würde dem
Anatomen und dem Physiologen strittig machen, den Körper in seine
einzelnen Knochen, Muskeln, Organe, in seine verschiedenen Gewebe-
arten bis in mikroskopische Feinheiten zu zerlegen und diese nach ihrem
Bau und ihren Funktionen gesondert zu beschreiben? Und doch ist er
damit nicht in der Lage, nur eine Sekunde des Zusammenspiels aller
Teile eines laufenden Pferdes mit Worten wiederzugeben. Ebenso kann
in einer Psychologie des Pferdes nur in systematischer Gliederung des
Seelischen vorgegangen werden. Schließlich findet eine solche Auffassung auch noch dadurch ihre Bestätigung, daß im Gehirn die psychischen Bereiche mit bestimmten Regionen verknüpft sind. So ist ja
allgemein bekannt, daß die Sprache, das Bewußtsein, das Gefühl, die
Sexualität und vieles andere an gewisse Hirnzentren gebunden sind. Die

rein deskriptive, ethologische Darstellung des Verhaltens des Pferdes bei dieser oder jener Gelegenheit kann zwar wertvolle Hinweise geben, sie nützt aber dem, der mit dem Pferd aktiv umgehen will, nur wenig, wenn er nicht in der Lage ist, das jeweilige Verhalten auf bestimmte psychische Impulse oder Regungen zurückzuführen und sie zu analysieren.

Dazu ein Beispiel: Ein Pferd steht längere Zeit im Stall und wird reichlich gefüttert. Als man es endlich herausführt, um es auf die Weide zu bringen, keilt es vor lauter Übermut aus und kann dabei leicht einen Menschen verletzen. Das Ausschlagen ist in diesem Fall auf die Reaktion eines Triebes, nämlich des Bewegungsdranges, zurückzuführen. Ein anderes Mal wird ein Pferd unvorsichtig berührt, es erschrickt und schlägt ebenfalls aus. Hier ist das Ausschlagen als ein Reflex aufzufassen. Eine dritte Möglichkeit ist die, daß es vielleicht den Tierarzt fürchtet, der ihm einige Zeit vorher einen Schmerz zufügen mußte. Er will den Stand des Pferdes betreten, dieses erkennt ihn, fürchtet sich, schlägt aus und trifft den vermeintlichen Peiniger. Hier ist kein Trieb, kein Reflex, sondern eine verstandesmäßige Kombination, eine Reaktion des Bewußtseins, vor sich gegangen. Viertens kann es sich beim Ausschlagen um eine Untugend, also um eine Auswirkung des Charakters handeln.

Um die unerwünschten Reaktionen des Ausschlagens in Zukunft zu verhindern, müssen also die Ursachen zunächst ermittelt und abgestellt werden. Im ersten Fall wird man Triebstauungen zu vermeiden suchen und dem Pferd ausreichend Bewegung verschaffen. Die reflektorische Reaktion wird man dadurch ausschalten, daß man das Tier vor der Berührung aufmerksam macht, indem man es anspricht. Die dritte Möglichkeit wird der Tierarzt ausschließen, indem er sich daran erinnert, daß ihn ein Patient nach einer schmerzhaften Behandlung nicht nur wiedererkennt, sondern ihm auch anders gegenübersteht als bei der ersten Behandlung. Bei der vierten, der charakterlichen Ursache, wird man herauszufinden suchen, welche Art von Charakterfehler zugrunde liegt. Er kann sowohl in Ängstlichkeit als auch im Gegenteil, nämlich in Aggressivität bestehen. Schließlich wird man bemüht sein, zu ermitteln, wodurch diese Eigenschaft des Charakters bedingt wurde. Liegen ihr erbliche Ursachen zugrunde, sind bei Verwandten der gleichen Hengst- oder Stutenlinie ähnliche Eigenarten bekanntgeworden? Oder sind erzieherische Einflüsse, frühe Prägungen oder ungünstige Erfahrungen in späterer Zeit verantwortlich zu machen?

»Bei Pferden ist Widersetzlichkeit bisweilen ein Zeichen von Stärke und von Fülle an Kräften und rührt eben sowohl von einem feurigen Naturell, als zu Zeiten auch von Untugend und Schwäche her. Man muß allemal, ehe man noch an Mittel oder Strafen denkt, sich sorgfältig angelegen sein lassen, zu unterscheiden, auf welcher von diesen Ursachen die Gegenwehr entstehe« (Pembroke).

Ein anderes Beispiel für die Notwendigkeit der Differenzierung und Analysierung der seelischen Impulse ist der Orientierungssinn des Pferdes. Man weiß, daß Pferde in ihren Stall zurückfinden. Es ist aber nicht gleichgültig, zu wissen, aufgrund welcher psychischen Vorgänge dies geschieht. Finden sie ihren Weg nur aufgrund eines guten Ortsgedächtnisses und hervorragender Sinnesorgane, etwa mit Hilfe des Geruchssinnes, also durch Fähigkeiten aus dem Bereich des Bewußten? Oder verfügen sie über einen inneren Kompaß, eine Leistung des Unterbewußten? Oder arbeitet bei großen Entfernungen zunächst der Instinkt, beim Näherkommen an den heimatlichen Stall das Gedächtnis im Zusammenhang mit den Sinnesorganen? Diese Fragen sollten geklärt werden. Solange sie nicht eindeutig zu beantworten sind, spricht man allerdings mit Recht in ethologischer Ausdrucksweise vom Heimfindevermögen (Zell), das alle zu differenzierenden Möglichkeiten noch weiterhin offenläßt.

Das gleiche gilt für die Erklärung des Scheuens. Es ist ganz falsch, diese oft unangenehme Eigenschaft mancher Pferde schematisch und generell auf eine einzige Ursache zurückzuführen, wie es häufig geschieht. Da heißt es beispielsweise, die Pferde scheuen, weil sie schlechte Augen haben oder weil sie ängstliche Geschöpfe sind. In Wirklichkeit ist in jedem einzelnen Fall zu prüfen, auf welche von vielen möglichen Ursachen das Scheuen eines Pferdes zurückzuführen ist.

Menschliches und tierisches Bewußtsein

Wenn unter dem Begriff Seele die Gesamtheit aller psychischen Elemente zu verstehen ist, die im Verlaufe der Höherentwicklung der Arten einer zunehmenden Differenzierung unterworfen wurden, und im Menschen ihren Höhepunkt erreichten, erwächst daraus zwangsläufig die Frage: Was ist der psychische Gegensatz zwischen Mensch und Tier? Es ist notwendig, den hier zutage tretenden grundsätzlichen Unterschied möglichst klar zu erkennen, um dem Tier richtig gegenüberzutreten, um es einerseits nicht als seelenlosen Mechanismus zu behandeln, andererseits aber auch nicht unzulässigerweise zu vermenschlichen.

Das Besondere des Menschen, das ihn aus allen Lebewesen in einsame Höhe über die gesamte Natur emporhebt, ist das *Wort*. Dieses ist es, worüber kein anderes Lebewesen in vergleichbarer Weise verfügt. Viele Tierarten haben zwar Sprache, aber kein Tier hat das Wort, die artikulierte Bezeichnung eines Gegenstandes oder eines Begriffs. Nicht nur deshalb ist das so bemerkenswert, weil der Mensch Dinge benennen und sich mit anderen Menschen begrifflich verständigen kann, es ist vielmehr aus einem ganz anderen Grund entscheidend für ihn geworden.

Mit Hilfe des Wortes nämlich bedient sich die Natur wie schon bei der Erschaffung des Lebens wieder der Rückkopplung, um dem Menschen das Bewußtsein seiner selbst zu verleihen.

Dieses *Ichbewußtsein* ist in folgender Weise zustande gekommen, die man sich als Rückkopplungseffekt der Sprache ganz plastisch vorstellen muß: Ein Mensch nimmt etwas wahr, er faßt einen Gedanken und spricht ihn einem anderen gegenüber aus. Die Schallwellen dieser Worte gelangen aber nicht nur zum angesprochenen Gegenüber, sondern sie kehren zwangsläufig in einem Kreisbogen an ihren Ursprungsort, über das eigene Ohr in das Gehirn des Sprechenden zurück. Ob ich will oder nicht, alles was ich zu einem andern spreche, höre ich ebenso, als wenn ein anderer diese meine Worte zu mir selbst sprechen würde. Damit kommt eine Rückkopplung, eine Reflexion zustande, es entwickelt sich ein reflektierendes Denken, das Bewußtsein meiner selbst, die Selbstbewußtheit oder Eigenbewußtheit.

Neben der akustischen *Reflexion* des gesprochenen Wortes kommen beim zivilisierten Menschen noch *Reflexionen optischer Art* hinzu. Die eine ist die Schrift, mit deren Hilfe der Schreibende auch ohne zu sprechen seine eigenen Gedanken über das Auge in sein Gehirn reflektiert. Eine andere optische Reflexion geschieht über den Spiegel. Lautschrift und Spiegel sind zwar Erfindungen, die eine Steigerung, nicht aber einen Ersatz des Wortes ermöglichen, das sie vielmehr voraussetzen. Am deutlichsten kommt dies an der fehlenden reflektierenden Wirkung des Spiegels bei Tieren zum Vorschein. Wenn Affen sich im Spiegel betrachten, erkennen sie wohl, daß ihnen da ein Artgenosse gegenübersteht. Daraus jedoch, daß sie das Glas immer wieder umdrehen, um auf der Rückseite den Spielkameraden zu entdecken, erkennt man, daß sie sich nicht bewußt sind, ihr eigenes Spiegelbild zu betrachten. Dasselbe gilt erst recht für das Pferd. Wie Grzimek zeigt, vermögen Pferde Bilder ihrer eigenen Artgenossen zu erkennen, eine einigermaßen naturgetreue Plastik oder ein lebensgroßes Pferdebild so zu beschnuppern und zu betrachten, wie sie es mit lebendigen Pferden zu tun pflegen, so lange wenigstens, bis sie gemerkt haben, daß da nichts Lebendiges vor ihnen steht. Ebenso benehmen sie sich vor dem Spiegel, ohne zu wissen, daß sie selbst sich ansehen. Der Mensch weiß, daß er ein Mensch ist, das Pferd aber weiß nicht, daß es ein Pferd ist.

»Der zur Zeit Alexanders d. Gr. lebende griechische Maler Apelles malte Stuten so täuschend, daß lebende Hengste sie durch Wiehern begrüßten« (Schlieben). Diese in der Vergangenheit oft belächelte Überlieferung wurde also durch die neueren Untersuchungen eindrucksvoll bestätigt. Ob die Hengste aber wirklich weibliche von männlichen Tieren auf den Darstellungen unterscheiden konnten, dürfte dennoch fragwürdig sein. Aus dieser Täuschung durch den Spiegel sind schon Unfälle dadurch zustande gekommen, daß Pferde in den Spiegel gesprungen sind. Sie können ja diesen nicht als solchen begreifen. Vielmehr glauben sie eine Verlängerung der Reitbahn vor sich zu sehen, aus der ihnen ein fremdes Pferd entgegenkommt.

Entweder sollten deshalb Spiegel in der Reitbahn in der Mitte der langen Seite hoch genug und schräg angebracht werden oder an der kurzen Seite in Verlängerung des Hufschlages nur dann, wenn sie mit einer vorhangartigen Abdeckung versehen sind, die lediglich bei Bedarf zurückgezogen wird.

Die durch die Wortsprache und das reflektierende Denken nur dem Menschen unter allen Geschöpfen gegebene Sonderstellung sich so klar wie nur möglich vor Augen zu halten, ist unerläßlich, wenn man dem Tier gegenüber den richtigen Standpunkt einnehmen will. Ein einzigartiges Ereignis in der Menschheitsgeschichte liefert auch den experimentellen Beweis für die Richtigkeit der vorausgegangenen Betrachtung. Es ist das Leben *Helen Kellers*. Hier ihre Geschichte:

Im Jahre 1880 wurde Helen Keller in Alabama als körperlich und geistig gesundes Mädchen geboren. Als sie 19 Monate alt war, erkrankte sie an einer Hirnhautentzündung und verlor das Seh- und Hörvermögen. Blind, taub und stumm lebte sie von jetzt ab in gleichsam tierischer Nacht bis zum Alter von sieben Jahren dahin. Nun aber fand infolge einer Verkettung zahlreicher glücklicher Umstände die geniale Anne Sullivan als Lehrerin zu ihr. Sie brachte es fertig, ihr mit Hilfe einer erst kurze Zeit vorher entwickelten, in die Handfläche zu schreibenden Tastsprache das Wort zu übertragen. In ergreifender Weise schildert Helen Keller später den entscheidenden Augenblick in ihrem Leben, als die Selbstbewußtheit Besitz von ihr ergriff. »Wir schlugen den Weg zum Brunnen ein. Es pumpte jemand Wasser, und meine Lehrerin hielt mir die Hand unter das Rohr. Während der kühle Strom über die eine meiner Hände sprudelte, buchstabierte sie mir mit ihren Fingern in die Handfläche der andern das Wort ›water‹, zuerst langsam, dann schnell. Ich stand still, mit gespannter Aufmerksamkeit die Bewegung ihrer Finger verfolgend. Mit einem Mal durchzuckte mich eine nebelhafte, verschwommene Erinnerung an etwas Vergessenes, ein Blitz des zurückkehrenden Denkens, und einigermaßen offen lag das Geheimnis der Sprache vor mir. Ich wußte jetzt, daß ›water‹ jenes wundervolle Etwas bedeutete, das über meine Hand hinströmte. Dieses *lebendige Wort* erweckte meine Seele zum Leben, spendete ihr Licht, Hoffnung, Freude, befreite sie von ihren Fesseln. Zwar waren ihr noch immer Schranken gesetzt, aber Schranken, die mit der Zeit hinweggeräumt werden konnten. Ich verließ den Brunnen voller Lernbegier. Jedes Ding hatte eine Bezeichnung und jede Bezeichnung erweckte einen neuen Gedanken. Als ich in mein Zimmer zurückkehrte, erinnerte ich mich der Puppe, die ich eine Stunde vorher im Zorn zertrümmert hatte, und zum erstenmal in meinem Leben empfand ich Reue und Schmerz.«

Dies ist das einmalige und einzigartige Erlebnis in der gesamten Menschheitsgeschichte, in dem uns das Ereignis des Übergangs vom tierischen Bewußtsein zum menschlichen Ichbewußtsein geschildert wird. Es ist das gleiche Ereignis, das die Menschheit vor Zehntausenden von Jahren, als sie die Sprache entdeckte, mit vielleicht ähnlicher Erschütterung durchlebte.

Für die Tierpsychologie ist Helen Keller ein unschätzbarer und durch nichts zu ersetzender Gewinn. Wie durch einen schmalen Spalt, wie durch ein Fenster blicken wir mit ihr hinab in die Welt des Tieres. Sie beschreibt später in ihren Erinnerungen, wie sie vor dieser Zeit ohne den Besitz einer Selbstbewußtheit in einem Zustand, den sie selbst als tierhaft bezeichnet, dahinlebte. So ging sie, wenn es kalt im Raum war, zum Fenster, um es zu schließen. Sie war sich aber nicht bewußt, was ein Fenster ist, was Zugluft oder Wind ist, was sie selbst, was ein anderer Mensch ist, was sie eigentlich tat, obgleich ihr Tun auf erworbenen Erfahrungen beruhte und durchaus zielgerichtet war. Erst als sie dann die ersten ihr in die Handfläche buchstabierten Worte begriff, da, so sagt sie selbst, erweckte das lebendige Wort ihre Seele, hier Seele im Sinne von Selbstbewußtheit. Obgleich sie also nach ihrer eigenen Erklärung bis zum Alter von sieben Jahren ohne eine Selbstbewußtheit lebte, ist sie doch keineswegs bewußtlos, nicht ohne Bewußtsein gewesen, ein Zeichen dafür, daß Bewußtsein und Selbstbewußtheit zwei verschiedene Dinge sind. In ähnlicher Weise dürfen wir uns das Seelenleben nicht ihrer selbst bewußter Wesen, das heißt der Tiere, vorstellen, in das uns Helen Keller einen Einblick wie in eine andere Welt gewährt hat.

Helen Keller erkrankte im Alter von 19 Monaten, das ist in einer Altersstufe, in der das Ichbewußtsein kurz vor seiner Entfaltung steht, aber doch noch nicht in Erscheinung tritt. Man kann diesen Zeitpunkt bei gesunden Kinder an der Verwendung des Wortes »Ich« erkennen. Bis dahin sprechen sie von sich in der dritten Person, z. B. »Helen essen«. Andererseits waren bei H. K. zu Beginn ihrer Erkrankung die Nervenbahnen schon so weit ausgebildet, daß sie mit Ausnahme des Sehens und Hörens in ihrer Weiterentwicklung keine Störung zu erfahren brauchten. Wäre H. K. schon früher erkrankt oder gar taub und blind geboren worden, so hätte Anne Sullivan, erst bei der siebenjährigen Helen beginnend, nicht mehr ein denkendes Wesen aus ihrem Schützling machen können. Man weiß erst seit geraumer Zeit, wie wichtig die ersten *frühkindlichen Eindrücke* für die Entwicklung der Gehirnfunktionen sind.

Das um das Jahr 1230 unternommene, tragische und in dieser Hinsicht unfreiwillige Experiment des Kaisers Friedrich II., das in die Geschichte eingegangen ist, hat diese Gesetzmäßigkeit zum erstenmal sichtbar demonstriert. Der Kaiser wollte in Erfahrung bringen, ob der Mensch von Natur aus gut oder böse, ob die Erbsünde angeboren sei

Abb. 3: Familiengruppen bei Steppenzebras

oder nur von einer Generation auf die andere durch Tradition übertragen werde. Er gebot, um dies zu erfahren, daß einige Neugeborene völlig unbeeinflußt von anderen Menschen, man könnte sagen, in geistig-steriler Atmosphäre, aufgezogen werden sollten. Die Kinder durften niemanden zu Gesicht bekommen und wurden wie seelenlose Puppen behandelt. Aber die Frage des Kaisers konnte nicht gelöst werden, denn alle Kinder starben. Heute weiß man, daß Kleinstkinder, von denen jeder psychische Reiz ferngehalten wird, nicht am Leben bleiben können. Wenn nun schon die neurovegetativen, also die einfachsten seelischen Funktionen äußerer Reize bedürfen, um sich entfalten zu können, wieviel mehr muß das für die höheren psychischen Regionen gültig sein.

Der kaum überschätzbare Einfluß äußerer Eindrücke auf ein Neugeborenes tritt am deutlichsten in Form der sogenannten *Prägung* in Erscheinung. Das Gänseküken läuft demjenigen Lebewesen nach, das es nach dem Ausschlupfen aus dem Ei als erstes erblickt hat (Lorenz). Wenn nicht auf diese Weise dem Jungen sofort die Zugehörigkeit eingeprägt würde, wenn es also erst aufgrund einer umständlichen Erfahrung lernen müßte, wer seine Mutter ist, würde es in einer Gänse- oder in einer Pferdeherde ein heilloses Durcheinander geben. Freilich kommen auch im späteren Leben noch Prägungen zustande, wenn man darunter den ersten, überwältigenden und bleibenden Eindruck eines Erlebnisses versteht, beispielsweise bei in Einehe lebenden Tierarten die Prägung auf den Geschlechtspartner. Wie der bekannte Zebraforscher

Klingel feststellte, bleiben die in einer Gruppe mit einem Hengst lebenden Stuten freiwillig jahrelang, wenn nicht lebenslang, vermutlich infolge einer Partnerprägung, mit ihm beisammen.

Dennoch haben die in den ersten Tagen und Wochen erfolgenden Eindrücke den stärksten und später nie mehr ersetzbaren Einfluß. Beim Menschen werden heute die ersten Lebensmonate als wichtiger für die Entwicklung des Gefühlslebens und des Charakters erachtet, als alle Möglichkeiten noch so sorgfältiger Erziehung im gesamten späteren Leben. Das lächelnde Antlitz der sich über die Wiege beugenden Mutter, die ersten zärtlichen Laute, der Kontakt mit dem mütterlichen Körper gelten heute für die Entwicklung nicht nur des menschlichen Gemütes und des Charakters, sondern auch für die des wachen Geistes als unentbehrlich. Deshalb wird ein oft nicht zu vermeidender Hospitalismus in manchen Institutionen unserer Zeit von vielen Fachleuten mit Sorge betrachtet.

Als Zwischenform zwischen dem psychogenen Tod der Versuchskinder Friedrichs II. und dem Schicksal Helen Kellers ist der Begriff des sogenannten Kaspar-Hauser-Phänomens bekannt. Kaspar Hauser war im Jahre 1812 in Nürnberg, im Alter von etwa 16 Jahren, als Findelkind aufgegriffen worden. Aller Wahrscheinlichkeit nach dynastischer Herkunft, wurde er als Säugling zunächst totgesagt und dann entführt, um einem anderen Kind für die Thronfolge Platz zu machen.

In der ersten Zeit nahm er nur Brot und Wasser zu sich. Seine Fähigkeit zu sprechen, beschränkte sich anfangs auf wenige Worte und Sätze. Nachdem er gelernt hatte, sich zusammenhängend auszudrücken, erzählte er, daß er allein in einem dunklen Behältnis gesessen habe, solange er denken könne. Auch in den folgenden Jahren behielt er trotz aller Bemühungen ihn zu erziehen merkwürdige Ausfallserscheinungen eines Sonderlings bei. Dies wurde von allen, die mit ihm zu tun hatten, darunter Psychologen und Pädagogen, nicht auf eine genetische Veranlagung, sondern auf die fehlenden frühkindlichen Einflüsse zurückgeführt. Er wurde 1833 von einem bis heute unbekannt gebliebenen Mörder mit dem Dolch getötet.

Diesem Kind waren zwar die ersten psychischen Reize zuteil geworden, aber die folgenden früh- und spätkindlichen Einflüsse blieben ihm vorenthalten, so daß er am Leben blieb, jedoch charakteristische Ausfallserscheinungen erlitt. Zahlreiche Verhaltensstörungen beim Menschen von heute werden nicht so sehr auf ungünstige Erbanlagen oder auf falsche Erziehung, sondern vornehmlich auf einen Mangel an derartigen frühkindlichen Einflüssen zurückgeführt.

Zweifellos spielen diese frühkindlichen Einwirkungen auch beim Pferd eine wichtige Rolle. Wenn schon ein Gänseküken derartig prägbar ist, wieviel mehr wird das für ein dem Menschen näher als dem Vogel stehendes Lebewesen wie das Fohlen gelten müssen. Wir haben keinen

Abb. 4: Von Jugend an sollten die
Pferde zur Prägung mit Wasser
vertraut werden

Grund, daran zu zweifeln, daß viele Schwierigkeiten bei erwachsenen
Pferden auf frühkindlichen Versäumnissen beruhen. Ein Fohlen, das,
wenn schon nicht in einem Helen-Keller-, so doch in einer Art von
Kaspar-Hauser-Dasein aufwachsen muß, wird nicht die psychische Verfassung und Hochwertigkeit für sein späteres Leben gewinnen, wie ein
anderes, dem schon in der Jugend mannigfache psychische Reize entgegengebracht wurden. Nicht nur negative Eigenschaften, wie etwa
Widersetzlichkeit, sondern ebenso sehr positive, wie Lebhaftigkeit,
Fleiß, Initiative, Anhänglichkeit, hängen von den Einflüssen der ersten
Tage und Wochen ab. Wenn man dabei in Betracht zieht, daß die Dauer
einer Generation des Pferdes nur etwa ein Fünftel der menschlichen
beträgt, dann dürfte die Zeit der Beeinflußbarkeit sogar noch erheblich
kürzer sein als die nur wenige Monate andauernde des Menschen.

Die Folge der begrifflichen Lautsprache und des reflektierenden
Denkens ist freilich nicht allein der Gewinn der Selbstbewußtheit,
sondern darüber hinaus eine unermeßliche Steigerung der menschlichen
Denkfähigkeit. Wir vermögen ja einen Gedanken nicht nur einmal,
sondern beliebig oft zu reflektieren, ihn uns immer wieder von neuem in
das Bewußtsein zu bringen, ihn wiederholt durch unseren Gehirnmecha-
nismus hindurchzuschicken. Das Tier kann das nicht. Es vermag zwar
zu folgern und wahrnehmbare Zusammenhänge zu kombinieren, aber
zweifellos nicht in abstrakter, gegenstandsloser Weise nachzudenken.

Das menschliche Reflektieren ist vergleichbar mit dem wiederholten Programmieren eines Computers. Irgendeine Aufgabe wird durch ein Elektronengehirn bearbeitet, das Ergebnis wird mit neuen Daten versehen und von neuem durch die Maschine geschickt. Der Mensch freilich ist dem Computer dadurch überlegen, daß er sich selbst programmiert.

Mit diesem Griff des rückgekoppelten, reflektierenden Denkvermögens steigert die Natur die Leistungsfähigkeit des menschlichen Geistes ins Unermeßliche. Die Denkfähigkeit des Menschen ist deshalb nicht nur um den Maßstab größer als die eines Tieres, auch des höchstentwickelten, wie es dem Verhältnis der beiderseitigen Hirnkapazitäten entsprechen würde. Vielmehr ist sie dem Tier um das vieltausendfache überlegen, ja, sie ist geradezu unbegrenzt. Hinzu kommt die Summierung, wenn nicht Potenzierung der Denkarbeit vieler Menschen über den gleichen Gegenstand. Mit Hilfe des Wortes und der auf ihm aufgebauten Schrift können sich Tausende von Menschen nicht nur gleichzeitig, sondern über unbegrenzte Zeiträume hinweg mit der gleichen Aufgabe beschäftigen. Gedanken, die etwa ein Aristoteles gedacht, gesprochen, niedergeschrieben hat, vermögen wir immer weiter auszudehnen, mit neuen Überlegungen und mit Ergebnissen aus anderen Wissensgebieten anzureichern und immer wieder neu zu überdenken. Dieses unendliche Reich des reflektierenden, nur durch das begriffliche Wort ermöglichten Denkens mit dem Ergebnis nicht nur der Selbstbewußtheit, sondern auch der Potenzierung des menschlichen Denkapparates fehlt dem Tier. Es kann weder über einen abstrakten Begriff noch über sich selbst »nachdenken«.

Schließlich sind Vernunft, Ethik und sittliche Verantwortung weitere Ergebnisse des an das Wort gebundenen reflektierenden Denkens nächst dem Gewinn der Selbstbewußtheit und der geistigen Leistungssteigerung. Nur der seiner selbst bewußte Mensch, nicht aber das Tier ist fähig, sich selbst zu erkennen, Selbstkritik und Selbstbeschränkung zu üben, gut und böse zu unterscheiden. Der Mensch allein weiß, daß er etwas weiß, er allein aber kann auch wissen, wie wenig er weiß (Sokrates). Er allein kann mit sich selbst in persönliche Beziehung treten, mit sich selbst wie mit einem anderen Menschen sprechen. Nur die Gewohnheit hält uns davon ab, das Unfaßbare voll zu ermessen, daß wir mit uns selbst »Zwiesprache« halten können. Wir können uns aber nicht nur richtig, sondern auch falsch beurteilen, uns selbst täuschen oder belügen. Wir können uns selbst bewundern, vergöttern und überschätzen. Wir können uns selbst trösten und ermutigen, aber auch in Trauer und Verzweiflung versetzen.

Nicht nur Vorzüge, sondern auch *Nachteile und Gefahren* bringt dieses reflektierende Denken mit sich. Das hängt wohl teilweise damit zusammen, daß es sich um eine phylogenetisch junge, vielleicht erst einige zehntausend Jahre alte Errungenschaft des Menschengeschlechts handelt. Sie wird nicht vererbt, sondern muß von jedem Menschenkind nach dem Vorbild der Älteren gelernt werden. So ist es wohl zu erklären, daß es der Menschheit noch nicht recht gelungen ist, mit dieser großartigen Gabe fertig zu werden. Zunächst führt die durch das reflektive Denkvermögen errungene weitgehende Unabhängigkeit vom Kampf ums Dasein zu einer Wandlung zahlreicher natürlicher Lebensbedingungen, insbesondere zu einer Herabsetzung der körperlichen Bewegung. Dieser Mangel an Bewegung wiederum hat oft Entartungserscheinungen zur Folge. Eine häufige Art auf diese Weise hervorgerufener seelischer Störungen ist die Überheblichkeit, die als Cäsarenwahnsinn geradezu schizophrene Formen annehmen kann. Man muß kein Cäsar sein, um ihm zu verfallen. Zum Mangel an Bewegung tritt die Verfügungsgewalt über Besitztum hinzu, der manche Menschen oft seelisch nicht gewachsen sind. Man denke nur an die Steigerung des Selbstgefühls durch ein schnelles Auto oder durch eine Schußwaffe. Die fremde Kraft wird mit der eigenen unberechtigterweise identifiziert. Auch die geborgte Kraft des Pferdes kann eine falsche Illusion erwecken.

Schließlich besteht die Gefahr, daß die Überbetonung des reflektiven Denkens zu einer Verkümmerung anderer seelischer Bereiche, insbesondere des Gefühlslebens, führt. Dies hängt damit zusammen, daß das Reflektieren vornehmlich auf die intellektuellen Bereiche bezogen ist.

Wie aber steht es um das Tier? Ihm fehlen zwar Wort und Selbstbewußtheit. Ist es darum ohne Bewußtsein, ohne Verstand? Man sollte sich hüten, das Tier als seelenlosen Apparat, als eine Art Trieb- oder Reflexmaschine zu betrachten. Obgleich das häufig geschieht, wäre es ebenso falsch, wie es zu vermenschlichen. Falsch aber wäre es auch, zu sagen, wir wissen es nicht, also lassen wir die Frage offen. Wenn Gustav Rau sagt: »Wir müssen den Verstand des Pferdes zu Hilfe nehmen«, dann hat das nur einen Sinn, wenn wirklich feststeht, daß das Pferd Verstand besitzt. Läßt sich das aber überhaupt ermitteln? Viele bestreiten es. Sie sagen, was im Kopf eines Tieres vor sich geht, können wir nicht erfahren, weil es keine Sprache hat und weil es deshalb über seine subjektiven Empfindungen und Zustände nichts aussagen kann. Diese Auffassung mag zwar für viele Tierarten zutreffen, nicht aber in solch extremer Weise für höhere Tiere, wie etwa Menschenaffen, Hunde, Katzen, Delphine oder Pferde.

Gewiß wird man schwerlich einen Einblick in die Psyche etwa eines Regenwurmes oder einer Ameise nehmen können. Ist aber der entwicklungsgeschichtliche und wohl auch der seelische Abstand zwischen Pferd und einem Regenwurm nicht doch größer als der zwischen Pferd und Mensch? Anatomisch und physiologisch steht das Pferd dem Menschen zweifellos näher als dem Wurm oder dem Insekt. Bei dem engen Zusammenhang zwischen seelischen und körperlichen Beziehungen darf man also wohl eine derartige Folgerung annehmen, auch dann, wenn man die durch das reflektive Denken bedingte Kluft zwischen Mensch und Tier in Rechnung stellt.

Eine allzu radikale Trennung, hier der Mensch mit Mitteilungsvermögen, dort das Tier ohne mitteilende Sprache, ist auch aus anderen Gründen fragwürdig. Der Mensch ist nämlich keineswegs fähig, sein eigenes Seelenleben anderen zuverlässig mitzuteilen. Es ist sogar für ihn oftmals schwierig, sich selbst zu begreifen. Irrtum, Lüge und Selbstbetrug stehen einer Selbsterkenntnis häufig im Wege. Simulation, Hysterie und Selbsttäuschung haben gerade in heutiger Zeit groteske Formen angenommen. Wie oft steht der Arzt vor der schwierigen Frage, ob er es bei einem »Patienten« mit einem wirklich Kranken oder mit einem Simulanten oder Hysteriker zu tun hat. Eben deshalb muß sich ja die Psychoanalyse so raffinierter Methoden bedienen, um dem Patienten die Augen über sich selbst zu öffnen.

Diese Probleme der Täuschung haben wir im Umgang mit dem Tier nicht. Zwar gilt mit Recht das Fehlen der Sprache als besondere Erschwerung für den Tierarzt bei der Untersuchung seiner Patienten und bei der Diagnosestellung. Dieser Nachteil im Vergleich zum Humanmediziner wird aber dadurch ausgeglichen, daß uns das Tier nicht belügt.

Ist der Mensch nur in beschränktem Maße in der Lage, das Was seiner eigenen Seelenvorgänge anderen mitzuteilen, so steht es noch schwieriger um das Wie. Niemand kann einem anderen erklären, wie er einen Schmerz oder ein Wohlbehagen, wie er diese oder jene Farbe empfindet. Noch nie hat ein Mensch an sich selbst feststellen können, ob er farbenblind ist. Und es gibt tatsächlich viele, die es sind, ohne es zu wissen. Derartige Fragen können nur auf indirektem, experimentellem Wege gelöst werden, einem Weg, den wir auch beim Tier beschreiten können. Dazu ein Beispiel:

Ich betrete den Stall und bemerke, daß das Pferd eifrig mit dem Fuß scharrt. Daraus schließe ich, daß es wünscht und erwartet, von mir bald Futter zu erhalten. Ich schließe es ferner daraus, daß das Scharren aufhört, wenn die Krippe gefüllt worden ist. Angenommen, das Tier geht nicht an das Futter heran, sondern scharrt weiter. Ich sehe, daß der Eimer leer ist und fülle ihn mit Wasser. Das Pferd trinkt und hört auf, mit seinen Gesten ein Begehren zum Ausdruck zu bringen. Ich erkenne daraus, daß meine erste Schlußfolgerung falsch war, weil sie durch das Experiment, die Futtergabe, nicht bestätigt wurde. Mit Wahrscheinlichkeit schließe ich nachträglich daraus, daß das Pferd seinen Durst und sein Verlangen nach Wasser zum Ausdruck bringen wollte.

Wir müssen also von der Wahrscheinlichkeit ausgehen, daß ähnliche Reaktionen bei Mensch und Tier nicht etwa andere oder gar entgegengesetzte, sondern ebenfalls ähnliche psychische Vorgänge ausdrücken. Wenn der Hund aufschreit, falls ihm der Schwanz eingeklemmt wird, dann ist es unwahrscheinlich, daß er damit ein Wohlbehagen, wahrscheinlich vielmehr, daß er ein Unbehagen ausdrücken will. Wenn er einen anderen Hund oder einen Menschen beißt, dürfte das weniger auf Sympathie als auf Antipathie zurückzuführen sein. Wir können also aus seinen Äußerungen mit erheblicher Wahrscheinlichkeit auf seine Bewußtseinsvorgänge schließen, wenngleich er sie uns nicht mit Worten zu schildern vermag. Dabei bedienen wir uns nicht so sehr des Intellektes, sondern vornehmlich des Gefühls. Mit Recht spricht man nicht nur zwischen Mensch und Tier, sondern auch bei den Beziehungen der Menschen untereinander vom Einfühlungsvermögen. Wie es um diese Fähigkeit bestellt ist, schildert Gräfin Montgelas:

»Die Unfähigkeit, sich in die Lage, in die Gefühle anderer zu versetzen, ist die Ursache vielen Leids unter den Menschen. Sie haben die Fähigkeit, die in jedem Menschen liegt, verkümmern lassen, sie sind nicht mehr imstande, sich in die Seele ihres Nächsten zu versenken, die Dinge von seinem Standpunkt aus zu betrachten, sie sehen alles nur von der Warte ihres eigenen Ichs aus. Würden sie sich mehr mit dem Studium der Tierseele befassen, dann fiele ihnen auch die Einfühlung in die Menschenseele leichter, denn der Weg zur Erkenntnis der menschlichen Psyche führt von unten nach oben durch die Tierpsychologie hindurch. Tolstoi sagt: ›Die große Art der Welterkenntnis lehrt, sich in Gedanken in einen anderen Menschen, selbst in ein Tier hineinzuversetzen‹. Wer den Blick für diese Dinge hat, der sieht solche mit dem Menschlichen übereinstimmende äußere Zeichen vom Innenleben der Tiere so häufig, daß es ihm nicht schwerfällt, sich in ihr geistiges Wesen einzufühlen. Wem diese Fähigkeit aber fehlt, der sollte sich nicht anmaßen, zu behaupten, die Tiere hätten kein Seelenleben, sondern bescheiden zugeben, daß es ihm persönlich unbegreiflich und unfaßbar erscheint.«

Psychologie und Ethologie

Ethologie ist nach Immelmann »das Studium tierischen Verhaltens mit den Methoden der Biologie. Die Ethologie untersucht die Struktur des Verhaltens, das heißt den Ablauf der Bewegungsweisen (deskriptive Ethologie), seine unmittelbaren Ursachen, seine Funktion, das heißt seine biologische Bedeutung, seine Individualentwicklung und seine stammesgeschichtliche Entwicklung.«

Auch wenn man fragt, welchem Zweck ein Verhalten dient, handelt es sich zunächst noch um Ethologie. Wenn man aber die Frage stellt, warum, aus welchem Antrieb heraus das Verhalten geschieht, dann ist das in Wirklichkeit nicht mehr Ethologie, sondern bereits Psychologie.

Angenommen, ein Pferd wird aus dem Stall auf die Weide geführt und dort freigelassen. Es geht einige Schritte vorwärts, um dann zu grasen. Der Ethologe wird registrieren, daß das Tier, mit leerem Magen auf die Weide gebracht, die Muskulatur seines Bewegungsapparates betätigt, um den Körper dorthin zu bewegen, wo sich saftiges Gras befindet. Dabei wirkt das grüne Gras als Schlüsselreiz, der leere Magen als Auslöser, der den AAM, den »angeborenen Auslösemechanismus«, nämlich das Grasen in Gang setzt. Man wird ferner den Zweck des Verhaltens darin erblicken, die Erhaltung des Individuums durch Zuführen von Nährstoffen zu gewährleisten. Der Verhaltensphysiologe wird die bei dem Geschehen sich abspielenden Vorgänge in den einzelnen Körperorganen zu erforschen suchen. Er wird ermitteln, daß beim Eindringen der vom Gras reflektierten grünen Lichtstrahlen in das Auge über die Netzhaut in bestimmten Hirnzentren Reize gebildet werden, die eine Sekretion in den Speichel- und Magensaftdrüsen veranlassen, durch die wiederum die Tätigkeit der Bewegungs- und Kiefermuskulatur in Gang gesetzt wird usf.

Der Psychologe aber wird sagen, das Pferd geht vorwärts, um zu grasen, weil es hungrig ist, weil infolgedessen der Ernährungstrieb wach geworden ist. Er wird ferner feststellen, daß das Tier dabei das Gefühl des Angenehmen empfindet, er wird schließen, daß es ein Gedächtnis besitzt und mit Hilfe einer früheren Wahrnehmung eine Erfahrung gesammelt hat, weil es dorthin geht, wo es bei einem vorausgegangenen Aufenthalt auf der Weide schon einmal gutes Gras vorfand. Er wird weiter feststellen, daß es aus Wahrnehmung und Erfahrung eine Folgerung zu ziehen verstand und infolgedessen Verstand besitzt.

Es wäre kurzsichtig zu behaupten, daß irgendeiner der angeführten Bereiche überflüssig sei. Zweifellos muß an den Anfang psychologischer Betrachtungen die Beobachtung des Verhaltens gestellt werden. Ebenso falsch aber wäre es, in das andere Extrem zu verfallen und alle psychologischen Schlüsse abzulehnen. Falsch wäre es auch zu glauben, daß sich die einzelnen Gebiete gegenseitig ausschließen.

Wenn nun auch keine scharfen Abgrenzungen zwischen den einzelnen Gebieten, die sich sogar vielfach überschneiden, gezogen werden können, so dürfen sie doch auch nicht willkürlich durcheinandergebracht werden. Vor allem sollte man stets klarstellen, worum es sich handelt. Man kann nicht, wie schon geschehen, Tierpsychologie ablehnen, aber im gleichen Atemzug das abnorme Verhalten eines Tieres mit einer Frustration, einem Begriff aus der Tiefenpsychologie, zu erklären suchen, und dann behaupten, daß dies Ethologie sei.

Das beherrschende Feld der Ethologie ist ohne Zweifel die vergleichende Verhaltensforschung. Dagegen dominiert die Psychologie um so mehr bei der Untersuchung einzelner Individuen. Um zu erklären, weshalb ein Pferd hierhin, das andere dorthin geht, um zu grasen, weshalb es sich dabei zu diesem oder zu jenem Pferdekameraden gesellt, bedarf es jedenfalls psychologischer Untersuchungsmethoden.

Eine Entscheidung über die Frage, ob man psychische Einblicke bei Tieren gewinnen kann oder nicht, ist auch notwendig aus Gründen des Tierschutzes. Wenn man grundsätzlich ablehnen würde, über das, was im Tier vorgeht, zu urteilen, wäre es unzulässig, von Leiden oder Schmerzen eines Tieres zu sprechen. Ähnliches gilt für die Ausbildung. Nur wenn ich davon ausgehe, seelische Vorgänge, seien es solche des Gefühls, des Verstandes oder des Gedächtnisses, beurteilen oder beeinflussen zu können, vermag ich ein Tier zu erziehen oder auszubilden.

Notwendige Lebensbedingungen und Anpassung

Es wurde schon erwähnt, daß die naturwissenschaftliche Forschung auf drei Prinzipien beruht, nämlich auf dem Experiment, auf der Analyse und auf der statistischen Beobachtung. Zur Demonstration ein Beispiel: Angenommen, man bekommt einen lebenden Fisch in die Hand, ohne zu wissen, ob es sich um einen Süß- oder um einen Salzwasserfisch handelt. Die experimentelle Methode, es zu erfahren, wäre die, ihn einmal in Süßwasser, dann in Salzwasser zu bringen. Dort, wo er überlebt, wird er wohl zu Hause sein. Die analytische Methode würde darin bestehen, den Fisch zu zerlegen, die Organe zu untersuchen und aus ihrer Beschaffenheit den Schluß zu ziehen, ob sie zur Lebensweise im Süß- oder im Salzwasser geeignet und bestimmt sind. Die statistische Methode schließlich wäre die, zu beobachten, wo andere Fische dieser Art leben. Wenn alle gleichartigen im Seewasser leben und seit jeher gelebt haben, kann man mit Sicherheit aufgrund der großen Zahl und der Wahrscheinlichkeit annehmen, daß auch unser Fisch aus dem Salzwasser stammt und nur darin leben kann.

Diese letzte, statistische Methode spielt eine bedeutende Rolle in der Biologie. Es hat sich gezeigt, daß das, was im Laufe von Hunderttausenden von Jahren in der Entwicklungsgeschichte einer Tierart Gewohnheit war, zur Notwendigkeit wurde.

Diese Feststellung einer zum Naturgesetz gewordenen Regel, der notwendig gewordenen *Urgewohnheit,* trifft für alle Bereiche des Lebens zu. Unbewußt macht man von dieser Erkenntnis Gebrauch, wenn man sagt, dies oder jenes sei unnatürlich und damit von vornherein schädlich.

Einschränkend muß bei dieser statistischen Methode die Anpassungsfähigkeit der Lebewesen berücksichtigt werden. Anpassung ist eng verwandt mit dem Begriff der Entelechie, mit der zielstrebigen Reaktion auf Reize, nur belebten Wesen eigentümlich und somit ein Kennzeichen des Lebendigen. Das Unbelebte wird angepaßt, das Belebte paßt sich an. Die Anpassung an veränderte Lebensbedingungen erstreckt sich sowohl auf das einzelne Individuum als auch auf die Entwicklung der Arten. Ein bekanntes Beispiel extremer Anpassung in der Entwicklungsgeschichte ist die von Säugetieren, beispielsweise der Delphine, an das Leben im Wasser.

Auch das Pferd hat unzählige Formen der Anpassung an die jeweiligen Lebensbedingungen vorgenommen. Im speziellen Teil muß die überraschend große Anpassungsfähigkeit des Pferdes an unterschiedliche Klimaverhältnisse behandelt werden.

Jedes Tier hat im Rahmen seiner Erbanlagen einen Spielraum für die Anpassung an wechselnde Bedingungen. Dieser Spielraum schwankt sowohl bei den verschiedenen Arten und Rassen als auch bei den einzelnen Familien und Individuen. Der Grad der Anpassungsfähigkeit steht im direkten Verhältnis zu den sogenannten inneren Werten und zur Konstitution. Anpassungsfähigkeit als Lebensmerkmal und als Ausdruck der Entelechie ist unter den beschriebenen Gesichtspunkten nicht allein Kennzeichen hoher innerer Werte, sondern auch hinweisend für den Entwicklungsstand einer Art. Es ist einleuchtend, daß ein charakteristisches Merkmal des Lebens im Verhältnis zur Entwicklungshöhe stehen dürfte. So betrachtet man es mit Recht als ein Zeichen der Überlegenheit der menschlichen Natur, daß sie die größte Anpassungsfähigkeit unter allen Lebewesen besitzt. Der Mensch, nicht nur wegen seiner körperlichen Veranlagung, sondern vor allem wegen der unbegrenzten Leistungen seines reflektiven Denkvermögens, ist in der Lage, sich nahezu allen Bedingungen auf, unter und über der Erde anzupassen und unter so extremen Bedingungen zu existieren wie kein anderes Lebewesen. Um bei unserem Fisch zu bleiben, kann man zur Demonstration der Anpassungsfähigkeit annehmen, daß der Seefisch, gewohnt, sich im Meer bei einem Salzgehalt von etwa vier Prozent aufzuhalten, auch bei 3,8 oder bei 4,2 Prozent noch bestehen könnte. Dagegen würde er wohl bei drei oder bei fünf Prozent zugrunde gehen. Besonders anpassungsfähige Exemplare würden vielleicht auch noch bei 3,5 oder bei 4,5 Prozent Salzgehalt leben können. Diese Hypothese wird durch die Tatsache bestätigt, daß der Hering aus der Ostsee wegen des dort im Laufe der letzten Jahrhunderte sinkenden Salzgehaltes, der sogenannten Aussüßung, weitgehend, jedoch nicht gänzlich, verschwunden ist.

Bei diesen Erörterungen geht es auch um die Frage der *Beweisführung*. Die drei zuvor angegebenen Methoden wissenschaftlicher Forschung haben zum Ziel, Erkenntnisse zu vermitteln. Eine Erkenntnis aber bedarf zu ihrer Anerkennung des Wahrheitsbeweises. Unter Beweis versteht man die evidente, widerspruchsfreie Begründung einer Behauptung durch zwingende Argumente.

Nun zeigt die Erfahrung, daß es im allgemeinen nur möglich ist, Tatsachen, nicht aber Ursachen zu beweisen. Es läßt sich beweisen, daß die Zahl der Heringe in der Ostsee im Laufe der Zeit zurückgegangen ist, nicht aber im Sinne einer exakten Beweisführung, daß die Ursache in der Aussüßung liegt. Es könnten theoretisch auch irgendwelche anderen Gründe allein oder zusätzlich dafür verantwortlich sein, wie Änderungen der Temperatur, des Sauerstoff- oder Nährstoffgehaltes des Wassers, Raubbau durch die Fischerei, Krankheiten, Raubfische und anderes. Dennoch ist man allgemein der Ansicht, daß der sinkende Salzgehalt der Grund ist. Man nimmt diese Ursache an, weil sie die wahrscheinlichste ist. Es wäre unsinnig, für die Erklärung irgendwelcher Vorgänge nicht die wahrscheinlichste, sondern eine weniger wahrscheinliche Annahme zugrunde zu legen. Häufig kann man die Ansicht hören, dies oder jenes sei nicht bewiesen und daher nicht haltbar. In Wirklichkeit kann man sich mit einer solchen Auffassung nicht begnügen, wenn man eine Arbeitshypothese braucht. Freilich sollte man sich dort, wo man auf Wahrscheinlichkeiten nicht verzichten kann, stets bewußt bleiben, daß es sich nicht um exakte Nachweise handelt, daß man stets mit Irrtümern und mit notwendigen Korrekturen bisheriger Ansichten rechnen muß.

Eine der wichtigsten Urgewohnheiten aller Lebewesen, die zu einer unentbehrlichen Lebensbedingung wurde, ist der *Kampf ums Dasein*, der bei Mensch und Pferd vor allem in Form nahezu unaufhörlicher Bewegung zum Ausdruck kommt.

Allen Formen des Daseinskampfes ist gemeinsam, daß sie einen gewissen Daseinsdruck erzeugen. Dagegen wird eine die Anpassungskraft eines Individuums übersteigende Belastung zu einer Überbelastung, zum *Streß*, der nicht mehr mit physiologischen, sogenannten adäquaten, sondern nur noch mit pathophysiologischen, also inadäquaten Mitteln, beispielsweise in Form einer Entzündung, ausgeglichen werden kann. Bei der Besprechung des reflektiven Denkens wurde aber auch schon erwähnt, welche schädlichen Folgen die Ausschaltung des Daseinskampfes in Form eines Streßdefizits mit sich bringen kann.

Spezielle Psychologie des Pferdes

Die vom Lebensraum Steppe geprägte Psyche

Das Wesen des Pferdes ist durch außerordentliche Aktivität und durch ungewöhnliche Sensibilität gekennzeichnet, Eigenschaften, die von keinem anderen domestizierten Säugetier ähnlicher Größe erreicht werden. Dies beruht auf zwei Ursachen. Die eine ist die Spezialisierung auf schnellen, ausdauernden und wendigen Lauf, die andere die Anpassungsfähigkeit an verschiedenartigste klimatische Bedingungen.

Es ergibt sich von selbst, daß schnelle Bewegung einer lebhaften Sinnestätigkeit und ausgeprägter Sensibilität bedarf, um rasch wechselnde Eindrücke verarbeiten zu können. Das führt sogar zu einer Wechselwirkung insofern, als eine lebhafte Psyche nach der Aufnahme weiterer Eindrücke verlangt.

Dazu kommt, daß das Pferd die Fähigkeit besitzt, sich extrem heißen und kalten klimatischen Bedingungen anzupassen. In nahezu sämtlichen Zonen der Erde vermag es auf Grund dieser Veranlagung zu leben. Erst durch die Tundra im Norden, durch die Tsetsefliege im Süden wird sein Lebensraum begrenzt. Nach Hančar erstreckte sich die Urheimat des Pferdes von Europa bis zum Pazifischen Ozean, zur Zeit der noch bestehenden Bering-Landbrücke über Alaska bis zum amerikanischen Kontinent. Diese Anpassungsfähigkeit an extreme klimatische Bedingungen war nur möglich auf Grund einer ungewöhnlichen Hautaktivität, die wiederum eine um so mehr gesteigerte psychische Sensibilität mit sich brachte.

Die Vereinigung der beiden Gegensätze, nämlich auf der einen Seite die extreme Spezialisierung als schnelles Lauftier, auf der anderen die ungewöhnliche Anpassungsfähigkeit an die verschiedenartigsten Umweltbedingungen spricht nach dem Gesetz der Polarität für ein in diesem Hinblick höchstes Maß an Vollkommenheit. Tatsächlich scheint das Pferd in dieser Hinsicht einen nicht mehr zu überbietenden Endpunkt der Entwicklung darzustellen.

Der Sinn jener körperlichen und psychischen Eigenschaften ist der, daß sich das Pferd von den schwierigen Bedingungen des Klimas und der Ernährung in weiträumigen Steppengebieten frei machen kann. Tesio vertritt die Ansicht, daß die Pferde ursprünglich große jahreszeitliche, den Zugvögeln vergleichbare Wanderungen unternahmen. Das Laufen war weniger dazu bestimmt, sich vor feindlichen Tieren in Sicherheit zu bringen, als um weit entfernte Weideplätze aufzusuchen. Dies ist eine für die Psychologie des Pferdes wichtige Feststellung.

Die erwähnte, das psychische Geschehen beeinflussende Hautaktivität hängt in erster Linie mit einem komplizierten *Wärmehaushalt* zusammen. Ohne ihn zu kennen, ist es schwer möglich, die eigenartige psychische Sonderstellung des Pferdes innerhalb der Tierwelt zu verstehen. Von großem Einfluß auf den Wärmehaushalt sind Körpergröße, Gewicht und Schnelligkeit der Bewegung. Deshalb zunächst eine kurze Betrachtung über einige damit zusammenhängende Probleme.

Mit der Zunahme des Körpergewichtes steigen die Schwierigkeiten der Wärmeabführung im Quadrat. Denn die relative Körperoberfläche, also die Oberfläche pro Kologramm Körpergewicht und damit die Wärmeabgabe über die Haut ist beispielsweise bei einem 75 kg schweren Menschen zwanzigmal größer als bei einem 600 kg, also achtmal so schweren Pferd. Dazu folgendes Beispiel: Ein Würfel von 10 cm Kantenlänge hat eine Gesamtoberfläche von 600 cm². In acht Teile zerlegt hat er aber 1200 cm², also das Doppelte (s. Zeichnung). Acht Menschen haben jedoch zusätzlich 32 Gliedmaßen mit 160 Fingern und Zehen, 16 Ohren, 8 Nasen usw., das heißt ein Mehrfaches an Oberflächen, die für die Wärmeabgabe in Frage kommen.

Ähnliche Beziehungen bestehen zwischen zunehmendem Gewicht und Beweglichkeit, da der Kraftaufwand sowohl mit dem Gewicht als

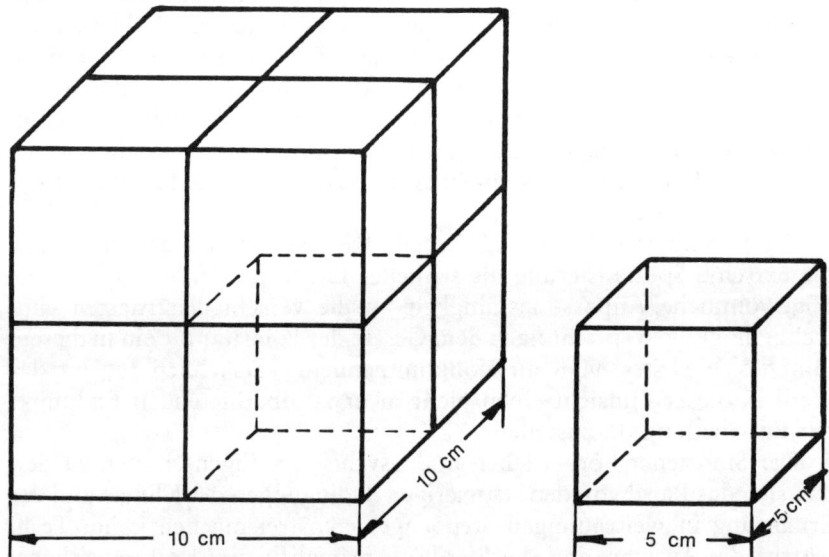

Abb. 5: 8 Würfel von fünf Zentimeter haben denselben Rauminhalt, aber die doppelte Oberfläche wie 1 Würfel von zehn Zentimeter Kantenlänge

auch mit der Geschwindigkeit im Quadrat ansteigt. Aus diesen Gründen ist es allein aus physikalischen Gründen nicht denkbar, daß ein schweres Pferd ebenso lebhaft herumtänzeln könnte wie ein zierlicher Araber. Ferner hängen die Distanzleistungen damit zusammen. Bei Pferden sind ebenso wie beim Menschen Steher über lange Strecken leichter als muskulöse Sprinter oder Flieger über kurze Entfernungen. Man vergleiche die Figur eines Marathonläufers mit der eines 100-m-Sprinters. Ferner ergibt sich daraus, welchen enormen Mehrbedarf an Kraft die für nur wenige Längen Vorsprung erforderliche Erhöhung der Geschwindigkeit im Rennen verlangt. Aus allem wird ersichtlich, welche Schwierigkeiten in der Wärmeabführung bei einem relativ großen und schnellen Tier erwachsen, da mit zunehmender Schnelligkeit und Größe der Kraftbedarf und damit die Wärmeentwicklung im Quadrat zu-, die Möglichkeit der Wärmeabgabe im Quadrat abnimmt.

Welcher Mittel bedient sich also die Natur, um die Wärme abzuführen? Zunächst dienen dazu die vermehrte Durchblutung und die Temperatursteigerung der Haut. Wie sehr beides verstärkt werden kann, wird erkennbar, wenn bei feinhäutigen Pferden während der Arbeit die Konturen der einzelnen, prall gefüllten Adern hervortreten. Ferner trägt das sommerliche Haarkleid mittels der sogenannten Grannenhaare auf dem Weg über die Verdunstungskälte zur Abkühlung bei. Das Pferd ist ein im Vergleich zu anderen Tierarten außergewöhnlich schweißaktives Lebewesen. Die schweißnassen Haare aber schaffen eine Oberfläche, die um ein Vielfaches größer ist als die unbehaarte Haut. Der zwischen den feuchten Haaren hindurchstreichende Wind erzeugt Verdunstungskälte und ausreichende Abkühlung. Diese Regulierung kommt allerdings nur dort voll zur Geltung, wo Winde mit geringer Luftfeuchtigkeit wehen. Das mag einer der Gründe dafür sein, daß das Pferd, vor allem in seinen schnellen Typen und Rassen, von Natur aus in trockenen, kontinentalen Steppengebieten zu Hause ist, während kaltblütige Schrittpferde wahrscheinlich vorzugsweise aus maritimen Gegenden stammen. Ferner hat diese Regulation der Wärmeabgabe dort keine Wirkung, wo die Luftbewegung fehlt, nämlich im Stall (siehe S. 298).

Die Schweißbildung tritt früher ein, als sie für den Beobachter äußerlich erkennbar wird, da man eine Hautfeuchtigkeit erst dann wahrnimmt, wenn sie über die gleichzeitige Verdunstung hinausgeht. Das läßt sich durch Befühlen mit der Hand eher als mit dem Auge feststellen. Deutlich wird es sichtbar, wenn man nach mäßig anstrengendem Ritt mit scheinbar trockenem Pferd am Stall ankommt, während sich in der Sattellage die Feuchtigkeit infolge der die Verdunstung behindernden Abdeckung erhalten hat. Beim Pferd ist jede Anstrengung, auch geringeren Grades, mit einer gewissen Flüssigkeitsabsonderung durch die Haut verbunden, die zweifellos auch zu einer Entlastung der Nierentätigkeit beiträgt. Diese auffallende Beteiligung der Haut am

Flüssigkeitshaushalt des Körpers zeigt sich auch darin, daß man bekanntlich in einem Pferdestall im Gegensatz zum Rinderstall weder Jaucherinne noch Jauchegrube zum Abführen des geringen konzentrierten und dickflüssigen Harnes benötigt, der vollständig von der Einstreu aufgesaugt wird. »Schwitzen ist daher eine Lebensnotwendigkeit für das Pferd« (Gütte).

Wesentlich einfacher ist der Schutz des Pferdes gegen Kälte. Wie viele andere Tierarten paßt es sich der kalten Jahreszeit durch das Wachstum der Wollhaare an, die im Sommer wieder abgeworfen werden. Vorübergehende Schwankungen der äußeren und inneren Temperaturen kann der Körper durch Glätten oder Sträuben der Haare ausgleichen. Die Wärmeabgabe wird ferner durch Herabsetzung der Durchblutung der Haut infolge der Kontraktion der Blutgefäße verringert. Ein weiteres Mittel zur Wärme- bzw. Kältedämmung ist das vielen Tieren eigentümliche, bei sinkenden Temperaturen sich bildende Unterhautfettgewebe. Den größten Schutz bringt jedoch die geringe relative Körperoberfläche mit sich. Man könnte sagen, das Pferd friert deshalb zwanzigmal weniger als der Mensch.

Aus dieser physiologischen Betrachtung geht hervor, daß das Pferd seine großartige Anpassungsfähigkeit an wechselnde klimatische Verhältnisse vor allem der starken Aktivität seiner Haut verdankt. Kein

Abb. 6: Der Pelz schützt auch im isländischen Winter

vergleichbares Tier vermag nur annähernd dieselbe Hautaktivität, insbesondere hinsichtlich der enormen Schweißbildung zu entfalten. Große Hautaktivität aber bedingt rückwirkend eine gesteigerte psychische Sensibilität (siehe S. 298).

Es ist eine zwar merkwürdige, keineswegs aber zufällige Tatsache, daß die innerhalb ihrer Stammeslinien so hoch entwickelten Lebewesen, der Mensch und das Pferd, über die größten Hautaktivitäten verfügen. Dies hängt möglicherweise damit zusammen, daß beide ein entscheidendes Entwicklungsstadium in der Waldsteppe verbrachten (siehe S. 92).

Der enge Zusammenhang zwischen Nervensystem und Hautaktivität geht unter anderem daraus hervor, daß sowohl beim Menschen als auch beim Pferd der sogenannte Angstschweiß eine bekannte Erscheinung ist, die durch Reizung des Schweißzentrums im Gehirn infolge psychischer Erregung hervorgerufen wird. Dieses Phänomen tritt offenbar nur bei diesen beiden Lebewesen in so augenfälliger Weise auf. Nächst dem Gehirn, der Hand und dem aufrechten Gang unterscheidet sich der Mensch von seinen nächsten Artverwandten, den Affen, durch nichts so sehr wie durch die Haut. In dieser Hinsicht gibt es zwischen Mensch und Tier kein Bindeglied unter den heute lebenden Arten. Sogar im Blut steht der Mensch den übrigen Primaten näher als in der Haut. Bei ihnen ist die Schweißbildung minimal und unvergleichlich geringer auch als die des Pferdes, bei dem bekanntlich der Schweiß wie in Strömen rinnen kann.

Die psychische Verschiedenheit der Pferde

Eine auffallende Besonderheit des Pferdes ist die ausgeprägte körperliche und psychische Einmaligkeit jedes einzelnen Individuums, die nur von der menschlichen übertroffen wird. Man kann jedes Pferd so genau beschreiben, daß es mit keinem anderen zu verwechseln ist. Das ist bei anderen Tierarten nicht ebenso möglich. Bei Hunden oder Rindern läßt sich beispielsweise nur dann die Identität über die Rassenzugehörigkeit hinaus festlegen, wenn es sich um Zweifarbige handelt, deren fleckenartige Hautmuster durch eine Zeichnung festgehalten werden können. Von dem aber abgesehen, gibt es eine Unmasse brauner Langhaardakkel, weißer Merinoschafe, einfarbiger brauner Rinder, die sich äußerlich so wenig von ihren Artgenossen unterscheiden, daß sie, außer von ihrem Besitzer, von niemandem aus einer größeren Menge ihresgleichen mit Sicherheit herausgefunden werden könnten.

Dagegen ist bei fast allen Pferden mit Hilfe einer Abbildung die Identität nachweisbar. Deshalb gibt es wohl von keiner anderen Tierart so viele, oft von berühmten Künstlern geschaffene Porträts wie vom

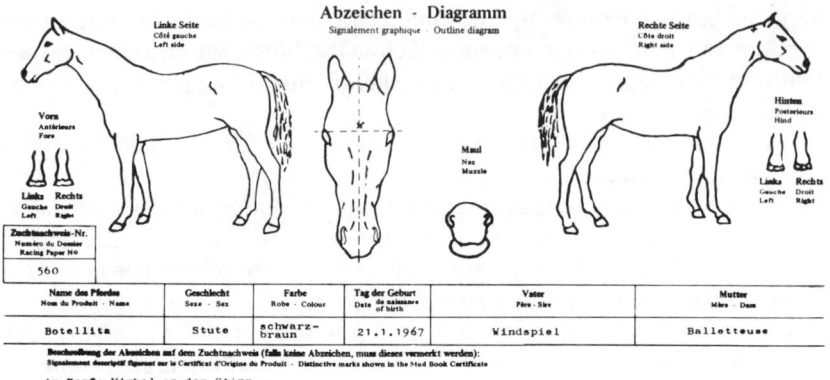

Abb. 7: Diagramm aus dem Pferdepaß eines Vollblüters. Auch ohne auffallende weiße Abzeichen ist eine Identifizierung möglich

Pferd. Beim *Pferdepaß,* wie er zur Identifizierung der Vollblutpferde verwendet wird, macht man von dieser Tatsache planmäßigen Gebrauch.

Die Mannigfaltigkeit war in früherer Zeit noch weitaus größer als heutzutage. Es gab allein in den Farben so zahlreiche Abstufungen und Mischungen, daß man sich heute kaum noch eine Vorstellung davon machen kann. Dazu kommen die unterschiedliche Größe, die verschiedenartige Kopfform, der Halsansatz, die Rumpflänge und -tiefe, die Ausbildung des Widerristes, die der Kruppe, des Langhaares, die Haarwirbel, die Art der Stellung, des Ganges, von der Unzahl der möglichen Abzeichen ganz abgesehen, die es erlauben, ein Pferd unter allen anderen zu identifizieren. So war es möglich, daß begnadete Kenner auch in den pferdereichsten Zeiten jedes einzelne Tier, das sie einmal gesehen hatten, noch nach Jahren wiedererkannten.

Diese Verschiedenartigkeiten brachten es mit sich, daß es auch in einer Zeit, in der es noch mehr Pferde gab als heute, manchmal schwierig war, sogenannte Passer zusammenzustellen. Es ist geradezu ein Zeichen dafür, daß man die Individualität unbewußt schon immer empfand, wenn schön zusammengestellte Paßgespanne die allgemeine Bewunderung erregten und als etwas Besonderes galten. Es kam vor, daß ein Pferdehändler wochenlang auf der Suche war, um irgendwo ein passendes Pferd zu einem oder mehreren anderen mit vielleicht seltenen Farben und Formen zu entdecken. Oft wurden enorme Preise bezahlt, nicht so sehr wegen der besonderen Qualität, sondern lediglich wegen der raren äußeren Erscheinung.

Der außerordentlichen körperlichen Vielfalt der Pferde entspricht auch ihre psychische Verschiedenartigkeit. Es ist natürlich nicht gesagt, daß äußerlich ähnliche Pferde auch psychisch von gleichem Wesen sein müssen. Man kann sich vorstellen, welche Schwierigkeiten zu überwinden sind, wenn bei der Suche nach Passern auch noch Gang, Temperament, Eifer harmonieren sollen. Gerade psychisch ist eben jedes Pferd ein besonderes und einmaliges Individuum. »Es gibt intelligente und dumme, mutige und feige, sensible und stupide, nervöse und stumpfsinnige, fleißige und faule, edle und unedle Pferde« (G. Rau). Daraus ergibt sich eine unzählbare Mannigfaltigkeit von Kombinationen. Ein Pferd kann dumm und faul, es kann aber beispielsweise auch intelligent und faul sein.

Die vielleicht überraschend und womöglich unwahrscheinlich klingende Behauptung von der besonderen Individualität des Pferdes als der größten in der gesamten Tierwelt, hat biologische, züchterische und geschichtliche Ursachen. Die biologischen Gründe sind in einer offenbar großen natürlichen Neigung zur Variabilität zu suchen. Die häufige spontane Entstehung vielfältiger Farbschattierungen und Abzeichen deutet auf eine naturgegebene Anlage hin. Weitere Gründe für die ungewöhnliche Individualität liegen auf züchterischem und geschichtlichem Gebiet.

Es ist nicht allzu schwierig, mit den Mitteln der Kreuzung und der nachfolgenden Inzestzucht im Laufe eines menschlichen Lebens eine neue, einheitliche, erbfeste Hunde- oder Schweinerasse zu züchten. Das beruht auf der kurzen Generationenfolge dieser mehrgebärenden Tiere. Anders ist es beim Pferd. Nur die konstante züchterische Beharrlichkeit mehrerer Generationen von Züchtern vermag es, eine neue Pferderasse zu schaffen. Dies mögen einige theoretische Zahlenvergleiche veranschaulichen.

Schon mit einem Jahr wirft das Schwein seine ersten zehn oder mehr Junge, ein halbes Jahr später bereits wieder dieselbe Anzahl, in einem sechsjährigen Leben etwa 120. Die Stute bekommt mit etwa fünf Jahren ihr erstes und einzelnes, in einem zwanzigjährigen Leben allenfalls 15 Fohlen. In dreißig Jahren hat das Schwein Hunderte von Millionen, die Stute höchstens 250 Nachkommen. Dies alles ist theoretisch und so gerechnet, daß die Hälfte der Nachkommen weiblich ist und sich in gleicher Weise fortpflanzt wie die erste Generation. Aus dieser rechnerischen Überlegung geht hervor, wie außerordentlich schwierig es ist, eine neue Pferderasse zu züchten. Vor allem muß man sich aus diesem Grunde davor hüten, züchterische Möglichkeiten von anderen Tierarten auf das Pferd zu übertragen. Auch beim Rind sind die Verhältnisse infolge der nur etwa ein Drittel an Zeit dauernden Generationenfolge gegenüber dem Pferd unvergleichlich einfacher. Es ist deshalb wichtig, sich darüber klar zu sein, daß die Schwierigkeiten der Schaffung neuer

Pferderassen in Anbetracht unserer Zeitverhältnisse unüberwindlich sind. Es ist gar nicht daran zu denken, daß in der Gegenwart mehrere Generationen von Menschen dasselbe Zuchtziel verfolgen würden. Um so mehr müssen wir die Leistungen vergangener Züchtergenerationen bewundern, die eine riesige Zahl von Pferderassen, -schlägen und -typen vom Shetlandpony bis zum schweren Rheinländer, vom Araber bis zum Oldenburger in fast unendlichen Variationen der Formen, der Farben und der Gangarten für alle Richtungen des Gebrauchs und des Geschmacks aus wenigen Urformen herauszüchteten. Niemals aber ist es gelungen, dieselbe Einheitlichkeit wie bei mehrgebärenden Tierarten und auch nicht wie beim Rind zu erreichen. Nicht einmal im englischen Vollblut war es möglich — trotz thoroughbred und pur sang —, eine einheitliche Rasse zu züchten (Tesio).

Diesem Umstand, der nächst dem Menschen größten und ausgeprägtesten Individualität unter allen Lebewesen, der so außerordentlichen Verschiedenheit seiner einzelnen Exemplare, mag die stiefmütterliche Behandlung des Pferdes von seiten der Tierpsychologie zum großen Teil zuzuschreiben sein. Diese Individualität zwingt dazu, nur mit Vorsicht auf Grund von Beobachtungen an einzelnen Pferden Behauptungen allgemeiner Art aufzustellen. Man kann vielleicht Hippologie ohne Psychologie, nicht aber Pferdepsychologie ohne hippologische Kenntnisse betreiben. »Erst muß man Pferdekenner sein, bevor man Pferdepsychologe werden kann. Die gründlichsten Kenntnisse in der Psychologie des Menschen oder anderer Tiere reichen nicht aus. Das Pferd hat so viele Eigentümlichkeiten, jedes einzelne Pferd so viele Gewohnheiten und Eigenheiten, daß man ohne ihre Kenntnis bei Schritt und Tritt auf Irrwege geraten kann« (v. Maday).

Die geradezu unüberschaubare Zahl der Pferderassen läßt sich, unbeschadet der speziellen Abstammungstheorien, in die zwei großen, durch körperliche und psychische Eigenarten gekennzeichneten Gruppen der sogenannten warm- und der kaltblütigen Pferde einteilen. In fast allen Körpergrößen, vom Shetlandpony bis zu den Großpferden, sind sie vertreten. Lediglich die überschweren Rassen sind ausschließlich den Kaltblütern vorbehalten, die in den letzten Jahrzehnten leider entweder ganz ausgestorben oder nur noch in vereinzelten Exemplaren zu finden sind. Die Entstehung der beiden Pferdegruppen ist nicht eindeutig geklärt.

Vieles spricht für die Vermutung, daß die Warmblüter dem kontinentalen, die Kaltblüter dem maritimen Milieu entstammen. Doch ist anzunehmen, daß der Warmblüter als die gradlinige, das maritime Kaltblutpferd als eine seitliche Abzweigung vom ursprünglich kontinentalen Ur- und Steppentier zu betrachten ist, dessen weitere gradlinige Fortentwicklung zum heutigen Warmblüter geführt hat. Das würde die auch auf anderen Überlegungen beruhende Annahme bestätigen, daß das warmblütige Pferd dem Urtyp des Pferdes nähersteht als das kaltblütige.

Der kontinentale Warmbluttyp ist vornehmlich in den Laufpferden, das maritime Kaltblut in den Schrittpferden vertreten. Beide sind durch Merkmale gekennzeichnet, die einer sinnvollen Anpassung an die klimatischen und bodengemäßen (ökologischen) Bedingungen entsprechen. Das kaltblütige Schrittpferd bewegt sich relativ gemächlich im tiefen oder weichen Boden eines wald- und insektenreichen Geländes bei gemäßigtem Klima mit reichlicher Vegetation. Das Laufpferd dagegen muß sich in Gebieten mit trockenem, festem Untergrund bei wenig Niederschlägen unter extremen klimatischen und jahreszeitlichen Gegensätzen und infolgedessen geringerem Nahrungsangebot über große Entfernungen behaupten. Unter diesen Bedingungen wäre ein schwerfälliger Körperbau und eine phlegmatische Veranlagung hinderlich (siehe S. 297).

Das hervorstechende körperliche Kennzeichen des Kaltblüters ist die gespaltene Kruppe mit relativ breiten, sich wiegenden Hüften im Gegensatz zur gewölbten Kruppe mit schmalen Hüften und straffen Bewegungen des Warmblüters. Weitere Kennzeichen des Kaltblüters sind breitere Hufe mit weicherem Horn, dichteres, längeres Haarkleid sowie volleres und längeres Langhaar an Stirnschopf, Mähne und Schweif. Typisch ist auch ein starker Kötenbehang, der vom Fesselkopf abwärts über die Fesselbeuge herabhängende Haarschopf. Im allgemeinen zeichnen sich die Kaltblüter durch eine frühreifere Entwicklung aus als die Warmblüter. Damit hängt es auch zusammen, daß für den maritimen Kaltbluttyp der lange Rücken mit rechteckigem Rumpf, für den spätreiferen kontinentalen der quadratische Typ mit kurzem Rücken charakteristisch ist. Diese Unterschiede beruhen auf der größeren bzw. geringeren Anzahl der Rumpfwirbel, deren Zunahme als Folge der Wachstumsbeschleunigung experimentell nachgewiesen ist (näheres über Früh- und Spätreife in Blendinger, »Gesundheitspflege des Pferdes«, Verlag Paul Parey, Berlin und Hamburg).

Die erwähnten Eigenschaften der beiden großen Pferdegruppen bedeuten eine sinnvolle Anpassung an die Bedingungen des feuchten, insektenreichen, maritimen oder an die des trockenen, kontinentalen Klimas. Der Stirnschopf des Kaltblüters schützt die Augen und das übrige Gesicht, die lange Mähne den Hals, der lange, dichte Schweif den größten Teil des übrigen Körpers vor Insekten, der Kötenschopf die empfindliche Haut der Fesselbeuge vor dem von oben bei Regen herabfließenden Wasser. Auch das dichte Fell ist möglicherweise mehr dem Schutz vor Insekten als dem gegen Kälte gewidmet. Die größeren, breiten Hufe sind gegen das Einsinken im weichen Untergrund besser als kleine geeignet. Umgekehrt ist das härtere Hufhorn der kleinen Hufe den Ansprüchen des harten Steppenbodens besser angepaßt.

Der Ausdruck Warm- und Kaltblut ist aus dem menschlichen Bereich hergeleitet und auf das Temperament bezogen. Auch beim Menschen spricht man von »heißblütigem« Wesen oder von einem »hitzigen« Gemüt, umgekehrt von »Kaltblütigkeit«, von einem »kühlen Kopf« oder gar von einer »eiskalten oder frigiden« Person. Diese Ausdrucksweisen sind sogar nicht ohne gewisse physiologische Berechtigung. Im Abschnitt über das Erregungsfieber (S. 64) wird die Steigerung der Körpertemperatur durch psychische Einflüsse behandelt. Diese wiederum sind je nach der Sensibilität der einzelnen Tiere oder Rassen verschieden stark ausgeprägt. Temperamentvolle, »heißblütige« Typen werden vermutlich schneller in eine körperliche Temperatursteigerung geraten als phlegmatische, kühl veranlagte. Die Sprache bedient sich demnach einer treffenden Ausdrucksweise, die um so erstaunlicher und bewundernswerter ist, als die Schöpfer dieser Bezeichnungen nichts von den sich abspielenden physiologischen Vorgängen ahnen konnten.

Mit Ausnahme des arabischen Pferdes ist kaum einer unserer Warmblutschläge frei von kaltblütigem Anteil. Auch das englische Vollblutpferd zeigt in seinem Äußeren Merkmale einer auch historisch belegten kaltblütigen Erbmasse, die vermutlich von Ponys unter den Vorfahren der royal mares herrühren. Sie sind am deutlichsten sichtbar am oft stark ausgebildeten Langhaar an den Kötenschöpfen, am kräftigen Winterpelz, gelegentlich sogar an einer gewissen Spaltung der Kruppe bei massigen Vollblütern schweren Kalibers. Es lassen sich deutlich innerhalb des Vollbluts Typen mit hohem orientalischem Anteil von denen mit mehr oder weniger maritimem Anteil unterscheiden. Auf diesen Gegebenheiten beruht insbesondere die bereits erwähnte und schon von Tesio hervorgehobene Uneinheitlichkeit des englischen Vollblutpferdes. Auch die gelegentlich bei Vollblütern zu beobachtende Ramsnase dürfte damit zusammenhängen. Diese rassischen Typenunterschiede sollten bei der Züchtung beachtet werden, denn Vollblüter ist eben nicht gleich Vollblüter. Da in allen warmblütigen Landschlägen ein großer Anteil an Vollblut enthalten ist, geht daraus die allgemein zu beobachtende Mischerbigkeit hervor. Um so wichtiger wäre es, auch in der Landespferdezucht bei der Veredlungskreuzung den Typ der zu verwendenden Vaterpferde ins Auge zu fassen. Aber auch in den Kaltblutrassen gibt es kaum Schläge ohne wenigstens Spuren warmblütigen Erbes. Mancher edle Hechtkopf eines schweren Kaltblüters ist das Erbe eines oft nicht mehr nachweisbaren arabischen Urahnen.

Eine andere, vielfach zu wenig beachtete Unterschiedlichkeit der Pferde ist die der einzelnen Lebensalter. Dies hängt vor allem damit zusammen, daß wir dem Pferd das Alter äußerlich kaum ansehen. Ohne die Altersbestimmung aufgrund des Zahnbildes wäre es unmöglich, ein dreijähriges von einem zehnjährigen Pferd zu unterscheiden. Diese Tatsache verführt oft dazu, ein junges Pferd entwicklungsmäßig zu überschätzen. Da ein Lebensjahr des Menschen etwa 4 bis 5 Pferdejahren entspricht, ist der Dreijährige mit einem 12- oder 15jährigen Jugendlichen zu vergleichen. Wenn viele frühreife Pferde oft schon mit drei Jahren ihr endgültiges Größenwachstum abgeschlossen haben, so darf daraus so wenig auf den Abschluß der körperlichen oder psychischen Entwicklung geschlossen werden wie bei einem Jugendlichen, der mit 15 Jahren 1,70 m lang gewachsen ist. Das aber wird bei Pferden weniger berücksichtigt als beim Menschen. Dies gilt nicht nur für den Gebrauch und die Anforderungen in der Arbeit, sondern auch für die Zucht. Es ist eine Erfahrungstatsache, daß viele, wenn nicht die meisten Degenerationserscheinungen auf die Zuchtverwendung zu junger Hengste und Stuten zurückzuführen sind. Umgekehrt ist erwiesen, daß von Elterntieren, die in voll erwachsenem Zustand erstmalig in die Zucht genommen wurden, die wertvollsten Nachkommen hervorgebracht werden. Einzelne Ausnahmen widerlegen nicht diese Regel. Zur Beurteilung müssen im übrigen stets drei bis vier vorausgegangene Generationen herangezogen werden.

Eine andere vielfach zu beobachtende Vernachlässigung der individuellen Eigenart beruht auf der ungenügenden Berücksichtigung des Geschlechtes. Das liegt daran, daß wir dem Pferd das Geschlecht weniger deutlich ansehen als dem Menschen. Beispielsweise besteht in der Behaarung bei Hengst und Stute kaum ein Unterschied. Oft ist es tatsächlich erst nach der Besichtigung der äußeren Geschlechtsorgane möglich, zu wissen, ob es sich um eine Stute, einen Hengst oder einen Wallach handelt. Deshalb auch wird von so vielen Menschen lediglich vom Pferd oder gar vom Gaul gesprochen, um diese scheinbare Belanglosigkeit des Geschlechtes außer acht zu lassen. Dies aber ist, wenn auch weniger körperlich als vor allem psychisch, oft ein folgenschwerer Mißgriff. Er beruht wohl auch darauf, daß beim Pferd die körperliche Leistungsfähigkeit, insbesondere in der Laufleistung, zwischen männlichen und weiblichen Tieren geringeren Unterschieden unterworfen ist als beim Menschen. Immerhin ist er größer als die 2 kg Gewichtserlaubnis, die den Stuten gegenüber Hengsten in Flachrennen zugestanden wird, wie aus der statistischen Überlegenheit der Hengste hervorgeht. Wenn aber von Psychologie die Rede ist, sollte man stets das Geschlecht des betreffenden Pferdes im Auge behalten. Vor allem aber sollte man sich angewöhnen, nur von »ihr« oder »sie« zu sprechen, wenn es sich um eine Stute handelt, nur von »ihm« oder »er« bei Hengsten oder Wallachen.

Körperlich-seelische Wechselbeziehungen

Allgemeines

Jedermann weiß, daß ein erschöpfter Körper den Geist so sehr beeinflußt, daß beide auch dann in tiefen Schlaf versinken, wenn man sich geistig nicht betätigt hat. Es wäre absurd, sich vorzustellen, der Körper könnte schlafen, während der Geist wach ist. Umgekehrt wird aber auch der in keiner Weise betätigte Körper in Schlaf verfallen, wenn auf rein psychischem Wege, etwa infolge angestrengter geistiger Tätigkeit oder auch nur wegen eines einschläfernden Geräusches, einer summenden Maschine, seelische Ermüdung eintritt. In entgegengesetzter Weise kann bis zu einem gewissen Grade ein energischer Wille den ermüdeten Körper zwingen, sich noch einige Zeit wach zu halten.

In ähnlicher Weise können krankhafte Veränderungen des Körpers durch psychische und umgekehrt seelische Erkrankungen durch körperliche Einflüsse hervorgerufen werden. Auf dieser Erkenntnis beruht vor allem die der Psychosomatik zugrundeliegende Richtung der Medizin. Mangelnde körperliche Bewegung ist beispielsweise eine häufige Ursache für Neurosen. Ebenso können einseitige psychische Belastungen körperliche Schäden, beispielsweise im Kreislauf, hervorrufen. Auf der anderen Seite können heilende Wirkungen vom Körper auf die Seele und umgekehrt vom Seelischen auf das Körperliche erfolgen. Der heilende Einfluß des Fastens, einer zunächst rein körperlichen Maßnahme, auf die Psyche ist bekannt. Wiederum macht man von der günstigen Beeinflussung des Körpers durch die Seele im sogenannten autogenen Training Gebrauch. Wenn die Impulse primär vom Seelischen auf das Körperliche wirken, spricht man von psychosomatischen, beim Wirken des Körperlichen auf das Seelische von somatopsychischen Vorgängen.

Man muß sich also darüber klar sein, daß es keine psychische Regung ohne einen damit verbundenen körperlichen Vorgang gibt. Jeder einzelne Gedanke ist mit einem körperlichen Ablauf in irgendwelchen Ganglienzellen und in ihnen mit einem Stoffwechselumsatz, einem Sauerstoffverbrauch, gekoppelt. Nicht nur von der Funktion, sondern auch von der Form und anatomischen Beschaffenheit der körperlichen Organe, besonders des *Gehirns,* ist jede psychische Leistung abhängig. Genauere Untersuchungen über die Beziehungen zwischen Gehirnentwicklung und psychischer Leistungsfähigkeit liegen zwar nicht beim Pferd, jedoch bei anderen Tierarten vor. Man kann es als gesichert betrachten, daß die Veranlagung für Intelligenz im direkten Verhältnis zur Menge der Ganglienzellen steht, die in der grauen Hirnsubstanz enthalten ist. Grob gerechnet entspricht das dem Hirngewicht, und zwar

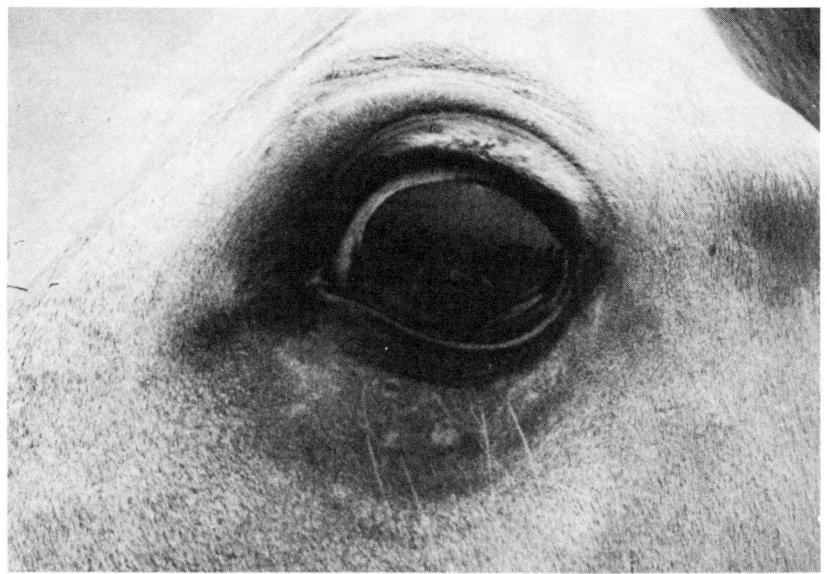

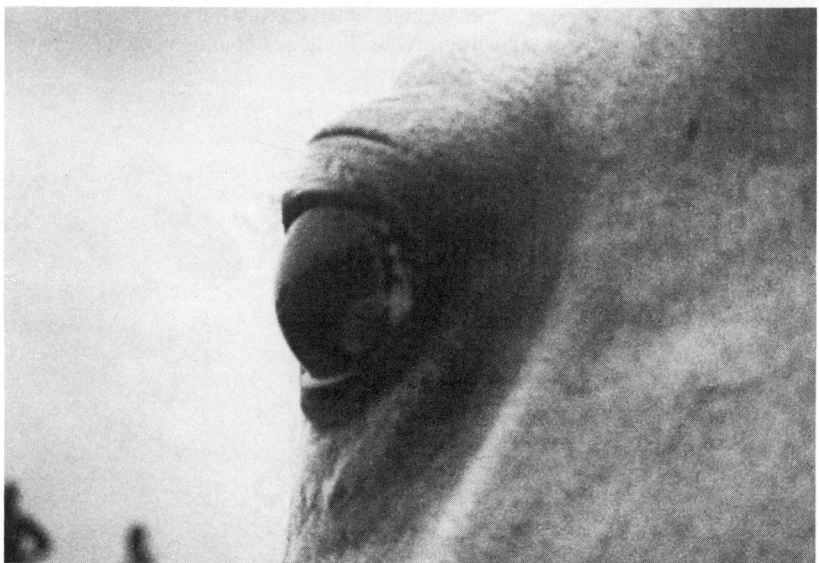

Abb. 8 und 9: Das große Auge eines edlen Pferdes (hier ein Lipizzaner) füllt die Augenhöhle vollständig aus und bildet eine mandelförmige Kontur

kommt es dabei auf das Verhältnis zum Körpergewicht, auf das *relative* Hirngewicht an. Wenn ein 300 Kilogramm schwerer Araber dasselbe Hirngewicht besitzt wie ein 600 Kilogramm schwerer Warmblüter

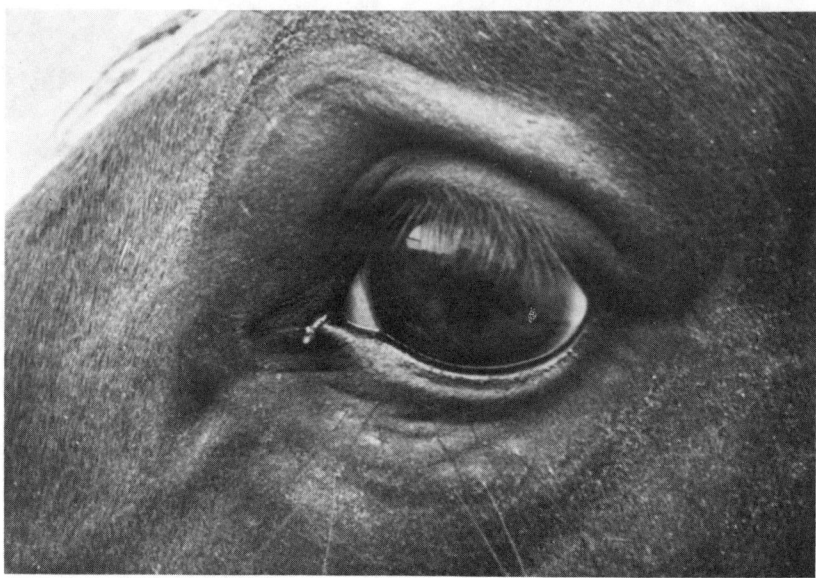

Abb. 10: Das obere Augenlid eines weniger edlen Pferdes muß hochgezogen werden, um den die Augenhöhle nur unvollständig ausfüllenden kleinen Augapfel nicht zu verdecken

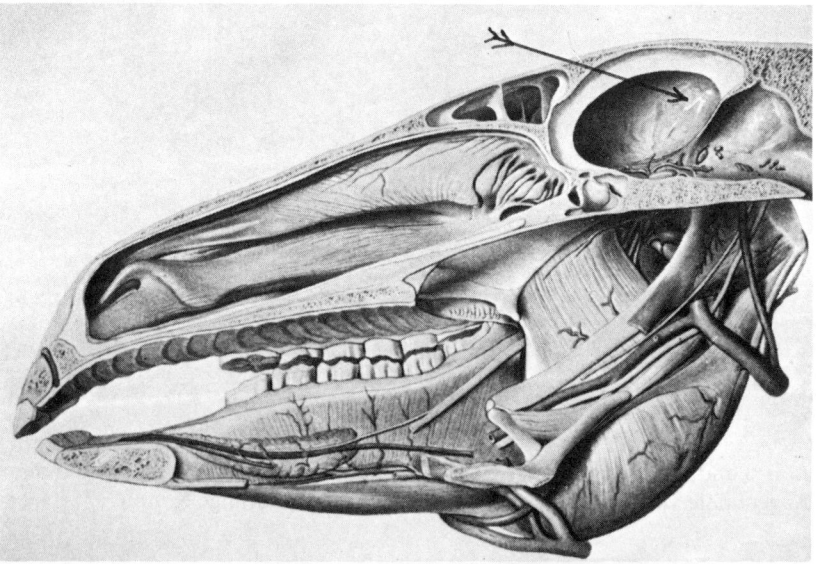

Abb. 11: Die Größe des Kopfes wird nicht durch die Größe der Gehirnhöhle (Pfeil), sondern durch die des Gesichtsschädels bestimmt. Je kleiner also der Kopf, desto größer ist der relative Anteil des Gehirnschädels

anderer Rasse, so bedeutet das die doppelte relative Gehirnmasse, die in einer überlegenen Veranlagung für Intelligenz zum Ausdruck kommt. Die entsprechenden Verhältnisse aus äußeren Kennzeichen abzuleiten, ist das Anliegen der psychischen Beurteilungslehre. Leider sind beim Pferd darüber keine exakten Methoden, insbesondere keine kraniometrischen Meßverfahren, bekannt. Man kann sich deshalb nur indirekter Merkmale bedienen. So weiß man, daß im allgemeinen mit relativ großem Gehirn ein großes Auge und ein kleiner Gesichtsschädel gekoppelt sind. Je kleiner der Kopf, um so größer ist also paradoxerweise das Gehirn. Niemals kann deshalb bei der Beurteilung eines Pferdes der Kopf als zu klein, sondern allenfalls als zu groß bezeichnet werden.

Die genauesten Untersuchungen bei Tieren wurden am Schwein vorgenommen. Dabei wurde eine Abnahme sowohl des relativen Hirngewichtes als auch der Intelligenz im Laufe der Domestikation festgestellt (Herre). »Die folgenden Zahlen geben an, um wieviel Prozent die Haustiergehirne kleiner sind als bei den zugehörigen Wildarten: Hauskatze 23 %, Haushund 31 %, Hausschwein 34 %, Hausschaf 24 %, Hauspferd und Hausesel 16 %« (Röhrs).

Das absolute Hirngewicht beträgt beim Pferd zwischen 370 und 600 Gramm (Mensch 1300–1800 g). Der Hirnquotient, d. h. das Verhältnis von Hirngewicht zum Körpergewicht, schwankt in folgenden Bereichen (nach Ellenberger-Baum mit Vergleichen zu anderen Tierarten und zum Menschen):

Pferd	1 : 418	bis	1 : 1000
Hund	1 : 28	bis	1 : 400
Schwein	1 : 650	bis	1 : 1900
Mensch	1 : 40	bis	1 : 48

Zwischen dem Gewicht des Rückenmarks und dem des Gehirns bestehen folgende Beziehungen:

Pferd	1 : 2,65
Rind	1 : 2,0
Mensch	1 : 48

Zur Beurteilung müssen auch die einzelnen Abschnitte des Gehirns herangezogen werden, insbesondere das Verhältnis des sogenannten Hirnstammes zum Großhirn. So beträgt das Großhirn des Menschen 87 % der gesamten Gehirnmasse, das des Pilotwals etwa 80 %, das des Elefanten 70 %. Die menschliche Hirnrinde hat eine Oberfläche von 2500 cm². Die tatsächliche Hirnrinde ist wesentlich dicker als die aller Tiere. In der dicken Hirnrinde sind erheblich mehr Nervenzellen enthalten als in der dünnen. Sie enthält auch eine größere Zahl von Nervenbahnen. Der Mensch ragt aus dem allometrischen Zusammenhang durch ein hohes Gesamthirngewicht und durch ein relativ noch höheres Großhirnrindengewicht unter allen Säugern erheblich heraus, so daß damit schon seine Sonderstellung und seine den Tieren überlegene Intelligenz erklärt werden kann. Am nächsten im Tierreich kommen ihm Zahnwale und Delphine (nach Haug).

Dabei ist allerdings zu berücksichtigen, daß einzelne Hirnbezirke gegenüber anderen bevorzugt oder benachteiligt sein können. Beispielsweise kann ein Mensch eine überlegene Veranlagung auf irgendeinem Spezialgebiet trotz relativ kleinem Gehirn besitzen, im extremen Fall als sogenanntes einseitiges Genie. »Weitergehende Untersuchungen haben ergeben, daß die einzelnen Hirnteile bei den Haustieren nicht gleichmäßig verändert wurden. Die stärkste Reduktion erfährt das Vorderhirn und hierin der Neocortex. Es besteht ein Zusammenhang zwischen Stärke der Gesamtabnahme und der Neocortexentwicklung. Die hochentwickelten Säuger mit großem Neocortex erfuhren stärkere Hirngrößenabnahmen als die primitiveren Formen mit gering entwickeltem Neocortex« (Röhrs). Daraus ergibt sich folgender Schluß: Wenn ein Pferd nur $\frac{1}{3}$ des absoluten, $\frac{1}{30}$ des relativen menschlichen Hirngewichtes besitzt, bedeutet das nicht, daß sämtliche psychischen Fähigkeiten des Pferdes nur ein Dreißigstel der menschlichen betragen können. Da einzelne Bezirke des menschlichen Gehirns, wie beispielsweise das Sprachzentrum, dem Pferd völlig fehlen, können dafür andere, wie etwa das Gedächtnis, relativ gut ausgebildet sein.

Die Möglichkeiten *psychogener Beeinflussungen* sind verständlicherweise am stärksten beim Menschen. Gerade der moderne Mensch in einer vielfach unharmonischen Umwelt mit vielen unnatürlichen Belastungen und einem oft einseitig übersteigerten intellektuellen Innenleben ist sogar ausgesprochen anfällig gegenüber seelisch bedingten Einflüssen geworden. Andererseits sind beim Menschen auf Grund des reflektierenden Wortdenkens durch Selbstdarstellung, Traumdeutung und Suggestion außerordentliche Möglichkeiten gegeben, die man sich in der Psychoanalyse und Psychotherapie zunutze macht.

Wenn demnach keine psychische Regung ohne körperliche Beteiligung und kein körperlicher Vorgang ohne psychischen Impuls verläuft, könnte man auf eine gesonderte Behandlung körperlich-seelischer Wechselbeziehungen verzichten, da sie auch bei der Besprechung der einzelnen psychischen Bereiche möglich wäre. Doch sollen einige auffallende Erscheinungen dieser Art besonders herausgestellt werden.

Besonderes

Im Vergleich zum Menschen sind die möglichen körperlich-seelischen Beeinflussungen bei Tieren relativ bescheiden. Falsch aber wäre es zu glauben, daß sie bei ihnen überhaupt nicht bestünden. Gerade beim Pferd gibt es krankmachende psychische Einflüsse und umgekehrt körperliche Zustände, die auf die Psyche zurückwirken. So wenig wie beim Menschen gibt es bei ihm irgendeinen körperlichen Vorgang ohne psychischen Impuls oder irgendeine psychische Regung ohne körperliche Beteiligung. Wie eine kleine, schmerzhafte Wunde aus einem stattlichen Mann ein deprimiertes, hilfeheischendes Wesen machen kann, so bewirkt eine vielleicht geringfügige körperliche Beschwerde des Pferdes, die der Reiter womöglich gar nicht bemerkt, eine psychische Veränderung im Wesen des Tieres. Umgekehrt kann körperliches Wohlbefinden das seelische Verhalten positiv beeinflussen. Man denke nur an das Wort »ihn sticht der Hafer«, das als besonders typisch sogar in den menschlichen Bereich übernommen wurde.

Wenn die gegenseitige körperlich-seelische Abhängigkeit zwar untrennbar ist, so erscheint sie dennoch unterschiedlich, d. h. nicht in allen Bereichen und nicht bei allen Individuen gleich stark ausgeprägt. Es ist bekannt, daß der eine unter vielleicht geringfügigen körperlichen Beschwerden heftig leidet, während der andere einen weitaus größeren Schmerz mit Gleichmut zu ertragen vermag. Jener ist im Zustand des Hungers unfähig zu vernünftigem Handeln, dieser läßt sich nur wenig dadurch beeindrucken. Ähnliches gilt offenbar auch für das Pferd. So ist es kein Zeichen für hohe körperliche und seelische Wertigkeit, wenn ein Pferd nur im besten Futterzustand Aktivität zeigt. Je geringer die Abhängigkeit der seelischen von der körperlichen Verfassung, um so hochwertiger ist das Tier. Von Mohammeds Pferden wird ein hierfür bezeichnendes Beispiel erzählt. Nach einem anstrengenden Marsch in glühender Hitze gelangte er mit seinen berittenen Gefolgsleuten an ein Gewässer, aus dem die durstenden Menschen und Tiere trinken konnten. Unmittelbar, bevor sie das Wasser erreichten, pfiff Mohammed den Stuten, die er auf solche Weise zu rufen pflegte. Fünf kehrten um, ohne zu trinken, um ihrem Herrn zu gehorchen. Diese wurden die berühmten Stammütter seiner Pferdezuchten. Es waren diejenigen, bei denen das Seelische relativ frei und unabhängig von den körperlichen Bedingungen geworden war.

Mag es sich bei dieser Erzählung auch um eine fromme Legende handeln, so trifft sie doch das Wesentliche, nämlich die Überlegenheit höherstehender psychischer Bereiche, des Charakters, des Gehorsams, über die mehr körperhaften des Nahrungstriebes bei besonders hochstehenden Individuen. Wenn Fischel die Höherentwicklung der Arten mit

dem zunehmenden Freiwerden von äußeren Bedingungen gleichsetzt, so
könnte man psychische Hochwertigkeit proportional zum Freiwerden
nicht nur von äußeren, sondern auch von inneren körperlichen Abhän-
gigkeiten ansehen. Besonders aktuell ist das bei der Pferdebeurteilung.
Es gehört viel Erfahrung dazu, hinter den Formen eines heruntergekom-
menen, mageren Tieres seinen wahren Wert zu entdecken, andererseits
sich nicht von den glatten Rundungen und dem augenblicklichen Temperament eines herausgefütterten Pferdes täuschen zu lassen, wie sich
auch der erfahrene Kunstkenner nur schwer der Wirkung eines häßli-
chen oder eines ansprechenden Rahmens bei der Beurteilung eines
Gemäldes entziehen kann. In früheren Zeiten verstanden es manche
Pferdehändler, durch körperliche Aufmachung psychische Wirkungen,
vor allem spritziges Temperament ihrer Verkaufspferde vorzutäuschen.
Daher der Name Roßtäuscher.

Allgemein war es beliebt, die Pferde zu »pfeffern«, ihnen vor dem
Vorführen Pfeffer oder Kautabak in den After zu praktizieren. Mit
aufgerissenen Augen, gehobenem Schweif und mächtigen Gängen prä-
sentierten sie sich dann den staunenden Kauflustigen. Wie überrascht
aber war nach einigen Tagen der neue Besitzer über die Verwandlung
des stolzen, feurigen Tieres in ein schlappes, faules Wesen.

Eine bekannte psychosomatische Erscheinung beim Menschen ist das
sogenannte *Reise-* oder *Lampenfieber*. In Erwartung eines bevorstehenden aufregenden Ereignisses, etwa einer geplanten Reise oder eines
Bühnenauftritts, kommt es besonders bei jungen Menschen zu Erre-
gungszuständen mit oft beträchtlicher Temperatursteigerung. Es ist
wissenschaftlich erwiesen, daß 70 Prozent aller Menschen, die unge-
wohnt öffentlich auftreten müssen, von heftigem Lampenfieber befallen
werden, das nicht selten ein wirkliches Fieber ist. Lampenfieber haben
fast alle großen Künstler und genialen Menschen. Es ist kein Zeichen
von Schwäche, sondern ein Beweis dafür, daß man großer seelischer
Erregbarkeit und Phantasie fähig ist. Beispiele hierfür sind Caruso,
Napoleon, Churchill und viele andere.

Daß es nicht immer freudige Erregungen sein müssen, geht aus dem
analogen Begriff Kanonenfieber hervor, von dem auch Goethe geschrieben hat. Um das merkwürdige Phänomen an sich selbst zu beobachten,
begab er sich während des Koalitionskrieges 1792 absichtlich unter
Artilleriebeschuß. »Ich konnte bald bemerken, daß etwas Ungewöhnli-
ches in mir vorgehe. Es schien, als wäre man an einem sehr heißen Orte
und zugleich von derselben Hitze völlig durchdrungen, so daß man sich
mit demselben Element, in welchem man sich befindet, vollkommen
gleich fühlt.«

Dem beschriebenen Vorgang entspricht beim Pferd das *Startfieber*. Es
äußert sich in Muskelzittern, Atembeschleunigung, Kreislauferregung,
Appetitmangel und Schweißausbruch. Von russischen Autoren wurde

experimentell nachgewiesen, daß das Startfieber tatsächlich mit einer meßbaren Temperatursteigerung verbunden ist. Bei manchen Pferden tritt dieses Rennfieber nicht erst vor dem Start auf, sondern schon am Morgen eines Renn- oder Turniertages, wenn sie aus dem Verhalten der Stalleute oder aus anderen Vorbereitungen bemerken, was bevorsteht.

Der Sinn des psychogenen Fiebers ist sicherlich vom Standpunkt der Entelechie der einer psychischen und physischen Leistungssteigerung. Häufig kommt es jedoch bei übertriebener Erregung zu einer körperlichen und psychischen Erschöpfung oder Schwächung oder gar zu Kurzschlußreaktionen beim Start (siehe Polarität und Irrbarkeit). Daß es sich beim Startfieber zunächst wirklich um eine sinnvolle Erregung handelt, wird daraus ersichtlich, daß das Warmlaufen vor dem eigentlichen Rennen allgemein als notwendig erachtet und in Form des Aufgalopps vorgenommen wird. Jeder menschliche Sportler weiß, daß er niemals gute Leistungen bringen kann, wenn es ihn friert. Die notwendige Mindesttemperatur des Wassers für Schwimmwettbewerbe ist bekannt. In zu kaltem Wasser werden keine guten Leistungen erreicht, der Körper ist steif und ungelenkig. Dasselbe gilt für alle anderen Sportarten, besonders im Wintersport beim Skifahren oder Eislaufen. Ebenso kann man schon auf alten englischen Stichen sehen, wie bei kalter Witterung Rennpferde in warme Decken eingehüllt zum Start gebracht werden. In gleichem Maß sorgt das psychogene Fieber für eine ausreichende Erwärmung und Durchblutung vor der plötzlich auftretenden Beanspruchung. Es ist wohl kein Zufall, daß das Lampenfieber in solchen Situationen aufzutreten pflegt, in denen nicht ein allmählicher Beginn, sondern eine sofortige volle Anforderung an die körperlichen oder psychischen Kräfte zu erwarten ist.

Wenn das Startfieber zu nachteiligen Folgen führt, kann das mit unnatürlichen Umweltbedingungen zusammenhängen. Um das zu verstehen, muß man sich die Verhältnisse in der freien Wildbahn vor Augen führen. Angenommen, vor einer grasenden Pferdeherde taucht in der Ferne eine bedrohlich wirkende Erscheinung auf, die sich beim Näherkommen als ein Rudel Wölfe entpuppt. Sobald die ersten Wahrnehmungen gemacht werden, bemächtigt sich der weidenden Herde heftige psychische Erregung, der Pulsschlag beginnt sich zu steigern, die Körpertemperatur sich zu erhöhen. Sobald die Raubtiere in bedrohliche Nähe gekommen sind, macht die Herde kehrt und galoppiert mit größter Anfangsgeschwindigkeit davon. Die damit verbundene Leistung wurde dadurch gefördert, daß der gesamte Körper schon vor Beginn des Laufens auf psychischem Wege vorbereitet, die Skelettmuskulatur optimal durchblutet und der Kreislauf bereits auf vollen Touren waren. Anders in domestizierten Verhältnissen. Das Pferd spürt ebenfalls den bevorstehenden Wettkampf. Die psychischen Folgen auf den Kreislauf sind dieselben wie in der freien Natur. Aber anders als dort kann es die aufgestaute Spannung nicht rechtzeitig durch das Ventil der Bewegung entladen. Vielmehr wird es festgehalten und an der sofortigen Entladung gehindert. So kommt es zu einer Anstauung der scheinbar sinnlos aufgepeitschten Energie, die sich in unnötigem Schweißausbruch, Zittern und übermäßiger Temperatursteigerung, womöglich in Erschöpfung auswirkt. Die beschriebenen Vorgänge treten besonders bei Startmaschinen in Rennen auf. Angenommen, ein einzelnes Pferd verzögert lange Zeit den Start, indem es sich weigert, die Startbox zu betreten. Die anderen, nicht weniger sensiblen Tiere, haben längst ihre Plätze bezogen, in denen sie bewegungslos in höchster psychischer Erregung den Start abwarten müssen, während das letzte beim Herumtanzen vor der Box seine Erregung in der damit verbundenen Bewegung abreagieren kann und dadurch möglicherweise in einen Vorteil kommt.

Wenn das Ventil der Bewegung nicht durch das endlich begonnene Rennen geöffnet wird, sondern infolge einer Verzögerung oder eines Fehlstartes noch länger geschlossen bleibt, kann es sogar zu einem verhängnisvollen circulus vitiosus führen. Da nämlich die psychogene Steigerung des Blutumlaufs nicht nur der Skelettmuskulatur, sondern auch dem Nervensystem zugute kommt, führt die vom Erregungszentrum des Gehirns ausgegangene Aufpeitschung des Kreislaufs dazu, daß auch das Gehirn, und damit jenes Zentrum selbst, wieder um so mehr durchblutet und infolgedessen um so mehr erregt wird.

Die jeweilig richtige Beurteilung des Startfiebers, noch mehr die zweckmäßige Korrektur einer übersteigerten Veranlagung, ist keineswegs einfach. Sie muß sich gegebenenfalls sowohl auf körperliche als auch auf seelische Maßnahmen erstrecken. Das unzweckmäßigste, was man im Stadium beginnender Erregung machen kann, ist, nichts zu tun, den Patienten sich selbst und seiner Erregung zu überlassen. Freilich ist das am folgenschwersten beim Menschen, der sich mit Hilfe seiner reflektiven Denkweise in eine schreckliche Phantasie hineinsteigert. Aber auch beim Pferd ist nichts unzweckmäßiger, als es irgendwo angebunden sich selbst, der fremden Umgebung und vielleicht der Nachbarschaft unbekannter Menschen und Pferde zu überlassen. Am besten ist es in solchen Fällen, das Tier zu führen oder zu longieren, um es abzulenken. Der in der Startmaschine wartende Reiter sollte nicht stumm und unbeweglich auf seinem Pferd sitzen, sondern mit unaufhörlichem Sprechen und mit Beklopfen des Halses mit der flachen Hand soviel wie möglich eine Ablenkung während des Wartens herbeizuführen suchen.

Manche Sportler suchen ihre Übererregung durch irgendeine belanglose Sache abzureagieren. Ein bekannter Rennreiter pflegte schon vor dem Rennen einen kurzen Strohhalm zwischen den Lippen zu halten, den er auch nach dem Rennen nicht verloren hatte. Der Zwang, einen ganz kleinen Teil seiner Aufmerksamkeit und seiner körperlichen Spannung darauf zu verwenden, daß der Strohhalm nicht verlorengeht, schützte ihn vor einer übertriebenen geistigen und körperlichen Spannung und vor Kurzschlußreaktionen. Vielleicht ist auf diese Weise der Talisman zu erklären, an den so viele Menschen glauben. Gelegentlich muß man auch an paradoxe Erscheinungen denken. Bei manchen Sportlern äußert sich das Startfieber in unwiderstehlichem Gähnen. Von einem der berühmtesten Rennpferde aller Zeiten, der niemals besiegten Stute Kincsem, wird erzählt, daß sie ihren Jockei vor dem Start an den Rand der Verzweiflung brachte, weil sie unmittelbar zuvor nicht davon abzuhalten war, zu grasen. Entweder war sie sich ihrer Überlegenheit so grenzenlos sicher, daß sie keinen Grund zur Nervosität hatte, oder sie suchte sich unbewußt von der herrschenden Spannung abzulenken. Man spricht bei solchen Verhaltensweisen von Übersprungshandlungen.

Offenbar spielen auch noch zwei weitere Momente bei der Entstehung eines übertriebenen Startfiebers mit, nämlich Unsicherheit und Übertraining. Die Unsicherheit entwickelt sich im allgemeinen auf Grund schlechter Erfahrungen oder aus dem Gefühl der Unterlegenheit. Man kann oft genug beobachten, daß zu Beginn einer Reitjagd die schnellsten Pferde am ruhigsten, weniger schnelle aber um so erregter sind. Es entsteht der Eindruck, als fühlten die schnelleren irgendwie, daß sie den andern spielend nach- oder zuvorkommen werden, während die langsameren unsicher sind, ob sie wohl mithalten können. Ähnliche Erfahrungen dürften bei Rennpferden im Spiele sein. Pferde, die nur gesiegt haben, scheinen nicht ebenso nervös zu sein wie andere, die nur schwer mitkommen oder vielleicht im Finish schlechte Erfahrungen mit der Peitsche gemacht haben.

Nach alledem handelt es sich um so vielgestaltige Ursachen und Erscheinungsformen, daß man geradezu von einer Psychologie des Startfiebers sprechen kann. Ungerechtfertigt dürfte es sein, diesen Komplex in den psychologischen Begriff der Erwartung einzubauen, mit dem man im allgemeinen wohl kaum die Vorstellung einer fieberhaften Erregung verbindet, eine Auffassung, die jedoch von manchen Psychologen vertreten wird.

Nicht nur der Start vor einem Rennen, sondern auch andere Ursachen können die erwähnten fieberhaften Erscheinungen hervorrufen, die man deshalb am besten mit dem zusammenfassenden Begriff *Erregungsfieber* bezeichnet. Dieses Erregungsfieber kann sich nicht nur vor, sondern auch während eines aufregenden Ereignisses entwickeln. Häufig ist der Schweißausbruch bei einem Pferd nicht so sehr auf die körperliche Anstrengung, sondern auf die damit verbundene Erregung, zum Beispiel während einer Reitjagd zurückzuführen. Oft ist es schwierig, manchmal wohl gar nicht eindeutig zu klären, welchem der beiden Faktoren das Hauptgewicht zuzumessen ist. Für den Reiter ist es aber wichtig, daran zu denken, daß sein Pferd vielleicht nicht so sehr infolge

der Anstrengung, sondern vor allem wegen der Erregtheit schweißgebadet am Stall ankommt. Bekanntlich ist der Beginn des Schweißausbruchs
in den einzelnen Körperregionen individuell oder je nach Art der Betätigung verschieden, etwa zuerst am Hals oder an der Schulter oder in den
Flanken. Dies dürfte mit der unterschiedlichen Belastung der einzelnen
Muskelgruppen zusammenhängen. Tritt die Schweißbildung, wie häufig
zu beobachten, zuerst am Ohrgrund auf, so spricht dies möglicherweise
für überwiegend psychische Gründe.

Für psychogene Organschäden, im schlimmsten Fall für den psychogenen Tod, ist beim Pferd ohne Zweifel in erster Linie die *Angst*
verantwortlich zu machen. Ihr höchster Grad ist die Todesangst. Sie ist
vielleicht überhaupt das größte Maß möglicher Leiden und Qualen. Um
einen Einblick in die dabei sich abspielenden Vorgänge beim Tier zu
gewinnen, soll auch hier die menschliche Situation vorweg behandelt
werden. Autorisiert, über dieses Problem zu reden, ist vielleicht nur
derjenige, der aus eigener Erfahrung zu sprechen in der Lage ist.

Wohl die meisterhafteste Schilderung in der Weltliteratur ist die von
Dostojewskij in »Der Idiot«. Der Dichter, der wie kein anderer verstand,
»die Nachtseiten der menschlichen Seele darzustellen«, war 1849 zum
Tode verurteilt worden. Schon auf dem Schafott stehend, die Binde
bereits um die Augen, wurde er in letzter Minute zu vier Jahren
Zwangsarbeit begnadigt. Aus eigener Erfahrung also läßt Dostojewskij
den Helden seines Romanes folgendes sprechen: »Ein Mensch, der
gefoltert wird, leidet, er bekommt Wunden und hat körperliche Qualen
zu ertragen. Das lenkt ihn aber von der Seelenpein ab, er leidet nur unter
diesen Wunden, bis er stirbt. Der größte, unerträglichste Schmerz rührt
aber nicht von den Wunden, sondern von der Gewißheit her, daß in
einer Stunde, in zehn Minuten, in einer halben Minute und dann jetzt —
jetzt gleich, die Seele aus dem Körper entfliehen wird, daß man Mensch
zu sein aufhören muß, und vor allem, daß es bestimmt so sein wird.
Diese Bestimmtheit ist die Hauptsache. Die Viertelsekunde, da man den
Kopf unter das Messer legt und es über dem Kopf knirschen hört, ist am
furchtbarsten. Die ganze letzte Hoffnung, die den Tod zehnmal leichter
ertragen läßt, wird einem mit Sicherheit genommen. Der Umstand, daß
man nicht mehr entrinnen kann, enthält eine Qual, wie es auf der ganzen
Welt keine furchtbarere gibt.«

Die Wahrheit dieser Worte ist durch ein schauerliches Experiment
bewiesen. In einem schlechten Scherz hatten junge Leute einen Mann in
einer fingierten Gerichtssitzung zum Tode verurteilt. Er wurde in ein
düsteres Gewölbe geführt, wo ein Schafott aufgebaut war. Man verband
ihm die Augen, legte seinen Kopf auf einen Block unter das Messer, ließ
über ihm ein Geräusch wie vom Auslösen des Beiles ertönen und — legte
ihm ein nasses Tuch auf den Nacken. In diesem Augenblick kam es zu
einem akuten Herzstillstand und zum Tod des Opfers.

Für die Entwicklung der Todesangst ist eine Kenntnis vom Wesen des Todes keineswegs Voraussetzung. Todesangst ist ein vitaler Affektzustand, der nicht vom Wissen um Sterben und Tod abhängig ist, über den schließlich niemand eine verbindliche Aussage zu machen imstande ist. Deshalb unterliegt der Todesangst nicht nur der Mensch, sondern auch das Tier. Völlig geklärt ist das Zustandekommen der Todesangst offenbar dennoch nicht. Es gibt Beispiele todkranker Menschen und Tiere, die durchaus nicht das Gefühl der Todesangst empfanden. Der letzte Funken Hoffnung scheint sie noch zu mildern. Um so grausamer ist es, die Hoffnung zu rauben. Eine hochstehende ethische Haltung kann dazu beitragen, die Bewältigung der Todesangst zu erleichtern. Zu den großartigsten Beispielen dafür gehört wohl der Tod des Sokrates oder der vieler Märtyrer, denen die Überzeugung einer Fortdauer nach dem Tod, also ebenfalls eine Art Hoffnung, zu ihrer übermenschlichen Haltung geholfen hat. Dennoch ist anzunehmen, daß der Grad der Todesangst im direkten Verhältnis zum geistigen Hochstand, zur seelischen Differenzierung und Phantasie des betroffenen Individuums steht. Ein so hochgeistiger, differenzierter und sensibler Charakter wie Dostojewskij wird ohne Zweifel mehr darunter leiden als die stumpfsinnige Natur irgendeines primitiven Menschen, eine Annahme, für die zahlreiche Beispiele bekannt sind. Aus diesem Grund darf man mit Recht die Angst vor dem Tod auch in der Tierreihe proportional zum Stand der art-, rasse- und individuell bedingten Entwicklungshöhe und zur psychischen Differenzierung in Beziehung setzen.

Jenen hohen Grad von Todesangst, wie ihn Dostojewskij beschrieben hat, jene größte aller möglichen Qualen wird wohl nur der reflektierend denkende Mensch empfinden können. Zwar ist die Todesangst ein Produkt aus dem Bereich des Gefühls, ein Affektzustand, der vom Wissen um den Tod unabhängig ist. Der dem Affekt entgegengesetzte Begriff aus dem Bereich des Bewußten wäre vielmehr die Todesfurcht, die zweifellos nur dem Menschen verliehen ist. Nur er vermag sich Gedanken über Tod und Sterben zu machen, ohne unmittelbar bedroht zu sein. Nur für ihn gibt es ein memento mori! Auf der anderen Seite aber muß man annehmen, daß sich die Todesangst beim Tier schneller einstellt als beim Menschen. Zweifellos hat Dostojewskij recht, wenn er das Gefühl der Hoffnungslosigkeit zur Voraussetzung der Todesangst macht. Der Begriff der Hoffnung aber ist dem Tier sicherlich fremd, denn Hoffnung beruht auf einer reflektierenden Überlegung. Somit stellt sich die Todesangst bei ihm viel schneller ein als beim Menschen, auch in für uns unbegründet erscheinenden Situationen, weil ihm eben die Vorausschau, das reflektierende Vorausdenken, die Hoffnung, fehlt. Angenommen, aus einem Stall werden alle Pferde mit Ausnahme eines einzigen herausgeführt. Das Zurückgebliebene gebärdet sich wie in der größten Verzweiflung in einer für uns unbegreiflichen Weise, als ob es für ewige Zeiten von seinen Kameraden getrennt und allein bleiben müßte. Vielleicht steht es in Angstschweiß gebadet da, wenn die übrigen Pferde trotz der verrichteten körperlichen Arbeit trocken zurückkehren. Es fällt schwer, uns klarzumachen, daß das Tier tatsächlich damit rechnen muß, die Trennung könnte für immer bestehen bleiben. Woher soll es wissen, wie kann es hoffen, daß die Kameraden nach einer Stunde zurückkehren werden? Wenn dies freilich jahrein, jahraus Tag für Tag geschieht, wird es sich daran gewöhnen und einen Zustand erreichen, den man mit einer Art von Hoffnung oder Wissen bezeichnen könnte, daß die Stallgenossen wie eh und je auch heute zurückkehren werden.

Ebenso weiß das Pferd im allgemeinen nicht, daß eine scheinbare Bedrohung seines Lebens nur vorübergehend oder überhaupt nicht gegeben ist. Den Trost der Hoffnung auf Grund von Wissen und von vorausschauender Einsicht hat es nicht. Dies sollte man sich vor Augen halten, wenn man das Scheuen von Pferden bei uns harmlos erscheinenden Vorgängen zu beurteilen hat. Blitzschnell kann sich aus dem Scheuen der Zustand der Panik entwickeln. Aus diesem Affekt sind manche scheinbar unerklärlichen Unfälle mit Pferden zu erklären. Der Mensch, der sich nicht in die Lage des Tieres zu versetzen weiß, neigt dazu, es kurzerhand als dumm zu bezeichnen. Er würde vielleicht vorsichtiger urteilen, wenn er sich vorzustellen vermöchte, daß ein ihm als belanglos erscheinendes Ereignis für das Pferd wirklich lebensbedrohlich zu wirken und das Gefühl der Todesangst hervorzurufen vermag. So kann unter Umständen ein psychischer Vorgang, nämlich der der Todesangst, einen auch für das Tier tödlich endenden Unfall, das heißt einen psychogenen Tod traumatischer Art, herbeiführen.

Der psychogene Tod im eigentlichen Sinn jedoch beruht am häufigsten auf Kreislaufversagen infolge psychischer Überbelastung. Das Schrecklichste, das einem Bewegungstier wie dem Pferd begegnen kann, besteht darin, daß ihm bei vollem Bewußtsein die Beine gefesselt werden. Daß dies zutrifft, ist daraus ersichtlich, daß ein Pferd keinerlei Symptome der Angst ausdrückt, wenn es nur mit dem Rumpf an der senkrecht stehenden Wand eines Operationstisches befestigt und dann mit diesem umgelegt wird. Erst wenn ihm die Beine am Operationstisch festgeschnallt werden, beginnt es unruhig zu werden und verzweifelte Befreiungsversuche in tödlicher Angst zu unternehmen. Vorher erweckt es eher den Eindruck ratloser Verwunderung, wenn nicht gar den einer Art hypnotischen Zustandes. In der Angstpsychose aber beginnt sich der Puls rasend zu beschleunigen, nicht nur wegen der äußersten körperlichen Kraftanstrengung, sich zu befreien, sondern vor allem wegen der psychischen Überbelastung. Dabei können herzschädigende Folgen, sogar tödlicher Art, eintreten. Man soll also nicht nur aus Gründen des Tierschutzes und der Operationstechnik, sondern auch zur Schonung des Kreislaufs Pferde nur in voller Narkose, zumindest aber erst nach

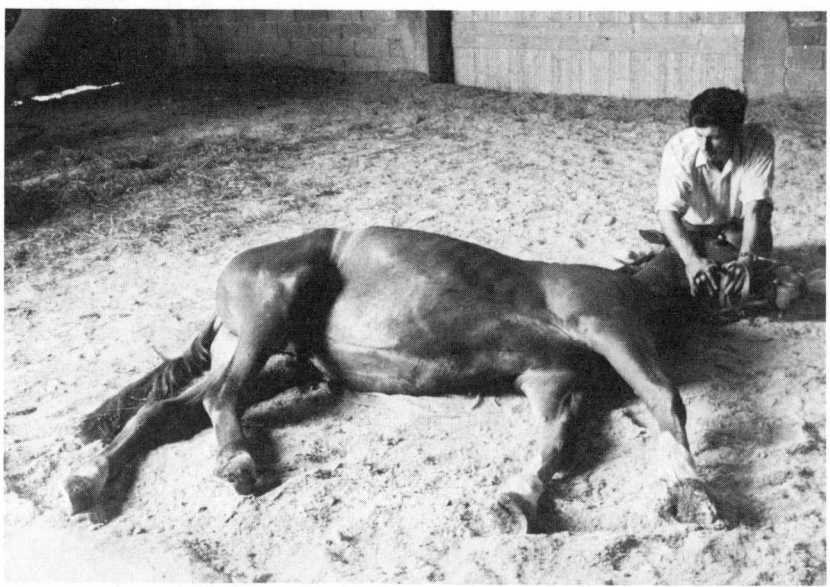

Abb. 12: Festhalten eines liegenden Pferdes durch Niederdrücken des Kopfes

ausreichender medikamentöser Sedierung, ablegen. Angst als lebensbedrohliche Komplikation in Verbindung mit Operationen wird im übrigen auch beim menschlichen Patienten gefürchtet. Daß bei Mensch und
Tier sensible und körperlich-seelisch labile Individuen besonders gefährdet sind, lehrt die Erfahrung. Deshalb ist ein liegendes Pferd, das aus
irgendwelchen Gründen nicht aufstehen soll, nicht durch Fesselung der
Beine, sondern durch Niederdrücken des Kopfes am Boden zu halten. Im
Gegensatz zum Rind vermag es sich aus dieser Lage ohne vorausgehen-
des Anheben des Kopfes nicht zu erheben.

Somatopsychische Wechselbeziehungen gehen auch aus folgendem
hervor: »Es sind dem Pferd die Mähne, das Stirnhaar und der Schweif
von den Göttern zur Zierde gegeben. Der Beweis dafür ist: Die Zucht-
stuten, solange sie die Mähne haben, lassen Esel nicht zu. Deswegen
pflegt man alle zur Maultierzucht bestimmten Stuten zu scheren«
(Xenophon). »Auch Aristoteles und Sophokles meinen, daß die geschorene Stute ihre Mähne betrauert und sich schämt« (v. Maday). Diese
Ansichten der antiken Schriftsteller werden von Maday als Aberglauben
bezeichnet. Es ist möglich, daß jene Ablehnung der Eselhengste durch
ungeschorene Stuten, bzw. deren Annahme nach erfolgtem Scheren
übertrieben ist. Auch mag die anthropomorphe Darstellung befremden.
Dennoch sollte man die geschilderte Ansicht nicht vor einer exakten
Nachprüfung, die gegenwärtig kaum möglich ist, von vornherein als

absurd abtun. Wahrscheinlich ist dabei nicht an einen Deckvorgang unter Zwangsmaßnahmen, sondern an frei auf der Weide laufende Stuten und Hengste zu denken. Immerhin steht fest, daß es seelische Beeinflussungen bei Tieren durch körperliche Veränderungen gibt. Einer der bekanntesten Eingriffe bei einer anderen Tierart ist das Absägen der Hörner bei bösartigen Rinderbullen, die dadurch psychisch umgewandelt und gutartig werden.

Bemerkenswert ist auch folgender Bericht: »Weston endete 1928 im englischen Derby unplaziert auf Fairway. Und doch bezeichnete der Jockei den Phalaris-Sohn aus der Scapa Flow als das schnellste Pferd, auf dem er jemals Rennen geritten hatte. Um so unglaublicher waren die Ursachen, die zu der glatten Niederlage des Hengstes führten. Das Derby wurde 1928 von dem Außenseiter Felstead gegen Flamingo gewonnen. Fairway, der der beste Zweijährige gewesen war und an die Spitze des Free Handikap gesetzt wurde, ging als heißer Favorit an den Epsom-Start, um bereits zwischen Führring und Aufgalopp das Derby zu verlieren. Der Prinz von Wales begleitete den Favoriten und erweckte dadurch einen derartig frenetischen Enthusiasmus unter den Rennbahnbesuchern, daß schließlich der Thronerbe und der Derby-Favorit von den Massen eingeschlossen waren. Bevor ihnen die Polizei eine Gasse bahnen konnte, hatten unverantwortliche Idioten damit begonnen, sich »Souvenirs« zu sichern, indem sie mehr und mehr Haare aus dem festlich frisierten Schweif von Fairway zogen, der völlig zerfetzt wurde. Fairway begann schwer zu schwitzen und zeigte alle Anzeichen von Furcht und ungewohnter Erregung, bevor er selbst am Start erschien. Jedenfalls kostete Fairway die Bewunderung seines Gefolges den Derbysieg. Sein Trainer Frank Butters behauptete noch Jahre später, daß der Phalaris-Hengst das beste Pferd gewesen sei, daß er jemals trainiert habe — und Butters zeichnete für die große Erfolgsserie des Aga Khan verantwortlich. Was Fairway wirklich konnte, zeigten seine drei folgenden Siege in den Eclipse Stakes, im St. Leger und in den Champion Stakes. Im folgenden Jahr holte er sich noch drei weitere Lorbeeren und erwies sich als ein durchschlagender Erfolg im Gestüt. Unter anderem zeugte er die beiden Derby-Sieger Blue Peter und Watling Street« (A. Nathan in Sport-Welt 1969).

Mit dem angegebenen Bericht ist natürlich nicht stichhaltig bewiesen, daß die Verunstaltung des Schweifes allein für den anschließenden Mißerfolg im Rennen entscheidend war. Der Autor nimmt aber zumindest an, daß unbedingt psychische Faktoren, die mit der Unvernunft der Zuschauer zusammenhingen, die Schuld hatten. Man darf demnach in Betracht ziehen, daß der zerrupfte Schweif irgendwie auf die Psyche des Pferdes eingewirkt hat.

Gewiß ist nur ein sensibles Pferd in so eklatanter Weise anfällig. Immerhin gibt die Anekdote zu denken, wenn man liest, was Xenophon über ähnliche Verunstaltungen, das Schneiden der Mähnenhaare bei Stuten, geschrieben hat.

Aus dem Bericht über Fairway ist noch diese Schlußfolgerung zu ziehen: Wenn die Verunstaltung des Schweifes tatsächlich die beschriebene negative Auswirkung mit sich gebracht haben sollte, ist doch aus den nachfolgenden Siegen zu erkennen, daß der Hengst in der Zwischenzeit den Vorfall vergessen hatte. Das schließt nicht aus, daß zunächst mit der Verunstaltung ein psychisches Trauma hervorgerufen wurde, das der Hengst aber bald überwand. Um den Bericht Xenophons nachprüfen zu können, wäre es deshalb notwendig zu wissen, wann den Stuten die Mähnenhaare geschnitten wurden. Leider hat er das nicht erwähnt, weil er es offenbar als bekannt voraussetzte. Immerhin kann man aus diesen Berichten die Folgerung ziehen, daß es nicht unbedingt empfehlenswert ist, ein Pferd kurz vor einer Prüfung in ungewohnter Weise zu frisieren. Wenigstens sollte man das schon einige Male vorher getan haben, also etwa die Mähne flechten, den Schweif hochbinden, um das Tier an den neuartigen Zustand zu gewöhnen. Sollte es denn nicht denkbar sein, daß es durch entsprechende Eingriffe an seinem Körper nervös oder unsicher gemacht werden könnte? Es ist eine alte Erfahrung aus dem menschlichen Bereich, daß man zu einem sportlichen Wettkampf keine ungewohnten Kleidungsstücke, vielleicht eine neue Reithose oder neue Stiefel, verwenden soll. Reithose oder Stiefel brauchen keineswegs unbequem zu sein. Dennoch können sie eine gewisse Störung der Konzentration herbeiführen. Allgemein wird davon ausgegangen, daß Pferde, um anderen zu imponieren, eine stolze Haltung einzunehmen pflegen. Der Begriff der Imponiergebärde ist ja auch bei anderen Tierarten in ähnlichen Situationen üblich. Ist es etwa nicht gerechtfertigt, die Ansicht Xenophons ernst zu nehmen, daß die Mähne dem Pferd zur Zierde, mit anderen Worten, zum Imponieren dienen soll? Welchen Aufwand treibt die Natur auch sonst allenthalben, um die Schönheit ihrer Geschöpfe zur Geltung zu bringen. Möge noch ein besonders krasser Vergleich aus dem menschlichen Bereich zur Veranschaulichung beitragen. Wie verzweifelt wäre eine schöne Frau, deren mit prächtigem Haar geschmückter Kopf kahlgeschoren würde. Galt dies nicht seit jeher als eine der schwersten Beleidigungen und Beschimpfungen? Diese Überlegungen haben auch Gültigkeit, wenn man weiß, daß die genannten Langhaare beim Pferd der Abwehr von Insekten dienen.

Für psychosomatische Vorgänge, also für Wirkungen der Psyche auf den Körper des Tieres gibt es noch genügend weitere Hinweise. Eine der empfindlichsten körperlichen Reaktionen auf psychische Einflüsse ist die Pulsbeschleunigung bei geringfügiger Erregung, die der beobachtende Mensch kaum festzustellen vermag. Jeder Tierarzt weiß, daß er die Beruhigung des Pulses, der sich durch sein Herantreten an ein Tier beschleunigt, abwarten muß, bevor er mit dem Pulszählen beginnen darf. Die Wirkung psychischer Erregung auf den peripheren Kreislauf kann man deutlich an der zunehmenden Rötung der Augenbindehaut beobachten. So wie die Angst einen schädigenden, so kann die Freude einen fördernden Effekt auf den Kreislauf ausüben. »Vor Freude schlägt ihm das Herz höher.« Freude kann also wie ein psychisches Kreislaufmittel, wie ein Cardiotonikum wirken. Die Freude bewirkt eine Erweiterung und Durchblutungssteigerung der Gefäße. Das vom Menschen bekannte flüchtige Erröten oder Erblassen kann man beim Tier wegen der behaarten Haut nicht beobachten. Dennoch ist anzunehmen, daß sich entsprechende Vorgänge abspielen. »Bei einem ruhig im Zimmer liegenden Jagdhund erzeugte schon das Öffnen des Jagdschrankes beschleunigtes Herzklopfen. Auch schon Worte, deren Sinngehalt vom Hund erfaßt werden, können eine meßbare Erhöhung der Herzfrequenz zur Folge haben, so etwa das Wort ›Katzi‹« (O. v. Frisch).

Der Zusammenhang zwischen Körper und Seele wurde bereits am Beispiel von relativer Hirngröße und Intelligenz behandelt. Über Beziehungen zwischen Kopfform und psychischer Veranlagung beim Pferd sind zuverlässige Untersuchungen nicht bekannt. Doch kann man breit- und schmalköpfige Typen, Familien oder Rassen entsprechend den rund- oder schmalköpfigen Formen des Menschen unterscheiden. Vermutlich ist den Renntypen, die beim Araber vom Munique-Typ repräsentiert werden, vorzugsweise die schmale, den ausdauernden Typen, beispielsweise den Koheilan, die breitstirnige Form zugeordnet.

Noch weniger scheint über die somatopsychische Beziehung zwischen körperlicher *Haltung* und psychischer Verfassung bekannt zu sein. Immerhin weiß man, daß körperlich straffe Haltung eine entsprechende Wirkung auf die innere geistige und charakterliche Verfassung eines Menschen ausübt. Auf dieser Erkenntnis beruht bekanntlich das Exerzieren des Soldaten. Ein Mensch, der ständig gewissen körperlichen Exerzitien unterworfen ist, wird auch seelisch davon beeinflußt. Ähnliche Effekte können beim Pferd durch den Menschen hervorgerufen werden.

»Wenn man das Pferd lehrt, mit schlaffem Zügel zu gehen, den Nacken hoch zu tragen und ihn über dem Kopfe zu krümmen, wird man bewirken, daß das Pferd die Haltung einnimmt, in der es sich gefällt und brüstet. Daß es sich hierin gefällt, beweist, daß es, wenn es zu andern Pferden, besonders zu Stuten, kommt, den Nacken so hoch wie möglich erhebt, den Kopf mit stolzem Blicke abwärts biegt, die Schenkel leicht wirft und den Schweif in die Höhe streckt. Wenn man nun das Pferd dahin bringt, sich so zu tragen, wie es sich selber gebärdet, wenn es sich am meisten brüstet, so wird man bewirken, daß es des Reitens froh, prächtig, stolz und sehenswert erscheint« (Xenophon).

Das Pferd wirkt nicht nur so, wie es Xenophon anschaulich schildert, sondern es fühlt sich zweifellos tatsächlich auch seelisch der körperlichen Haltung entsprechend. Es geht eine echte somatopsychische Wirkung von der körperlichen Haltung auf die seelische Verfassung aus. Ein Pferd in versammelter Haltung befindet sich in einem anderen psychischen Zustand, das heißt in dem des leistungsbereiten, willigen Gehorsams, im Gegensatz zu dem nicht am Zügel und nicht an den Hilfen stehenden, das, wie man sagt, »auseinandergefallen« ist. Ein Pferd in echter versammelter Haltung kann gar nicht ungehorsam sein, selbst dann nicht, wenn es ungehorsam sein möchte. Der Soldat, der stramm vor seinem Vorgesetzten steht, kann ihm auch psychisch nicht so entgegentreten, als wenn er die Hände in den Hosentaschen hätte. Der enge Zusammenhang zwischen »Haltlosigkeit« im körperlichen und im übertragenen charakterlichen Sinn wird hier deutlich.

Über dies hinaus geht auch noch eine Wechselwirkung zwischen körperlicher und seelischer Verfassung nicht nur des Pferdes, sondern auch zwischen Pferd und Reiter vor sich. Jeder weiß, daß er ein Pferd nur dann in Haltung bringen kann, wenn er selbst eine bestimmte Haltung einnimmt. Diese Haltung wird von Außenstehenden manchmal als hochmütig aufgefaßt. Damit ist vielleicht auch zu erklären, daß ein Reiter auf einem billigen Pferd mehr das Mißfallen anderer Menschen erregt als beim Fahren in einem Auto von mehr als zehnfachem Wert. Die körperliche Haltung im Wagen kann eben nicht so leicht aufreizend wirken. Im Gegenteil, eine möglichst lässige Haltung gilt hier manchmal geradezu als chic.

Eine der häufigsten somatopsychischen Erscheinungen ist die Wechselwirkung zwischen Gangart und seelischer Verfassung. Da bewegt sich eine Gruppe von Reitern mit ihren Pferden im gemütlichen Schritt durch das Gelände. Gleichgültig und ruhig schreiten die Tiere des Weges. Nun aber beginnt der vordere Reiter anzutraben, und schon heben die nachfolgenden Tiere mit gespitzten Ohren die Köpfe. Kaum aber geht es in den Galopp, so bemächtigt sich aller, besonders der nachfolgenden Pferde, eine mehr oder weniger heftige Erregung. Die so zustande kommende, oft durch gegenseitige Suggestion noch gesteigerte Massenhysterie, bildet erfahrungsgemäß eines der schwierigsten Probleme beim gesellschaftlichen Reiten, insbesondere beim Jagdreiten. Aber auch einzeln gehende Pferde verhalten sich oft ebenso. Friedliche Tiere werden im Galopp zu Durchgängern, die den Reiter zur Verzweiflung und in Lebensgefahr bringen können.

Zweifellos liegt diesem Verhalten eine Urgewohnheit zugrunde. Denn zum einfachen Ortswechsel, sei es auf der Weide oder auf großräumigen Wanderungen, diente dem Pferd seit jeher der Schritt und der Trab. Das Galoppieren war offenbar der vorübergehenden, erheblichen Beschleunigung unter wohl meistens gefahrdrohenden äußeren Umständen vorbehalten. Daraus hat sich eine Umkehrung in dem Sinne entwickelt, daß die galoppierende Bewegung eine gefährliche Situation suggeriert. Die

Abb. 13: Kladruber-Hengst mit züchterisch bedingter Aufrichtung

körperliche Bewegungssteigerung bedingt also eine Veränderung der seelischen Verfassung.

In diesem Zusammenhang muß auf eine eigenartige Erscheinung in der Welt des Lebendigen eingegangen werden, nämlich auf die der *Aufrichtung* des Körpers. Der aufrechte Gang und die aufrechte Haltung des Menschen bedeuten mehr als nur den Vorteil der freien Verfügbarkeit über die vorderen Extremitäten, die Hände. Mit der aufrechten Haltung, dem frei über den ganzen Körper erhobenen, mehr noch, erhabenen Kopf, ist eine somatopsychische Erhabenheit des Geistes untrennbar verbunden. R. Sommer hat wohl als erster darauf hingewiesen, daß auch in der Tierwelt eine gewisse Tendenz, eine Art Entelechie wenigstens in besonderen Situationen hinsichtlich der Aufrichtung des Körpers zu beobachten ist.

»Es ist von großem Interesse, daß das Aufrechtgehen, abgesehen von den Menschenaffen, auch bei anderen Säugetierarten vorkommt. Am bekanntesten ist aus dem Leben der Haustiere das durch Dressur ausgebildete, aber manchmal auch freiwillig auftretende Aufrechtgehen bei Hunden, ferner das Aufrechtgehen der Bären. Aber auch sonst kann man bei anderen Säugetieren, etwa bei Katzen, gelegentlich das Sichaufrichten als Andeutung dieser Entwicklung zum aufrechten Gang beobachten. Es beweist, daß auch bei Tieren ein Antrieb zur aufrechten Haltung und zum aufrechten Gang auftreten kann. Wir treffen hier auf ein psychophysiologisches Element bei dem Antrieb der Muskulatur des Körpers durch Vorstellungen und Willensimpulse, da die Erscheinung der Aufrichtung in der Regel bei bestimmten psychischen Veranlagungen erfolgt.«

Die Ansicht Sommers, daß die Aufrichtung vornehmlich psychomus-
kulären Einflüssen zuzuschreiben ist, wird durch folgende Beobachtung
gestützt. Hengste haben im allgemeinen eine stärkere Aufrichtung als
Wallache. Das stolze, erhabene, mutige, neugierige und tätige Wesen
ihrer Natur kommt in der aufgerichteten Haltung, besonders von Kopf
und Hals, körperlich sichtbar zum Ausdruck. Der Wallach, eine doch
mehr oder weniger gebrochene und vergewaltigte Kreatur, hat keinen
Grund, besonders stolz zu sein, und trägt dementsprechend Kopf und
Hals tiefer und flacher als der Hengst. Nur spät gelegte Hengste
behalten auch als Wallache die fixierte Form einigermaßen bei.

Die Aufrichtung scheint in der Züchtung des Pferdes einem Wandel
unterworfen worden zu sein. Der moderne Vollblüter hat nicht mehr
soviel Aufrichtung wie seine Vorfahren vor hundert Jahren, wenn man
den überlieferten Bildern Glauben schenken darf, weniger auch als der
Araber. Vielleicht hängt das mit der Verkürzung der Distanzen in den
Rennen zusammen. Es ist naheliegend, anzunehmen, daß der flache
Halsansatz für größere Geschwindigkeiten bei kurzen Distanzen, der
aufgerichtete Körper eher für Dauerleistungen geeignet ist. Die Aufrichtung hat auch noch den Vorzug des natürlichen Gleichgewichtes und der
damit verbundenen Schonung der Vorderbeine, die auf Kurzstrecken
von geringerer Bedeutung ist.

Auf züchterischem Wege wurde die Aufrichtung wohl am stärksten
in der Kladruber Rasse verwirklicht. Die imposante Wirkung ihrer
erhabenen Erscheinung vor den Karossen des kaiserlichen Hofes in
Wien war berühmt.

Der Faszination eines steigenden Pferdes kann sich wohl kaum
jemand entziehen. Es ist stets der Höhepunkt der Effekte in der zirzensi-
schen Vorführung. Die Erhabenheit der Levade und die daraus entwik-
kelten Schulsprünge sind die Krone der Reitkunst, die »Aufrichtung«
der Höhepunkt der Dressur in der Ausbildung des Reitpferdes. Bei
keinem anderen Tier vergleichbarer Größe findet man ähnliche Erscheinungen der Aufrichtung. Sie ist bekanntlich keineswegs etwas Gekün-
steltes, sondern entspricht, wie bereits Xenophon hervorgehoben hat,
natürlichem Verhalten im Gegensatz zu manchen anderen Tierarten, bei
denen vom Menschen unnatürliche Dressurakte konstruiert wurden.
Interessanterweise ist die Neigung zur Aufrichtung des Körpers auch
beim Delphin, dem wohl intelligentesten und höchststehenden Lebewesen des Meeres, zu beobachten.

Von besonderer psychologischer Bedeutung aber ist es schließlich,
daß zwischen körperlicher Aufrichtung und psychischer »Auf«-merk-
samkeit ein unmittelbarer psychosomatischer Zusammenhang zu bestehen scheint. Jeder weiß von sich selbst, daß er bei einem »auf«-regenden
Ereignis, das ihn zu gespannter »Auf«-merksamkeit veranlaßt, eine
andere, eine »auf«-gerichtete Haltung einnimmt, als etwa bei einem

Abb. 14: Lipizzaner in der Pesade

langweiligen Vortrag, bei dem er mehr oder weniger zusammensackt. Der Lehrer veranlaßt die Schüler, gerade zu sitzen, weil er weiß, daß durch gerade Haltung ihre Aufmerksamkeit gesteigert wird.

»Durch die aufrechte Haltung wird die geistige Entwicklung gefördert: Wer aufrecht geht, sieht weiter, seine Aufmerksamkeit wird immer wieder angeregt, und seine Erfahrungen nehmen zu. Damit ist eine Vergrößerung und Differenzierung des Gehirns verbunden und damit auch die Möglichkeit einer strukturmäßigen Anpassung« (Jankovich).

Gelegentlich kommt der Zustand angespannter Aufmerksamkeit auch in folgender Haltung zum Ausdruck: Das Pferd steht starr und regungslos mit steif nach vorn gestellten Ohren da und richtet den Kopf schräg seitwärts nach oben, als ob es mit einem Auge zum Himmel blicken wollte. Man ist versucht, dies mit der bekannten Haltung des angestrengt nachdenkenden Menschen zu vergleichen, der ebenfalls geneigt ist, die Augen bei schief gehaltenem Kopf nach oben zu richten, als ob er über sich die Lösung des gesuchten Problems finden könnte. Es ist naheliegend, dieses Verhalten damit zu erklären, daß der Mensch mit dem Blick nach oben die auf der Erde sich abspielenden und ihn womöglich störenden Vorgänge auszuschalten sucht, um sich intensiv konzentrieren zu können.

Ein anderer körperlicher Ausdruck angespannter Aufmerksamkeit ist das vom Menschen her wohlbekannte rasch aufeinanderfolgende Schlie-

ßen und Öffnen der Augen. Diese aufmerksamen Lidbewegungen sind
auch bei Pferden im Zustand besonderer Konzentration, vor allem
während des Longierens, zu erkennen.

Der Gegensatz zur Aufrichtung ist die *Beugung,* im menschlichen
Bereich die Ver-beugung. Während mit der Aufrichtung der Eindruck
der Überlegenheit verknüpft ist, drückt die Beugung den der Unterordnung aus.

Das Pferd wehrt sich nicht nur gegen den Zügel, sondern auch gegen
den Reiter, gegen jeden Zwang, indem es die Nase nach oben streckt,
über dem Zügel geht. Andererseits zeigt es den Gehorsam und die
Unterwerfung an, indem es den Hals, den Nacken beugt. Es ist eine
einzigartige Verbindung der beiden Gegensätze, wenn das Pferd den
Hals beugt und dennoch eine aufgerichtete Haltung einnimmt. Im
menschlichen Bereich kommt dies zum Ausdruck in der einschließenden
Polarität des kultivierten und gesitteten Menschen als »selbstbewußt
und doch bescheiden« (v. Moltke) im Gegensatz zu den Extremen

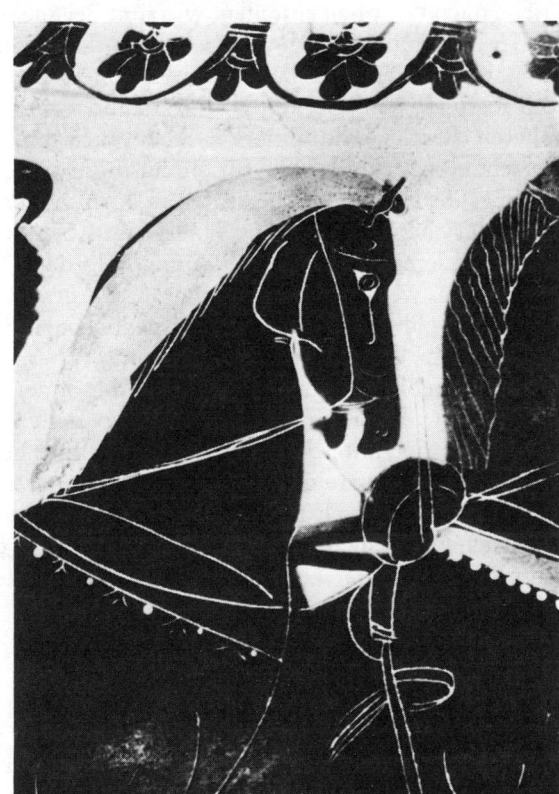

Abb. 15: Aufrichtung
und Beugung, Attische
Amphora, 5. Jh.
v. Chr., Etrusk. Mus.
Rom

überheblicher »Hochnäsigkeit« oder erniedrigender Unterwürfigkeit.
Diesem Bild könnte man das ihm entsprechende Pferd gegenüberstellen
als »stolz und doch gehorsam«. Es erscheint fraglich, ob es in der Welt
des Lebendigen außerhalb dieser beiden Lebewesen noch etwas Vergleichbares gibt.

Triebe

Allgemeines

Man versteht unter Trieb einen mehr oder weniger bestimmten Drang,
ein Verlangen, das nach Befriedigung strebt. Es gibt eine Unzahl verschiedener Triebe, wie den Sozial-, den Ernährungs-, den Bewegungs-,
Erkundungs-, Unabhängigkeits-, Sexual-, Schlaf-, Besitz-, Heimat-,
Nachahmungstrieb und viele andere. Man kann auch die einzelnen
Triebe nach Gruppen einteilen, wie zum Beispiel in die der Selbst- und in
die der Arterhaltung. Die Triebe sollen, dem Standort ihrer psychischen
Rangordnung entsprechend, von höheren Bereichen regiert werden,
vom Instinkt, vom Gefühl, vom Verstand, nicht aber ihrerseits über die
höheren Bereiche dominieren. Aber auch innerhalb des Trieblebens
herrscht eine Ordnung, die für ein harmonisches Seelenleben notwendig
ist, sei es die einzelner Rangstufen in Form höher oder weniger hochstehender Triebe, sei es die des Synergismus der einen oder eines Antagonismus anderer. Wenn aber die innerhalb des Trieblebens bestehenden
Ordnungen, wenn die Synergismen und Antagonismen gestört werden,
kann es zu unharmonischen, unausgeglichenen, ja krankhaften Zuständen kommen. Die ständige Behinderung, Überbetonung oder Einseitigkeit des Trieblebens kann Störungen, besonders sogenannte Neurosen
hervorrufen, die sich seelisch oder körperlich äußern. Wenn etwa der
Bewegungstrieb unterdrückt oder über Gebühr beschränkt wird, vermag
das zu einer Übersteigerung des Aggressions- oder Geschlechtstriebes
führen. Dies läßt sich unter anderem nach dem Gesetz der notwendig
gewordenen Urgewohnheiten erklären. Einige derjenigen Triebe, die
beim Pferd offenbar eine besondere Rolle spielen, sollen anschließend
besprochen werden.

Der Sozialtrieb

Allgemein bekannt ist der Sozialtrieb des Pferdes, den man in den
Geselligkeits-, den Rang- und den Geltungstrieb gliedern kann.

Abb. 16: Rangordnung bei Steppenzebras. An der Spitze der Hengst, als viertes ein Fohlen im Rang seiner an dritter Stelle gehenden Mutter

Nach seiner Herkunft ist das Pferd ein in sozialen Gruppen lebendes Tier der Savanne, d. h. der Wald- oder Parksteppe, und auf gegenseitige Hilfe im Familienverband angewiesen. Wer nicht mitkommt, ist verloren, heißt es wohl im Kampf ums Dasein des Pferdes. Schon das Fohlen muß kurz nach seiner Geburt der Gruppe folgen. Wenn die Gemeinschaft von Feinden, etwa von Wölfen, bedroht wird, schließt sie sich, so wird erzählt, in einem Kreis zusammen, die jungen und schwächeren Tiere in der Mitte, die stärksten, erwachsenen außen, um den Gegner mit den gefährlichen Hinterhufen abzuwehren. Dies läßt sich nur bewerkstelligen, wenn eine strenge Ordnung, die sogenannte *Rangordnung,* eingehalten wird, die auch bei anderen Anlässen, etwa beim Bestimmen der einzuschlagenden Marschrichtung, gültig ist.

»Bei den *Zebras* halten die erwachsenen Tiere eine Rangordnung ein, in welcher der Hengst an erster Stelle steht. Er kann allen anderen Tieren drohen oder sie auch vertreiben, ohne selber angegriffen zu werden, ausgenommen Stuten mit noch ungeprägten Fohlen. Unter dem Hengst reihen sich die Stuten in einer bestimmten Ordnung ein. Jungstuten, die neu in die Familie aufgenommen worden sind, stehen darin an letzter Stelle. Etwa auf gleicher Stufe stehen auch die Jungtiere und Fohlen, sofern sie für sich allein auftreten, wobei unter diesen selbst keine klare Rangordnung besteht. Wenn sie sich aber in der Nähe der Mutter aufhalten, nehmen sie den Platz nach ihr ein, d. h. sie werden von den im Vergleich zu ihrer Mutter rangniederen Stuten entsprechend respektiert. Die Rangstufung zeigt sich vor allem in der Marschordnung bei den Wanderungen: An erster Stelle zieht die ranghöchste Stufe, gefolgt von ihren Fohlen, dem Jüngsten zuerst. Dann kommt die nächste Stute mit ihren Fohlen usf. Der Hengst geht am Schluß der Familie oder auch etwas seitlich von ihr, seltener führt er sie an« (Klingel).

Die Rangordnung spielt sicherlich in der freien Wildbahn eine lebenswichtige Rolle. Nicht nur körperliche Kraft, sondern auch Intelligenz, Mut, Alter und Erfahrung scheinen dabei maßgebend zu sein. Worin die Stärke einer sogenannten Persönlichkeit, eines mit natürlicher Autorität begabten Wesens besteht, ist auch im menschlichen Bereich ein ungelöstes Rätsel. Bei Pferden, die zusammengewürfelt auf eine Weide gebracht werden, kann man nie mit Sicherheit voraussagen, welches von ihnen die Führungsrolle übernehmen wird. Es ist immer ein spannendes Erlebnis, die Entwicklung der Rangordnung auf einer Weide unter neu zusammengebrachten Pferden zu beobachten. Wenn dann nach Tagen oder Wochen zu einer Herde mit eingespielter Rangordnung ein neues Pferd hinzukommt, beginnen weitere aufregende Auseinandersetzungen. Vor allem wird das bis dahin Rangletzte sich besonders wichtig machen und versuchen, die verständlicherweise zunächst unsichere und schwächere Position des Hinzugekommenen auszunützen, um es sich unterzuordnen. Wenn allerdings dieses besonders autoritär veranlagt ist, wird nach einigen Tagen plötzlich eine entscheidende Wendung eintreten, die meistens mit einem energischen Hufschlag verbunden ist.

»Es liegt auf der Hand, daß die Bildung von Familiengruppen, die bei der Naturherde das Bild beherrschen, bei einer Herde, welche nur Fohlen und Stuten führt, wie das beim *Vollblut* der Fall ist, nur Ansätze in dieser Richtung zeigen kann. Aber die Führung durch eine Leitstute, die Bildung einzelner Gruppen, die Beachtung einer Rangordnung bleibt immer erkennbar, wenn es gelingt, ein Stutenlot über eine längere Zeitspanne zusammenzuhalten. Die Leitstute, die meistens unduldsam und zum Schlagen und Beißen bereit ist, ist eigentlich immer ein gutes Pferd und in fast allen Fällen eine besonders gute und fruchtbare Mutter. Bei Vollblütern, bei denen ja erhebliche Größenunterschiede bestehen, glaube ich festgestellt zu haben, daß Leitstuten *klein*, trocken und nervig sind. Vielleicht gibt hier die Psychologie einen Fingerzeig für die Selektion in der Zucht!

Man kann immer wieder beobachten, daß bei irgendwelchen beunruhigenden Ereignissen zunächst nur einzelne Gruppen der gespalten weidenden Herde erfaßt und beunruhigt werden, während andere, etwas abseits stehende Gruppen nur sehr wenig oder gar nicht reagieren und ihre Ruhe dann den aufgestörten Pferden übermitteln. Kommt es zu einer allgemeinen Panik, die fast immer durch Hunde hervorgerufen wird, beruhigt sich ein großes Lot auch bei einem etwa erfolgten Durchbruch durch den Koppelzaun und einem Entlaufen in die Umgebung sehr bald und läßt sich leichter wieder einfangen als ein kleines. Schon bei Fohlenlots zeichnet sich eine gewisse Rangordnung ab, die dann beim Jährling ganz deutlich wird. Ein bestimmter Jährling übernimmt die Führung im Lot. Es ist dies keineswegs der älteste und stärkste, aber eigentlich ist es immer einer, der später ein gutes, oft ein Klassepferd wird. Auch die Familienzugehörigkeit spielt hier eine Rolle, und es sind erbliche Eigenschaften, die zur Führerrolle prädestinieren. Man sollte jede Veränderung in den Lots zu vermeiden suchen und niemals, unter keinen Umständen, den Führer herausnehmen« (H. Albert).

Eine interessante Lösung der scheinbar widersprüchlichen Angaben über die Führungsrolle von Leithengst oder Leitstute bringt Jankovich: »Bei den domestizierten Pferden übernimmt die Führungsrolle meist eine ältere Stute, die sich außerdem auch noch durch ihre Rauflust hervortut... Wenn irgendein Pferd der friedlich weidenden Herde scheut, rennt es auf das Leitpferd zu, während die übrigen Pferde sich nicht aus der Ruhe bringen lassen. Ergreift jedoch das Leitpferd die Flucht, folgt ihm sofort die ganze Herde.

Dagegen sind in der Herde der *Wildpferde* nicht die Stuten, sondern die wachsamsten und kampflustigsten Hengste die Anführer... Der polnische Gelehrte Pruski weist darauf hin, daß in einer Tarpanherde öfter auch domestizierte Pferde festzustellen waren, und zwar ausnahmslos verwilderte Stuten, die sich den Tarpan-Leithengsten angeschlossen hatten. Dagegen gab es kein Beispiel dafür, daß ein domestizierter Hengst auf die Steppe ausgerissen wäre und dort die Führung der Tarpanherde übernommen hätte.«

Bei sensiblen Pferden können durch Störungen der Rangordnung, besonders wenn sie durch äußere Umstände herbeigeführt werden, psychische Schäden entstehen. So ist bekannt, daß Rennpferde, die gewohnt waren, zu siegen und durch einen ungeschickten Jockei, durch ungerechte Schläge oder durch unvernünftige Übergewichte verdorben wurden, ihren Kampfgeist verloren und ihr Selbstvertrauen einbüßten. Dabei kann sich geradezu eine Art Resignation ausbilden, die zu überwinden langwieriger Bemühungen bedarf. Unter Umständen ist es angebracht, das betreffende Pferd in eine neue Umgebung mit vielleicht weniger starken Kameraden zu bringen, um ihm sein Selbstvertrauen wiederzugeben.

Im sozialen Geschehen glaubt man nicht nur einen Geselligkeits- und Rangtrieb, sondern auch einen gewissen *Geltungstrieb* wirken zu sehen. Der Geltungsdrang wird deutlich, wenn das Pferd mit stolzer Haltung, erhobenem Kopf und gewölbtem Hals, mit schwebenden und tänzelnden Tritten eine majestätische Haltung einnimmt, die bekanntlich auch auf uns Menschen ihren Eindruck nicht verfehlt. Diese Haltung und Bewegung auf Wunsch zu erzeugen, ist ein wesentliches Ziel der Dressur. Das Gegenteil kommt zum Ausdruck, wenn sich ein Pferd irgendeine, wenn auch nur geringfügige Verletzung zuzieht. Das wirkt sich sogleich in sinkendem Selbstbewußtsein, fast möchte man sagen, in einer Art von Minderwertigkeitskomplex aus, einer Schwäche, die schnell von anderen ausgenutzt wird.

Geselligkeitstrieb, Rang- und Geltungstrieb hängen demnach eng miteinander zusammen. Sie müssen bei der Zusammenstellung von Gemeinschaften oder bei der Zuführung neuer Tiere in bereits eingespielte Verbände beachtet werden, damit nicht seelische oder auch durch Schläge oder Bisse körperliche Schäden verursacht werden. Wenn man in eine Herde ein neues Tier bringen will, muß es so geschützt werden, daß es nicht verletzt werden kann. Man richtet zu diesem Zweck innerhalb der Weide oder des Laufstalles eine kleine Laufbox ein, in die das neue Pferd gebracht wird. Die anderen Pferde werden dann mit größter Neugierde herankommen, sich mit dem noch fremden bekannt machen, es eingehend beschnuppern und sich an seine Anwesenheit gewöhnen. Erst nach einigen Tagen läßt man es frei in der übrigen Herde laufen. Auch wenn ein seit langem zugehöriges Pferd für einige Wochen aus der Herde herausgenommen war, kann es unter Umständen später als Fremdling be- oder gar mißhandelt werden. Man darf also nicht davon ausgehen, daß es sich um einen alten Bekannten handelt, der sicher mit Begeisterung begrüßt wird. Am deutlichsten kann man sich in die Situation versetzen, wenn man sich ähnliche Verhältnisse bei Kindern vergegenwärtigt. Auch dort wird der neu Hinzugekommene zunächst vorsichtig, wenn nicht gar feindselig beobachtet. Und wenn ein Kind längere Zeit abwesend war, wird es bei seiner Wiederkehr nicht selten mit schelen Augen angesehen. Die Dauer, die ein Pferd in neuer Umgebung benötigt, um sich heimisch zu fühlen und von den anderen als Mitglied aufgenommen zu werden, ist unterschiedlich. Im Durchschnitt kann man mit etwa zwei Wochen rechnen. Gelegentlich kann es sich als unmöglich erweisen, ein einzelnes Pferd in eine Herde einzugliedern. Dies gilt besonders dann, wenn das neu Hinzugekommene eine andere Farbe hat als alle übrigen. Ein einzelner Schimmel wird nur schwer in eine Herde Brauner aufgenommen werden, wenn er nicht etwa eine ganz überragende »Pferdegröße« sein sollte. Viel leichter ist es dagegen, gleichzeitig zwei Schimmel einzubringen, die sich zusammenschließen können. Es hatte seinen guten Grund, wenn in großen Gestüten, beispielsweise in Trakehnen, seit jeher die Herden nach ihren Farben eingeteilt wurden. Werden dagegen in eine Herde Brauner ein Rappe und ein Schimmel eingebracht, werden sich diese beiden als die Außenseiter zusammenschließen.

Die Unsicherheit, die jedes aus der gewohnten Gemeinschaft herausgenommene und in eine neue Umgebung mit noch unbekannten Artgenossen verbrachte Pferd befällt, kann man sich mit Erfolg bei der Korrektur eines verdorbenen, widersetzlichen oder gar bösartigen Tieres zunutze machen. Man verbringt es in eine neue Umgebung und beginnt umgehend, also schon in den ersten Stunden nach der Ankunft, mit der Korrektur, die freilich auch meistens eines anderen und fähigeren Erziehers als des bisherigen bedarf. Jedenfalls werden mit Gewißheit der Widerstand und die Eigenwilligkeit geringer sein als in der alten Umgebung, geringer auch, als wenn man erst einige Tage nach der Eingewöhnung mit der Korrektur beginnen würde.

Im Zusammenhang mit dem Herdentrieb steht das sogenannte *Kleben* mancher Reitpferde. Es äußert sich bekanntlich darin, daß das betreffende Tier nur mit Schwierigkeit von einer Gruppe anderer Pferde weg- oder daran vorbeigebracht werden kann. Besonders unangenehm ist diese Untugend dann, wenn der Parcours einer Springprüfung an einer in der Nähe befindlichen Pferdegruppe oder am Eingang vorbeiführt, an dem das Pferd stehenbleibt. Weniger ausgeprägt bewirkt dieses Verhalten bei den meisten Pferden häufiger das Verweigern eines Sprunges in der vom Eingang weg- als in der auf den Eingang zuführenden Richtung. Im allgemeinen ist das Kleben jedoch nicht allein auf einen übersteigerten Herdentrieb, sondern zusätzlich auf das Gefühl der Angst vor zu erwartenden unangenehmen Erlebnissen zurückzuführen. Wenn ein Pferd am Eingang zum Springplatz stehenbleibt oder gar steigt, in anderer Richtung jedoch willig geht, dann ist vermutlich überhaupt nicht oder nur in geringem Umfang der Herdentrieb die Ursache. Das Pferd will sich nur nicht in eine ihm unangenehme Situation begeben. Daß dies mit dem Bestreben, zu den anderen Pferden zurückzukehren, zusammentrifft, ist leicht verständlich und gut mit natürlichem Verhalten zu erklären. Pferde, die auf großer Fläche in aufgelockerter und verstreuter Form weiden, werden beim Auftauchen irgendwelcher tatsächlicher oder scheinbarer Gefahr nicht nach allen Himmelsrichtungen auseinanderstieben, sondern sich zusammenschließen. Zur Beseitigung des Klebens kommt es also vor allem darauf an, dafür zu sorgen, daß das Pferd möglichst nicht das Wegbringen von seinen Kameraden mit unangenehmen Erwartungen in Verbindung bringt. Das gilt auch, wenn das Kleben beim Wegführen des Pferdes vom Stall auftritt.

Es wurde bereits auf notwendig gewordene Urgewohnheiten aus der Entwicklungsgeschichte hingewiesen. Wenn ein Lebewesen wie das Pferd seit Hunderttausenden von Jahren ein Tier der *Geselligkeit* war, kann man diese Gewohnheit des Gemeinschaftslebens nicht ohne Schaden von heute auf morgen ausschalten und ein Einzeltier daraus machen. Zwar wird es sich dank seinem großen Anpassungsvermögen den veränderten Lebensbedingungen angleichen, doch wird das nicht ohne körperliche und seelische Wesensveränderung vor sich gehen. Deshalb ist die Einzelerziehung junger Pferde unnatürlich und mit Schwierigkeiten verbunden. Sie werden vielfach seelisch und charakterlich verdorben, eigensinnig, unfähig, sich an andere Pferde anzupassen, lustlos, träge und nicht selten ausgesprochen bösartig. Man ist allgemein der Ansicht, daß es kaum möglich ist, ein gutes Rennpferd als Einzeltier aufzuziehen.

Ein eindrucksvolles Beispiel dafür bringt W. M. Meyer. Ein einzeln aufgezogener Vollblutabsetzer bester Abstammung, der alle Voraussetzungen zu guten Leistungen, auch eine ausgezeichnete körperliche Entwicklung mit sich brachte, versagte später im Rennen völlig, da er jedes Interesse und Verständnis am Kampf vermissen ließ. Er hatte in der Jugend nie erlebt, mit anderen Kameraden um die Wette zu laufen und

Abb. 17: Spontane Paarbildung nach Typ und Farbe

wußte gar nicht, weshalb er nun plötzlich rennen sollte, obgleich er dazu in der Lage gewesen wäre.

Sich mit dem Sozialverhalten und der Rangordnung der Pferde zu befassen, ist also nicht nur eine Spielerei. Jeder, der mehrere Pferde zu betreuen hat, sollte nach Gelegenheit suchen, sie auf der Weide zu beobachten, um ihre unterschiedlichen Charaktere kennenzulernen. Man wird sich vielleicht wundern, welches Pferd das tonangebende ist, die stärkste Autorität besitzt und von den anderen am meisten respektiert wird. Nie sollte man dabei ein Pferd mit einer wenn auch nur geringfügigen Lahmheit oder mit einer Verletzung irgendwelcher Art hinzubringen, da es von den Artgenossen gemieden werden könnte.

Der Sozialtrieb spielt sich so wenig wie irgendein anderer seelischer Bereich in isolierter Weise ab. Auch durch Gefühle, durch Sympathie und Antipathie wird die Sozialordnung beeinflußt. Ein Pferd kann in einer Gruppe vielleicht das stärkste und gefürchtetste, vielleicht aber nicht das beliebteste sein. Es wird von den andern links liegen gelassen, man kümmert sich nicht darum, geht ihm aus dem Wege und zieht ein anderes vor. Diesem läuft alles nach, wenn es anfängt zu galoppieren. Ähnliches zeigt sich auch in der sogenannten *sozialen Hautpflege*. Wie Klingel auf Grund seiner Beobachtungen an Zebras berichtet, handelt es sich dabei nicht um einen nur wahllosen Trieb, sondern um eine Verbindung mit dem Gefühl gegenseitiger Zuneigung. »Bei der sozialen Hautpflege der Zebras, bei der zwei Partner einander gegenüberstehen, finden wir am häufigsten Kontakte zwischen Hengst und Stute und zwischen Stuten und Fohlen. Auch Fohlen pflegen sich gegenseitig das Fell, aber nur selten beknabbern sich Stuten.«

Besonders merkwürdig ist das Sichzusammenschließen einzelner Paare in großen Pferdeherden. Das war während des letzten Krieges in einem großen Pferdelazarett im Osten gut zu beobachten. Tausende von Pferden waren auf mehreren ausgedehnten Koppeln nach verschiedenen Gesichtspunkten verteilt. Solche mit inneren Krankheiten, andere mit äußeren, waren getrennt, andere zur Quarantäne, wieder andere zur Rekonvaleszenz oder zur Abgabe an die Truppe oder zur Rückführung in die Heimat gesondert untergebracht. Es herrschte also ein unaufhörliches Kommen und Gehen, ein Sich-Begegnen von Pferden, die sich noch nie im Leben gesehen hatten. Dabei war es aufschlußreich zu beobachten, wie sich innerhalb von wenigen Tagen enge, unzertrennliche, meistens paarweise Freundschaften bildeten. Inmitten des unübersehbaren Gewimmels von Hunderten von Tieren wichen sie einander nicht von der Seite. Sie standen beisammen, gingen wie auf geheime Verabredung hier- oder dorthin, zur Tränke, zum Futterplatz, und waren miteinander so zufrieden, als ob sie das um sie herum herrschende turbulente Durcheinander überhaupt nichts anginge.

Dabei handelte es sich fast immer um äußerlich ähnliche Pferde, etwa ein Paar gescheckte Ponys oder zwei einander ähnliche Rappen oder Schimmel. Dies ist merkwürdig, weil das Pferd zwar das andere sieht, von sich selbst aber doch wohl keine oder nur eine ganz geringe Vorstellung hat. Es ist sich zweifellos seines eigenen Aussehens nicht oder nur ganz beschränkt bewußt. Es kennt keinen Spiegel, es kann auch nicht reflektierend denken, es weiß über seine Gestalt so wenig wie darüber, daß es selbst ein Pferd ist.

Von vielen Pferdebesitzern wird offenbar den Farben nicht genügend Beachtung geschenkt. Es ist erstaunlich, wie häufig Pferde in Inseraten ohne Angabe der Farbe angeboten werden. Da heißt es beispielsweise, eine bildschöne 4jährige Stute sei zu verkaufen. Man spart sich, gewiß nur aus Gedankenlosigkeit, die zwei oder drei Buchstaben br. F. oder Schi. Und doch ist es für den Kaufinteressenten nicht gleichgültig, welche Farbe das Pferd hat. Wie wichtig den Pferden selbst ihre Farben sind, zeigt folgendes Erlebnis: In einen Pferdebestand, bestehend aus einem Warmblut-Fuchs, zwei braunen Connemara-Ponys und einem Shetlandschimmel, wurde eine große Angloaraber-Schimmelstute eingebracht. Die beiden Schimmel schlossen sich zu einer unzertrennlichen Freundschaft trotz des gewaltigen Größenunterschiedes zusammen. Die Farbe war ihnen also offenbar wichtiger als der Körpertyp. Denn anders wäre es nahegelegen, daß sich die Angloaraber-Stute an den Fuchs angeschlossen hätte. Unter den Menschen ist es bekanntlich nicht anders. Es gibt schwarze, weiße, gelbe, braune Menschenrassen. Sie fühlen sich viel mehr nach der Farbe als nach der Größe einander zugehörig. Angenommen, je ein großer und ein kleiner Asiate, Europäer, Neger und Indianer würden irgendwo zusammengebracht, so würden sich zweifellos nicht alle kleinen und alle großen, sondern die der Farbe nach gleichen zusammentun.

Abb. 18: Gruppe von
Przewalski-Wildpferden

Aufgrund ähnlicher Beobachtungen hält Albert es für wichtig, auf
Koppeln oder Weiden, besonders bei Jungpferden, unbedingt auf jeweils
gerade Zahlen zu sehen, damit es keine Einzelgänger gibt, denen Freund
oder Freundin fehlen. Sie werden sonst leicht in Kämpfe verwickelt,
können sich nicht ebenso wehren, da ihnen die freundschaftliche Anlehnung fehlt, und erleiden dann leicht Verletzungen.

Nach allgemeiner Anschauung steht demnach fest, daß das Pferd ein
Tier sozialer Geselligkeit ist. Fragwürdig aber scheint es zu sein, ob man
berechtigt ist, es damit auch als ein Herdentier zu bezeichnen. Bekanntlich besteht ein Unterschied zwischen einem geselligen und einem »Herdenmenschen«. Ebenso groß ist der zwischen einem geselligen Familien-
oder Gruppen- und einem Herdentier. »Das Pferd ist ein entschieden
gesellig geartetes Tier. Im Zustand der Freiheit bildet es Gestüte, die
aber exclusiv sind und etwa unserem Familienkreis entsprechen. Ein sich
aufdrängender Fremdling wird hinausgebissen« (v. Maday).

Auch die relativ geringen und seltenen paläontologischen Knochen-
funde sprechen nach Hančar nicht dafür, daß die Herden der Wildpferde allzu großen Umfang angenommen haben. Man könnte dieser
Annahme die Funde von Solutré (Saône-et-Loire) entgegenhalten. Dort
fällt der sogenannte Felsen von Solutré steil ab in die Landschaft und bot
ausgezeichnete Möglichkeiten für die eiszeitliche Jagd. Man nimmt an,
daß die Tiere, vor allem auch Pferde, auf den Abhang zugejagt wurden,
hinunterstürzten und dann von den Jägern erbeutet wurden. Am Fuße
des Felsens haben sich Tausende von Tierknochen, besonders von
Wildpferden, gefunden (Kühn). Man müßte jedoch, um aus der Zahl der

Funde Schlüsse auf die Größen der Herden ziehen zu können, wissen, über welche Zeitspannen sich die Jagdbeuten erstreckt haben. Wenn sich die Knochen im Laufe von Hunderten von Jahren ansammelten, dann brauchte es sich nicht um große Herden, sondern vielleicht nur um einzelne Tiere oder um kleinere Gruppen zu handeln. Auch bei den Beobachtungen der letzten Przewalski-Pferde ist immer nur von Gruppen, nicht von Herden die Rede.

Wenn wiederholt Beobachtungen an den Zebras herangezogen werden, so deshalb, weil sie die einzigen wildlebenden Equiden sind, die heute noch in genügender Anzahl zur Verfügung stehen. Dabei beziehen sich alle hier angeführten Beobachtungen ausschließlich auf die Steppenzebras, während für die Grevy- und teilweise auch für die Bergzebras andere Verhaltensweisen gelten (Klingel, pers. Mitt.). Zweifellos kann man nicht bedenkenlos alle Lebensgewohnheiten der Zebras auf das Pferd übertragen. So ist wohl anzunehmen, daß die klimatisch bedingten Wanderungen bei einem Tropentier nicht dieselbe Bedeutung erlangt haben wie bei den in gemäßigten oder arktisnahen Zonen lebenden Pferden. Obgleich also bei den Zebras andere Verhältnisse vorliegen dürften, berichtet Klingel über ähnliche Beobachtungen.

»Da Steppenzebras keine Territorien anlegen, können gute Weidegebiete von ganzen Populationen ausgenutzt werden, und tägliche wie jahreszeitliche Wanderungen sind für alle Tiere möglich. Dadurch und wegen ihrer geringen ökologischen Spezialisation waren die Steppenzebras in der Lage, vom südlichen Sudan bis nach Südafrika alle Lebensräume — abgesehen von dichten Regenwaldgebieten — zu besiedeln und sich so zu riesigen Populationen zu vermehren, wie sie bei anderen Einhufern wohl niemals aufgetreten sind.

Bei den Zebras kommen zwei verschiedene Gruppenformen vor: Einmal sind es Familien, bestehend aus einem Hengst und einer oder mehreren Stuten, zum anderen reine Hengstgruppen mit bis zu fünfzehn erwachsenen und halbwüchsigen Mitgliedern. Daneben gibt es auch einzelgängerische Hengste. Überraschend war die Feststellung, daß die Gruppen stabile Einheiten sind, die über lange Zeit zusammenhalten. In den Familien bleiben die erwachsenen Tiere, wenn nicht besondere Umstände eintreten, *auf Lebenszeit* beisammen. So waren nach zwei Jahren noch in 29 von 41 Familien dieselben erwachsenen Hengste und Stuten beisammen. Es zeigte sich, daß ein Hengst seine Stuten nicht etwa gewaltsam zusammenhalten muß, vielmehr, daß sie freiwillig beieinanderbleiben. In einem Fall hatte sich die Familie eines durch einen Injektionsschuß betäubten Hengstes so weit entfernt, daß er sie nach dem Abklingen der Narkose zunächst nicht wiederfand. Auch in den nächsten Tagen trafen wir ihn allein. Vier Tage danach hatte er jedoch seine Familie wiedergefunden und zurückgewonnen. Die großen Herden von Hunderten oder Tausenden von Zebras entstehen immer *nur für kurze Zeit* in günstigen Weidegebieten. Nach dem Abweiden des Grases lösen sich diese Herden wieder auf. Niemals markieren Zebras ein bestimmtes Gebiet oder verteidigen es gegen Artgenossen, noch respektieren sie Stellen, die von anderen Zebras besetzt sind. *Die Tiere errichten keine Territorien.*«

Bezeichnend für das Zebra ist auch folgende Betrachtung desselben Autors: »Nie waren irgendwelche Auseinandersetzungen zwischen Familienhengst und Junghengst zu beobachten. Im Gegenteil, die Hengste suchten nach ihren verlorengegangenen Söhnen genauso intensiv wie nach ihren Stuten.«

Diese soziologischen Beobachtungen auf der Weide oder in der freien Wildbahn können auch in der Haltung der Gebrauchspferde Anwendung finden. Sie besteht darin, auf die Veranlagung als geselliges Wesen Rücksicht zu nehmen. Man wird versuchen, in einem Stall, in dem sich mehrere Pferde befinden, sie nach ihrer gegenseitigen Zuneigung unterzubringen. Sonst kann sich das eine todunglücklich fühlen, wenn es von seinem Freund durch einen unsympathischen Genossen getrennt wird. Erst dann scheint es wirklich zufrieden zu sein, wenn es so steht, daß es mit jenem in körperliche Berührung kommen kann. Das läßt sich

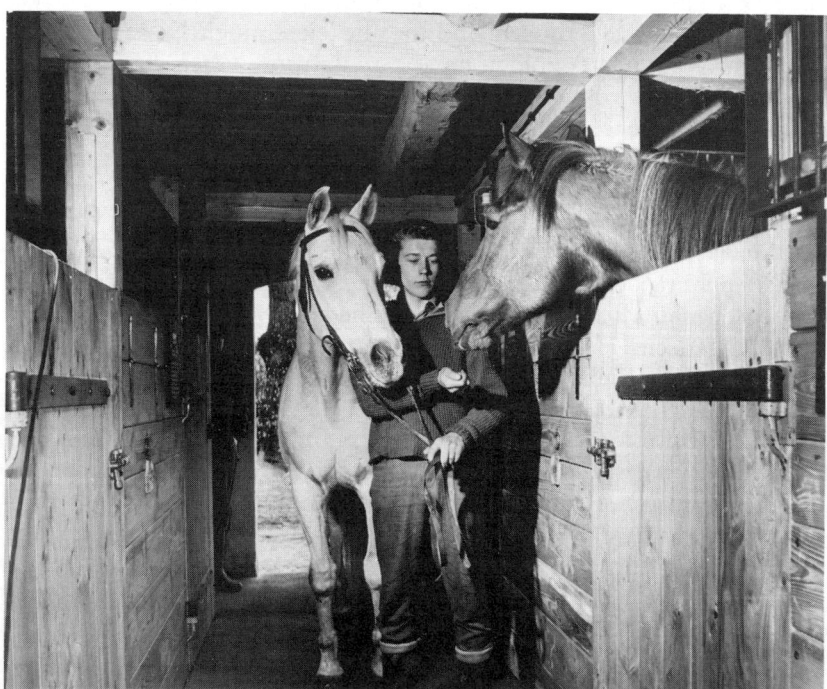

Abb. 19: Diese beiden Schimmel scheinen sich besonders sympathisch zu sein

deutlich beobachten, wenn man es durch die Stallgasse und am Kopf des aus der Box blickenden Freundes vorbeiführt. Da drücken beide die Nüstern dicht und fest aneinander, um die körperliche Nähe des andern zu spüren und zu riechen.

Folgendes Beispiel mag die große Rolle des Geselligkeitsbedürfnisses veranschaulichen: In einem Reitstall waren 18 Pferde in zwei Reihen in Ständen untergebracht. Ein einziges bevorzugtes Pferd dagegen kam in eine Box am Ende der Reihe, die vom nächststehenden Pferd durch einen etwa zwei Meter breiten Zwischenraum getrennt und mit einem hohen Eisengitter umgeben war, das sich der Besitzer viel Geld kosten ließ. Die darin untergebrachte, sehr sensible Vollblutstute würdigte diese Sonderstellung jedoch keineswegs. Vielmehr fühlte sie sich nicht bevorzugt, sondern ausgeschlossen aus der übrigen Gemeinschaft, benachteiligt und zurückgesetzt. Die Folge waren ausgesprochen neurotische Erscheinungen, die das Pferd nahezu unbrauchbar machten. Die damit verbundenen Störungen äußerten sich in Form unaufhörlichen Webens, in psychisch bedingtem Hahnentritt (Zuckfuß) und in ungewöhnlicher Nervosität. Einige Zeit später kam die Stute in einen andern Stall, in eine Box, die unmittelbar neben der eines ihr sympathischen Kameraden lag. Hier verschwanden im Laufe weniger Wochen die beschriebenen Erscheinungen ohne weiteres Zutun völlig. Dies war ein deutlicher Hinweis darauf, daß es sich bei dem Zuckfuß nicht um eine körperlich bedingte Störung, sondern um eine Neurose infolge des unbefriedigten Geselligkeitstriebes gehandelt hat.

Wenn die von Albert für so wichtig gehaltene Beachtung gerader Zahlen im Stall auch nicht dieselbe Rolle spielen dürfte wie auf der Weide, wird es doch vorteilhaft sein, sich auch hier nach Möglichkeit danach zu richten. Man wird deshalb in einer Reihe besser nicht sieben oder neun, sondern eher sechs, acht oder zehn Pferde aufstellen. Bei ungeraden Zahlen sollte man das Leitpferd zwischen die übrigen, nicht etwa an die Außenstelle plazieren. Hat man vielleicht drei Pferde im Stall, bestehend aus zwei Stuten und einem Wallach oder einer Stute und zwei Wallachen, wird man das einzelne ebenfalls in die Mitte nehmen. Würde man etwa die einzelne Stute an einer Außenseite unterbringen, könnte sich vielleicht der neben ihr stehende Wallach bevorzugt, der andere aber benachteiligt fühlen.

Wo nur ein einzelnes Pferd im Stall gehalten werden kann, sollte man ihm irgendein anderes Tier, ein Schaf, ein Kaninchen, beigeben. Wie sehr sich Pferde auch mit anderen Tierarten anfreunden können, zeigt das Beispiel Kincsems, die stets ihre Katze bei sich haben wollte. Ohne sie weigerte sie sich, einen Waggon oder fremde Ställe zu betreten.

Trotz dieser naturgegebenen Bedingungen läßt es sich im praktischen Gebrauch nicht vermeiden, daß jedes Pferd lernen muß, auch allein gelassen oder allein gearbeitet zu werden. Deshalb ist es notwendig, es an diesen zwar unnatürlichen, jedoch notwendigen Zustand zu gewöhnen. Dies sollte schon im jugendlichen Alter bewußt in erzieherischer Weise geschehen. Wenn man bereits das Saugfohlen ab und zu von der Mutter wegführt oder aber im Stall zurückläßt, während die Mutter für wenige Minuten weggebracht wird, dürfte sich daraus eine wertvolle Gewöhnung für den späteren Gebrauch ergeben. Vielleicht ist manches Kleben schwieriger Pferde mit derartigen früheren Versäumnissen zu erklären.

Der Bewegungstrieb

Allgemeines
Die Vorläufer sowohl des Pferdes als auch des Menschen waren Bewohner tropischer oder subtropischer Waldgebiete, Laub- und Früchteesser (Simpson). Ein Teil von ihnen wanderte aus diesen üppigen Gebieten, vielleicht bedingt durch erdklimatische Veränderungen, hinaus in gemäßigte Zonen mit steppenartiger Vegetation. Die großen, savannenartigen Flächen zwangen die Einwanderer zu größerer Beweglichkeit, um die hier weniger reichlich sich bietende Nahrung aufzufinden. Dazu kamen die jahreszeitlichen Klimaschwankungen, die Veranlassung waren, im Winter andere Gebiete aufzusuchen als im Sommer. Tatsächlich sprechen vorzeitliche Funde aus neuerer Zeit dafür, daß noch in der älteren Steinzeit, d. h. vor etwa 50 000 Jahren, in Europa lebende Menschen den Sommer an der Nordsee, den Winter an der Riviera verbrachten (Kleemann, Fester). Noch aus jüngster Vergangenheit berichtet E. Schiele von den Beduinen: »Große Entfernungen bis zu 3500 km werden jährlich durchstreift. Im Herbst brechen die Beduinen auf und ziehen nach Süden zu den Winterweiden, bis sie im Frühjahr wieder nördlich wandern.« Ähnliche klimabedingte Wanderungen dürfen wir für das Urpferd annehmen.

Um die für so große Entfernungen erforderliche Beweglichkeit zu steigern und zu erleichtern, bediente sich die Natur bei Mensch und Pferd zwar verschiedener Mittel, die jedoch auf dem gleichen Prinzip beruhen, nämlich auf der Reibungsverminderung. Indem der Mensch vom Vierfüßler zum Zweifüßler wurde, verringerte sich der Reibungswiderstand auf nahezu die Hälfte. Die Zweibeinigkeit war jedoch nur möglich auf Grund einer Höherentwicklung des Gleichgewichtsorgans im Gehirn, die zugleich eine psychische Leistungssteigerung mit sich brachte. Wir machen uns kaum klar, was es bedeutet, wenn wir völlig mühelos auf nur zwei Beine stehend und gehend das Gleichgewicht aufrechterhalten können, eine Leistung, die für einen Vierfüßler relativ belanglos ist, da er ebensowenig umfallen kann wie ein vierrädriges Fahrzeug. Wenn Bären, Hunde oder Pferde vorübergehend auf den

Hinterbeinen aufrecht stehen, bekommt man den deutlichen Eindruck, daß ihnen diese Haltung nicht nur anatomisch schwerfällt, sondern ihnen vielmehr die Einhaltung des Gleichgewichtes einige Schwierigkeiten bereitet.

Als Folge der zweibeinigen Fortbewegung fiel dem Menschen wie ein Geschenk die freie Verfügbarkeit über die vorderen Extremitäten in den Schoß, die in Verbindung mit der aufrechten Haltung des Kopfes zu einer weiteren und so enormen Gehirnentwicklung führte. Jedenfalls war es vermutlich nicht so, daß der Mensch den aufrechten Gang entwickelte, weil er die Hände brauchte, sondern daß die Hände frei wurden, weil er sich auf zwei Beinen bewegte. Wenn das zutrifft, ist die Entwicklung zum Menschen weitgehend seiner gesteigerten Beweglichkeit zu verdanken, wenn auch zusätzlich eine Wechselwirkung zwischen Werkzeuggebrauch und aufrechtem Gang mit im Spiel gewesen sein wird (Dehm).

Der aufrechte Gang ist aus physikalischen Gründen auf eine gewisse Körpergröße beschränkt, die mit einigen Schwankungen etwa der des Menschen entspricht. Bei den Equiden geschah deshalb die Reibungsverminderung auf anderem Wege, nämlich auf dem der Verkleinerung der Bodenfläche durch Wegfall der ersten, zweiten, vierten und fünften Zehe. Sie wurden zu Wesen, die auf der zierlichen Spitze des Mittelfingers laufen, mit so minimaler Boden- und damit Reibungsfläche, wie wir sie bei keiner anderen vergleichbaren Tierart kennen.

Beweglichkeit ist ein komplexer Begriff, der sich aus mehreren Komponenten zusammensetzt. Die lineare *Schnelligkeit* ist die sinnfälligste und am leichtesten meßbare Eigenschaft, ein Merkmal, das vor allem im Rennen die wichtigste Rolle spielt. Zu ihr gehört die *Ausdauer,* die notwendig ist, um Schnelligkeit über möglichst weite Entfernungen aufrechtzuerhalten. Weiter ist die *Beschleunigung* ein wesentliches Merkmal, das sowohl im positiven als auch im negativen Sinne, das heißt als möglichst schnelle Steigerung als auch umgekehrt als rascheste Verringerung oder Abbremsung der Schnelligkeit zum Ausdruck kommt. Schließlich ist die *Wendigkeit,* die Fähigkeit der schnellen Richtungsänderung für den Begriff der Beweglichkeit maßgebend.

Während die Körperform für die lineare Endgeschwindigkeit von relativ geringem Einfluß ist, übt sie den größten auf die Wendigkeit aus. Dazu die beigefügte Skizze, die den Kraftaufwand für die Drehung einer Säule einmal im senkrechten, zum anderen im horizontalen Zustand demonstrieren soll. Das sogenannte Drehmoment erfordert bei einer Säule, die etwa der Größe und dem Gewicht eines erwachsenen Menschen entspricht, in horizontaler Lage bei gleicher, innerhalb derselben Zeiteinheit erfolgter Beschleunigung etwa die fünfzehnfache Kraft gegenüber der senkrechten Stellung. So kommt es, daß der senkrecht auf zwei Beinen stehende Mensch einem gleichgroßen, jedoch horizontal

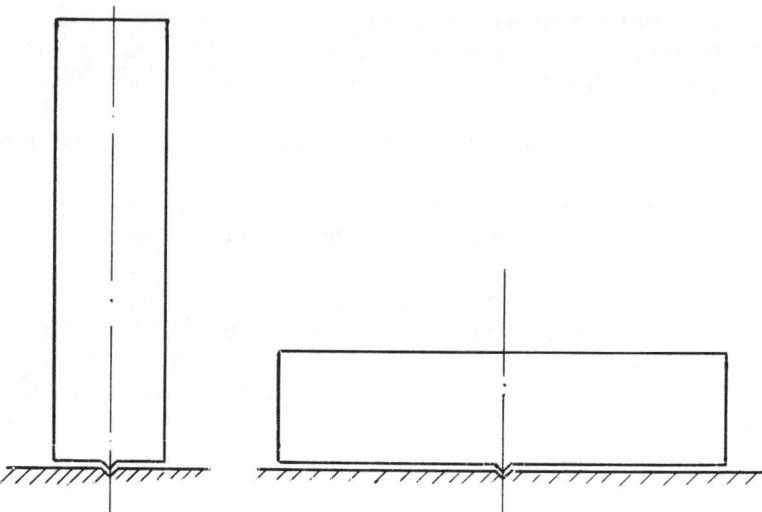

Abb. 20: Der unterschiedliche Kraftaufwand bei der Drehung einer Säule in
senkrechtem und in waagerechtem Zustand

stehenden vierfüßigen Tier bei der Drehbeweglichkeit überlegen ist.
Tätigkeiten, wie sie von vielen Menschen in Form von Drehbewegungen
und Wendungen täglich tausendmal mühelos ausgeübt werden, wie von
Hausfrauen, Kellnern, Verkäufern, würden bei einem horizontalen Körper zum Zusammenbruch der Kräfte führen.

Ähnliche Korrelationen bestehen innerhalb der einzelnen Pferderassen und -typen. Ein 600 kg schweres Pferd kann aus den dargelegten
physikalischen Gründen niemals dieselbe Beschleunigung und Wendigkeit entwickeln wie ein 300 kg schwerer Araber, um bei extremen
Gegensätzen zu bleiben. Wohl aber kann jener dem wendigeren an
linearer Schnelligkeit überlegen sein. Die Eigenschaften der Wendigkeit,
die in der freien Wildbahn zweifellos von größter Bedeutung gewesen
sind, spielen in der Domestikation nur noch eine geringe Rolle. Oft sind
sie sogar nachteilig für den Gebrauch. Wer niemals einen Araber,
sondern nur große Warmbluttypen als Springpferde geritten und ausgebildet hat, kann sich über die Rasanz und über die Beschleunigung, über
das blitzschnelle Abstoppen und das haarscharfe Abwenden des kleinen
Pferdes keine Vorstellung machen. Diese Fähigkeiten der kleineren
Pferde erfordern so außerordentliche Gewandtheit des Reiters, daß sie
vielfach als angeblich ungeeignet oder als scheinbar unfähig für den
modernen Springsport abgelehnt werden. So geht hier nicht selten eine,
vom biologischen Standpunkt aus, negative Auslese vor sich, die zudem

durch den Nachteil der mit zunehmender Körpergröße ansteigenden Ansprüche an die Ernährung verbunden ist.

Mit den vorstehenden Betrachtungen über die körperliche Wendigkeit sind gemäß den körperlich-seelischen Wechselbeziehungen (S. 63) entsprechende psychische Eigenschaften untrennbar verbunden. Auch die praktische Erfahrung bestätigt, daß mit der körperlichen zugleich eine entsprechende psychische Beweglichkeit und Wendigkeit gekoppelt ist. Geistige Regsamkeit geht im allgemeinen mit körperlicher Beweglichkeit einher.

Der Bewegungsdrang ist nicht nur eine Anpassung an die natürlichen Lebensbedingungen, ein Mittel, um sich von der Umwelt weitgehend freizumachen, sondern auch ein Zeichen für den entwicklungsgeschichtlichen Hochstand einer Tierart. Die Höherentwicklung der Arten ist vielfach mit der Steigerung der Bewegungsmöglichkeit verbunden. Die überlegene Stellung des Tierreiches über das der Pflanzen tritt unter anderem dadurch in Erscheinung, daß die Tiere nicht mehr ortsgebunden, sondern infolge ihrer größeren Beweglichkeit ortsunabhängig geworden sind. Schon unser Gefühl sagt uns, daß das bewegungsfreudige Tier höher steht als das lethargische, träge. Mit fortschreitender Höherentwicklung nimmt der zunächst rein körperliche Bewegungsdrang immer umfassendere Formen an, um sich schließlich zur allgemeinen Aktivität im körperlichen und seelischen Sinn zu steigern. Noch bezeichnender ist der Begriff der Initiative. Der schöpferische »Initiateur«, wie ihn die französische Sprache treffend bezeichnet, ist der eigentliche Kulturschaffende. »Tätigsein ist der Menschen erste Bestimmung« (Goethe). Der enge Zusammenhang zwischen Beweglichkeit und edlem Wesen wird im letzten Kapitel unter »Adel des Pferdes« eingehend behandelt.

Zugleich sind die Beweglichkeit und der auf ihr beruhende Drang, sich körperlich und geistig zu betätigen, zum Ursprung und zur wichtigsten Grundlage der menschlichen Kultur geworden. Denn diese entspringt nichts anderem als dem Trieb und der Freude des Menschen in Gemeinschaft mit anderen gleichgesinnten, schöpferische Werte hervorzubringen. Daraus ergibt sich die Folgerung, daß die Einschränkung der Bewegung zu einem Abstieg der Kultur führen muß. Darauf beruht auch die Bedeutung des Pferdes für die menschliche Kultur, weil es jahrtausendelang das wichtigste Mittel war, um die Beweglichkeit des Menschen zu steigern.

Besonderes

Wie groß die Wanderungen und die *täglichen Laufstrecken* beim Urpferd waren, läßt sich heute nicht mehr feststellen. Es dürften jedoch Entfernungen gewesen sein, die unsere Phantasie übersteigen. Für die Ansicht Tesios, die Pferdeherden hätten in der Vorzeit jahreszeitliche, mit den Zugvögeln vergleichbare Wanderungen, vielleicht über ganze Kontinente hinweg, unternommen, sprechen physiologisch-analytische Feststellungen.

Das Pferd ist in Anbetracht seines spezifischen Verdauungsapparates auf relativ leicht verdauliche Nahrung angewiesen, wenigstens dann, wenn man es mit Wiederkäuern von gleicher Größe, etwa mit dem Rind vergleicht. Es kann sich nicht wie jenes weitgehend von zellulosehaltigem Material ernähren. Dies wiederum ist umgekehrt und rückwirkend dadurch bedingt, daß ein so schnelles und großes Tier keinen voluminösen Gärungsmagen mit sich herumzuschleppen vermag. Das Rind dagegen kann sich aufgrund seiner physiologischen Verfassung viel mehr Zeit bei der Futteraufnahme und bei der Verdauungsarbeit lassen. Dieselbe Folgerung ergibt sich aus Form und Anlage der Milchdrüse. Wer jemals eine Kuh traben oder galoppieren sah, weiß, daß ein voluminöses Euter für ein Lauftier denkbar ungeeignet wäre. Dagegen ist das vergleichsweise zierliche und kompakte, fest angesetzte Euter der Stute auch während der Laktation in keiner Weise beim Laufen hinderlich. Die Kleinheit des Gesäuges bedingt jedoch, daß das Fohlen ungemein häufig, etwa fünfzigmal am Tag, daran trinken muß, um die notwendige Tagesmenge von etwa 10 bis 20 Litern zu erhalten. Das Kalb andererseits begnügt sich mit fünf reichhaltigeren Mahlzeiten (Stockklausner). Beide Eigentümlichkeiten vertragen sich gut mit der Lebensweise dieser Tiere. Die Kuh wird durch das Kalb nicht in ihrer stundenlangen liegenden Tätigkeit des Wiederkauens gestört, die Stute dagegen kann während des Weidens halbstündlich das Fohlen saugen lassen, ohne behindert zu werden. Vor allem wird das Laufen sowohl der Stute als auch des Fohlens wenig beeinträchtigt, wenn es in den zahlreichen kurzen Pausen rasch ein paar Schluck Milch erhält. Wiederum wird das Junge durch den winzigen, nur wenig Milch aufnehmenden Magen nicht belastet, wenn es gezwungen ist, mit den Erwachsenen Schritt zu halten. Auch die auffallend schnelle Regenerationsfähigkeit des stark glykogenhaltigen Pferdemuskels spricht dafür, daß regelmäßige, nicht zu lange dauernde Pausen beim Laufen eingelegt wurden. Ebenso deuten das Fehlen einer Gallenblase und die damit verbundene kontinuierliche Gallenabsonderung auf häufige, aber wohl kurzdauernde Nahrungsaufnahme hin.

Wenn man Schlüsse aus den Trainingsanweisungen der Mittanier ziehen darf, die immerhin vom Beginn der Zähmung des Wildpferdes nur etwa 1000 Jahre im Gegensatz zu unseren 4000 bis 5000 Jahren entfernt waren, darf man annehmen, daß zwar zwischen Trab und Galopp gewechselt, der größte Teil der Strecken jedoch im Trab zurückgelegt wurde. Zunächst wurden z.B. 30 km im Trab gefahren, denen zuletzt ein Schlußgalopp von 800 Metern folgte. Mit fortschreitendem Training wurde der Trab gekürzt, der Galopp verlängert, jedoch nie mehr als bis zum Verhältnis von etwa 3 : 1. Auf dem Höhepunkt des Trainings legten die Mittanier mit dem zweirädrigen Rennwagen in sieben aufeinanderfolgenden Nächten, also wohl in höchstens 12 Stunden, je 140, in einer Woche also 1000 Kilometer zurück (nach Kammenhuber). Sicherlich erforderte das mindestens die dreifache Anstrengung im Vergleich zum freilaufenden Pferd. Es wäre also nicht ausgeschlossen, daß Wildpferde, die vielleicht nicht so schnell, aber doch gewiß nicht weniger ausdauernd waren, ohne Wagen und Fahrer in 24 Stunden nicht weniger, vielleicht sogar mehr, in einem Monat Tausende von Kilometern zurücklegten.

Klimatisch bedingte Wanderungen werden auch noch aus geschichtlicher Zeit bezeugt. »Die Przewalski-Wildpferde lebten zu Ende des 19. und zu Anfang des 20. Jahrhunderts in wenigen, kleinen Herden auf einem Gebiet von vielen tausend Quadratkilometern. Die Wildjäger wußten, daß die Pferde in anderen Gebieten überwinterten als in denen, die sie während des Sommers aufsuchten« (Volf).

In den erwähnten hethitischen Trainingsanweisungen ist mehrfach von sogenannten Schwitzgalopps die Rede. Jeder, der schon größere Distanzritte unternommen hat, weiß, wie Pferde auch im ruhigen Galopp ins Schwitzen kommen, wie sie aber im nachfolgenden Trab wieder trocken werden. Man gewinnt den Eindruck, daß sie sich im gemächlichen Trab sogar erholen, um nicht zu sagen, ausruhen. Die Sieger der großen Distanzritte um die Jahrhundertwende haben ihre Pferde überwiegend im Trab geritten. Aus alledem darf man also schließen, daß die großen Wanderungen der Ur- und Wildpferde vorwiegend im Trab vor sich gingen. Dagegen ist der typische Renntrab sicherlich eine erst durch den Menschen züchterisch bedingte Gangart.

Ob die Wildpferde im Diagonal- oder im Paralleltrab liefen oder beides, ob sie vielleicht eine der beiden Gangarten bevorzugten, scheint nicht mit Gewißheit bekannt zu sein. »Bei Einhufern ist der Paßgang im Wildleben fakultativ. Es gibt anscheinend Equidenarten, die zum gelegentlichen Paßgang neigen und andere, bei denen der Autor dies in 5 Jahren nie beobachten konnte. Danach zählen zu den strengen Kreuzgängern Zebras und Esel. Przewalskipferde und Onager zeigen dagegen öfter Ansätze, Übergänge und schließlich vollkommenen Paßgang, jedoch nie lange und ausschließlich« (Hassenberg). Nach Krüger wechseln die Wildpferde in beiden Gangarten. Ihm zufolge werden Renntraber in den USA auf Paß dressiert, weil sie sich dann bei ihren weitausgreifenden Trabaktionen weniger leicht greifen. Dies ist auch insofern einleuchtend, weil Wildarten mit langen Beinen, wie Kamele oder Giraffen, obligatorische Paßgänger sind. Eine künstliche oder gar unnatürliche Gangart ist Paß jedenfalls nicht. Dies geht auch daraus hervor, daß er beim englischen Vollblut, das doch seit Jahrhunderten extrem auf Galoppleistung gezüchtet wurde, nicht selten auftritt.

Aus der Kenntnis natürlicher Verhaltensweisen lassen sich nach dem Gesetz der notwendig gewordenen Urgewohnheiten Folgerungen für die Haltung und den Gebrauch des Pferdes ableiten. Stundenlange Arbeit mit regelmäßigen, kurzen Pausen strengen ein Pferd nicht ebenso an wie weniger lange dauerndes Arbeiten ohne Pause. Ein Geländeritt über 30 Kilometer mit einer nach 15 Kilometer eingelegten Erholung von nur fünf Minuten ist weniger anstrengend als ein durchgehender Ritt über zwanzig Kilometer. Das sind übrigens Tatsachen, die früher jedem Kutscher geläufig waren. Nur so war es möglich, daß in vergangenen Zeiten Arbeitspferde oft Tag für Tag 16 Stunden im Geschirr gingen und anstrengende Arbeit verrichteten, ohne Schaden zu leiden. Es spricht für absolute Unkenntnis der Verhältnisse, wenn manche Kritiker heute beanstanden, daß ein Pferd mehrere Leistungsprüfungen am Tag absolviert, deren jede nicht mehr als fünf bis zehn Minuten andauert. Auch wenn es sich um schwierige Anforderungen handeln sollte, ist das kräftemäßig im Vergleich zur Leistung der Wirtschaftspferde keine Überforderung. Sie ist es auch nicht im Hinblick zur natürlichen Veranlagung zum Bewegungsbedürfnis. Man muß bei der Beurteilung stets in Betracht ziehen, ob dazwischen ausreichende Erholungspausen liegen.

Diese Hinweise beziehen sich auf die kräftemäßige Beanspruchung. Etwas anderes sind die nervliche Belastung und die Strapazierung der Beine, insbesondere unter ungünstigen Bodenverhältnissen. Da kann es wohl ein Zuviel geben, wodurch ein Pferd Schaden leidet. Oft hängt aber auch das wieder mit unausgeglichener Bewegung zusammen. Es ist keine Seltenheit, daß ein Pferd tage- oder wochenlang im Stall steht, um dann unvermittelt hohen sportlichen Anforderungen unterworfen zu werden.

Im Gegensatz zu zahlreichen Parallelen, die sich in der Betrachtung des Bewegungstriebes beim erwachsenen und jugendlichen Menschen und beim Pferd ergeben, besteht ein deutlicher Kontrast bezüglich des ersten *Auftretens des Bewegungsdranges*. Dies rührt daher, daß das Pferd ein extremer Nestflüchter, der Mensch hingegen ein extremer Nesthocker ist. »Die Equiden sind die fertigsten Nestflüchter aller Säugetiere« (Hassenberg). Das Fohlen ist schon ein paar Stunden nach der Geburt ein perfektes Bewegungswesen, der Mensch wird es erst nach einer vergleichsweise langen Entwicklungsperiode. Diese Tatsache birgt die Gefahr in sich, daß man beim Fohlen unangebrachte menschliche Maßstäbe zugrunde legen könnte, die sich nur nachteilig auf seine Entwicklung in seelischer und in körperlicher Hinsicht auswirken würden.

Möglicherweise ist für die Entwicklung des Bewegungstriebes eine Art von Prägung entscheidend. Das heißt, die Bewegungsweisen der ersten Stunden und Tage können einen bleibenden Eindruck hinterlassen. Wie sehr aber wird gegen diese natürlichen Voraussetzungen gesündigt. Viele Tage lang bleiben zahlreiche Fohlen mitsamt der Stute in einer Box eingesperrt, aus der unbegründeten Sorge, das Kleine könnte sich erkälten. Auf solche Weise kann vermutlich leicht eine negative Prägung in Form eines unterdrückten Bewegungsdranges zustande kommen.

»Gehlust ist die wertvollste Eigenschaft eines lebenden Wesens von der Ameise und Biene bis zum Menschen selbst. Da Gehlust eine psychische Eigenschaft ist, muß sie auch psychologisch behandelt werden. Um sie richtig zu verstehen und zu behandeln, machen wir sie uns doch erst beim Menschen klar. Die Passion an sich, die Arbeitslust, die Leidenschaft zur Arbeit, sind Geschenke des Himmels. Schon in der Natur des Kindes, vom Gehenlernen an, spricht sich deutlich Tatenlust oder Tatenscheu aus, und es ist geradezu sündhaft von seiten der Mutter oder Wärterin, aus Bequemlichkeit den Kindern den Tatendrang auszutreiben und Stillsitzen als Tugend zu lehren. So erzieht man Träumer und Bummler. Bei der Fohlenaufzucht wird hierbei in noch viel größerem Maßstab gesündigt. Arbeitslust spreche ich im allgemeinen nur dem Pferde und dem Hunde zu. Das Kamel und der Elefant machen selbst im Trab und Galopp einen lässig widerstrebenden Eindruck. Nie habe ich die stärksten Ochsen vor einem leeren Wagen traben sehen. Esel und Maultier sind faul und wollen zur Arbeit gezwungen sein. Nur Hund und Pferd haben die göttliche Gabe der Arbeitslust« (Monteton).

Die Bewegungsantriebe: Spiel, Sport und Arbeit

Eine besondere Form der Bewegung ist das *Spiel*. Es ist die Freude an der Bewegung. Spiel als zweckfreie Bewegung um ihrer selbst willen ist eine Eigentümlichkeit vieler hochentwickelter Tierarten. Bezeichnenderweise sind so hochstehende Lebewesen eines anderen Milieus, des Wassers, wie Delphine und Robben, nicht nur besonders intelligent, sondern auch besonders bewegungsaktiv und spielfreudig. Dasselbe gilt für die Forelle, die bekanntlich nicht nur intelligenter und spielfreudiger, sondern auch feinhäutiger oder feinschuppiger ist als der grobschuppige und träge Teichfisch.

Das Spiel ist deshalb so hoch einzustufen, weil es ohne äußeren Zwang geschieht und allein der freiwilligen Aktivität und Initiative des einzelnen zuzuschreiben ist. Dieses natürliche Verhalten sich vor Augen zu führen, verhilft dazu, die Bewegungsformen des Pferdes mit anderen Augen zu betrachten. Man steht der Welt des Tieres von vornherein falsch gegenüber, wenn man seine Bewegungen mit der Arbeit des seiner selbst bewußten Menschen identifiziert.

Es gibt Gründe, annehmen zu dürfen, daß auch die Bewegungsweisen des Jagens und Sammelns der Frühmenschen mehr dem Spiel als der

Arbeit nahekamen. Unter anderem geht das aus der Betrachtung der ontogenetischen menschlichen Verhaltensformen hervor. Man braucht nur Kindern zuzusehen, um zu erkennen, daß spielende Bewegungen etwas Ursprüngliches sind. »Die Beobachtung in Australien lebender echter ›Steinzeitmenschen‹ ergab, daß sie die meiste Zeit der Tagesstunden bei vergnügt verlebten Streifzügen durch das Gelände, die Frauen Pflanzen sammelnd, im Gespräch oder im Spiel mit Kindern und Lagerhunden verbrachten. Der Alltag dieser Menschen erschien keineswegs anstrengend, sondern mehr wie Urlaubstätigkeit — etwa wie Wandern, Pilzesammeln und Picknick im Freien« (n + m 37/52).

Einen ausgeprägten Spieltrieb hat auch das Pferd, wenngleich wir ihn bei erwachsenen domestizierten Tieren nur selten offenkundig beobachten können. Für jeden Pferdefreund gibt es kaum etwas Schöneres, als spielenden und herumtollenden jungen Pferden zuzusehen. Vermutlich ist auch manches Scheuen lediglich ein willkommener Anlaß für übermütige Pferde, ihrem Spieltrieb Gelegenheit zur Betätigung zu geben. Dafür spricht auch die Beobachtung, daß viele Pferde mit Vorliebe beim Weg aus dem Stall in bewegungsfreudiger Stimmung zu scheuen pflegen, weniger beim Nachhauseweg, im ermüdeten Zustand.

»Ich bin überzeugt, daß das gemeinsame Tollen dahinrasender großer Scharen von wilden Pferden manchmal nicht durch eine reale Gefahr veranlaßt ist, sondern ein gemeinschaftliches Bewegungsspiel darstellt« (Groos, nach v. Maday). Wenn man also ein Pferd reitet, das beim Galoppieren übermütige Bocksprünge macht, sollte man sich über seine Aktivität freuen, es aber nicht bestrafen.

Spieltrieb als Ausdruck des Bewegungsdranges um seiner selbst willen ist demnach ein Gradmesser für den entwicklungsmäßigen Hochstand einer Tierart oder eines einzelnen Lebewesens. Man kann deshalb zur psychischen Beurteilung der Pferde ihren Spieltrieb heranziehen. Schon beim Fohlen deutet die Spielfreudigkeit auf später zu erwartende wertvolle Eigenschaften hin. Wenn wir unter den arabischen und englischen Vollblutpferden besonders spielfreudige finden, stimmt das damit überein, daß wir sie mit Recht als ausnehmend edle Pferderassen betrachten.

Bei Geselligkeitstieren kommt der Spieltrieb vielfach nur in der Gemeinschaft, also im Zusammenwirken mit dem Sozialtrieb voll zur Geltung. Es scheint gewisse optimale Verhältnisse für die Zahl der Beteiligten zur Befriedigung des Spieltriebes zu geben. Sie dürften bei etwa 20 Tieren liegen, die auch Albert zugrunde legt. Bei sehr großen Herden kommt es unter Umständen sogar zu einer Vereinsamung, da der notwendige Überblick verlorengeht. Es ist wohl kein Zufall, daß bei einem der bewegungsaktivsten menschlichen Spiele, dem Fußball, 22 Sportler in gemeinsamer Bewegung sind. Die Beobachtung der Schüler in den Pausen großer und kleiner Schulklassen gibt ähnliche Resultate.

Abb. 21: Spielen kann
man nur in Gesell-
schaft

Die paradoxe Erscheinung der Vereinsamung in einer allzu großen Zahl
von Individuen kommt am deutlichsten zum Vorschein in der Verlassenheit des einzelnen Menschen in der Großstadt.

Vom Spiel unterscheidet sich der *Sport* dadurch, daß er nicht wie
jenes allein der Bewegung an sich dient, von der Arbeit dadurch, daß er
nicht lediglich dem nützlichen Ertrag gewidmet ist. Er steht in der Mitte
zwischen beiden. Der Sport dient außer dem Bewegungsbedürfnis noch
gewissen Nebenzwecken, wie Befriedigung des Ehrgeizes, Gesunderhal-
tung des Körpers, Übung der Geistesgegenwart und anderen. Je nach
dem Überwiegen der Motive kann der Sport mehr dem Spiel oder mehr
der Arbeit nahestehen. Dem Tier ist ohne Beteiligung des Menschen
Sport ebenso fremd wie Arbeit, denn beide würden einen reflektiven
Denkvorgang erfordern. Auch der vom Spiel voll ergriffene Mensch
verzichtet auf jede reflektive Überlegung über die Frage, weshalb er
eigentlich spielt. Mit Recht spricht man vom Spiel-Trieb, der wie jeder
andere Trieb nichts mit bewußtem Überlegen zu tun hat. Dagegen ist das
Wort Sporttrieb nicht üblich.

Während in den vergangenen Jahrhunderten die Arbeitsleistung der wichtigste Zweck der Pferdehaltung war, ist gegenwärtig die Existenz des Pferdes vor allem durch den Sport gewährleistet. Eng ist der Zusammenhang zwischen Sport und Kultur, weil beide die Zusammenarbeit von initiativen Menschen verlangen. Initiative und Aktivität aber sind unmittelbare Folgen des Bewegungstriebes. Es ist wohl kein Zufall, daß die Erfindung des abendländischen Sports dem Volk zu verdanken ist, das die Grundlage unserer Kultur geschaffen hat, nämlich den Griechen. In den olympischen Spielen war der Pferdesport in Form von Wagen- und Reitrennen sogar der Höhepunkt der Ereignisse.

Alle Formen des Pferdesports entspringen der Freude an der Bewegung, die durch die Mithilfe des Pferdes ungeahnt gesteigert wird. Kaum etwas anderes vermittelt dem Menschen eine derartige Empfindung der Bewegung, wie das Reiten auf einem rennenden Pferd. Der Rausch der Geschwindigkeit, der Bewegungsfreude, kommt dabei ganz anders zur Geltung als bei der monotonen Fortbewegung im Motorfahrzeug, im Schnellzug oder im Flugzeug, in denen man bekanntlich bei geschlossenen Augen unter Umständen nicht einmal die Fahrtrichtung bestimmen kann, eine Erscheinung, die auf dem Pferderücken undenkbar wäre.

Obgleich Sport im Sinne einer reflektiven Überlegung dem Tier fremd sein muß, kann die mit ihm unternommene sportliche Betätigung auch für das Pferd eine ähnliche Mittelstellung zwischen Spiel und Arbeit einnehmen wie für den Menschen, nämlich dann, wenn es dabei ein gewisses Vergnügen empfindet.

Die dritte Gruppe von Bewegungsantrieben ist die *Arbeit.* Sie ist dadurch gekennzeichnet, daß sie durch den Zwang äußerer Verhältnisse hervorgerufen wird. Im allgemeinen gilt Arbeit als etwas Lästiges und Unerfreuliches. Arbeit im allgemeinen und hier im besonderen Sinn ist also Bewegung im Zustand einer seelischen Belastung, eines sogenannten Streß. In der Natur würde das der Bewegung unter der Streßwirkung der Angst entsprechen. Ein bekanntes Beispiel dafür ist das von wildernden Hunden gejagte Reh. Unter der Belastung der Angst bricht es nach einer Strecke zusammen, die es ohne diese psychische Belastung »spielend« bewältigen würde.

Wenn man die Bewegungsweisen des Spiels, des Sports und der Arbeit, beispielsweise in Form des Laufens, vergleicht, geht daraus hervor, daß es sich um allein psychische Unterschiede handelt. Die körperliche Mechanik der Laufbewegungen ist in allen drei Fällen die gleiche. Eine wesentliche Verschiedenheit besteht jedoch in der mehr oder weniger ausgeprägten Lockerheit der Bewegungen. Echtes Spiel ist stets mit gelockerten, niemals mit verkampften oder gespannten Bewegungen verbunden. Die Lockerheit ist nahe verwandt mit der Vorstellung der Leichtigkeit. Nicht umsonst sagt man, »er macht das spielerisch«, um auszudrücken, daß der Betreffende dieses oder jenes mit

Leichtigkeit erledigt. Es ist bekannt, daß bei vielen Sportlern ein Stadium verspannter Bewegungen durchlaufen und überwunden werden muß, bevor Höchstleistungen erzielt werden können. Lockerungsübungen sind ein wichtiger Bestandteil des Trainings. Aus dieser Betrachtung geht die Unentbehrlichkeit des Spiels, auch für das Pferd, hervor. Man weiß, wie verspannt junge Pferde sich bewegen, wenn sie zum erstenmal einen Reiter tragen müssen. Vielleicht zum erstenmal im Leben werden sie mit einem Zustand konfrontiert, der dem entspricht, was wir Arbeit nennen. Lockernde und lösende Übungen sind deshalb eine wichtige Aufgabe, besonders während der Ausbildung. »Gespannte Tritte« sind häufige Fehler in Dressurprüfungen. Dagegen sind die »Losgelassenheit« und die lockere »Anlehnung« an das Gebiß Zeichen für gelungene Ausbildung. Daraus dürfte hervorgehen, wie wichtig die Bewegung des Spiels ist, damit die jungen Pferde das Laufen als lockere, gelöste Bewegung kennenlernen.

Aus diesen Gründen wurde im Hinblick auf das junge Pferd bewußt nur von Bewegung, nicht von Arbeit gesprochen. Bei aller Betonung des Bewegungsbedürfnisses des Pferdes soll keinesfalls der leider verbreiteten Unsitte des zu frühzeitigen Arbeitsgebrauches das Wort geredet werden. Alle Überbelastungen, insbesondere des Bewegungsapparates, müssen beim jungen Tier vermieden werden. Man sollte stets im Auge behalten, daß die Bewegung in der freien Natur für das junge Pferd ein Spiel ist. Ganz andere Belastungen werden gefordert, wenn Zugleistung, das Reitergewicht für die Vorderbeine, versammelnde Arbeit für die Hinterhand oder gar zu frühzeitiger Beschlag mit Hufeisen dem noch nicht voll entwickelten Organismus zugemutet werden. Solche zu frühzeitigen körperlichen Überbelastungen können auch psychische Schäden mit sich bringen. Vor allem können Bewegungsfreude, Lust an der Arbeit, Schwung und Elastizität, die auch psychischer Voraussetzungen bedürfen, Schaden leiden. Wie wenig diese Erkenntnisse verbreitet sind oder beachtet werden, geht daraus hervor, daß immer wieder aus irregeleitetem Mitleid die Verwendung alter Pferde im Sport beanstandet wird, daß man aber nur selten die übertriebene Beanspruchung junger, noch nicht voll ausgewachsener Pferde kritisiert. Eine erschrekkende Häufigkeit von Lahmheiten und ein geringes durchschnittliches Lebensalter vieler Reitpferde sind das Ergebnis.

Nicht nur die körperliche, sondern auch die psychische Labilität ist bei jungen Pferden ungleich größer als bei ausgewachsenen. Das kommt besonders im Springsport zum Vorschein, wenn zu junge Pferde nervlich überfordert, wenn ihnen zu rasch hohe Leistungen abverlangt werden. Sie finden dann nicht Spaß am Springen, sondern bekommen Angst oder Abneigung und können für immer verdorben werden. Man sollte nicht vergessen, daß alles Lernen in der Natur auf spielerische Weise beginnt. Erst später kommen andere Momente hinzu, wenn es heißt, durch

Schaden klug zu werden. Typische Folgen solcher psychischer Schädigungen sind Verweigern oder gar Steigen vor dem Start auf dem Turnierplatz. Früher gab es feste Regeln aufgrund langjähriger Erfahrungen für den Einsatz junger Pferde, die heute weitgehend in Vergessenheit geraten sind. Erst mit drei bis vier Jahren wurden die sogenannten Remonten angeritten, mit sechs Jahren zur regelmäßigen Arbeit und erst mit acht Jahren zu hohen Leistungen verwendet. Daß es sich wirklich um nicht nur jahrzehntealte, sondern um seit Jahrhunderten, wenn nicht seit Jahrtausenden gültige Regeln handelte, geht aus folgenden Quellen hervor: »Columella will, daß das Pferd erst nach Vollendung des vierten Lebensjahres wirklich arbeite, das heißt, im Zirkus laufe. Das vierte Jahr diente also zum Zureiten oder Einfahren. Nach Plinius wurden Pferde schon mit dem zweiten Jahr zugeritten, im Zirkus aber erst verwendet, wenn sie fünf Jahre alt waren. Er hält Stuten mit fünf, die Hengste mit sechs Jahren für ausgewachsen« (Schlieben).

Dem könnte entgegengehalten werden, daß diesen Gesichtspunkten im Rennsport und in der Vollblutzucht nicht Rechnung getragen wird. Aber gerade dort ist man sich der Problematik der Gegensätze, nämlich ausreichender Bewegung auf der einen und notwendiger Schonung auf der anderen Seite, bewußt. Dafür dienen die Bestimmungen für die Rennen der Jungpferde über kurze Distanzen, gerade Linien und unter leichten Gewichten. Dennoch wird leider auch hier nicht selten Schaden durch Überforderung angerichtet. Der Widerstreit zwischen merkantilen und züchterischen Interessen schafft zu oft unüberwindliche Konflikte.

Außerhalb des Rennsports ist vor allem die Schädlichkeit des Kurvenreitens in schnellem Tempo für junge Pferde vielen Reitern nicht bekannt. Die Überwindung der Zentrifugalkraft erfordert außerordentliche Kräfte, über die sich manche keine richtige Vorstellung machen. Diese Kräfte sind infolge des höheren Gewichtes von Reiter und Pferd bei Warmblütern größer als bei Rennpferden, für die neben leichteren Gewichten im allgemeinen lange Kurven mit großen Radien auf den Rennbahnen vorgesehen sind. Dennoch werden im allgemeinen für Zweijährige am Anfang des Rennjahres Rennen nur auf Geraden veranstaltet.

Jene Überwindung der Zentrifugalkraft erfordert nicht nur große Kraftanstrengung, sondern auch enorme Belastungen der Gelenke und Sehnen. Daneben entwickeln sich gerade in den Kurven nicht selten auch psychische Belastungen. Hier kommt es gern zu einem gefährlichen Gedränge, das die Nervenkraft junger Pferde überfordern kann. Auch auf Reitjagden wird nicht selten gegen diese Gesichtspunkte verstoßen, wenn junge, noch unerfahrene Pferde daran beteiligt sind. Man sollte deshalb ein junges Pferd an das Jagdreiten nicht weniger systematisch gewöhnen als an andere sportliche Disziplinen. Ein Pferd, das bisher gewohnt war, nur allein oder mit einigen wenigen Artgenossen zu gehen, verliert, plötzlich in ein großes Jagdfeld eingegliedert, nur allzuleicht die Nerven und schädigt sich durch übergroßen Eifer oder gar durch völlige Kopflosigkeit.

Wenn nun einerseits davon die Rede ist, daß junge Pferde geschont werden sollen, so betrifft das ausschließlich den passiven Bewegungsapparat, das heißt insbesondere Sehnen und Gelenke, mit anderen Worten die Beine. Wenn andererseits gefordert wird, die jungen Pferde reichlich zu bewegen, so betrifft dies den Atmungsapparat, den Kreislauf, den Stoffwechsel und die Skelettmuskulatur. Das ganze Problem ist so schwierig, als wollte man die Quadratur des Kreises lösen. Wie will man beide Gegensätze vereinigen, die Beine schonen, die inneren Organe möglichst intensiv betätigen? Die beste Lösung scheint noch immer die des Renntrainings junger Pferde unter leichtesten Gewichten auf geraden Linien über elastischem Boden und ohne Eisenbeschlag zu sein. (Siehe auch Blendinger, »Gesundheitspflege des Pferdes«, Verlag Paul Parey.)

Mit der Arbeit ist, wie erwähnt, der Begriff des Unerfreulichen verknüpft. Die der Arbeit zugrundeliegende Verspanntheit ist demnach vornehmlich auf den psychischen Zustand des Widerstrebens zurückzuführen. Daraus ergibt sich zwangsläufig die Folgerung, daß eine freudige, mit angenehmen Vorstellungen verbundene Tätigkeit weniger verspannt und damit weniger anstrengend sein wird als eine nur widerstrebend geleistete.

Der Vollständigkeit halber soll erwähnt werden, daß es noch eine vierte, neutrale Form des Bewegungsantriebes gibt. Wenn ein Pferd auf der Weide zehn Schritte vorwärtsgeht, um saftigeres Gras zu finden, ist das weder Spiel, noch Sport, noch Arbeit, sondern eine Art von vegetativer Tätigkeit. Das gilt auch für viele andere Bewegungen, beispielsweise das Kauen oder das Atmen. Man sagt deshalb nicht zu Unrecht von einem Menschen, der seine Bewegungen auf derartige allein lebenserhaltende Tätigkeiten beschränkt, er »vegetiert«. Dieser Ausdruck hat den Beigeschmack des Unwürdigen und Primitiven. Das Leben der meisten Haustiere unserer Zeit ist nichts anderes als ein Vegetieren, ein Aufnehmen und Umsetzen von Nahrung, um irgendwelche materiellen Produkte hervorzubringen. Ein Pferd, das wochenlang im Stall steht, ohne etwas anderes als das zur Lebenserhaltung Nötige zu tun, vegetiert in demselben Sinne.

Die Bewegungsbeschränkung der Gegenwart und ihre Folgen

Allgemeines

Zu den bedeutendsten Erkenntnissen der modernen Medizin gehört die von Sigmund Freud gemachte Entdeckung, daß die Unterdrückung

naturgegebener Triebtätigkeit zu Erkrankungen neurotischer Art, zu
sogenannten Verdrängungsverirrungen, verbunden mit körperlichen
oder seelischen Störungen, führen kann. Dabei geht es um nichts anderes
als um das im allgemeinen Teil besprochene Gesetz der notwendigen
Urgewohnheiten. Freud nahm an, daß die Verdrängung des Aggres-
sions- und des Geschlechtstriebes die wichtigste Ursache für psychogene
seelische und körperliche Erkrankungen sei. In Wirklichkeit ist aber die
ungenügende Befriedigung des Bewegungstriebes, die auch im Kapitel
über körperlich-seelische Wechselbeziehungen schon angesprochen
wurde, die ursprüngliche und häufigste Quelle jener Erscheinungen.
Wenn für ein Lebewesen wie den Menschen oder das Pferd seit Hunderttausenden von Jahren die Bewegung unaufhörliches Lebenselement
war, dann muß schon allein aus diesem Grund Bewegungseinschränkung unnatürlich und schädlich sein.

Freud hat also eine Stufe übersprungen. Der unbefriedigte Bewegungstrieb hat eine Steigerung des Aggressions- und Geschlechtstriebes,
erst danach hat deren Unterdrückung weitere psychische Strukturverän-
derungen herbeigeführt.

Zu der überraschenden Ähnlichkeit der Folgen eines Bewegungsmangels bei Mensch und Tier eine Darstellung aus berufenem Mund: »Jede
Bewegungseinschränkung im Kindesalter ist unphysiologisch und führt
zu einem körperlichen und psychischen Aktivitätsverlust für das ganze
Leben. Man spricht geradezu von einer Bewegungsmangelkrankheit.
Wo sich das Spielen der Kinder nicht in voller Freizügigkeit vollziehen
kann, kommt es häufig zu Verhaltensstörungen, ja zu krimineller Entartung. Bei Haustieren findet man infolge ihrer Lebensraumbeengung
nicht selten das Auftreten von sogenannten Übersprungshandlungen,
das heißt ein Bewegungsdrang springt auf sinnlose Reaktionen über.
Manche kindliche Verhaltensstörungen werden von Psychologen in
gleicher Weise erklärt, wenn sie Fingerlutschen, Nägelkauen, Kopfrotie-
ren, Haarausreißen, Schaukeln bei Kindern so deuten, daß die physiologische Aktivität nach außen gehemmt ist und sich nunmehr auf ihren
eigenen Körper konzentriert« (Hellbrügge).

Besonderes

Fast könnte es frevelhaft klingen, wenn man jetzt Vergleiche mit dem
Pferd ziehen und Forderungen erheben möchte, die viele Menschen
ihren eigenen heranwachsenden Artgenossen zu erfüllen nicht bereit
sind. Aber die Verhältnisse sind zu ähnlich und die Analogien zu
bestechend, als daß man sie übergehen dürfte.

Es gibt kaum etwas Grausameres gegenüber einem Wesen, das wie
kein anderes zum Laufen in der großen Weite geschaffen ist, als es
tagelang mit dem Kopf unmittelbar vor einer Wand anzubinden, ohne es
ausreichend zu bewegen. Nur die Macht der Gewohnheit hält die

Abb. 22: 1,80 m breiter Pferdestand als Behelfsbox durch Anbringen einer 1,20 m hohen Querstange und eines Zwischengitters

Öffentlichkeit davon ab, sich über diese Haltungsform zu erregen, sonst würde man sich, wäre diese Sitte erst heute erfunden worden, mit ebensoviel Berechtigung darüber empören wie über die Käfighaltung der Hühner oder über kurz angebundene Kettenhunde. Man muß berücksichtigen, daß in früheren Zeiten Arbeitspferde täglich viele Stunden in Bewegung waren, so daß das gezwungenermaßen unvermeidliche Anbinden in relativ engen Ständen längst nicht die Bedeutung hatte wie die gleichartige Unterbringung von vielen Luxuspferden in heutiger Zeit, die oft nur eine Stunde am Tag, wenn überhaupt, vom Anbindestrick gelöst werden.

Nach Paalman ist es in Australien verboten und strafbar, Pferde in einem Stand anzubinden. Gewiß wäre eine derartige Maßnahme in westeuropäischen Verhältnissen übertrieben, weil dadurch viele Pferdeexistenzen infolge des Raummangels unmöglich gemacht würden. Man sollte aber dort, wo es sich irgendwie einrichten läßt, für die Anlage eines Laufstandes plädieren. Viele Stände lassen sich durch eine einfache Querstange oder -kette in eine Behelfsbox umwandeln, wenn sie wenigstens so breit sind, daß sich das Pferd darin umdrehen kann. Falls ein weiteres Pferd daneben steht, ist es allerdings notwendig, dazwischen ein Gitter anzubringen, um gegenseitige Belästigungen zu verhindern.

In manchen landwirtschaftlichen Betrieben befindet sich im Rinderstall ein Pferd, das für Spezialarbeiten, für gelegentliches Spazierenreiten oder vielleicht nur noch aus Tradition gehalten wird. Diese Aufstallung neben den Rindern verführt manche Besitzer zu der irrigen, meistens wohl unbewußten Folgerung, daß dem einen recht sei, was dem andern billig ist. Ihnen ist nicht klar, daß das Pferd ein viel stärker auf Bewegung ausgerichtetes Lebewesen ist als das Rind, dem das Angebundensein bei weitem nicht dieselben Belastungen vermittelt.

So wie Hellbrügge vom Tier auf den Menschen, kann man auch vom Menschen auf das Tier schließen und die nachteiligen psychischen Folgen des Bewegungsmangels um so besser verstehen. Viele Unarten, Untugenden und Schwierigkeiten aller Art, vor allem aber das Auftreten von Bösartigkeit bei Pferden, sind auf Bewegungsmangel zurückzuführen. Erfahrungsgemäß treten derartige Erscheinungen häufiger bei konstitutionell hochwertigen Tieren auf. Man kann es nach meiner Erfahrung beispielsweise als gesicherte Regel betrachten, daß das sogenannte Koppen (Luftschlucken, Aerophagie) stets Pferde von besonders aktiver, tätiger Veranlagung betrifft. Sie leiden mehr als andere unter der aufgezwungenen Untätigkeit und verfallen infolgedessen eher auf perverse Gewohnheiten. Es ist wohl auch kein Zufall, daß besonders hochwertige, aus dem Rennbetrieb in die Zucht genommene Vollblutpferde infolge der plötzlich ausgeschalteten, bis dahin gewohnten Trainingsarbeit bei vielleicht allzu reichlicher Fütterung und Untätigkeit gelegentlich bösartig wurden. Sogar masochistische Anwandlungen sind bei Zuchthengsten beobachtet worden, die sich selbst zerfleischten, wenn sie aus dem Training genommen wurden.

Eine unmittelbar psychische Auswirkung mangelhafter oder unzureichender körperlicher Bewegung ist oft Widersetzlichkeit. Das Pferd sucht seinen aufgestauten und unbefriedigten Bewegungstrieb auf irgendeine paradoxe Weise abzureagieren, indem es zum Beispiel steigt, eine Aufgabe verweigert, stürmt, ausschlägt, beißt oder mit dem Kopf schlägt. Es wäre falsch, solche Unarten mit Strafen, mit zornigen Worten oder gar mit plötzlicher Überanstrengung abwenden zu wollen. Man steigert mit solchen Methoden den Zustand nur noch mehr. Richtig wäre es, das Pferd täglich und regelmäßig so zu bewegen, daß derartige Triebstauungen gar nicht erst zustande kommen. Wenn dies schon zeitlich nicht möglich ist, sollte man, bevor der Anlaß zur Widersetzlichkeit überhaupt eintritt, entsprechend lange longieren, bevor man mit dem Reiten beginnt. Noch wirksamer ist es, die Arbeit tagsüber zeitlich zu verteilen. Es ist etwas ganz anderes, das Pferd am Vormittag und am Nachmittag je eine Stunde, als zusammenhängend zwei Stunden zu reiten. Vor allem bei Pferden, die sich leicht erregen, haben die dazwischenliegenden *Pausen* eine ausgesprochen beruhigende Wirkung. Im allgemeinen ist es unzweckmäßig, ein aufgeregtes, nervöses Pferd unmittelbar vor einer Prüfung zu bewegen. Die damit verbundene Durchblutungssteigerung des Gehirns wird zunächst sogar eine Erhöhung des Erregungszustandes herbeiführen, über die bei der Behandlung des Startfiebers schon gesprochen wurde. Dagegen wirkt es ungemein beruhigend, eine oder mehrere Stunden vor der Prüfung durch Reiten oder Longieren das Bewegungsbedürfnis zu befriedigen, anschließend aber das Pferd nochmals in den Stall zu stellen und sich wieder beruhigen zu lassen.

Dem steht nicht selten eine Fehlbeurteilung von seiten des Reiters im Wege. Vor Reitjagden werden viele Pferde übermäßig geschont, damit sie nur ja recht frisch und kräftig für die bevorstehende Anstrengung zur Verfügung stehen. So jedenfalls denken oft sogar solche Reiter, die genau wissen, daß sie danach mit ihren mehr oder weniger wildgewordenen Tieren kaum fertig werden. Es ist keine Seltenheit, daß der Reiter wie mit gelähmten Armen, das Pferd schweißgebadet, nicht wegen der zurückgelegten Kilometer, sondern wegen des überstandenen Zweikampfes, am Ziel ankommen. Wieviel schonender wäre es, wenn das Pferd nicht nur an den vorausgegangenen Tagen, sondern auch noch am Vormittag vor dem nachmittäglichen Ritt bewegt worden wäre, um seinen angestauten Bewegungstrieb abzureagieren. Ein Pferd am Vormittag eine Stunde über zehn Kilometer zu reiten, dann eine oder mehrere Stunden stehen zu lassen, und am Nachmittag eine Jagd über 30 Kilometer zu absolvieren, ist für beide Teile weitaus schonender, als ohne diese Vorbereitung einen stundenlangen Kampf mit einem bewegungshungrigen Tier bestehen zu müssen. Dabei geht es aber nicht nur darum, einen aufgestauten Bewegungstrieb zu befriedigen. Vielmehr läßt sich die Wirkung der anschließenden Ruhepause wohl nur auf Grund einer im Kapitel über die Polarität besprochenen Gegenregulation erklären (S. 19). So wie der nach intravenöser Zuckergabe angestiegene Blutzuckerspiegel nach einiger Zeit unter die Norm abfällt, so wird auch der Bewegungsdrang im Laufe der mehrstündigen Ruhe unter die Norm absinken. Man kann sich den eigenartigen, dämpfenden Einfluß einer körperlichen Ruhepause auf psychische Erregung verdeutlichen, wenn man daran denkt, wie anders, wie vielleicht harmlos eine Situation, die uns in höchste Erregung versetzt hat, anmutet, wenn man sie eine Nacht überschlafen hat.

Dasselbe gilt für das Longieren zur Vorbereitung heftiger Pferde in Spring- oder Dressurprüfungen oder für das Zureiten junger Pferde. Doch können auch hier keine allgemein gültigen Regeln für das optimale Maß und den zweckmäßigsten Zeitpunkt der vorbereitenden Bewegung vor Prüfungen aufgestellt werden. Sie sind in jedem Fall auszuprobieren und auch nach der jeweiligen Verfassung, dem Fütterungs- und Trainingszustand entsprechend einzurichten. Man kann aber davon ausgehen, daß temperamentvolle Pferde größere, phlegmatische kleinere oder überhaupt keine Pausen zwischen Vorbereitung und Prüfung benötigen.

Grundsätzlich verlangt ein Tier um so mehr Betätigung, je hochwertiger es psychisch und konstitutionell veranlagt ist. Es gibt Pferde, die so bewegungsaktiv und bewegungshungrig sind, daß die ausreichende

Befriedigung ihres Bewegungstriebes über die Kraft des Reiters und oft auch über die Widerstandskraft der Pferdebeine geht. In solchen besonderen Fällen unstillbaren Bewegungsdranges kann es sich lohnen, das Reitpferd an das Geschirr zu gewöhnen und mit ihm in einem leichten Wagen stundenlang gemütlich durch die Gegend zu traben. Dabei kann es, ohne Schaden an den Beinen zu leiden, seinen Bewegungsdrang befriedigen. Früher ließ man sogar gelegentlich Rennpferde vor dem Pflug gehen. Der langsame, gleichmäßige Zug übte eine beruhigende Wirkung aus, schonte die Vorderbeine und kräftigte zugleich die Hinterhand. Eines der besten Mittel zum Abreagieren des Bewegungsmangels ist das Schwimmen, zu dem leider nur selten Gelegenheit gegeben ist. Allerdings muß man das Pferd langsam und systematisch daran gewöhnen, um es mit dem ungewohnten Element vertraut zu machen. Angst und Erregung bei zu plötzlichem Vorgehen können in Verbindung mit der ungewohnten körperlichen Anstrengung eine allzu große Belastung des Kreislaufs bedingen. Dies alles vorausgesetzt, können sie nicht schlagen, nicht beißen, nicht verweigern — sonst würden sie ja untergehen — auch nicht im Galopp durchgehen, denn das Schwimmen ist eine passageartige Bewegung. Außer dem gemeinsamen Schwimmen von Pferd und Reiter gibt es auch spezielle Schwimmeinrichtungen:

»In Kalifornien gibt es einen wohlbekannten Gestütsbesitzer, der nach neuesten Erkenntnissen ein Schwimmbad für diesen Zweck baute. Das hochumzäunte Bad ist rund, mit einem Durchmesser von 18 Metern. Das Wasser ist 3,90 Meter tief. Eine Rampe, außen entlang ebenfalls im Rund angelegt, führt in das tiefere Wasser, so daß sich das Pferd allmählich daran gewöhnt. Die Pferde werden anfangs drei Minuten, später 15 Minuten an der Longe vom Beckenrand aus geführt« (Sankt Georg 68/6).

Besonders katastrophal ist die Folge des Bewegungsmangels bei Fohlen und Jungpferden. Manche meinen, wenn sie den Jungtieren nur viel Aufenthalt auf einer kleinen Koppel verschaffen, sei schon genug getan. In Wirklichkeit ist das mit dem Leben in freier Wildbahn überhaupt nicht zu vergleichen. Zwar ist der damit verbundene Aufenthalt in frischer Luft günstiger als der im Stall, aber das notwendige Maß an Bewegung läßt sich auf diese Weise nicht erreichen. Die Beobachtung zeigt, daß die jungen Tiere von ein paar kurzen Trabs oder Galopps abgesehen, den größten Teil des Tages vor sich hindösen. Der Aufenthalt in eng begrenzten Koppeln mag für Schrittpferde einigermaßen genügen, für Laufpferde ist er jedenfalls unzureichend. Das dürfte ein Grund dafür gewesen sein, daß man in mit kleinbäuerlichen Betrieben dicht besiedelten Gebieten seit langem auf die Zucht von Schrittpferden übergegangen war. Da in der gegenwärtigen Zeit für Arbeitspferde kaum noch Bedarf besteht, glauben nun aber viele, ohne weiteres die Zucht von Laufpferden betreiben zu können. Wegen der für solche

Rassen notwendigen andersartigen Aufzuchtbedingungen können sich jedoch unter Umständen schwere Enttäuschungen einstellen.

Der Mangel an ausreichender Bewegung ist der Hauptgrund dafür, daß in vielen Warmblutzuchten Entartungserscheinungen (zu große Quelligkeit, unedle, übergroße Gesichtsschädel, übermäßige Breithüftigkeit, Temperamentlosigkeit, mangelhafte Tiefe und Hochbeinigkeit sowie andere degenerative Form- und Charakterveränderungen) auftreten, die es notwendig machen, immer wieder englisches oder arabisches Vollblut einzukreuzen.

Die Richtigkeit der Behauptung, daß für die Stabilität des englischen Vollblutes nicht allein die Auslese durch die Rennen, sondern ebenso die damit zwangsläufig verbundene systematische Bewegung in der Aufzucht und im Training verantwortlich ist, geht auch aus dem Beispiel der westlichen Araberzuchten hervor. Ihnen kann man sicher nicht den Vorwurf machen, daß sie etwa keine strenge Auslese getroffen hätten. Dennoch hat es sich immer wieder als notwendig erwiesen, Original-Wüstenaraber einzuführen, um eine Entartung zu verhindern. Wenn das nicht geschieht, werden die Tiere im Laufe einiger Generationen grob und unedel. Dies würde wahrscheinlich nicht geschehen, wenn auch die Araber, ebenso wie die englischen Rennpferde, von Jugend an systematisch bewegt, trainiert und in Rennen über ihnen angemessene Distanzen geübt würden. Dagegen haben sich im Ursprungsland derartige Erscheinungen nicht oder doch nicht in demselben Maße ergeben, obgleich auch dort nicht planmäßige Rennen mit einer Auslese durch den Zielpfosten stattgefunden haben. Aber die hinreichende Bewegung der heranwachsenden Tiere wurde auf andere Weise gewährleistet. Dies galt jedenfalls für Hunderte von Jahren, in denen die Beduinen die Züchter des orientalischen Pferdes waren. Dagegen konnte man beim englischen Vollblut wegen der systematischen Bewegung in Training und Rennen seit 250 Jahren auf die Einkreuzung fremden Blutes verzichten.

Der Einfluß des Bewegungstriebes auf Körper und Geist

Allgemeines

Das für die psychischen Vorgänge wichtigste Organ ist das Gehirn. Es ist durch einen enormen Blut- und Sauerstoffbedarf ausgezeichnet. Wie anspruchsvoll es gegenüber ausreichender Blutversorgung ist, geht unter anderem aus folgendem Vergleich hervor. Man kann die Blutzufuhr zu einer Gliedmaße bis zu zwei Stunden lang ohne ernstliche Gefährdung unterbrechen. Dagegen sterben Hirnzellen schon wenige Minuten nach der Unterbrechung ab. Daraus läßt sich folgern, daß auch eine teilweise

Verminderung der Blutversorgung des Gehirns nachteilige, wenn auch nicht unbedingt irreversible Folgen haben wird.

Die zugrunde liegenden Mechanismen sind zwar zunächst eine Angelegenheit der Physiologie, bei der großen Bedeutung für die Psyche aber doch auch von psychologischem Interesse. Nur zum Teil geschieht die Durchblutung allein auf physiologischem Wege, also durch die Eigentätigkeit des Herzens und der Blutgefäße. Auch der Bewegungstrieb, ein psychischer Vorgang, hat einen bedeutenden Einfluß.

Jeder erwachsene Mensch kennt den Zustand der durch Blutmangel im Gehirn hervorgerufenen bleiernen Müdigkeit, die durch eine kurze Gymnastik, durch einen kleinen Lauf behoben wird, wenn man nicht den bequemeren Weg der Coffeinzufuhr vorzieht. Derartige Kopfschmerzen nicht entzündlicher Art kann uns das Pferd freilich nicht mitteilen. Es ist aber denkbar, daß sie auch bei ihm vorkommen. Die ausreichende und periodisch unentbehrliche Durchblutungssteigerung aller peripheren, das heißt herzfernen Teile des Körpers, ist aber nur bei regelmäßiger Erhöhung des Blutdrucks durch kräftige Bewegung zu erzielen. Es ist wohl anzunehmen, daß es in der Geschichte des Wildpferdes keinen Tag gegeben hat, an dem es nicht wenigstens einmal zum schnellen Lauf und damit zur vollen Aktivität des Kreislaufs gekommen wäre. Auch beim domestizierten Pferd kann diese zur Notwendigkeit gewordene Urgewohnheit nicht ohne schädliche Folgen ausgeschaltet werden.

Bei diesem somatopsychischen Geschehen kommt es zu einer bemerkenswerten Rückwirkung insofern, als das psychisch regsame und vom Bewegungsdrang erfüllte Tier mehr körperliche Aktivität entwickelt als das träge, daß aber umgekehrt, wiederum durch diese Aktivität, die Psyche auf dem Wege der gesteigerten Durchblutungsförderung des Gehirns um so mehr angeregt wird.

Das erste Tun des Menschen, wenn er das Licht der Welt erblickt hat, ist, eine intensive Durchblutung seines wichtigsten Organes, des Gehirns, in Gang zu bringen, indem er kräftig schreit. Gewiß ist das gleichzeitig mit dem Zweck verbunden, die Atmungsorgane zu betätigen. Doch das krebsrot anlaufende Gesicht des Säuglings deutet darauf hin, daß es vor allem um die energische Durchblutung des Kopfes und damit des Gehirns geht. Sie ist optimal gewährleistet, weil sich die bei der Stimmbildung betätigten muskulären Organe hirnnah befinden. Dieser Durchblutungsmechanismus ist in Anbetracht des großen Blutbedürfnisses des menschlichen Gehirns bei dem nahezu bewegungsunfähigen Neugeborenen gar nicht anders zu gewährleisten als mit Hilfe des Schreiens. Bei Tieren, die von Geburt an zu laufen vermögen, wie beim Fohlen, ist das aber von untergeordneter Bedeutung.

Die Vermutung liegt nahe, daß zwischen körperlicher Bewegung und Lautäußerungen, zwischen Bewegungs- und Schreitrieb, ein Antagonismus besteht. Bewegungsaktive Tierarten, wie Rehe oder Pferde, pflegen wenig, solche geringer Beweglichkeit, wie Rinder, Schafe oder Ziegen, dagegen viel zu schreien. Das Hausschwein macht mehr Geschrei als das Wildschwein, und zwar wiederum mehr im Stall als auf der Weide. Der Hund an der Kette bellt mehr als der frei laufende. Der Sperling macht mehr Lärm als die Schwalbe. Der körperlich schwer arbeitende Mensch ist wortkarger als der untätige.

Obgleich der Mensch — so sollte man wenigstens meinen — mit zunehmender körperlicher Beweglichkeit den Schreitrieb des Kindes reduziert, bleibt ihm notfalls auch als Erwachsenem das Ventil der Stimmentfaltung. Man kennt Beispiele, daß Neurosen entstehen können, wenn im Zustand des Bewegungsmangels auch noch dieses Ventil verschlossen ist. Gelegentlich wird zu therapeutischen Zwecken sogar Schreien verordnet.

Viele Menschen haben empirisch die bewegungsbedingte Durchblutungsförderung des Gehirns und ihre günstige Wirkung auf die Psyche beobachtet und sich zunutze gemacht. Bedeutende Vertreter des geistigen Lebens haben sich systematisch regelmäßiger körperlicher Übungen unterzogen, wenn vielleicht auch nur in Form des täglichen Spazierganges. Goethe betonte den großen Einfluß der körperlichen Betätigung, die er sogar in besonderem Maße als Reiter betrieb, auf die geistige Produktivität. Schon griechische Philosophen pflegten viele ihrer Diskussionen im Gehen zu betreiben, weil ihnen diese Form gleichzeitiger körperlicher und geistiger Tätigkeit anregend erschien. Der Philosoph und Naturforscher Aristoteles hatte offenbar die Beobachtung gemacht, wie anregend auf den Geist die Bewegung ist. Seine Schule nannte sich sogar die der Peripathetiker, der Umhergehenden, weil bei ihnen das Philosophieren systematisch im Umhergehen betrieben wurde. Auch Albert Schweitzer hat stets neben geistiger Tätigkeit auch körperliche geübt. »Niemand hat ihn je in Ruhe oder Erholung erlebt. Man wird dem Urteil folgen dürfen, daß der Urwaldarzt oft nahe der Erschöpfung seine Tätigkeit von der geistigen auf die körperliche zu verlagern verstand« (H. Mai). Es geschah wohl nicht zufällig, daß dem Nobelpreisträger Hermann Staudinger die Idee der makromolekularen Verbindungen während einer Wanderung auf den Schauinsland, einem Berg bei Freiburg, dem Physiker Max Planck die Quantentheorie während eines Ausflugs in den Grunewald in den Sinn kam.

Wenn man Berichte von Menschen überdurchschnittlichen Lebensalters, der sogenannten »Hundertjährigen«, vergleicht, so stimmen sie bei aller Verschiedenheit der Lebensführung in dem einen Punkt überein, daß sie bei frugaler Ernährung ihr Leben lang, meistens in frischer Luft, viel in Bewegung waren. Man kann darin geradezu einen experimentellen Beweis für die gesundheitsfördernde Bedeutung des Bewegungstriebes sehen.

Weitere Mechanismen zur Förderung der Gehirndurchblutung kommen noch hinzu. Man hat am menschlichen Säugling festgestellt, daß die mit der Saugtätigkeit an der mütterlichen Brust verbundene Anstrengung der Gesichtsmuskulatur und der gleichzeitig zustandekommende Unterdruck in der Mundhöhle, der auf die Blutgefäße wie eine Saugpumpe wirkt, eine wichtige Rolle für die Blutversorgung des Gehirns und damit für seine Entwicklung spielen. Möglicherweise hat diese Tätigkeit des Saugens und die damit auch mechanisch bedingte Förderung der Gehirndurchblutung und -entwicklung neben anderen Faktoren mit dazu beigetragen, den »Säuge-tieren« eine so ungewöhnlich überlegene Stellung innerhalb der Tierwelt zu verschaffen.

Besonderes
Man geht wohl nicht fehl in der Annahme, daß beim Saugen des Fohlens ähnliche Rückwirkungen auf die psychische Entwicklung auf dem Wege über die Ernährung des Gehirns ablaufen wie beim menschlichen Kind. Es kann deshalb nicht gleichgültig sein, in welchem Alter das Fohlen abgesetzt wird, auch wenn rein rechnerisch die ausreichende Nährstoffversorgung gewährleistet wird. Mit anderen Worten: Es ist denkbar, daß möglichst langes Verbleiben bei der Stute die psychische Entwicklung des Fohlens fördert.

Das erwähnte Ventil des Schreiens ist dem Pferd von Natur aus nicht gegeben. Es kann nur stumm und lautlos sein Leiden, auch das der mangelnden Bewegung, ertragen, das der Mensch deshalb kaum wahrnimmt. Könnte das an die Kette gefesselte Pferd, ähnlich wie der bellende Hund oder der schreiende Esel, stundenlang wiehern, würde der Betreuer vielleicht eher mit ihm etwas unternehmen, wenn auch nur, um selbst endlich Ruhe zu haben. Der Vergleich mit dem menschlichen Neugeborenen mag deutlich machen, daß das Fohlen genügend Bewegung in Form des Laufens benötigt, um sein Gehirn gehörig zu durchbluten, da ihm das durchblutungsfördernde Mittel der Stimmentfaltung fast völlig fehlt.

Je hochwertiger ein Pferd ist, desto größer ist die Differenz zwischen niedrigem Blutdruck in der Ruhe und hohem Druck bei Anstrengung. Der gesteigerte physiologische Druck beruht auf der erhöhten Frequenz der Herzschläge — etwa 36 in der Ruhe bis zu 250 (!) pro Minute während des Rennens —, auf dem vergrößerten Schlagvolumen und der damit vermehrten Blutausschüttung pro Herzschlag sowie auf der stärkeren Kontraktion der Arterien. Diese Differenz bedeutet eine außerordentliche Kreislaufreserve. Der mit der Steigerung der Kreislauftätigkeit verbundene Hochdruck in den Gefäßen hat übrigens nichts mit dem infolge Verhärtung der Gefäßwände verbundenen krankhaften Hochdruck zu tun, wie er vom Menschen her allgemein bekannt ist. Aus den dargelegten Verhältnissen dürfte hervorgehen, daß die Differenz des

Blutdruckes, der Kreislauf- und der Atmungsreserven zwischen Ruhe und Bewegung bei Hochleistungstieren größer ist als bei Durchschnittspferden, so daß jene bei mangelnder Bewegung paradoxerweise trotz oder sogar wegen ihrer hervorragenden Atmungs- und Kreislauforgane mehr an unzureichender Durchblutung ihrer Organe leiden als geringwertige. Ähnliche Beziehungen wurden auch beim Vergleich zwischen athletischen und asthenischen Menschentypen festgestellt. Hochleistungssportler sind nach unvermittelter Aufgabe ihrer sportlichen Tätigkeit mehr gefährdet als der Durchschnittsmensch. Deshalb sollte man bei Rennpferden, die zur Zucht aus dem Sport herausgenommen werden, auf regelmäßige Bewegungstätigkeit bedacht sein, die mehr sein sollte als nur ein Spazierengehen. Zuverlässige Untersuchungen haben ergeben, daß die Mengen an Residualblut in den sogenannten Blutspeichern bei konstitutionell hochwertigen Pferden so sehr deutlich größer sind als bei anderen, daß man durch analytische Bestimmungen der Blutreserven sogar zuverlässige Schlüsse auf die Leistungsfähigkeit eines Pferdes ziehen kann. Solche Blutspeicher sind besonders die Milz, die Haut, die Leber und die Lungen, die zusammen bis zu 46 Prozent der Gesamtblutmenge aufzunehmen vermögen. Allein in der Milz kann etwa ein Sechstel der roten Blutkörperchen in eingedicktem und ruhendem Zustand verharren, um erst bei entsprechender Anstrengung in den Kreislauf ausgeschüttet zu werden. Je hochwertiger ein Pferd ist, desto größer sind diese Blutreserven, desto mehr wird es demnach sowohl körperlich als auch seelisch und damit rückwirkend vom einen auf das andere unter jedem Mangel an Bewegung leiden.

Daraus geht auch hervor, daß nicht nur ausreichende, sondern auch regelmäßige Bewegung zur Erhaltung der körperlichen und seelischen Gesundheit notwendig ist. Forcierte gelegentliche Arbeit kann die Regelmäßigkeit so wenig ersetzen wie ein vierwöchiger Sport-Urlaub das elf Monate dauernde körperliche Nichtstun eines Menschen. Ferner ist auf die angeführten Tatsachen die Bedeutung des ausreichenden Warmlaufens der Pferde vor Rennen oder vor anderen Leistungsprüfungen zurückzuführen. Schon beim Start muß die genügende Durchblutung der Organe gewährleistet sein, die allerdings durch die psychosomatische Wirkung des Startfiebers bei den meisten Pferden vorbereitet wird, das darin seine sinnvolle Erklärung findet. Trotzdem bleibt es eine wichtige Aufgabe des Trainers, das geeignete Maß des rechtzeitigen Warmreitens oder -fahrens zu bemessen. Das gilt auch für das richtige Gefühl des Jockeis, den Aufgalopp zu dosieren, der damit eine größere Bedeutung erhält als nur die, den Zuschauern die Pferde vorzuführen.

Wahrscheinlich ist auch für die Entwicklung des Fohlens im Mutterleib die bewegungsbedingte Förderung der Durchblutung im Gebärmutterbereich, der ja anatomisch ebenfalls ein peripheres Gebiet darstellt, von Bedeutung. Vielfach besteht allerdings eine unberechtigte Sorge, man könnte durch intensive Bewegung der tragenden Stute einen Abortus hervorrufen. Diese Bedenken stammen noch aus einer Zeit, als man die zahlreichen mikrobiellen Ursachen für das Verfohlen nicht oder nur unzureichend kannte. Man suchte deshalb den Grund für die unerklärliche Fehlgeburt in irgendwelchen äußeren mechanischen Einwirkungen, vor allem in Überanstrengung. Irgendein angeblich ursächliches Ereignis ließ sich wohl immer konstruieren. Heute weiß man aufgrund umfangreicher Versuche, daß es äußerst schwierig ist, durch von außen kommende Einwirkungen bei der Stute einen Abortus herbeizuführen. Ein besonders eindrucksvolles Beispiel für diesen Zusammenhang beschreibt v. Lüttwitz in der Zeitschrift »Vollblut« 1968, H. 36, S. 435.

»Die Vollblutstute Moverina von The Scottish Chief a. d. Stockings von Stockwell war, 1882 von Galopin gedeckt, bald danach wieder in Training genommen worden, weil man glaubte, sie sei güst geblieben. Schließlich stellte sich heraus, daß sie doch tragend und daß sie von April bis August sieben Rennen in tragendem Zustand gelaufen war. Dabei war sie immer im Gelde, dreimal Siegerin, und zeigte die beständigste Form ihres Lebens. Das Fohlen, später Modwena genannt, hat die im Mutterleib erduldeten Strapazen nicht übelgenommen, als Zweijährige neun (!) Rennen gewonnen und sich dreijährig u. a. in Doncaster mit einem Sieg in Portland Plate revanchiert, in dem schon ihre Mutter siegreich gewesen war.«

Vielleicht waren die großartigen Erfolge von Modwena nicht trotz, sondern gerade wegen der Renntätigkeit ihrer tragenden Mutter zustande gekommen. Auch sollte man daran denken, daß das Laufen der tragenden Stute in der freien Wildbahn eine Urgewohnheit des Pferdes war, die zu einer Notwendigkeit geworden sein mag. Jedenfalls kann kein Zweifel darüber bestehen, daß die Durchblutung der Gebärmutter und damit die Nähr- und Sauerstoffversorgung des Embryos durch Bewegung gesteigert, bei Bewegungsmangel aber herabgesetzt wird.

Daß es sich bei Moverina nicht um einen Einzelfall gehandelt hat, zeigen folgende Beispiele (nach Sportwelt 1971): »Nach ungewöhnlicher Vorgeschichte brachte die sechsjährige Tarquin-Tochter La Bijute ein Fohlen zur Welt. Ein halbes Jahr zuvor war die Stute im Prix de l'Arc de Triomphe von Sassafras Letzte im Elitefeld und auch vorher noch mehrfach am Start gewesen. Nach der Bedeckung durch Murghab galt La Bijute als güst. Tatsächlich muß sie bei ihrem letzten Longchamp-Start zu Anfang Oktober jedoch im vierten Monat tragend gewesen sein, was erst später erkannt wurde. Ähnliche Beispiele gab es in der Vollblut- und auch in der Traberzucht schon wiederholt. Das bekannteste aus jüngeren Jahren ist die Orator-Tochter Mimchen. Sie bestritt 1950 vier Rennen, von denen sie die beiden letzten sogar gewann. Im nächsten Frühjahr brachte die Orator-Tochter den Stani-Sohn Michigan, der sich ungeachtet der Belastungen, denen die Mutter während der Trächtigkeit

ausgesetzt war, zu einem sehr beachtbaren Galoppierer entwickelte.
Auch die Bürgermeister-Tochter Mardena lief und gewann vor zwei
Jahren noch Rennen, bevor sie 1970 die Mohikaner-Tochter Mariandl
brachte.« »Nach *sechsmonatiger Trächtigkeit* hat in Australien die Stute
›Traditional‹ *gewonnen*, die bis dahin wenig Aufsehen erregt hatte. Als
sechsjährige war sie von ihrem Besitzer wieder in Training gegeben
worden, nachdem sie angeblich güst geblieben war ... Im fünften Monat
tragend war auch die neunjährige ›Anthony Biancones Gracia‹, als sie
ihren achten Start innerhalb der vorausgegangenen vier Monate absolviert hatte und Vierte, Kopf-Hals-Hals geschlagen, in einem Zwölferfeld
geworden war. Alle Fohlen der ›Gracia‹ haben mehrfach gesiegt und viel
Härte verraten« (nach Sport-Welt).

Es liegt nahe, anzunehmen, daß ähnliche Bedingungen auch für die
männlichen Geschlechtsorgane gelten. Allerdings hat Tesio die Erfah-
rung gemacht, daß unmittelbar vorausgegangenes Renntraining für die
Zuchtleistung ungünstig ist. »Hengste, die bis zum Alter von sechs
Jahren gelaufen sind und ein hartes Training hinter sich haben, zeugen
in den ersten Jahren, in denen sie sich in ihrer neuen Karriere versuchen,
selten gute Nachkommen. Sie haben zuviel von ihrer Vitalität in den
Rennen verausgabt und brauchen Zeit, um sich wieder zu erholen. Die
Nachkommen von Hengsten und besonders auch von Stuten, deren
Rennkarriere lang und anstrengend war, gewinnen selten Rennen und
werden von weniger durchgebildeten Tieren geschlagen, weil sie nur
eine schwache Dosis nervlicher Energie von ihren ausgepowerten Eltern
geerbt haben. Bedeutende Rennstuten zeigen häufig eine unbefriedi-
gende Leistung im Gestüt, und zwar aus denselben Gründen, die sie als
Rennpferde so berühmt werden ließen. Sie haben soviel von ihrer
nervlichen Energie in den Rennen verausgabt, daß sie nicht mehr genug
davon behalten haben, um es an ihre Nachkommenschaft weiterzu-
geben.«

Die Beobachtungen des berühmten Vollblutzüchters werden sicherlich zutreffen. Fraglich aber ist, ob auch seine Erklärung stichhaltig ist.
Es könnte ebensogut der Fall sein, daß das unvermittelte Herausnehmen
aus dem Training eine ungünstige Umstellung des Organismus bedingte,
an die sich der Körper erst im Laufe der Zeit anpassen mußte. Das
extreme Absinken des Blutdruckes, an dessen tägliche Steigerung im
Training der Körper gewöhnt war, und die damit verbundene unzurei-
chende Blutversorgung der Fortpflanzungsorgane infolge unvermittelt
eingeführten Bewegungsmangels, könnten ebensogut verantwortlich
sein. Schon im Altertum machte man Beobachtungen, die für eine solche
Erklärung sprechen: »Linius sagt, daß Hengste nach der Arbeit sicherer
decken, eine Behauptung, welche Aristoteles, Aelan und Antigonus
Carystius von den Hunden ebenfalls aufstellten« (Schlieben).

Nun wird niemand im Ernst daran denken, bewußt eine tragende

Stute Rennen laufen zu lassen. Aber das Geschilderte kann vielleicht dazu beitragen, einen gesunden Mittelweg einzuhalten.

Rechts- und Linkshändigkeit, die natürliche Schiefe

Allgemeines
Eine merkwürdige Eigentümlichkeit wenn nicht aller, so doch wohl der meisten höherstehenden Lebewesen besteht darin, sich nicht in gerader, sondern in schräger Haltung und bevorzugt mit dem Drang nach einer Seite hin zu bewegen. Man kann geradezu von einem rechts- oder linksseitigen Bewegungstrieb sprechen. Es ist eine bekannte Tatsache, daß jeder Mensch entweder rechts- oder linkshändig veranlagt ist. Ferner weiß man, daß die meisten, nämlich etwa 90 Prozent, von Natur aus rechtshändig sind. Der Grund dieser Erscheinung ist darin zu suchen, daß die höheren Hirnfunktionen bevorzugt von einer der beiden Hirnhälften besorgt werden. Da sich die von den Hirnzentren ausgehenden Nervenbahnen überkreuzen, werden beim Rechtshänder die Impulse vorzugsweise von der linken Hemisphäre des Gehirns, umgekehrt beim Linkshänder von der rechten ausgegeben. Nach dem Tod des linkshändigen Malers Menzel wurde bei der Obduktion festgestellt, daß die rechte Hemisphäre seines Gehirns deutlich stärker ausgeprägt war als die linke. Auch ist erwiesen, daß bei Rechtshändern das im linken Schläfenlappen, bei Lindshändern das im rechten befindliche Sprachzentrum das aktive ist. Wenn ein rechtshändiger Mensch infolge einer entzündlichen Erkrankung des linken Schläfenlappens die Sprache verloren hat, übernimmt der entsprechende Hirnabschnitt der rechten Seite die Funktion, für die freilich monatelange Übung erforderlich ist. Man könnte deshalb den Sinn der Einseitigkeit darin sehen, daß die Natur bei den höheren zerebralen oder psychischen Funktionen eine Reserve für den Ausfall einzelner Bezirke geschaffen hat. Diese Erklärung wäre ausreichend, wenn die Menschheit etwa zu gleichen Teilen rechts- oder linksseitig veranlagt wäre. Weshalb aber die meisten Menschen ausgerechnet Rechtshänder sind, ist daraus nicht zu ersehen. »Mehr als 12 000 Zeichnungen, Bilder und Skulpturen aus Prähistorie und geschichtlicher Zeit musterten die kanadischen Psychologen Stanley Coren und Clarc Porac. Ergebnis: Zu allen Zeiten waren 95 Prozent der Menschen Rechtshänder. Damit ist nach Ansicht der Forscher die bislang häufig vorgetragene Theorie widerlegt, das Vorherrschen der Rechtshändigkeit sei nicht angeboren, sondern durch soziales Reglement aufgezwungen« (Spiegel 78/24).

Die Eigenart der Linkshändigkeit hat schon seit alter Zeit die Menschen beschäftigt. Herodot berichtet, offensichtlich davon beeindruckt, daß die Alten Ägypter von rechts nach links schreiben und rechnen. Vermutlich sind Schriften wie die ägyptische, die aramäische oder die arabische, die von rechts nach links verlaufen, damit zu erklären, daß zur Zeit der Entwicklung der Schrift überwiegend Linkshänder zum Schreiben herangezogen wurden. Dies betraf also Zeiten, in denen das Schreiben nicht Allgemeingut, sondern lediglich einer eng begrenzten Berufsgruppe, ähnlich einzelnen Handwerksberufen, zugeteilt war. Dabei wurden, so kann man annehmen, Linkshänder als die offenbar geschickteren vorgezogen. Erst in späterer Zeit, als das Schreiben in der gesamten Bevölkerung weit verbreitet oder Allgemeingut wurde, als auch die Rechtshänder, also die Mehrzahl, sich damit befaßten, kamen die von links nach rechts verlaufenden Schriftarten auf. Denn es ist zweifellos unpraktisch, mit der rechten Hand von rechts nach links zu schreiben.

Für eine Überlegenheit der Linkshänder sprechen auch folgende Beobachtungen und Überlieferungen: In der Bibel, im Buch der Richter 20,16, heißt es: »Unter all diesen Leuten, nämlich 27 000 Kriegern, waren 700 auserlesene Männer linkshändig. Ein jeder von ihnen schleuderte mit Steinen haarscharf, ohne zu fehlen.« Auch unter den osmanischen Janitscharen genossen die Linkshänder, die sogenannten Solaci, den Ruhm, in der Technik des Bogenschießens unübertrefflich zu sein. »Merkwürdigerweise gibt es beim Durchschnitt der Bevölkerung nur etwa 4,5 Prozent Linkshänder, beim Durchschnitt von 1700 Leistungssportlern aber 10,5 Prozent ›linke‹. Die Fähigkeit, einen Ton nach einiger Zeit wiederzuerkennen (absolutes Gehör), ist bei Linkshändern stärker ausgeprägt als bei Rechtshändern.« Auch unter Künstlern befinden sich anscheinend relativ mehr Links- als Rechtshänder. Berühmte Linkshänder waren: Cäsar, Mozart, Beethoven, B. Franklin, Leonardo da Vinci, El Greco, Holbein, Menzel, Lenbach, Kokoschka, Ch. Chaplin, Liebermann, Chagall und viele andere. Die proportionale Überlegenheit der Linkshänder bei den Schleuderern der Bibel, bei den Janitscharen, bei der Entwicklung der Schreibkunst, in der Musikalität, bei den Hochleistungssportlern, bei den Künstlern, legt die Vermutung nahe, daß die Linkshänder aus irgendwelchen Gründen von Natur aus genialischer veranlagt sind als die Rechtshänder.

Die Bewegung des Rechtshänders geschieht unbewußt vorzugsweise nach links. Dieser »Linksdrall« ist besonders bei rechtshändigen Personen zu beobachten, die sich in unübersichtlichem Gelände verirrt haben. Sie beschreiben unabsichtlich einen Linksbogen und kehren zu ihrer eigenen unangenehmen Überraschung an den Ausgangspunkt ihres Irrganges zurück. »Catlin berichtet, daß sowohl Menschen als auch Pferde und andere Tiere in der Steppe fast ausnahmslos einen großen Bogen nach links beschreiben, so daß sie nach einer Wanderung von mehreren Stunden auf ihren Ausgangspunkt zurückkommen« (v. Maday).

Das Sprungbein des Rechtshänders scheint im allgemeinen das linke zu sein. Die beiden letzten Punkte, der Linksdrall und das linke Sprungbein, lassen sich besonders bei Sportlern, zum Beispiel bei Eiskunstläufern, beobachten. Die meisten von ihnen springen schwierige Figuren in Linksdrehung, wobei sie sich mit dem linken Bein abstoßen. Die Eigenartigkeit des linken Sprungbeins beim Rechtshänder ist vermutlich damit zu erklären, daß der Rechtshänder beim linksfüßigen Absprung mit dem rechten Arm Schwung holt. Das Gehen und Laufen ist ja bekanntlich eine diagonale Tätigkeit, beim Pferd deutlicher als beim Menschen zu beobachten. Wenn es trabt, fußt das diagonale Beinpaar, also hinten links und vorn rechts gleichzeitig. Deshalb widerspricht die Eigenart, mit dem linken Bein abzuspringen, keineswegs der Rechtshändigkeit, da beim linken Absprung ebenfalls der rechte Arm der aktive ist. Sogar die Segelflieger pflegen ihre ersten Kurven stets linksherum zu fliegen, so daß dort der Ausdruck Angstkurve üblich ist. Da der Segelflieger außer der Betätigung des Steuerknüppels keinen körperlichen Einfluß auf die Bewegung des Flugzeuges ausübt, spricht auch dies wiederum dafür, daß es sich vorzugsweise um psychische Ursachen handelt. In der Leichtathletik scheinen alle Bahnen ebenfalls linksherum zu verlaufen. Beim Militär pflegen die meisten Rekruten die Linkswendung schneller als die Rechtswendung zu erlernen. Die Kehrtwendung wird grundsätzlich linksherum gemacht.

Es scheint, daß die Einseitigkeit nicht bei allen Menschen gleich stark ausgeprägt ist. Die einen lernen es leichter, andere schwerer, die ungewohnte Hand zu gebrauchen. Vielleicht gibt es auch Ausnahmen von der Regel. Ein einziger Mensch ist mir begegnet, der alle Handgriffe rechts und links so gleichmäßig beherrschte, dies auch vor mir demonstrierte, daß er selbst nicht in der Lage war, zu erklären, ob er Rechts- oder Linkshänder sei.

Ungeklärt und rätselhaft ist die Linkshändigkeit auch hinsichtlich ihrer Entstehung. Vermutlich liegt ihr eine Mutation zugrunde. Dafür spricht die in vielen Familien zu beobachtende Erblichkeit. In zahlreichen kinderreichen Familien sind einzelne Geschwister, aber selten (oder niemals?) alle, linkshändig, eine Veranlagung, die vielfach auf Eltern oder Großeltern zurückzuführen ist. Trotz der überlegenen Handfertigkeit der Linkshänder ist damit offenbar keine biologische Überlegenheit verbunden. Denn sonst hätten sich im Laufe der Zeit die Linkshänder, mindestens bis zur prozentualen Gleichheit, vermehren müssen. Der geringere Anteil der Linkshänder ist aber allen Überlieferungen gemäß seit undenklichen Zeiten gleich geblieben. Auch ist nichts darüber bekannt, wie weit zurück, also über wie viele Generationen nach rückwärts, die erbliche Veranlagung zu verfolgen ist. Ferner wäre es denkbar, daß eine Rückmutation zur Rechtshändigkeit eintreten kann. Irgendwelche äußere Einflüsse, die eine Genmutation verursachen, dürf-

Abb. 23: Die ägyptische Göttin der Schreibkunst »Seschat«
mit dem Griffel in der linken Hand

ten jedenfalls im Spiele sein. Denn sie tritt unabhängig voneinander in zahlreichen Familien auf. Es ist auch anscheinend nichts über die Frage der Dominanz oder der Rezessivität der linkshändigen Veranlagung bekannt.

Besonderes
Die der Menschheit überwiegend eigentümliche Rechtshändigkeit ist bei vielen Tierarten, besonders bei den höheren Säugetieren, vor allem auch beim Pferd, anzutreffen. Soweit die abschätzenden Beobachtungen Schlüsse erlauben, ist der Anteil der Rechtshänder gerade beim Pferd etwa derselbe wie beim Menschen, nämlich 75 bis 90 Prozent. Die Verhältnisse richtig darzustellen und mit den menschlichen zu vergleichen, begegnet allerdings erheblichen sprachlichen Schwierigkeiten. Dies rührt daher, daß man in der Reitersprache unter »rechter« und »linker Hand« etwas ganz anderes, und zwar genau das Gegenteil von Rechts- und Linkshändigkeit, versteht. »Linke Hand« ist diejenige Gangart, Haltung und Fußfolge, welche das Pferd in der Linkskurve einzunehmen pflegt, bei der sich also das Pferd zur linken Hand des

Reiters hinbewegt. Der Ausdruck ist nicht vom Pferd, sondern von der Person des Reiters hergeleitet. Ebenso ist ja auch die Einteilung des Pferdekörpers in Vor- und Nachhand vom Reiter aus zu verstehen, nämlich als die Teile, die sich vor und hinter der Hand des Reiters befinden. Um Verwechslungen und Mißverständnisse zu vermeiden, soll deshalb im nachfolgenden von Rechts- und Links*füßigkeit* des Pferdes gesprochen werden, wenn das der menschlichen Rechts- und Linkshändigkeit Entsprechende gemeint ist. Aus demselben Grund soll auch anstelle von rechter und linker Hand nach Möglichkeit der Ausdruck rechts- und linksherum gebraucht werden.

Jeder Autofahrer weiß, daß in der Linkskurve der rechte Vorderreifen infolge der Zentrifugalkraft am stärksten beansprucht wird. Ebenso hat auch in dem für Linkskurven bestimmten Linksgalopp des Pferdes der rechte Vorderfuß am meisten zu leisten. Doch beruht dies nicht nur auf der Zentrifugalkraft allein, sondern, wenigstens im Galopp, auch auf der Fußfolge. Diese geht in der Linkskurve, das heißt auf der linken Hand, im Linksgalopp folgendermaßen vor sich: 1. Takt: Fußen des rechten Hinterfußes. 2. Takt: Fußen der Diagonale hinten links, vorn rechts. 3. Takt: Fußen des linken Vorderfußes. Daraus geht hervor, daß im Linksgalopp der rechte Vorderfuß auch auf der Geraden die meiste Arbeit zu leisten hat. Denn er muß zuerst, nämlich vor dem linken Vorderfuß, das Gewicht der Vorhand, das heißt der vorderen Rumpfhälfte sowie des Halses, des Kopfes und noch das des Reiters auffangen und dann auch wieder zuerst abschwingen. Diese vermehrte Belastung des rechten Vorderfußes läßt sich auf geeigneten Fotos oder Filmen, auf denen Pferde in einer linken Galoppvolte dargestellt sind, oder auch beim Longieren, beobachten. Man erkennt dann, wie die rechte Vorderfessel sichtbar stärker durchgetreten wird als die linke. Diese stärkere Beanspruchung des rechten Vorderbeines äußert sich auch in der Tatsache, daß etwa dreiviertel aller Abnützungslahmheiten den rechten Vorderfuß betreffen. Umgekehrt treten an den Hinterbeinen etwa doppelt so viele Lahmheiten links auf als rechts. Besonders das linke Sprunggelenk erkrankt häufiger als das rechte. Arthrosen des Kniegelenkes werden ebenfalls linksseitig häufiger als rechtsseitig beobachtet (Nieberle/ Cohrs).

Nun ist allen erfahrenen Reitern bekannt, daß die meisten Pferde von Natur aus mit Vorliebe im Linksgalopp laufen, also in der Gangart, in der der rechte Vorderfuß die meiste Arbeit zu leisten hat. Das heißt, daß die Mehrzahl der Pferde rechtsfüßig (rechtshändig) veranlagt ist, genauso wie die Menschen. Auch der Mensch pflegt mit der Hand, nach der er veranlagt ist, in der Mehrzahl also der rechten, die meiste und schwierigste Arbeit zu verrichten. Damit hängt es auch zusammen, daß das rechtsfüßige Pferd bevorzugt nach links ausweicht, beim Verweigern eines Sprunges mit Vorliebe nach links abwendet oder nach links

Abb. 24: Extremes Durchtreten der rechten Vorderfessel im Linksgalopp

wegbricht. Dies entspricht ganz dem Linksdrall des rechtshändigen Menschen. Ein rechtsfüßiges Pferd wird selten rechts, gern aber links am Hindernis vorbeizulaufen versuchen, mit Vorliebe in Kombinationen. Man wird deshalb beim Turnier mit dem rechtsfüßigen Pferd die Hindernisse nach Möglichkeit in der rechten Hälfte zu springen suchen, um das Pferd nicht unnötigerweise nach links in Versuchung zum Wegbrechen zu führen. Dagegen wird man es zu Hause beim Trainieren über die linke Hindernishälfte arbeiten, um es daran zu gewöhnen, auch hier gehorsam zu sein und nicht auszuweichen. Auch sollte man beim rechtsfüßigen Pferd die Peitsche in der linken Hand halten und auch linksseitig gebrauchen, denn es ist unlogisch, den Drang nach links noch dadurch zu verstärken, daß das Pferd vor der rechts gehaltenen Peitsche ausweicht. Wenn man aber die Peitsche links hält, wird das Pferd aus Scheu vor ihr weniger nach links drängen. »Man muß die Peitsche auch mit der linken Hand gebrauchen können, z. B. bei Pferden, die im Finish nach links wegbrechen« (Graf S. Lehndorff). Auf die Einseitigkeit ist es auch zurückzuführen, daß beim rechtsfüßigen Pferd der Linksgalopp, also die rechtsfüßige Gangart, raumgreifender ist als der Rechtsgalopp. Deshalb sind Rennbahnen im Linksverlauf für rechtsfüßige Pferde schneller als Rechtsbahnen, die linksfüßigen Pferden besser liegen. Dagegen sind Rechtsbahnen für rechtsfüßige Pferde schonender für die Beine, weil der rechte Fuß ohnedies meistens mehr verbraucht ist als der linke. Ein Rennpferd, das am rechten Vorderfuß schon mit einer durch Überanstrengung bedingten Lahmheit zu tun hatte, wird man nach Möglichkeit auf Rechtsbahnen starten. Vor allem aber wird man es auf der Trainierbahn ausschließlich rechtsherum arbeiten. Denn im Rechtsgalopp wird der rechte Vorderfuß sowohl wegen der Fußfolge als auch wegen der vermehrt vom linken Vorderfuß zu überwindenden Zentrifugalkraft geschont. Ferner lernt es, mit Hilfe dieses Trainings auch im Rennen vermehrt linksfüßig, damit den rechten Vorderfuß schonend, zu laufen.

Unter Umständen kann ein schiefes, ja falsches Bild über einzelne Rennpferde entstehen, wenn sie nicht wegen geringerer Leistungsfähigkeit, sondern wegen der unpassenden »Händigkeit« unterliegen. »Es gibt Pferde, die auf Linkskursen besser laufen als auf Rechtskursen, während andere wieder auf Rechtskursen besser laufen als auf Linkskursen. Ticino mußte eine Niederlage im Braunen Band hinnehmen, die nur dadurch möglich war, daß ihm der in München übliche Linkskurs in keiner Weise lag. Diese Eigenart teilte er mit Sturmvogel, der auf Linksbahnen, und das dazu bei mehreren Versuchen, um viele Kilo unter seiner Form lief« (Rudolfi). Es kann kaum einen Zweifel darüber geben, daß Ticino und Sturmvogel linksfüßige Pferde waren, die deshalb auf Rechtsbahnen besser als auf Linksbahnen liefen. »Viele Pferde haben ihre Lieblingsbahn. In Deutschland sind München, Baden-Baden und Frankfurt Links-, alle anderen Rechtsbahnen.« Bei den Griechen und Römern des Altertums erfolgen die Fahrten in Zirkus und Hippodrom stets linksherum.

»Klafterhoch ragt ein hölzerner Pfahl hervor aus dem Boden.
Streife dort möglichst nah vorbei mit Wagen und Pferden.
Biegend lehne dich selbst an des Wagens geflochtene Brüstung
Links von den Rossen ein wenig hinweg, doch treibe das rechte
Laut mit stachelndem Ruf und halte die Zügel ihm schlaffer.
Laß das *linke* Roß ganz dicht am Pfahle vorbeigehen.« (Homer, Ilias 23, 327–338)

Nach welchen Gesichtspunkten der Kurs bei den einzelnen Rennbahnen der Gegenwart festgelegt wurde, ist mir nicht bekannt. Wenn nicht alle Bahnen denselben Verlauf haben, könnte das den Vorteil mit sich bringen, Aufschlüsse und einen gewissen Ausgleich zwischen Rechts- und Linkshändigkeit zu ergeben.

Nach meinen, auf Schätzungen beruhenden Beobachtungen befinden sich unter den Rennpferden relativ mehr Linkshänder (Linksfüßer) als im Durchschnitt der übrigen Pferde. Dies würde dem schon erwähnten größeren Anteil der Linkshänder unter den menschlichen Spitzensportlern entsprechen. Es wäre von hippologischem und züchterischem Interesse, das Verhältnis zwischen Links- und Rechtshändern beim Vollblut statistisch zu erfassen sowie die damit verbundenen Vererbungsgesetze zu erforschen. Leider scheint in den Überlieferungen über berühmte Rennpferde früherer Zeiten nichts über ihre »Händigkeit« enthalten zu sein. Wenn aber bekannt ist, daß ein Pferd auf Rechtsbahnen schneller war als auf links verlaufenden, insbesondere auf kurzen Distanzen, kann man mit Sicherheit behaupten, daß es sich um einen Linkshänder gehandelt haben muß. Unzweckmäßig ist es natürlich, ein extrem linksfüßiges Pferd vorzugsweise auf einer Bahn mit Linkskurs laufen zu lassen, wie ich es schon beobachten konnte, ohne es vorher geradezurichten. Umgekehrt mag es sich auf langen Distanzen verhalten. Hier fällt es dem Pferd, das auf dem »verkehrten« Kurs läuft, leichter, den Galopp zu wechseln und so neue Kraft zu entfalten. Daß der Wechsel des Galopps eine Schonung und Erholung der anderen Beindiagonale bedeutet, weiß jeder, der lange Strecken galoppiert ist und beobachten konnte, wie Pferde spontan den Galopp wechseln.

Früher glaubten manche, die natürliche Schiefe primär auf Asymmetrien im Skelettsystem zurückführen zu können. Diese Annahme beruhte auf der Beobachtung, daß man schon bei neugeborenen Tieren, vor allem bei Fohlen, gewisse Schiefen feststellen konnte, insbesondere im Bereich der Halswirbelsäule und der Sprunggelenke. Vermutlich ist diese Erscheinung jedoch darin begründet, daß das Fohlen bereits im Mutterleib aufgrund seiner einseitig-psychisch-neuralen Veranlagung eine schiefe Haltung einnimmt. Demnach sind angeborene körperliche Schiefen sekundäre Erscheinungen, nicht die Ursache, sondern die Folge der psychisch-neuralen Händigkeit. Daß sich die einseitige Veranlagung nicht erst nach der Geburt allmählich entwickelt, sondern schon vorher zustande kam, zeigt sich nicht nur an den angeborenen Skelettformen, sondern auch daran, daß schon wenige Stunden alte Fohlen eine Seite beim Galoppieren bevorzugen.

Gegen die Hypothese, daß die Lagerung im Mutterleib die Ursache sei, spricht die Tatsache, daß bei mehrgebärenden Tierarten, beispielsweise bei Hunden, die meisten Individuen ebenfalls rechtshändig veranlagt sind. Bei ihnen kann die Lage in der Gebärmutter keine Rolle spielen, da sich die Embryonen teils im rechten, teils im linken Gebärmutterhorn befinden, die zudem in Windungen verlaufen.

Die vorzugsweise rechts- oder linksfüßige Gangart bewirkt die sogenannte *natürliche Schiefe*. Das im Linksgalopp laufende, rechtsfüßige und nicht geradegerichtete Pferd bewegt sich natürlicherweise so, daß der rechte Hinter- und der linke Vorderfuß in der Bewegungsrichtung, auf dem sogenannten Hufschlag, also in der Kurve auf der Zirkellinie, der linke Hinter- und der rechte Vorderfuß schräg zur Bewegungsrichtung gestellt sind. Daraus ergibt sich zwangsläufig eine schiefe Haltung des Körpers. Deutlich kann man die schräge Vorwärtsbewegung bei Hunden beobachten, die im Trab vor uns herlaufen. Man bezeichnet es in der Jägersprache als »schnüren«, das heißt, wie an einer Schnur gezogen. Dabei befindet sich der rechtshändige Hund in einer Diagonale von rechts hinten nach links vorn auf der Linie der Fortbewegung.

Wie wenig man sich offenbar auch im Altertum über die Ursachen der Schiefe klar war, geht aus folgenden Bemerkungen Schliebens hervor: »Stratis sagt zu Chrysippus, der Leitzügel solle so geschnallt werden, daß beide Lagen gleichmäßig angegriffen werden, damit die Pferde nicht schiefladig oder einseitig in den Laden würden. Er meint damit Pferde, welche auf der einen Hand schlechter wenden und nachgeben als auf der anderen, und er scheint den Grund dazu in der Beschaffenheit der Laden, also an der Stelle des Unterkiefers zu suchen, wo das Gebiß aufliegt. Sichtbar war dieser Fehler nicht, sondern nur während des Reitens bemerkbar. Er suchte den Grund dieser Erscheinung, der hauptsächlich, abgesehen von anderen Fehlern, im Bau der Ganaschen und der Lage der Ohrspeicheldrüsen zu finden ist, wahrscheinlich an falschen Stellen, nämlich in der Beschaffenheit der Laden.« Diese Schilderung zeigt gleichzeitig, daß nicht nur Stratis, sondern auch Schlieben selbst im unklaren über die tatsächlichen Ursachen war. Sie beweist ferner, daß die Schiefe des Pferdes ein jahrtausendealtes Problem ist.

Ähnliches gilt auch noch für spätere Zeiten. So finden sich in dem Buch von Steinbrecht »Das Gymnasium des Pferdes« folgende Stellen, die zum Teil auf alten Überlieferungen beruhen dürften: »Die Pferde neigen infolge ihrer natürlichen Veranlagung, die wir in der Reitersprache mit ›natürliche Schiefe‹ bezeichnen, namentlich auf der rechten Hand zu einer schrägen Richtung. Es ist eine allgemein bekannte Tatsache, daß rohe Pferde auf der einen Seite mehr Schwierigkeiten haben als auf der anderen, und daß die meisten diese zunächst auf der rechten Hand zeigen. Die eigentlichen Ursachen dieser Erscheinung zu erforschen, ist mehr Aufgabe des Naturforschers als des praktischen Bereiters. Für diesen genügt die Tatsache, daß die meisten Pferde von Natur aus in gewissem Sinne schief sind, indem sie zu einer falschen Rechtsbiegung neigen, was zur Folge hat, daß sie sich gegen den linken Zügel legen, den rechten dagegen nicht annehmen wollen. Diese Erscheinung verleitet den Reiter oft von Anfang an, vorherrschend die Hohlbiegung nach links anzustreben, wodurch das Übel nur verschlimmert wird... Es ist angezeigt, durch häufigere Übung entsprechender Lektionen die Zwangsseite mehr zu biegen, wie denn auch die alten Meister mit ihren Schulpferden die Regel beachteten, alle Lektionen auf der rechten Hand zu beginnen, von dieser zur linken überzugehen und dann nochmals wechselnd auf der rechten zu schließen, so daß die Biegungen rechts stets doppelt so oft geübt wurden wie links. Da *fast alle Pferde lieber links- als rechtsherum wenden,* beginne man die Longenarbeit stets auf der linken Hand. Gangarten in schiefer Richtung des Pferdes, wobei also ein Hinterbein statt unter die Last seitwärts von ihr tritt, sind unfehlbare Ursachen zur Schädigung der Sprunggelenke. Jedes rohe

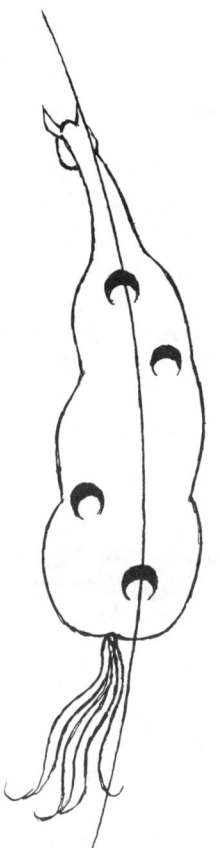

Abb. 25: Natürliche Schiefe des nicht geradegerichteten Pferdes mit der im Linksgalopp auf der
Zirkellinie erscheinenden diagonalen Fußspur

Pferd geht unter dem Reiter, und zwar immer in der gleichen Richtung,
schief, meistens von rechts hinten nach links vorn, gleichgültig, auf
welcher Hand es sich bewegt. Bei jedem Fortschreiten, bei jeder neuen
Lektion wird die Schiefe, auch wenn sie bereits überwunden schien,
erneut Schwierigkeiten bereiten. Sie begleitet uns bis zuletzt, wird auch
bei einem vollendet gerichteten Schulpferd in mehr oder minder starkem
Grade wieder zum Vorschein kommen und muß durch Biegearbeit auf
einem und auf zwei Hufschlägen immer wieder beseitigt werden. Jeder,
der viel Pferde auf Passage gearbeitet hat, wird die Beobachtung
gemacht haben, daß die natürliche Schiefe des Pferdes, selbst wenn sie in
den natürlichen Gängen bereits beseitigt schien, bei der Entwicklung
schwebender Tritte wieder zum Vorschein kommt. Bei der versammeln-
den Arbeit an der Hand ist von Anfang an der Geraderichtung besondere Aufmerksamkeit zu widmen. Auf der rechten Hand wird sich die
Arbeit meist schwieriger gestalten, andererseits wird aber die Schiefe erst

hier ganz beseitigt werden können, da man jetzt das rechte Hinterbein mit der Gerte aktiver heranholen und zum Untertreten unter die Last anhalten kann.«

Die Arbeit des Geraderichtens besteht nach alledem zunächst darin, das Pferd nach rechts zu biegen. »Die geraderichtende Arbeit ist von ausschlaggebendem Wert. In jeder Ausbildungsstufe hat sich der Reiter mehrfach zu überzeugen, ob es gelungen ist, sein Pferd an den rechten Zügel zu bringen« (v. Barnekow). Auch der seinerzeit bekannte und erfolgreiche Dressurreiter Felix Bürkner betonte eindringlich die Notwendigkeit des Rechtsbiegens. Beide gingen offensichtlich davon aus, daß die Pferde rechtsfüßig, das heißt, von Natur aus links gebogen und nach rechts steif sind. Für linksfüßige würde natürlich das Umgekehrte gelten.

Beim menschlichen Säugling läßt sich die Händigkeit bereits feststellen, wenn man sieht, an welchem Daumen er lutscht. Ebenso erkennt man das rechtsfüßige Pferd schon als Fohlen daran, daß es den Linksgalopp bevorzugt. Beim erwachsenen Pferd wird das besonders deutlich beim Anspringen, beim Galoppieren im schnellen Tempo und beim Landen nach dem Sprung. Ein weiteres Kennzeichen des Rechtshänders ist es, vor Hindernissen vorzugsweise nach links auszuweichen. Die Mähne des Rechtshänders scheint in der Regel nach links zu liegen. Dabei muß man allerdings in Betracht ziehen, daß sie künstlich nach einer bestimmten Seite gelegt sein kann. Auch der Haarwirbel am Scheitel des rechtshändigen Menschen ist angeblich nach links gedreht. Beim Longieren kann man die Händigkeit im allgemeinen ebenfalls deutlich feststellen. Viele Pferde gehen dabei ungern auf der ihnen nicht gewohnten Hand und versuchen sogar manchmal gleich zu Anfang oder nach kurzer Zeit kehrtzumachen. Vor allem bei auf etwa drei bis vier Meter verkürzter Leine fällt es dem Pferd zunächst schwer, auf der ungewohnten Seite zu galoppieren. Das äußert sich vor allem darin, daß es dann in den Kreuzgalopp fällt. Nach meinen Beobachtungen pflegen rechtshändige Pferde beim Kauen den Unterkiefer von rechts nach links, linshändige von links nach rechts zu bewegen. Doch ist die Zahl dieser Feststellungen zu gering, um daraus eine sichere Regel ableiten zu können. Mit Gewißheit aber läßt sich die Händigkeit feststellen, wenn das Pferd auf gerader Linie im Renntempo galoppiert. Dabei wird es stets die gängigere Seite bevorzugen.

Für den Gebrauch unter dem Reiter muß also das Pferd geradegerichtet werden. »Reite dein Pferd vorwärts und richte es gerade« (Steinbrecht). Deshalb muß jeder Reiter wissen, ob sein Pferd rechts- oder linksfüßig veranlagt ist, um sich dementsprechend verhalten zu können. Man kann schließlich ein Pferd nur dann geraderichten, wenn man weiß, nach welcher Seite es schief ist. Wie schwierig das für ein Pferd sein mag, erkennt man am besten, wenn man sich vergegenwärtigt, wie schwer es einem Rechtshänder fällt, mit der linken Hand einen Nagel einzuschlagen oder linkshändig zu schreiben. Ähnlich mag einem Pferd in entsprechender Lage zumute sein. Es bedarf also wochenlanger Arbeit auf der rechten Hand, bis sich das Pferd an die damit verbundene ungewohnte Art der linksfüßigen Bewegung gewöhnt hat. Beim Reiten in Abteilungen, in denen statistisch notwendigerweise immer mehr Rechts- als Linkshänder enthalten sind, sollte stets mehr rechts- als linksherum geritten werden. Dies sollte man sowohl aus dressurmäßigen Gründen, als auch zur Schonung der rechten Vorderbeine so halten. Aus dem gleichen Grund sollte man beim Leichttraben im Gelände auf rechtsfüßigen Pferden, also bei der Mehrzahl, vorzugsweise auf dem linken Vorder- oder rechten Hinterfuß traben, also einsitzen, um den ohnehin stärker strapazierten rechten Vorderfuß zu schonen. Unglücklicherweise steht dem Rechtsbiegen der Linksdrall der in der Mehrzahl rechtshändigen Menschen entgegen. Man braucht nur Abreiteplätze oder Longierzirkel zu beobachten, um zu sehen, daß die meisten Reiter ihre Pferde vermehrt linksherum, also rechtsfüßig, bewegen. Dieses überwiegende Reiten auf der linken Hand wirkt nicht nur dem Geraderichten entgegen, sondern überlastet auch das rechte Vorderbein. Auch empfiehlt es sich, beim Reiten im Gelände an Hindernissen, die zu beiden Seiten umgangen werden können, zum Beispiel an einzeln stehenden Bäumen, mit dem rechtsfüßigen Pferd nach Möglichkeit rechts vorbeizureiten. Man wirkt auf diese Weise durch die Macht der fortwährenden Gewöhnung dem Bestreben des Pferdes, nach links wegzubrechen, entgegen.

Erfahrung und Beobachtung sprechen dafür, daß die Schiefe der einzelnen Pferde unterschiedlich stark ausgeprägt ist. Dem einen fällt es mehr, dem anderen weniger schwer, sich an die nicht angeborene Gehweise und Biegung zu gewöhnen. Manche Pferde sind derartig schief, daß sie selbst im Renngalopp den Bogen im Außengalopp zurücklegen. Es liegt auf der Hand, daß das mit einem Leistungsverlust verbunden ist. Dazu kommt noch ein weiterer Nachteil. Einem geradegerichteten und durchgerittenen Rennpferd fällt es nicht schwer, im Rennen den Galopp zu wechseln, um dadurch die andere Seite zu erholen. Manche gewandte Rennpferde wechseln auch auf der Geraden mehrfach im Rennen den Galopp. Deutlich war der Galoppwechsel im Fernsehen beim deutschen Derby 1975 zu beobachten, als der spätere Sieger Königsee noch im Finish deutlich sichtbar den Galopp wechselte. Vielleicht war hier der Sieg nicht zuletzt einer gründlichen Ausbildung des Pferdes zu verdanken.

Soll ein Rennpferd sowohl auf Rechts- als auch auf Linkskursen eingesetzt werden, muß es ebenfalls so gut wie möglich geradegerichtet werden. Man wird sich dazu freilich nicht dressurmäßiger Mittel bedienen können, doch wird man rechtsfüßige Jungpferde vorzugsweise rechtsherum, linksfüßige linksherum trainieren. Die Bedeutung einer derartigen Schulung wurde an den Beispielen von Ticino und Sturmvogel gezeigt. »Ein korrektes, geradestehendes und -gehendes Rennpferd läßt sich in jedem Fall leichter trainieren als ein verstelltes Pferd« (v. Warburg).

Noch wichtiger als beim Rennpferd ist das Geraderichten zweifellos beim Reitpferd. Man beginnt, um ein rechtsfüßiges Pferd geradezurichten, damit, es zunächst einmal so lange rechtsherum zu arbeiten, bis es seine angeborene Rechtsfüßigkeit nahezu vergessen hat. Man wird es deshalb zunächst überwiegend auf der rechten Hand bewegen, beispielsweise longieren, nur im Rechtsgalopp reiten und in den Seitengängen nach rechts im Travers, nach links im Schulterherein arbeiten. Das dauert im allgemeinen mehrere Wochen. Daß es möglich ist, erkennt man daran, daß Menschen, die gezwungen waren, infolge eines Armbruchs irgendeine Tätigkeit mit dem ungewohnten Arm auszuüben, sich so sehr daran gewöhnten, daß sie auch nach erfolgter Heilung Mühe hatten, sie wieder in der ursprünglichen Weise zu verrichten. Beim Pferd erkennt man den Erfolg daran, daß es beginnt, auch auf der geraden Linie ebenso gern oder sogar bevorzugt im Rechtsgalopp anzuspringen. Erst jetzt sollte man beginnen, beidseitig zu arbeiten und geradezurichten.

Infolge der oft schon jahrelang bestandenen Schiefe müssen sich auch die Muskeln und Gelenke erst der neuen Gehweise anpassen. Dies setzt voraus, daß man allmählich vorgeht und das Pferd nicht überfordert. Die Einseitigkeit kann so erheblich sein, daß sogar der Sattel schief liegt. Dies rührt daher, daß die Muskulatur seitlich des Widerristes infolge der sogenannten Inaktivitätsatrophie auf der linken Seite weniger stark ausgebildet ist als auf der rechten. So kommt es, daß der Sattel beim rechtsfüßigen Pferd unter Umständen nach links hängt. In diesem Fall, vorausgesetzt, daß der Sattel selbst wirklich gerade ist und auch der Reiter mit seiner eigenen Schiefe zurechtkommt, hat es wenig Sinn, den Sattel ändern zu lassen. Vielmehr muß durch fortwährende Gymnastik die Muskulatur der linken Seite gekräftigt werden. Das geschieht vornehmlich durch viel Rechtsgalopp im Arbeits- oder im versammelten Tempo. Denn die Muskulatur der Widerristgegend ist besonders für die Galopptätigkeit unter dem Reiter bestimmt, erkennbar am flachen Widerrist des Zugpferdes, im Gegensatz zum Reitpferd. Diese Situation entspricht übrigens der einseitig schiefen Schulter der meisten Menschen.

Das geradegerichtete Pferd erkennt man am deutlichsten an der gleichmäßigen seitlichen Biegung beim Traversieren. Das nicht geradegerichtete Pferd läßt sich nach rechts weniger »stellen« als nach links, es verwirft sich gern bei Rechtsstellung im Genick, oder es kommt mit der Nase hinter die Senkrechte. Das letzte rührt daher, daß es dem Pferd leichter fällt, den Hals nach unten als nach der Seite zu biegen. Darauf beruht auch der Effekt des sogenannten Knebelns oder Riegelns, mit dem zwar eine Beizäumung, bei fehlender Wirkung des treibenden Schenkels aber keine echte Versammlung erreicht wird.

Für Springpferde ist das Geraderichten aus Gründen der Wendigkeit und der Schonung der Beine nicht weniger wichtig als für Dressurpferde. Das geradegerichtete Springpferd erkennt man daran, daß es nach einem im Rechtsgalopp angerittenen Sprung auch im Rechtsgalopp landet. Das nicht geradegerichtete, rechtsfüßige Springpferd landet im Rechtsgalopp angeritten meistens im Linksgalopp.

Es ist interessant, auch bei anderen Tierarten, zum Beispiel bei wildlebenden Zebras oder Antilopen, die überwiegende Rechtsfüßigkeit festzustellen. Auch im Zirkus kann man entsprechende Studien machen. Beispielsweise werden die sogenannten Freiheitsdressuren der Pferde, bei denen die Verbindung zwischen Mensch und Pferd nicht durch direkte mechanische Mittel, sondern nur durch Worte und Zeichen hergestellt ist, meistens linksherum, also rechtsfüßig, vorgenommen. Daß auch die Delphine überwiegend Rechtshänder sind, kann man am Linksdrall der Tiere in den Delphinarien beobachten.

Bei *Zugpferden* ist es ebenfalls nützlich, über die Händigkeit Bescheid zu wissen. Man wird dann daran denken, daß der Rechtshänder beim Scheuen bevorzugt nach links, der Linkshänder nach rechts auszuweichen sucht. Wenn man das Glück hat, einen Links- und einen Rechtshänder zu besitzen, kann man sie nach verschiedenen Gesichtspunkten zusammenspannen. Dem Linksfüßigen wird es angenehmer sein, als Sattel-, dem Rechtsfüßigen als Handpferd zu gehen, weil dabei die Biegung nach der Mitte zu ihrer natürlichen Veranlagung entspricht. Ferner trägt diese Anspannung zur Verkehrssicherheit bei, weil die Pferde beim Scheuen nach der Deichsel drängen. Dagegen würde die umgekehrte Anspannung das Geraderichten fördern und auch zur Schonung des aktiveren Vorderbeines beitragen. Sie dürfte sich besonders dann empfehlen, wenn die Pferde auch zum Reiten verwendet werden sollen.

Man muß sich also darüber klar sein, daß das Geraderichten mehr eine psychologische als eine körperliche Angelegenheit ist. Zweifellos ist es vorteilhaft, schon im jugendlichen Alter mit der Korrektur zu beginnen. Unrichtig aber wäre es, zu glauben, ein älteres Pferd lasse sich nicht mehr geraderichten, weil angeblich Knochen und Gelenke zu schief geworden seien. Ebenso falsch ist die Ansicht, Vollblüter seien schiefer oder schwieriger geradezurichten als andere Rassen. Solange ein Pferd in der Lage ist, überhaupt noch etwas zu lernen, kann es auch lernen, geradezugehen und sich nach der ungewohnten Seite zu biegen. Weit mehr ist das Geraderichten von der Intelligenz und vom Charakter als vom Körper abhängig. Wichtig ist es freilich, behutsam und geduldig vorzugehen. Es ist bekannt, daß bei linkshändigen Kindern neurotische Störungen auftreten können, wenn man sie gewaltsam und ungeduldig zwingt, rechtshändig zu schreiben. Ebenso können bei zu ungestümer und ungeduldiger Dressurarbeit Verkrampfungen, Versteifungen, sogar neurotische Veränderungen auftreten. Sobald man merkt, daß sich das Pferd beim Biegen im Hals verkrampft, ist es Zeit, die Übung zu beenden oder zu unterbrechen. Ganz wichtig ist es, niemals ein Stangengebiß anzuwenden, bevor das Pferd mit der Trense genügend geradegerichtet ist. Gegen den harten und schmerzhaften Zwang einer zu früh angelegten Kandare wird das Pferd nicht etwa nachgeben, sondern sich um so mehr steif machen. Man spricht dann von der sogenannten »verklemmten Kandare«, einem Ausdruck, der nicht ganz zutreffend ist. Nicht die Kandare hat sich verklemmt, sondern das Pferd versteift sich gegen das Gebiß. Je edler ein Pferd ist, um so mehr wird es sich gegen derartige Zwangsmittel des gewaltsamen Geraderichtens wehren. Das führt dann zu der irrtümlichen Ansicht, Vollblüter oder andere Edelpferde seien schiefer als andere. In Wirklichkeit ist es so, daß sich ein sensibles Tier zwar mehr gegen Zwangsmethoden wehrt und steif macht, daß es aber infolge seiner überlegenen Intelligenz rascher begreift und sich leichter geraderichten läßt als manches andere.

Der Erkundungstrieb

Zu den höchsten Bereichen in der Rangordnung der Triebe gehört der Erkundungstrieb. Man denke nur daran, daß der Drang des menschlichen Forschens, das Streben nach Erkenntnissen und damit Kultur und Wissenschaft auf ihm beruhen. Deshalb kann man die Entwicklung des Erkundungstriebes, ähnlich wie den Bewegungstrieb, als einen Gradmesser für den entwicklungsgeschichtlichen Hochstand einer Art betrachten. Zweifellos steht er im Zusammenhang mit Aktivität, Sensibilität, Intelligenz und mit entsprechenden körperlichen Veranlagungen. Daß es sich bei diesen Gegebenheiten um allgemein gültige biologische Lebensprinzipien handeln dürfte, geht daraus hervor, daß sie sogar bei den Fischen zu beobachten sind. Die feinhäutige, bewegliche und spielfreudige Forelle ist neugieriger als der träge, grobschuppige Karpfen.

In der freien Wildbahn sind ständige Aufmerksamkeit, fortwährende Beobachtung aller Vorgänge in der nahen und weiteren Umgebung, sorgfältige Erkundung günstiger Nahrungsquellen für viele Tiere von lebenswichtiger Bedeutung. Man betrachte ein äsendes Reh, eine Würmer suchende Amsel, wie sie fast nach jedem Bissen aufblicken und nach allen Seiten erkunden, ob nicht eine Gefahr droht. Auch das grasende Pferd hat ständig einen Teil seiner Sinne auf die Umgebung gerichtet. Doch ist damit nicht ausreichend die maßlose Neugierde zu erklären, von der die meisten Pferde ergriffen sind, indem sie alles zu beobachten suchen. Hier dürfte ein Mehr als das zur Sicherung der Art und des Individuums Notwendige, eine prospektive Entelechie am Wirken sein, wie wir sie am Menschen in der ausgeprägtesten Weise beobachten können.

Die Neugierde ist demnach vom biologischen Standpunkt aus als positive Eigenschaft zu werten. Im Dienst für den Menschen wird aber eine derartige Veranlagung eher als lästig und unvorteilhaft empfunden. Man bemühte sich vielfach, alles zu unternehmen — man denke nur an die Scheuklappe —, um dem Pferd diesen Trieb abzugewöhnen oder zu beschränken. Zweifellos ist es schwieriger, einem neugierigen Pferd im Rahmen einer Dressurprüfung das regungslose Stillstehen beizubringen als einem interesselosen. Glücklicherweise wird aber diese Schwierigkeit auf andere Weise wieder wettgemacht, wenn das neugierigere Pferd als das intelligentere andere Dinge um so eher begreift.

Die Ansichten, wie Neugierde zweckmäßig zu behandeln ist, sind geteilt. Manche halten es für richtig, neugierige Pferde allein und abgesondert in eine fensterlose Box zu sperren, um ihnen jede Möglichkeit der Erregung ihrer Neugierde zu nehmen. Man könnte das als eine Art Abstumpfungstherapie bezeichnen. Richtiger dürfte es wohl sein, dem Pferd die natürliche Befriedigung seines Erkundungstriebes mit einer Box neben anderen Pferden und mit einem Fenster in Kopfhöhe zu verschaffen. Das Pferd findet das größte Vernügen daran, unaufhörlich die Umgebung zu beobachten. Man kann dann deutlich wahrnehmen, wie maßlos neugierig — oder soll man es wißbegierig nennen? — die Pferde sind. Sie vergessen beinahe das Fressen darüber, um alles, was draußen vor sich geht, zu verfolgen. Eines meiner Pferde pflegt fast nach jedem Bissen von der Krippe zum gegenüberliegenden Fenster und von dort, nachdem er gekaut ist, wieder zurück zur Krippe zu gehen, um einen neuen zu holen. Die dabei zurückgelegte Strecke entspricht im Laufe des Tages einer nicht zu unterschätzenden Bewegung.

In guten Gestüten versucht man auf diese Eigentümlichkeit Rücksicht zu nehmen und möglichst jedem Pferd eine Fensteröffnung in Kopfhöhe zu verschaffen. Sicher ist eine solche Einrichtung für die psychische Verfassung, für die seelische Ausgeglichenheit, für die Aufmerksamkeit und geistige Regsamkeit von Bedeutung, und zwar um so mehr, je jünger das betreffende Tier ist.

Mit treffenden Worten drückt Gräfin Montgelas den Sachverhalt aus: »Bei der Besichtigung fremder Ställe wundere ich mich, so selten Boxen darin zu finden. Und doch ist der Laufstand, in dem sich das Pferd frei bewegen kann, von unendlich großem Wert für dasselbe. Nicht bloß in körperlicher Hinsicht, auch sein ganzes Temperament, seine ganze Psyche wird dadurch günstig beeinflußt. Besonders für Reitpferde, die oft täglich nur eine bis zwei Stunden herauskommen,

Abb. 26: Ein Fenster
oder eine Türöffnung
in Kopfhöhe ist für je-
des Pferd eine Wohltat

muß es schauderhaft sein, die übrigen 22 Stunden in einem engen Stand,
kurz angekettet, mit dem Kopf gegen eine Mauer zu stehen. Dabei muß
doch jedes Pferd stumpfsinnig und dumm werden.«

An dieser Stelle sei nochmals an die Behelfsbox (S. 107) erinnert, die
zwar nicht dieselbe Befriedigung des Bewegungs-, jedoch ebensogut die
des Erkundungstriebes ermöglicht wie ein größerer Laufstall. Erfahrungsgemäß werden Pferde zutraulicher, ruhiger und ausgeglichener,
wenn sie wenigstens einige Stunden des Tages in dieser Weise am
Geschehen in der Stallgasse teilnehmen, mit den hier sich bewegenden
Menschen in engeren Kontakt kommen können, als wenn sie unentwegt
nur die Stallwand anstarren müssen. Bei Ausgrabungen salomonischer
Pferdeställe, deren Tausende von Tieren verständlicherweise nicht in
Boxen untergebracht werden konnten, wurde festgestellt, daß alle
Pferde an den Pfosten mit Blick zur Stallmitte hin angebunden waren.

Der Unabhängigkeitstrieb

Eine auffallende Eigentümlichkeit des Pferdes ist sein Trieb nach Unabhängigkeit, der Freiheitstrieb. Je höher entwickelt eine Tierart ist, desto stärker ist er ausgeprägt. Erinnern wir uns, daß die Entelechie des Lebens weitgehend identisch ist mit dem Streben nach Freiwerden von äußeren Bedingungen. Der enge Zusammenhang des Freiheitsdranges mit Sensibilität, Aktivität, Erkundungsstreben und Intelligenz liegt auf der Hand. Das sensible Wesen wird fremden Zwang um so eher spüren, das aktive ihn mit Initiative abzuwenden suchen, das wißbegierige ihn rasch erkennen, das intelligente ihn am geschicktesten abwehren. Seit jeher galt im Menschentum das Streben nach Freiheit als Kennzeichen ethischen Hochstandes und des Edlen.

Um den Unabhängigkeitstrieb des Pferdes verstehen zu können, ist es notwendig, sich die gegensätzlichen menschlichen Verhältnisse hinsichtlich eines Antagonismus zwischen Unabhängigkeits- und Besitztrieb vor Augen zu führen. Die Beobachtung zeigt, daß dem einen der Besitz, dem anderen die Unabhängigkeit das wichtigere ist. Offensichtlich handelt es sich dabei nicht nur um milieubedingte, sondern auch um angeborene Veranlagungen. So scheinen Indianer und Zigeuner mehr Wert auf Unabhängigkeit als auf Besitz zu legen. Andere dagegen opfern bereitwillig Teile ihrer Unabhängigkeit, um in Ruhe ihren Besitz erhalten und genießen zu können. Man hat auch schon versucht, dieses unterschiedliche Verhalten für die Einteilung der Menschen in nomadisierende und in ackerbauende Völker und Rassen heranzuziehen. Für die menschliche Kultur dürfte jedes der beiden Extreme ungünstig, die Vereinigung der Gegensätze aber eine wichtige Voraussetzung sein (siehe S. 22).

In enger Beziehung zum Besitztrieb steht der *Fertigungstrieb*, der zu den herausragenden Eigentümlichkeiten des Menschen gehört. Jeder unverbildete Mensch hat das Bedürfnis, schöpferisch zu wirken, sei es den Acker oder den Garten zu bestellen, sei es etwas aufzubauen, etwas anzufertigen, vielleicht sogar ein Kunstwerk zu schaffen. Er empfindet ein beglückendes Gefühl, das Werk, das er als homo faber erzeugt hat, vor sich zu sehen und den berechtigten Wunsch, es in Besitz zu behalten. Schon am Kind, das im Sand seine Burg baut, können wir diesen Schöpfungstrieb beobachten. Auch bei manchen Tierarten sind gewisse Ansätze in dieser Richtung vorhanden, die wir insbesondere beim Nestbau, etwa bei Affen oder Schweinen, bei vielen Höhlenbewohnern oder in oft geradezu kunstvoller Weise bei zahlreichen Vogelarten beobachten können.

Beim Pferd jedoch vermögen wir von beiden Trieben, vom Fertigungs- und vom Besitztrieb, nicht die geringsten Spuren zu entdecken. Nicht einmal einen bestimmten Lebensraum sucht es in Besitz zu nehmen. »Steppenzebras errichten keine Territorien« (Klingel). Dies steht im Gegensatz zu vielen anderen wildlebenden Tierarten, die einen bestimmten und relativ eng begrenzten Bereich als ihr Lebensgebiet, als ihren Besitz betrachten, abgrenzen und verteidigen. Zwar haben Pferde einen Drang nach dem Stall, aber dies wohl mehr als Streben nach dem Ort gemeinsamen Zusammentreffens aufgrund des Sozialtriebes als aus Gründen, einen bestimmten Raum in Besitz zu halten. Wenn man sich diese Gegensätzlichkeit zwischen Besitztrieb, den das Pferd nicht kennt, und Unabhängigkeitstrieb vor Augen hält, wird man wohl am besten seine manchmal fast unbegreifliche Ausprägung des Strebens nach Ungebundenheit verstehen können.

Der Unabhängigkeitstrieb, das Streben nach Freiheit, steht in enger Beziehung zur Beweglichkeit. Denn es ist einleuchtend, daß ein bewegungshungriges Lebewesen seine Beweglichkeit nur dann befriedigen kann, wenn es weder räumlich noch durch irgendeinen Zwang anderer Art in der Entfaltung seiner Bewegung eingeengt wird. Eine Schwalbe, ein Adler, die gewohnt sind, in den großen Räumen des Luftraums sich schnell zu bewegen, werden mehr unter dem Zwang räumlicher Beengung leiden und deshalb mehr nach Unabhängigkeit streben als der Sperling oder die Krähe. Das Streben nach Unabhängigkeit, nach Freiheit, nach Unge-»bundenheit« ist für sie eine lebensnotwendige Voraussetzung. Ebenso sind auch die schnellen und sehr beweglichen Pferderassen bedürftiger und bestrebter nach Unabhängigkeit, ablehnender gegen jeden Zwang als weniger bewegliche.

Der Drang nach persönlicher Unabhängigkeit und Freiheit ist um so stärker, je edler die betreffende Pferderasse, das einzelne Individuum entwickelt ist. Jeder, der mit dem Pferd umgeht, weiß, daß man es nicht am Kopf mit Gewalt in irgendeine Richtung ziehen kann. Es wird sich, je edler, um so mehr, dagegenstemmen und nach rückwärts drängen. Eher läßt es sich zu Tode schleifen, als nachzugeben, ein für uns Menschen ganz unbegreifliches Verhalten, das von vielen vorschnell mit Dummheit gleichgesetzt wird.

Wenn dem Pferd die dem Menschen eigentümliche Polarität zwischen Besitz- und Unabhängigkeitstrieb fehlt, ist ihm doch eine andere ebenso zu eigen wie dem Menschen, nämlich die Polarität zwischen Freiheitstrieb und Sozialtrieb. Grundsätzlich schließen sich beide gegenseitig aus. Geselligkeit ist nur möglich bei Wahrung vielfältiger Rücksichten gegenüber anderen, die nicht ohne Beschränkung der eigenen Ungebundenheit gewahrt werden können. Die Vereinigung der beiden Gegensätze, größtmögliche Individualität und Unabhängigkeit zu wahren und dennoch die Gemeinschaft zu pflegen und Rücksicht auf andere zu nehmen, ist nirgends in der Natur so ausgeprägt wie beim Menschen. Er als das »zoon politikon«, als das Gemeinschaften bildende Lebewesen, mit dessen Organisationsformen sich auch das größte Termitenvolk nicht vergleichen kann, ist dennoch gleichzeitig das Geschöpf mit der größten Individualität jedes einzelnen. Dies steht im Gegensatz zu den Massenorganisationen niederer Tierarten, die gerade durch die Gleichförmigkeit ihrer Exemplare gekennzeichnet sind, beispielsweise in Form der Heringschwärme oder der erwähnten Termiten. Dagegen kommt das Pferd dem einschließenden Gegensatz von Freiheitsstreben und Individualität auf der einen, von Geselligkeit und Rücksichtnahme auf der anderen Seite außerordentlich nahe.

Aus dem Vergleich mit menschlichen Verhältnissen und mit denen niederer Tierarten geht hervor, daß der Unabhängigkeitstrieb offenbar einen höheren Rang einnimmt als der Sozialtrieb, der früher in der Entwicklungsgeschichte auftritt als jener. Ebenso zeigt die Beobachtung, daß die »Herdenmenschen« im allgemeinen primitiveren Typen angehören als die nach Unabhängigkeit Strebenden. Ausgeprägte Individualität und Freiheitsdrang sind zweifellos eng miteinander verbunden. Dies alles spricht für den entwicklungsgeschichtlichen Hochstand des Pferdes. Das zeigt sich auch innerhalb der einzelnen Pferderassen. Es ist eigenartig und nur in diesem Zusammenhang verständlich, daß das intelligenteste Pferd, der Orientale, auf der einen Seite das zutraulichste, auf der anderen das abweisendste ist. Man muß einmal ein Araberfohlen beobachtet haben, um zu sehen, wie scheu und ablehnend es sich gegen jeden Fremden verhält, von dem es sich vielleicht nicht einmal berühren läßt, wie anhänglich und zutraulich aber gegen die mit ihm vertrauten Personen. Auch am erwachsenen Pferd kann man die beiden Gegensätze, zwar nicht in demselben Ausmaß wie beim Menschen, aber doch in ähnlicher Form beobachten. Es leidet darunter, allein zu sein, doch will es auch einige Meter Abstand von den übrigen haben, die, wenn sie etwa auf der Weide allzu nahe kommen, weggebissen oder gar mit erhobenem Fuß bedroht werden. Nur der besondere Freund und Kamerad ist berechtigt, in körperlicher Berührung und dicht Kopf an Kopf mit ihm zu grasen. Wenn aber im Stall viele Pferde eng nebeneinander untergebracht sind, entwickelt sich der Futterneid, der geradezu neurotische Formen anzunehmen vermag (S. 269).

Der Unabhängigkeitstrieb ist demnach für viele hochstehende Lebewesen, so auch für das Pferd, ein fundamentales Lebensbedürfnis. Je edler und höher entwickelt ein Pferd ist, desto schwerer fällt es ihm, sich fremdem Zwang unterzuordnen. Ein junges Pferd, das Schwierigkeiten macht, sich den Fuß aufheben, den Sattel auflegen zu lassen, ist vielleicht psychisch hochstehender als ein temperamentloses Tier, das jeden Widerstand vermeidet und sich ohne Sträuben unterordnet. Deshalb sollte man edle und sensible Pferde möglichst nicht anbinden oder zumindest nicht irgendwo angebunden sich selbst überlassen. Sie bleiben vielleicht zunächst ruhig stehen, solange sie den Zwang nicht bemerken, plötzlich aber fühlen sie den Strick und beginnen so lange zu zerren, bis

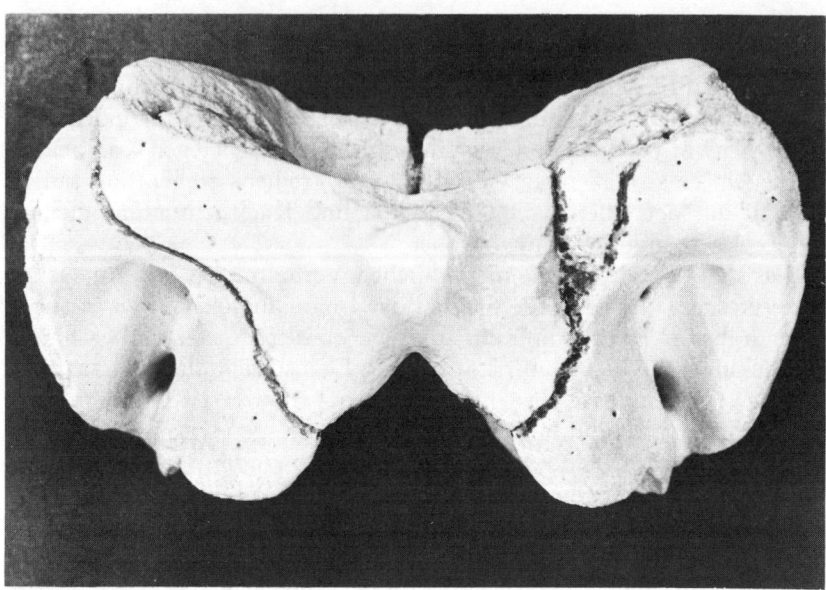

Abb. 27: Fraktur des ersten Halswirbels bei einem Fohlen infolge Anbindens

sie sich losgerissen, wenn nicht gar verletzt haben. »Ein Vollblutpferd
darf niemals angebunden werden« (Meyer). »Einem vier Monate alten
Warmblutfohlen wurde zum erstenmal ein Anbindehalfter angelegt.
Nachdem das Fohlen zunächst weder beim Halftern noch beim nachfolgenden Anbinden Widersetzlichkeiten zeigte, ließ es der Besitzer angebunden für etwa eine halbe Stunde ohne Aufsicht im Stall zurück. Nach
seiner Rückkehr fand er es mit gekrümmtem Hals am Anbindestrick
hängend vor. Die Röntgenaufnahme ergab die Fraktur des ersten Halswirbels (Atlas)« (Volckart und Fahrbach DTW 72,13,323).
    Paalman macht den Vorschlag, um ein Pferd an das Anbinden zu
gewöhnen, dafür nur einen dünnen Bindfaden zu verwenden, der bei
relativ geringem Zug abreißt. Wenn die Pferde begriffen haben, daß der
Zwang keineswegs bedrohlich ist, sondern jederzeit beseitigt werden
kann, werden sie später auch den stärkeren Strick dulden. Daraus geht
zugleich deutlich hervor, daß sich das Tier nicht etwa dagegen wehrt, an
einer bestimmten Stelle stehen zu müssen, sondern allein gegen den
damit verbundenen Zwang.
    Allerdings muß man, um nicht einem Irrtum bei der Beurteilung eines
Pferdes zum Opfer zu fallen, die frühkindlichen Einflüsse berücksichtigen. Wenn ein Fohlen von klein auf so behandelt wurde, daß es
Vertrauen zum Menschen hat, wird es trotz psychischer Aktivität und
stark entwickeltem Unabhängigkeitsbedürfnis weniger Widerstand bie-
ten als ein halb wildes, an den Menschen nicht oder nur wenig gewöhn-

tes Tier. Wenn man diese Tatsachen im Auge behält, wird man sich so verhalten, daß man den Widerstand gegen fremden Zwang gar nicht erst herausfordert. Man wird beim Aufheben eines Hinterbeines den Fuß locker und nicht wie in einem Schraubstock halten, ihn zunächst nur wenig und kurze Zeit hoch anheben. Man wird den Sattel nicht grob, sondern behutsam auflegen, der Reiter wird sich zunächst nur vorsichtig aufstützen, dann auf den Sattel heben lassen, wieder absitzen, dies zunächst in der gewohnten Umgebung, also möglichst in der Box. Erst nachdem dies einige Male geübt wurde, wird man das Pferd ein paar Schritte unter dem Reiter führen. Man wird versuchen, mit Vorsicht, Geduld und Freundlichkeit so vorzugehen, daß der Unabhängigkeitstrieb von den höheren psychischen Rangstufen, dem Bewußtsein, dem Vertrauen überlagert wird.

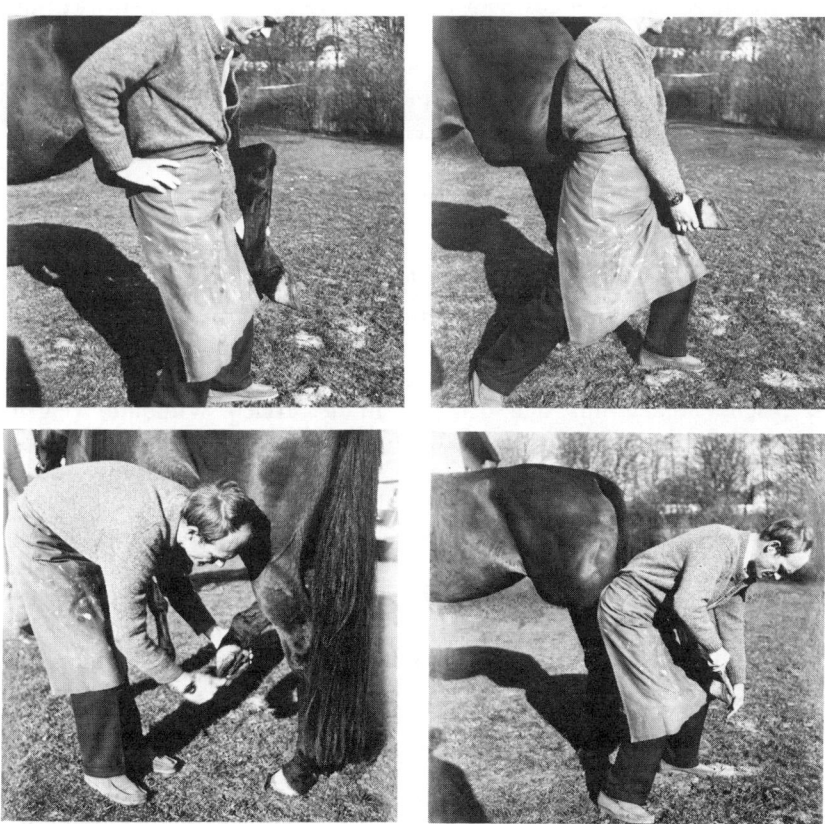

Abb. 28: Dieser Vollblüter duldet willig das lockere Aufhalten des Hinterfußes (links). Dagegen wird er sich bald gegen das in der rechten Abbildung demonstrierte Festklemmen wehren

Als weiteres Beispiel für die Notwendigkeit, den Unabhängigkeitstrieb zu beachten, sei hier das richtige Vorgehen erwähnt, wenn es gilt,
ein im Eis eingebrochenes oder in einem Sumpf steckengebliebenes und
umgefallenes Pferd herauszuholen. Man muß dabei grundsätzlich vermeiden, an den Beinen zu ziehen. Sobald man an ihnen Taue befestigt
und zu ziehen beginnt, bekommt das Tier maßlose Angst, beginnt wie
besinnungslos um sich zu schlagen und sich desto mehr in den Schlamm
einzuwühlen. Es ist deshalb eine alte, nicht mehr überall bekannte Regel,
daß man in solchen Fällen versuchen soll, ein Seil um den Rumpf oder,
falls dies nicht möglich ist, Taue zwischen den Vorder- und zwischen
den Hinterbeinen durchzuführen und daran sowie am Kopf und Schweif
das Pferd über den Rücken herauszuholen. Dieses Vorgehen werden die
Pferde im allgemeinen geschehen lassen, ohne in gefährliche Erregung zu
geraten. Das für den Menschen vielleicht merkwürdig erscheinende
Verhalten, der ja als erstes dem Erretter die Arme entgegenstreckt, um
sich aus einer gefährlichen Lage befreien zu lassen, wurde bereits im
Abschnitt über körperlich-seelische Wechselbeziehungen behandelt. Das
Pferd fühlt sich durch Fesselung der Beine seiner wichtigsten Waffe
beraubt und in völliger Wehrlosigkeit versetzt.

Der Sexualtrieb

Es wurde schon erwähnt, daß innerhalb der Triebe eine Rangordnung
besteht, deren Störung zur Disharmonie in der psychischen Struktur
führen kann. Solche Veränderungen finden infolge der Domestikation
gerade auf dem Gebiet des Sexualtriebes statt, wo sie einschneidende
psychische Folgen mit sich bringen. In der freien Wildbahn zeigen
bekanntlich alle weiblichen Säugetiere jährliche Brunstperioden. Durch
den Einfluß des jahreszeitlichen Klimas wird die Aktivität der Eierstöcke
(Ovulation) so reguliert, daß die Geburt des Jungen in eine dafür
günstige Jahreszeit fällt. Dies geschieht durch die Wirkung hemmender
Einflüsse, insbesondere der Kälte oder der Hitze, des Hungers, des
Lichtmangels und besonders durch die zum Zweck der erschwerten
Nahrungssuche gesteigerte Bewegung, durch Bedingungen also, welche
die Funktion des Eierstocks herabsetzen oder hemmen. Umgekehrt
bedingen die entgegengesetzten Erscheinungen eine Stimulierung der
Eierstockstätigkeit.
    Diese natürlichen Gegebenheiten werden durch die Stallhaltung weit-
gehend ausgeschaltet. Hunger, Kälte und auch ausreichende Bewegung
werden gerade während der Winterzeit mehr ferngehalten als im Sommer. Das bedeutet eine Umkehrung der natürlichen Verhältnisse. Darüber hinaus wird nicht selten durch großartige Beleuchtungsverhältnisse
die Nacht zum Tage gemacht. Deshalb verschwinden oft, am deutlich-

sten erkennbar beim Rind, im Laufe der Domestikation die jährlichen Perioden und gehen in monatliche oder mehrwöchige über, ein Vorgang, der auch beim Menschen stattfand. Daß nicht nur bei Säugern, sondern auch bei anderen warmblütigen Tieren diese Regeln Gültigkeit haben, wird am sichtbarsten beim Geflügel, bei dem man mit Hilfe der Fütterung und der Beleuchtung das Eierlegen ganz nach Belieben regulieren kann.

Beim Pferd kam in früheren Zeiten eine ebenso gravierende Bewegungseinschränkung wie bei anderen domestizierten Tierarten nicht zustande, da ja die Arbeitsleistung im allgemeinen der Zweck der Haltung war. Die Arbeit war gerade im Winter oft besonders anstrengend. Die heute allgemein üblichen Illuminationen der Pferdeställe hat es noch vor wenigen Jahrzehnten nicht gegeben. Das Beleuchtungsmittel war die Petroleumlampe, die überdies meistens mit sparsamer Flamme gebraucht wurde. Infolgedessen blieb der jahreszeitliche Zyklus, die Rosseperiode in Frühjahr und Frühsommer, im allgemeinen erhalten. Bei Sportpferden jedoch, die oft nur unregelmäßig bewegt, deren Ställe häufig langdauernd künstlich beleuchtet werden, kann es zu ähnlichen Domestikationsfolgen wie beim Rind kommen. Beim fortgesetzten periodischen Rossen einer Stute braucht es sich also nicht um eine krankhafte Eierstocksentartung (Nymphomanie) zu handeln, sondern lediglich um eine Anpassung an den scheinbar immerwährenden Frühling in Form von warmem Klima, reichlicher Fütterung, geringer Bewegung und heller, langandauernder Beleuchtung.

Wenngleich der Geschlechtstrieb beim Pferd infolge der dargelegten Gründe nicht die große Rolle spielt, wie man sie bei Haustieren anderer Art kennt, heißt das nicht, daß er bei ihm gering entwickelt wäre. Er ist im Gegenteil dynamischer und mächtiger als bei vielen anderen Tierarten. Nur tritt er im allgemeinen selten in Erscheinung, weil bei den meisten männlichen Pferden die Sexualfunktion durch die Kastration ausgeschaltet wird, so daß viele Probleme bei den Gebrauchspferden im allgemeinen nicht entstehen können. Man sollte sich jedoch nicht darüber hinwegtäuschen, daß die Kastration eine Schändung der Natur ist, die man zwar als notwendig, aber eben doch nur als ein Übel in Kauf nehmen sollte. In einigen hochstehenden Religionen, in der jüdischen und islamischen, ist es verboten, Pferde in dieser Weise zu verstümmeln (2. Mos. 22). »In Persien reitet der Mann, der auf sich hält, nur einen Hengst, niemals einen Wallach« (F. v. Eckardt). Wenn man Hengste nicht gebrauchen kann, reitet man nur Stuten. »Es gab viele Völker, welche die Stuten den Hengsten stets vorzogen. Die Skythen taten es, weil jene heimliche Expeditionen nicht durch Wiehern verrieten und Stuten folgsamer waren als Hengste. In Olympia wurde für Stuten ein eigenes Rennen, die Kalpe, veranstaltet. Die berühmtesten Vierergespanne, welche Siegerpreise errangen, bestanden aus Stuten, so die des

Miltiades. Aelan zieht Stuten zum Fahren vor und Horaz sagt: Tibi tollit hinnitum apta quadrigis equa: Wiehernd die Stute dich grüßt, an die Quadriga gespannt. Alle fünf Lieblingspferde Mohameds waren Stuten« (Schlieben).

Die sexuelle Erregbarkeit steht nicht unbedingt im direkten, sondern eher im umgekehrten Verhältnis zu Konstitutionskraft und Fruchtbarkeit. Bei konstitutionell wertvollen Hengsten tritt die Sexualität in der alltäglichen Atmosphäre, also ohne die Anwesenheit einer rossigen Stute, weniger kraß in Erscheinung als bei geringwertigen. Es ist auffallend, daß gerade die meist unfruchtbaren Kryptorchiden, das sind diejenigen Tiere, bei denen die Keimdrüsen in der Bauchhöhle oder im Leistenkanal verblieben sind, sexuell übererregt veranlagt sind. Umgekehrt ist bekannt, daß arabische oder englische Vollbluthengste nicht nur fruchtbarer, sondern auch sanfter und umgänglicher sind als viele andere.

Eine vom ethischen Standpunkt aus bedenkliche Einrichtung ist die Gewichtserlaubnis für Wallache im Rennsport. In Flachrennen haben nämlich Wallache die Vergünstigung, eineinhalb Kilogramm weniger Gewicht zu tragen als Hengste (RO § 264). Dies verführt manchen dazu, einen Hengst legen zu lassen, nicht aus psychologischen Überlegungen, sondern um sich den Gewichtsvorteil zu sichern, das heißt aus rein geldlichen Gründen. Es wäre eine gute Sache für den Tierschutz, sich dafür einzusetzen, daß die Gewichtserlaubnis für Wallache abgeschafft wird, eine Maßnahme, die auch von anderen Anhängern des Rennsports begrüßt würde. »Die Wallach-Erlaubnisse sind ein Unsinn« (Heicke). Wenn man aufhören würde, diese Verstümmelung eines edlen Tieres materiell zu belohnen, wäre die Kastration im Rennsport zwangsläufig auf diejenigen Fälle beschränkt, in denen sie wegen sexuell bedingter Schwierigkeiten des Charakters unvermeidbar ist. Dann freilich ist der Eingriff notwendig, da sonst ein praktischer Gebrauch derartig veranlagter Pferde unmöglich wäre. »Eclipse war so schwierig, daß Wildmann (sein Besitzer) zweimal überlegte, ob er ihn legen lassen sollte. Verhängnisvolle Entscheidungen hängen oft an einem seidenen Faden« (Willet). Es ist kaum auszudenken, welcher Schaden der Vollblutzucht der Welt erwachsen wäre, hätte man den seidenen Faden, vielleicht durch das zusätzliche Gewicht einer Wallacherlaubnis, die es damals glücklicherweise noch nicht gab, zerrissen. In wieviel anderen, ähnlich gelagerten Fällen aber mag derartiges geschehen sein?

Die Rosse der Stuten, die eine deutliche psychische Veränderung bedingt, tritt periodisch in etwa dreiwöchigem Abstand, bei gesunden Pferden im Frühjahr beginnend und bis in den Sommer hinein, auf. Bei vielen Stuten kommt es zu einer zweiten Periode im Laufe des Herbstes. Ob dies auf natürlichen Verhältnissen oder auf denen der Domestikation beruht, ist anscheinend nicht bekannt. Der Zustand währt nicht nur einen Tag, wie bei manchen anderen Tierarten, sondern mehrere Tage, durchschnittlich etwa fünf. Die Tatsache, daß die Stute nur an einem dieser Tage für eine Befruchtung empfänglich ist, bringt für den Züchter besondere Erschwernisse mit sich.

Während der Rosseperiode sollen an die Stute keine erheblichen körperlichen oder seelischen Ansprüche gestellt werden. Es ist eine Regel, daß rossige Stuten nicht an Rennen teilnehmen dürfen, wenn sie nicht Schaden leiden sollen. Insofern ist es nicht sinnvoll, Stutenrennen im Frühjahr, also in der Zeit der stärksten Rosseperioden, auszuschreiben. Deshalb soll nicht nur der Züchter, sondern auch der Gebrauchshalter von Stuten über die Rosseperioden Buch- oder Kalendernotizen führen. Jeder Stutenbesitzer sollte wissen, in welchen zeitlichen Abständen die Rosse aufzutreten und wie viele Tage sie anzudauern pflegt. Er erkennt dann, ob der Zyklus seines Pferdes physiologisch unregelmäßig oder gar krankhaft verläuft. Er kann ferner daraus schließen, ob die Nennung zu irgendwelchen Prüfungsterminen angebracht ist oder nicht. Er wird sich dann auch nicht so sehr wundern, weshalb sein Pferd eines Tages merkwürdig unkonzentriert ist, wenn er weiß, daß es mit dem Rossen beginnt. Sollten aber die Erscheinungen auffallend lange dauern, übermäßig stark ausgeprägt oder über das ganze Jahr ausgedehnt sein, müßte man an die Möglichkeit einer Erkrankung denken.

Die Fortpflanzungsorgane reagieren besonders empfindlich auf Umwelteinflüsse, insbesondere auf die Art der Unterbringung, der regelmäßigen Bewegung und der ausgeglichenen Ernährung, hier vor allem hinsichtlich genügender und harmonischer Mineralstoff- und Vitaminversorgung. Bei der intensiven Verbindung der Sexualfunktionen mit hormonalen Vorgängen hat das auf dem Weg über diese Wirkstoffe auch entscheidenden Einfluß auf das gesamte psychische Verhalten, das mit dem Hormonhaushalt in engem Zusammenhang steht.

Der Schlaftrieb

»Schlaf ist eine der großen Mächte in unserem Leben, stärker vielleicht als alle anderen Triebe, wenn man den negativen Maßstab des Entzugs anlegt: Drei Wochen Hunger kann der Mensch ohne Schaden überleben, drei Wochen ohne Schlaf verwandeln ihn in einen Geisteskranken. Der Drang zum Schlaf ist stärker als Todesangst, wenn der Autofahrer am Steuer einschläft oder der Wache von ihm überwältigt wird« (v. Borch).

Dieses Zitat unterstreicht die gewaltige Macht des Schlafes im menschlichen Bereich. Es ist für das psychologische Verstehen einer Tierart wichtig, sich die Rolle des Schlafes in ihrem Lebensbereich klarzumachen. Im allgemeinen Teil wurde bereits darauf hingewiesen, daß es vermutlich berechtigt ist, den Schlaf im direkten Verhältnis zum

Bewußtsein aufzufassen. Das wesentliche Merkmal des Schlafes ist die aufgrund der Ermüdung erfolgte vorübergehende Ausschaltung des Bewußtseins. Deshalb gibt es dort vermutlich keinen Schlaf, wo kein Bewußtsein vorhanden ist. Das heißt, daß Tierarten, die kein Bewußtsein besitzen, auch keinen Schlaf kennen. Umgekehrt kann man die Folgerung ziehen, daß Tiere, die offensichtlich nicht schlafen, auch über kein Bewußtsein verfügen. Andererseits ist anzunehmen, daß der Schlaf um so tiefer ist, je höher das Bewußtsein eines Lebewesens, einer Tierart, entwickelt ist. Man darf daraus vermutlich folgern, daß Tiere niemals dieselbe Schlaftiefe erreichen können wie der Mensch.

Daraus geht hervor, daß das Schlafbedürfnis des Pferdes geringer ist als das des Menschen. Diese Annahme wird auch durch Beobachtungen bestätigt. Wenn man nachts einen Pferdestall betritt und die Pferde aus dem Schlaf weckt, gewinnt man nicht den Eindruck, daß sie sich ähnlich wie aus tiefem Schlaf herausgerissene Menschen verhalten. Sie pflegen vielmehr sofort hellwach und »da« zu sein, als ob sie nicht in völliger Bewußtlosigkeit, sondern eher in einer Art Dämmerzustand geschlafen hätten. Dieser dämmerartige Schlafzustand läßt sich besonders deutlich an im Stehen schlafenden Pferden beobachten. Im Gegensatz zu anderen Tierarten vermögen sich Pferde bekanntlich aufgrund bestimmter körperlicher Mechanismen tage-, wochen- oder gar jahrelang stehend zu halten, ohne in unerträglicher Weise zu ermüden. Freilich ist anzunehmen, daß die Erholung im Stehen doch nicht ganz so intensiv erfolgt, da sich die Mehrzahl der Pferde zum Ausruhen niederzulegen pflegt. Man kann vermuten, daß dieses Schlafen im Stehen nicht mit völliger Ausschaltung des Bewußtseins verbunden ist; denn wenn auch das Stehen ohne Muskelkraft möglich ist, muß doch ein gewisses Gleichgewichtsgefühl aufrechterhalten bleiben, damit das Tier nicht umfällt.

Die Gründe für das *Schlafen im Stehen* sind vermutlich verschiedener Art und nicht immer eindeutig zu klären. Vielfach hängt es sicher mit körperlichen Schwierigkeiten beim Aufstehen zusammen, zum Beispiel mit krankhaften Veränderungen im Bereich der Sprunggelenke. Häufig legen sich Pferde nicht in neuer Umgebung, also zweifellos aus psychischen Ursachen. Dies hat schon oft zu rechtlichen Verwicklungen beim Pferdekauf geführt, da das Sich-nicht-Niederlegen mit Recht als erheblicher Vertragsmangel gilt. Dieser Mangel kann aber nur dann als vertretbar geltend gemacht werden, wenn nachzuweisen ist, daß er schon vor dem Kauf bestanden hatte. Umgekehrt kann der Verkäufer die Beanstandung zurückweisen, wenn sich bei ihm das Pferd nachweislich gelegt hat. Manchmal dauert es wochenlang, bis sich das Pferd so an die neue Umgebung gewöhnt, daß es sich zum Schlafen legt. Man kann aus diesem Verhalten schließen, daß es sich um psychische Beweggründe handelt in Situationen, die dem Pferd unsicher erscheinen. Klingel berichtet von den Steppenzebras, daß nachts einige Tiere stehend Wache halten, während die übrigen liegend schlafen. »In der Nacht ruhen die Zebras stehend oder liegend, während mehrerer Schlafperioden. Zwischendurch weiden sie. Niemals aber schlafen alle Tiere gleichzeitig. Mindestens ein erwachsenes Tier steht und hält Wache, und nacheinander wachen alle für einige Minuten.« In den hethitischen Trainingsanweisungen ist angeordnet, in manchen Nächten die Pferde hochzubinden, um das Niederlegen zu verhindern. Dies entspricht vermutlich sowohl dem Bestreben, die Pferde an langdauerndes Stehenmüssen zu gewöhnen, als auch der Überlegung, daß es sich dabei um naturgegebene, notwendige Lebensbedingungen handelt.

Man kann sich wohl vorstellen, daß es gerade im Leben des in nördlichen Zonen lebenden Wildpferdes bedrohliche Situationen gegeben hat, sei es in Form langandauernder Schneestürme oder drohender Wolfsrudel, in denen sämtliche Tiere einer Herde oft lange Zeit gezwungen waren, auf die liegende Ruhe zu verzichten. Bei hörner- oder geweihtragenden Tierarten ist ein solches Verhalten weniger bedeutungsvoll. Dies geht schon aus der verschiedenartigen Weise des Aufstehens hervor. Hörnertiere pflegen im allgemeinen zuerst mit der Hinterhand, dann mit der Vorhand aufzustehen. Die Einhufer dagegen pflegen zuerst mit der Vorhand, dann erst mit der Nachhand aufzustehen, und zwar in Form eines ruckartigen Aufspringens. Dabei wird der auf die Vorhand gestützte Körper mit der Hinterhand nicht nur hochgehoben, sondern meistens gleichzeitig nach vorn geschnellt. Auf diese Weise kann sich das Pferd viel rascher als andere Tiere aus dem Liegen in Vorwärtsbewegung versetzen. Deutlich kann man dieses Verhalten an sich wälzenden Pferden auf der Weide beobachten. Sie springen nicht nur ruckartig hoch, sondern stürmen dann auch häufig in spielerischer Weise, wie vor einem imaginären Feind fliehend, oft in einer gleichzeitigen Wendung auskeilend davon.

Dieses ruckartige Aufspringen erfordert außerordentliche Körperkräfte. Wenn man davon ausgeht, daß ein Pferd 500 Kilogramm wiegt und beim Aufspringen seinen Körper in einer Sekunde im Schwerpunkt um 1,50 Meter hochhebt, so erfordert das zehn PS, also die Gesamtheit seiner Körperkraft. Kleine Pferde haben dabei Vorteile, nicht nur des geringeren Eigengewichtes wegen, sondern auch den der geringeren Höhe. So kommt es, daß man bei großen Pferden, die aus irgendeinem Grunde, etwa infolge einer unglücklichen Lage in einem beengten Stand, nach mehreren vergeblichen Aufstehversuchen nicht mehr hochkommen, lebensbedrohliche Schwächezustände erleben kann. Wenn nun noch die psychische Kreislaufbelastung hinzukommt, verursacht durch die Angst vor dem Unvermögen aufzustehen, kann das sogar zu einem Herzmuskelschaden oder gar zu einem tödlichen Kollaps führen. So kommt der eigenartige Gegensatz zustande, daß ein Pferd zwar tage- oder wochenlang stehen, aber nur wenige Stunden liegen kann.

Außer den erwähnten körperlichen und seelischen Ursachen für das
Sich-nicht-Legen dürften auch noch ungeklärte Gründe vorkommen. So
kannte ich eine Stute, die sich nur legte, wenn sie tragend war, während
sie im güsten Zustand während des ganzen Jahres stehenblieb. Eine
Erklärung konnte nicht gefunden werden. Vor allem ist nicht anzunehmen, daß ihr das Legen und Aufstehen im tragenden Zustand weniger
beschwerlich gewesen sein könnte als in nicht tragender Verfassung.

Über den Schlaf des Pferdes ist wenig bekannt. Man darf aber wohl
damit rechnen, daß aus den oben dargelegten Gründen sowohl das
Schlafbedürfnis als auch die Schlaftiefe geringer ist als beim Menschen.
Ferner ist zu vermuten, daß ebenfalls bestimmte Schlafrhythmen ablau-
fen, wie sie beim Menschen in letzter Zeit nachgewiesen wurden. Im
übrigen kann der Mensch über den Schlaf ebensowenig subjektiv aussagen wie das Tier, weil beide beim Schlafen in einer Art Bewußtlosigkeit
verharren. Lediglich Erinnerungen an kurz vor dem Erwachen erlebte
Träume könnten in das Bewußtsein hinüberreichen, dadurch »zu
Bewußtsein kommen« und dann ausgesprochen werden. Dieses Sich-
Erinnern an einen Traum ist aber sicherlich an das reflektierende
Denkvermögen gebunden. Vermutlich wird kein Tier ein Traumerleb-
nis, eine Traumerinnerung haben, obwohl man aus den Beobachtungen
gewisser Verhaltensweisen während des Schlafes schließen darf, daß
auch Tiere träumen. Bei vielen Hunden und auch bei manchen Pferden
ist bekanntlich ein Träumen an charakteristischen Bewegungen während des Schlafes zu beobachten. Über kurz vor dem Erwachen erlebte
Träume hinaus kann aber auch der Mensch nichts mitteilen, obwohl
gerade in letzter Zeit gewonnene Forschungsergebnisse gezeigt haben,
daß der Mensch während des Schlafes ausgedehnte Traumerlebnisse
hat, die ihm niemals bewußt werden, wenn er nicht etwa unmittelbar
danach geweckt wird. Aus diesen Gründen sind in der Psychologie des
Schlafes psychophysiologische Forschungsmethoden in Form von Auf-
zeichnung der Gehirnströme von besonderer Bedeutung. Aus der Art
dieser Aktionsströme lassen sich bestimmte Rückschlüsse auf Schlaf-
und Traumvorgänge ziehen. Derartige objektive Methoden lassen sich
auch beim Pferd anwenden (Tercafs). Man kann dadurch Erkenntnisse
über die Periodik des Schlafes oder über Traumvorgänge gewinnen.
Möglicherweise lassen sich sogar praktische Anwendungen erzielen, so
über den Grad der Nervosität einzelner Pferde, über den psychisch-
physischen Trainingszustand oder über psychische Veränderungen, die
sich wohl auch im Schlafgeschehen ausdrücken werden.

Man fragt sich, ob Träume, die uns, die vor allem dem Tier nicht zum
Bewußtsein kommen, wohl einen Sinn haben mögen. Zwar nimmt man
an, daß sie die Folge unbewältigter Erlebnisse sind, die im Schlaf
weiterhin oder zu Ende vollzogen werden. Es wäre aber auch denkbar,
folgendes anzunehmen: Im Traum werden vom Unterbewußtsein

gewisse mögliche Erlebnisse vorweg gelebt. Sollten sie später wirklich oder in ähnlicher Form eintreten, so wäre eine gewisse vorausgegangene Traumerfahrung möglicherweise wie eine Art Vorübung von Nutzen. Wohl jeder Mensch wird sich daran erinnern, daß er irgendein Ereignis bereits einmal erlebt zu haben glaubte. Es kommt ihm alles merkwürdig bekannt vor. Vielleicht rührt dieser Eindruck daher, daß er ein ähnliches Geschehen schon im Traum einmal erlebt hat, das ihm erst jetzt infolge der Ähnlichkeit zum Bewußtsein kommt. Sollte dies zutreffen, könnte auch ein Träumen der Tiere als nicht völlig sinnlos erscheinen, auch wenn sie sich dessen nicht selbst bewußt werden. Die im Traum bereits vorweg gemachte Erfahrung könnte ihnen unwissentlich nützlich werden.

Folgende Beobachtung spricht ebenfalls dafür, daß Träume un- oder halbbewußt verarbeitet werden, ohne voll zum Bewußtsein kommen zu müssen: Jeder erinnert sich wohl daran, daß ihm während eines Tages plötzlich einfiel: »Ach, davon habe ich ja heute nacht geträumt.« Das heißt, der Traum lag einige Zeit vor dem Erwachen zurück und wäre ohne die zufällige Assoziation niemals zum Bewußtsein gekommen.

Der Hautpflegetrieb

Eine bekannte Eigentümlichkeit des Pferdes ist sein auffallend starker Drang, sich zu wälzen. Dieses Verhalten hängt zweifellos mit seiner starken Hautaktivität zusammen und hat den Sinn, die Haut anzuregen und sie zu reinigen. Viele Pferde, welche die Möglichkeit dazu haben, suchen diesen Drang täglich zu befriedigen. Die meisten bemühen sich dabei, sich über den Rücken nach der anderen Seite zu überschlagen. Dieses Überschlagen scheint bei keiner anderen Tierart ähnlicher Größe ebenso augenfällig vorzukommen. Wenn Hunde oder Katzen sich wälzen und über den Rücken nach der anderen Seite rollen, ist das nicht im entferntesten mit einem solchen Aufwand an Kraft und Anstrengung verbunden wie beim Pferd. Dies rührt davon her, daß ebenso wie bei der Fortbewegung der Kraftbedarf im Quadrat mit dem Körpergewicht ansteigt (siehe auch S. 48).

Manchen Pferden, besonders Vertretern langbeiniger Typen, gelingt das Überschlagen nicht. Diese pflegen sich dann, nachdem sie aufgestanden sind, auf die andere Seite zu legen, um auch diese auf der Erde zu reiben. Am intensivsten werden dabei offenbar der Hals, die Mähnenpartie und die Widerristgegend bearbeitet. Es wäre zweifellos nützlich für die psychische Verfassung, wenn man allen Pferden täglich die Möglichkeit zum Wälzen geben könnte. In genügend großen Boxen kann das geschehen, niemals aber in einem Stand. Einen besonders dringenden Bedarf haben viele Pferde zu dieser Betätigung nach der

Rückkehr von einem Ausritt. Abwegig ist die Befürchtung, daß infolge des Wälzens Verlagerungen des Darmes zustande kommen können, die durch ganz andere Ursachen herbeigeführt werden.

Der Trieb zur Hautpflege ist im Tierrreich weit verbreitet. Man denke nur an die Stubenfliege, die Biene, an die Katze oder an die Affen. Das Bedürfnis besteht nicht nur darin, Fremdkörper, Ungeziefer und Unreinigkeiten zu beseitigen, sondern auch in der Anregung der Hautaktivität, des Nervensystems. So sind die mannigfachen Formen der Hautpflege entstanden, nicht zuletzt das Baden im Wasser, im Staub oder im Schlamm. Auch Pferde suchen sich mit Vorliebe sandige Stellen im Gelände aus. Der Sand, der anschließend durch Schütteln des Körpers wieder abgeworfen wird, scheint einen besonders willkommenen Hautreiz zu vermitteln. Analoge Verhaltensweisen sind die beliebten Schlamm- oder Wasserbäder. Der Drang des Pferdes nach einem Wasserbad zeigt sich darin, daß sie manchmal nicht einmal unter dem Reiter davon abzuhalten sind, sich im Wasser niederzulegen. Aus all dem darf man wohl schließen, daß auch noch so eifriges Putzen mit Striegel und Kardätsche ein regelmäßiges Waschen oder Abspritzen nicht ersetzen kann. Wenn das Putzen weniger der Reinigung als der Anregung dient, folgt daraus, daß paradoxerweise Pferde, die in einem Stand angebunden sind, es nötiger haben, intensiv geputzt zu werden, als Pferde in einer Laufbox, obwohl die Standpferde sauberer sind als die Boxenpferde. Wer die Psyche seines Pferdes günstig beeinflussen will, sollte also nicht nur vom eifrigen Putzen, sondern auch von möglichst häufigem Baden, Waschen oder Abspritzen Gebrauch machen. Es geht hier um eine biologische Urgewohnheit, deren Ausschaltung schädliche Folgen, vor allem psychischer Art, mit sich bringen kann.

Wohl niemals wurde der Hautpflege soviel Sorgfalt gewidmet, wie beim Training der Streitwagenpferde der Hethiter, das uns in den über dreitausend Jahre alten keilschriftlichen Texten Kikkulis und seiner Mitarbeiter in ausführlicher Weise überliefert ist. Demnach wurden regelmäßige Schwitz- und Badekuren, Kalt- und Warmwasserwaschungen sowie Hautmassagen der gesamten Körperoberfläche mit Öl vorgenommen. Zweifellos dienten diese Maßnahmen nicht nur körperlichen, sondern auch psychischen Zwecken. Da heißt es beispielsweise (nach Kammenhuber):

Am 4. Tag vormittags Schwitzgalopp mit anschließendem Flußbad.

Am 5. Trainingstag fünfmalige (!) Flußbäder.

Am 13. Tag reichliches Salben des Pferdes.

Am 25. Tag Waschungen mit warmem Wasser und Flußbad.

In solcher und ähnlicher Weise werden in geradezu minuziösen Angaben 185 Tage einzeln beschrieben, und zwar hinsichtlich Fütterung, Rennübungen und Hautpflege. Ihr scheint ein ganz besonderes Gewicht beigemessen zu sein, weil unglaublich vielartige Variationen,

Abb. 29: Alle Equiden lieben Wasser-, Staub- oder Schlammbäder

meistens von Tag zu Tag wechselnd oder zu verschiedenen Tageszeiten, auch nachts, angegeben sind. Man muß freilich berücksichtigen, daß es sich hierbei um die Vorbereitungen zu enormen täglichen Distanzfahrten gehandelt hat, über die leider nur die Entfernungen, nicht aber die genauen Zeiteinheiten, also nicht die Geschwindigkeiten, bekannt sind. Über ähnliche Gepflogenheiten bei den alten Griechen berichtet Homer: »Ich (Achilles) will hier mit den stampfenden Rossen verharren, die Patroklos *so oft gebadet* in schimmerndem Wasser und ihnen dann mit flüssigem Öl gesalbt die wallenden Mähnen.«

In der hethitischen Pferde-Badekultur — anders kann man es kaum bezeichnen — dürften komplizierte Zusammenhänge vorliegen. Sicher geht es dabei zunächst um rein körperliche Vorgänge, vor allem im Sinn einer Anregung des Stoffwechsels und des Kreislaufs. Als nicht weniger bedeutsam ist eine somatopsychische Wirkungsweise, die Anregung oder Erregung auf dem Weg über das Hautnervensystem anzunehmen. Psychischer Art ist gewiß auch das dem Pferd angenehme Gefühl, von Schweiß und Staub nach anstrengender Arbeit befreit zu werden. Zum vierten ist ein weiterer, ebenfalls nur psychisch zu erklärender Vorgang zu vermuten. Mehrfach ist nämlich vom sogenannten »katkattinu« die Rede, das mit Untertauchen als Transitivum übersetzt wird. Vom Interpreten wird ausdrücklich betont, daß kein Übertragungsfehler vorliegen könne. Es ist rätselhaft, wie man sich das Geschehen vorstellen soll.

Jedenfalls wird sich jedes Pferd gegen ein Untertauchen des Kopfes mit allen Kräften wehren. Vielleicht haben sich die Pfleger während des Schwimmens im Fluß über den Hals des Pferdes gelegt, um den Kopf kurz unter das Wasser zu drücken. Der Sinn dieser Handlung kann wohl nur in einem psychischen Effekt verstanden werden. Denn die Reinigung des Kopfes ließe sich mit Schwamm und Lappen wesentlich einfacher bewerkstelligen.

Wenn auch nicht in hethitischer Perfektion, so war doch noch bis in die Neuzeit regelmäßiges Waschen und Baden der Pferde allgemein üblich. Dafür spricht unter anderem der Flurname »Pferdeschwemme«, der in unzähligen Orten unseres Landes überliefert ist. In Anbetracht dieser uralten Gepflogenheiten mag es zu denken geben, daß gegenwärtig Tausende von Pferden oft jahre- oder gar lebenslang mit keinem Tropfen Wasser in Berührung kommen. »Auch die Turkmenischen Kulane des Naturschutzgebietes im Aralsee gehen in die Schwemme. Equiden sind absolut wasserliebend« (Hassenberg).

Unzählige Pferde werden oft wochenlang weder Hitze noch Kälte, weder großer Anstrengung noch erheblichem Schweißausbruch ausgesetzt. Nur zum Teil kann dieser mangelnde natürliche Hautreiz durch die Hautmassage beim Putzen ersetzt werden, das ohne Zweifel eine gewisse Anregung des Stoffwechsels bedingt. Weitaus intensiver wird die Hauttätigkeit durch das *Scheren* gefördert. Es ist nicht unberechtigt, das Scheren als die folgerichtige Anpassung an die Verhältnisse der Stallhaltung zu bezeichnen. Selbst wenn die Pferde gelegentlich bis zum Schweißausbruch gearbeitet werden, bringt die Stallhaltung einen anderen Nachteil mit sich. Wegen der fehlenden Luftbewegung dauert nämlich das Trocknen der schweißnassen Haut unverhältnismäßig lange an und führt sogar zu dem schwächenden, sogenannten Nachschwitzen. Dem kann man am besten durch Scheren abhelfen; denn, wie es früher üblich war, ein schwitzendes Pferd mit Stroh trocken zu reiben, fehlt heutzutage überall die Zeit. Im übrigen trocknen schwitzende Pferde erfahrungsgemäß schneller ab, wenn sie abgespritzt werden. Die Sorge, das Waschen oder Abspritzen eines erhitzten Pferdes könnte gesundheitsschädigend sein, ist abwegig.

Die günstigste Zeit des Scherens ist die des Haarwechsels im Herbst und im Frühjahr, also in Mitteleuropa etwa September bis November sowie März bis Mai. Wünscht man ein besonders feines Haarkleid, wird man das Scheren gegen Ende des Haarwechsels vornehmen, will man jedoch keine so extreme Herabsetzung, wird man eher beginnen.

Besonders eindringlich wird das Scheren von Graf Wrangel befürwortet. Er sieht darin ausschließlich Vorteile und bringt zahlreiche Beispiele über die günstigen Einflüsse des Scherens. In einem Punkt ist allerdings Wrangel nicht recht zu geben: Wenn er schreibt, daß ein einmal geschorenes Pferd in jedem Winter wieder geschoren werden

Abb. 30: Gegenseitige Hautpflege

muß, wenn man keinen »Bären« im Stall haben will. Nach meinen Beobachtungen trifft dies nicht zu. Pferde, die regelmäßig geschoren wurden, bekamen keinen deutlich stärkeren Winterpelz, wenn das Scheren einmal unterlassen wurde. Über ähnliche Erfahrungen berichtet Gräfin Montgelas:

»Über die Nützlichkeit des Scherens gehen die Ansichten der Pferdebesitzer auseinander. Ich halte es bei Pferden, die starke Winterhaare bekommen, und die schnell laufen müssen, für nützlich. Ich hatte ungeschorene Pferde, die schwitzend heimkamen und trotz sorgfältigster Pflege am anderen Morgen noch naß waren. Solche Pferde kamen aus dem Schwitzen gar nicht mehr heraus, was natürlich sehr schwächend wirkte. Es ist gerade so, als wenn man uns zwingen würde, in einem Pelzmantel schnell zu laufen und dann in unseren verschwitzten Sachen in einem warmen Raum zu bleiben. Ich hatte Pferde, die im Herbst und Winter so schwer schnauften, daß man sie leicht für dämpfig hätte halten können. Dieses Übel verging aber nach dem Scheren sofort. Pferde, die vor dem Scheren matt und trotz erhöhter Futterrationen von Tag zu Tag abmagern, sind nach dem Scheren wie umgewandelt. Geschorene Pferde zeigen viel mehr Gehlust und füttern sich leichter als ungeschorene.«

Das Scheren hat demnach nicht nur körperliche, sondern auch psychische Wirkungen. Das geschorene Pferd ist regsamer, aufmerksamer, munterer als das nicht geschorene. Man kann sich leicht in seine Lage hineinversetzen, wenn man sich daran erinnert, welch starken Einfluß auf die menschliche Psyche das Massieren der Kopfhaut, das Haar-

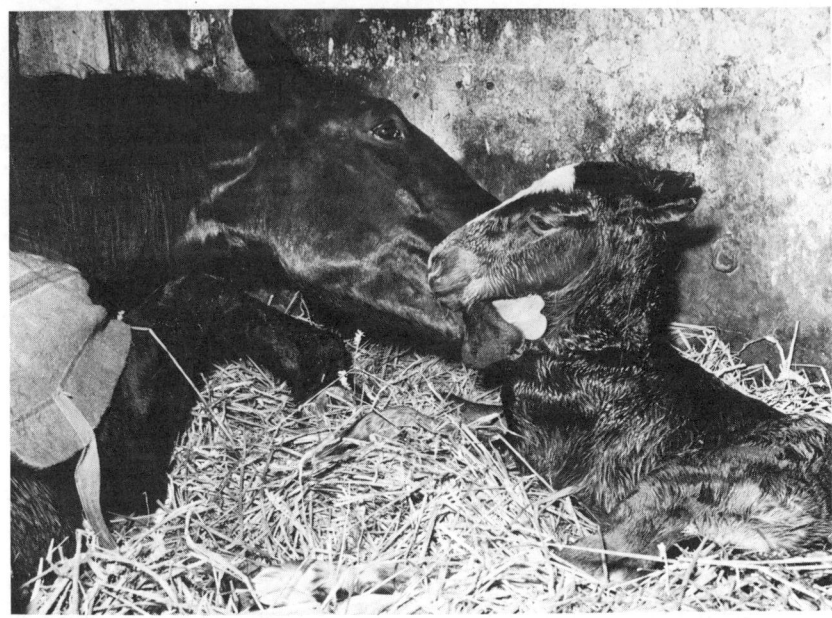

Abb. 31: Bald nach der Geburt beginnt die soziale Hautpflege am Fohlen

schneiden, das Rasieren ausübt. Wieviel größer aber muß er sein, wenn er die gesamte Körperoberfläche betrifft. Auch die im Training der Rennpferde üblichen Schwitzkuren sind also keineswegs nur körperlich, sondern auch psychisch wirksam. Die gesamte psychische Aktivität wird durch die Steigerung der Hautaktivität gefördert. Bei der außerordentlichen Rolle, welche die Hauttätigkeit auf Körper und Psyche des Pferdes ausübt, ist der Gedanke, sie künstlich mit Hilfe von Pferdesaunas zu fördern, keineswegs abwegig, ein Verfahren, das bereits praktiziert wird.

Eine große Rolle im Tierreich spielt die gegenseitige, sogenannte soziale Hautpflege, die am deutlichsten in der Brutpflege bei Insekten und Vögeln zum Vorschein kommt. Aber auch bei den Säugetieren ist die Hautpflege das erste, was die Mutter an ihrem Kind vornimmt. Die Stute beginnt sogleich nach der Geburt, das Fohlen abzulecken. Sie tut es weiterhin Tag für Tag, solange das Junge bei ihr ist. Die mit dem Gefühlsleben eng verbundene Hautpflege zwischen einzelnen erwachsenen Pferden wurde bei der Behandlung des Sozialtriebes schon erwähnt.

Zur sozialen Körperpflege ist auch das vielen Mutterstuten eigentümliche Bestreben zu rechnen, unmittelbar nach der Geburt das weiche Hufhorn des Fohlens auszunagen. Zweifellos handelt es sich um ein ursprüngliches und naturgemäßes Verhalten. Man gewinnt den Eindruck, daß dieses Gewebe zudem als Leckerbissen empfunden wird. Vermutlich hängt der Sinn des Geschehens damit zusammen, daß das Fohlen alsbald nach der Geburt laufen muß. Dabei würden die weichen Hornmassen in der Sohle hinderlich sein. Vor der Geburt haben sie wahrscheinlich den Sinn, Verletzungen der Gebärmutterwand während strampelnder Bewegungen zu verhindern.

Instinkte

Allgemeines

In engem Zusammenhang mit dem Triebleben stehen die Instinkte. Wenn man einen richtungslosen Drang als Trieb bezeichnet, dann ist der Instinkt ein die Richtung des Triebes bestimmender Impuls, also eine Trieblenkung. Von anderen seelischen Kräften, die ebenfalls die Richtung bestimmen können, insbesondere vom Bewußtsein, unterscheidet sich der Instinkt dadurch, daß er ererbt, nicht erworben ist.

Der Trieb enthält weitgehend den Begriff des Allgemeinen, der Instinkt eher den des Speziellen. Der Heimwärtstrieb drängt das Pferd allgemein zum Stall, der Orientierungsinstinkt führt es auf den spezifisch richtigen Weg, dorthin zu gelangen. Der Instinkt kann durch andere psychische Bereiche, durch das Gefühl, durch den Verstand ersetzt werden. Wenn das Pferd zum Stall strebt, kann dieses Ziel auch durch die Erinnerung an den vorher zurückgelegten Weg, durch eine Leistung aus dem Bereich des Bewußten, erreicht werden. Das heißt, der Trieb ist weniger ersetzbar und ursprünglicher als der Instinkt. Dasselbe gilt für andere Instinkte, zum Beispiel für den der Ernährung. Der Hunger, einer der mächtigsten Triebe, ist durch keine Verstandesfunktion zu ersetzen oder auszuschalten. Dagegen kann der Instinkt, das richtige Nahrungsmittel zu wählen, durch den Verstand verdrängt werden.

Beim Instinkt handelt es sich also vielfach um eine nur in Verbindung mit einem Trieb wirksam werdende Kraft, von der sie oft gar nicht genau zu trennen ist. Es kann sogar im Einzelfall Zweifel darüber geben, ob man von Trieb oder von Instinkt sprechen soll. Dennoch ist eine Trennung der Begriffe notwendig, wenn man sie analysieren will.

Rätselhafter noch als das Wirken der Instinkte ist ihre *Entstehung*. Die Theorie von zufällig entstandenen Änderungen und Erbanlagen, den sogenannten Mutationen und deren Auslese im Kampf ums Dasein, genügt nicht zur Erklärung aller Erscheinungen. Beispielsweise ist es unbegreiflich, wie die Fülle spezifischer Eigenschaften und instinktiver Fähigkeiten der geschlechtslosen Honigbiene, über die ihre geschlechtli-

chen Vorfahren nicht verfügten, entstanden sein sollen. Ähnlich verhält
es sich mit dem kastrierten Hengst. Der Wallach zeigt Eigenschaften
eines instinktiv richtigen und sinnvollen Verhaltens, das ganz seiner
Lebenssituation entspricht. Das initiative, lebhafte, bewegliche Wesen
des Hengstes ist verschwunden, er ist bedächtiger, weniger beweglich
und ganz auf die Erhaltung des eigenen Lebens bedacht, da das der
Erhaltung der Art dienende Verhalten, wie das Vertreiben der Neben-
buhler, die Wendigkeit zur Verteidigung der Familie, sinnlos geworden
sind. Das alles sind Eigenschaften, die niemals in der Entwicklungsgeschichte der Vorfahren des Wallachs vorhanden sein konnten, da sich
unter ihnen kein geschlechtsloses Wesen befunden hat. Sie lassen sich
daher auch nicht mit Selektions- und Mutationstheorie erklären. Es
bleibt nichts anderes übrig, als auch im Bereich des Instinktlebens jene
geheimnisvolle Entelechie anzuerkennen, deren Ursprung wir nicht zu
ergründen vermögen.

Wenn schon das Triebleben der *Irrbarkeit* unterworfen ist, so noch
mehr das der Instinkte. Es wird immer ein Geheimnis bleiben, wie
wildlebende Tiere die für ihren Körper benötigten Nahrungsmittel
auszuwählen und dabei schädliche oder giftige Stoffe zu vermeiden
wissen. Es sind aber auch Fälle bekannt, in denen dieser Sinn versagt.
Vor allem scheint es, daß mit der Domestikation eine Verkümmerung
des Instinktes verbunden ist. So kommt es nicht selten vor, daß sich
Pferde durch Verzehren giftiger Pflanzen, zum Beispiel von Zweigen der
Eibe oder der Akazie, Schaden zufügen. »Während eines Reitturniers
war ein Teil der Pferde in Militärzelten untergebracht. Zur Abgrenzung
der einzelnen Stände und als Pfosten für die Krippen benutzte man
Akazienhölzer, die etwa drei Wochen zuvor gefällt worden waren. Neun
Pferde erkrankten an Vergiftung unter kolikartigen Erscheinungen. Alle
hatten die Anbindepfosten und Begrenzungsstangen stark abgenagt«
(Keller und Dewitz). Es muß dahingestellt bleiben, ob die zugrundeliegende Instinktverirrung auf mangelnde Übung des Instinktlebens oder
darauf zurückzuführen war, daß die Pferde ihren bekannten Drang, an
Holz zu knabbern, in der Gefangenschaft nicht befriedigen konnten.
Jedenfalls kann man annehmen, daß in der freien Wildbahn, wo genügend und abwechslungsreiche Nahrung aller Art zur Verfügung steht,
derartige Verhaltensfehler nicht vorkommen würden.

Verirrungen im Instinktleben können auch infolge von Störungen der
körperlichen oder seelischen Gesundheit auftreten. Es kann zu perversen
Erscheinungen kommen, wie übersteigertem Appetit, bis zum Haß
wachsender Ablehnung des Fohlens durch die Stute und anderen Abnor-
mitäten, die mit Verirrungen im Bereich des Instinktes zusammenhängen. Es ist nicht immer einfach, manchmal unmöglich, die zugrundelie-
genden Ursachen zu ermitteln, die angeborener oder erworbener Art
sein können. Nicht selten lassen sich dann derartige Mängel, vor allem

Abb. 32: Der Mut-
terinstinkt erwacht

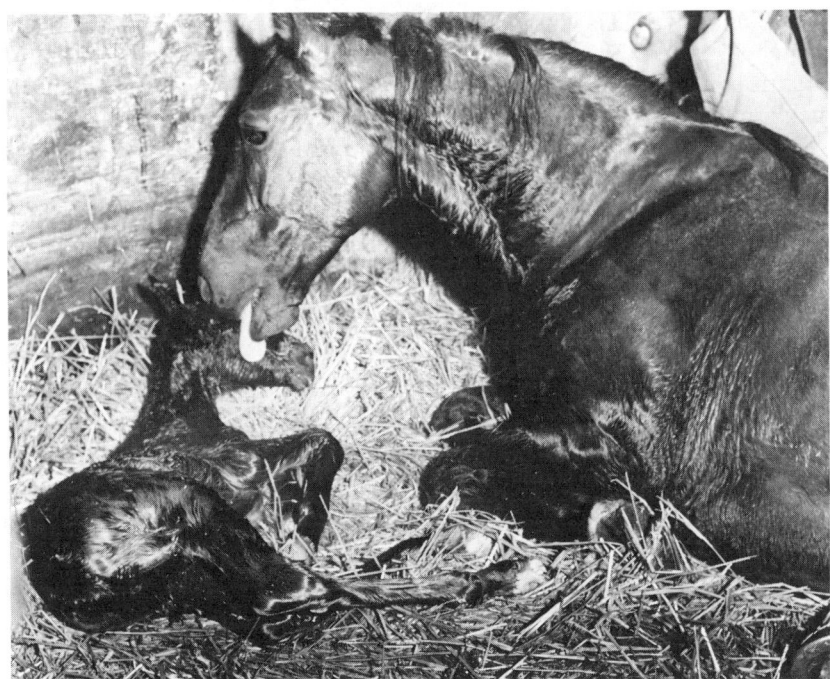

Abb. 33: Noch nicht trocken hinter den Ohren

solche erworbener Art, durch Veränderungen der Umwelt, wie Weide-
gang, Umstellung der Fütterung, oder durch Anwendung von Beruhi-
gungsmitteln oder von Hormonen abstellen.

Bei der im Laufe der Zivilisation und Domestikation erfolgten Ver-
kümmerung der Instinkte handelt es sich zweifellos nicht um den
Verzicht auf überflüssige Veranlagung, sondern um den Verlust von
Fähigkeiten, die von unschätzbarem Wert sein können. Man denke nur
an die Ernährung, die gerade im menschlichen Bereich im allgemeinen
wahrhaftig »instinktlos« vor sich geht. Beim Menschen wird wohl mit
Recht die einseitige Überbetonung des Intellektes für das Versagen des
Instinktes verantwortlich gemacht. Beim Tier sind die unnatürlichen
Bedingungen der Stallhaltung die verständliche Ursache. Um so weniger
aber wird diese Veranlagung verschüttet werden, je naturgemäßer Aufzucht und Haltung gestaltet werden können.

Nach alledem ist das Instinktleben trotz seiner erblichen Fixierung in
hohem Maße von körperlichen, von seelischen und von umweltbeding-
ten Faktoren abhängig. Das Alter, die Jahreszeit, der Lebensraum, die
Bewegung, die Kondition üben oft einen mächtigen Einfluß auch auf
Triebe und Instinkte aus. Nicht selten ist die körperlich-seelische Abhängigkeit (S. 58) so eng, daß man über Ursache und Wirkung im Zweifel
sein kann. Dies gilt nicht zuletzt für den Zusammenhang mit dem
Hormonhaushalt. Daraus konnten mitunter so extreme Auffassungen
entstehen, als ob das ganze Seelenleben nichts anderes sei als eine
Funktion des hormonalen Geschehens. Tatsächlich aber dürfte eine
rückkopplungsartige Wechselwirkung vor sich gehen. Beispielsweise
wird der beim Geburtsvorgang auf hormonalem Wege ausgelöste Mutterinstinkt durch den Anblick des Jungen gesteigert. Er kann aber auch
durch Wegnahme des Neugeborenen oder durch dessen Totgeburt
erstickt werden. Wenn ein Durstender instinktiv nach Wasser verlangt,
wird der Anblick eines unerreichbaren, verlockenden Getränkes oder
einer Fata Morgana sein instinktives Durstgefühl noch verstärken.

Der Ernährungsinstinkt

Als Beispiel für den Ernährungsinstinkt und für sein Zusammenwirken
mit einem Trieb sei das *Saugen des Fohlens* angeführt. Nehmen wir an,
eine Stute habe zum erstenmal gefohlt, das Fohlen wurde vom Nabel
gelöst und die Stute steht auf. Da bemerkt sie, daß irgend etwas Neues
und Ungewohntes in ihrer Box ist. Sie war sich ja nicht bewußt, daß sie
tragend war, nicht dessen, was mit ihr vorgegangen ist, nicht, daß sie
soeben ein Junges geboren hat. Erstaunt, ja ängstlich sieht sie sich um
und betrachtet das unbekannte Wesen. Lang streckt sie den Hals in
Richtung zum Fohlen und vorsichtig — fast wagt sie es nicht — geht sie

Abb. 34: Während des
Saugens wird das Foh-
len eifrig berochen und
beleckt

darauf zu. Da macht das Junge vielleicht eine Bewegung, es schüttelt den
Kopf, die Stute erschrickt vor dem kleinen Ungeheuer und springt
ängstlich zurück. Nun aber packt sie doch wieder die Neugierde.
Vorsichtig geht sie auf das Kleine zu, den Hals so lang gestreckt wie nur
möglich. Endlich wagt sie es, daran zu schnuppern, dann es mit den
Lippen zu berühren, es abzulecken. Da bekommt sie plötzlich ganz
große Augen, ein dumpfes, zärtliches Wiehern kommt aus ihrer Brust,
man bemerkt, wie etwas Neues, eine geradezu fremde Macht über sie
kommt, etwas, das vorher nicht dagewesen ist. Der Mutterinstinkt
erwacht, immer mehr nimmt sie sich des Fohlens an, und in wenigen
Minuten ist sie so beansprucht von ihrem Kind, daß vielleicht niemand
mehr ohne Gefahr ihre Box betreten darf und sie ihr Fohlen mit
Löwenmut gegen jeden Feind verteidigen würde. Das ist das eigenartige
Erwachen eines Instinktes, einer psychischen Kraft, die für uns unerklär-
lich ist, wenn wir auch wissen, daß sie mit neurohormonalen Vorgängen
verknüpft ist.
     Inzwischen kommt beim Fohlen der Bewegungstrieb zur Geltung.
Zunächst sucht das kleine Wesen den hin- und herschwankenden Kopf
zu heben, dann sich mit der Vorhand aufrechtzustützen, sodann nach
mehr oder minder geglückten Versuchen sich auf die Beine zu stellen.
Nun torkelt es umher, fällt wohl auch noch einige Male um, bleibt
endlich stehen, schnuppert nach der Mutter, versucht da und dorthin ein
paar Schritte zu tun. Jetzt wird es auch schon hungrig, der Nahrungstrieb erwacht. Zunächst sucht es richtungslos am warmen, duftenden
Körper seiner Mutter, während diese eifrig alle Stellen des kindlichen

Körpers beriecht und beleckt. Allmählich aber führt eine rätselhafte Kraft das Fohlen dorthin, wo sich die Milchdrüse der Mutter befindet, und bald beginnt es zu saugen. Es ist also ein höchst kompliziertes Zusammenwirken einer Reihe von Trieben und Instinkten sowohl von seiten der Mutter als auch des Kindes notwendig, um das Saugen zu bewerkstelligen. Der Bewegungstrieb, der Ernährungstrieb, der Orientierungsinstinkt des Fohlens müssen mit dem Mutterinstinkt zusammenwirken, um das Saugen zustande zu bringen. Von seiten des Fohlens konnte keine einzige erworbene Erfahrung mit im Spiel sein, die es in den wenigen Minuten seines jungen Lebens nicht sammeln konnte. Auch die Mutter brauchte nichts von anderen Stuten zu lernen, nachdem bekanntlich viele Erstgebärende sich richtig verhalten, ohne jemals mit einer anderen säugenden Stute beisammen gewesen zu sein. Die Kompliziertheit der Vorgänge wird andererseits daraus ersichtlich, daß nicht selten Störungen im Verhalten vorkommen, die mit Entartungen im Laufe der Domestikation zusammenhängen mögen.

Es ist zweifellos interessant und verlockend herauszufinden, welche »Schlüsselreize« im einzelnen Fall die Instinkthandlung »auslösen«, ob etwa für das Fohlen beim Aufsuchen des Gesäuges eine spezifische Duftnote oder die Wölbung der Kniefalte maßgebend ist. Nur sollte man sich vor dem Irrtum hüten, man sei damit der Lösung des eigentlichen Rätsels, des Instinktes selbst, nähergerückt. Noch fehlerhafter wäre es, die Vorgänge nur mit hormonalen und neuralen Prozessen erklären zu wollen, also mit den Hilfsmitteln, deren sich das Leben zur Erfüllung der Instinkte bedient. Es wäre etwa so, als ob man sagen wollte, nicht der Maschinist, sondern der Schalthebel bringe eine Maschine zum Laufen.

Besonders merkwürdig und für das Zustandekommen des Saugens außerordentlich erschwerend ist die Tatsache, daß dabei die Haltung des Kopfes und des Halses für das Fohlen sehr anstrengend ist. Gar nicht selten kommt es daher vor, jedenfalls im Vergleich zu anderen Tierarten, daß nicht ganz kräftige Fohlen, obwohl sie das Euter der Mutter gefunden haben, kräftemäßig nicht zum Saugen fähig sind. Man muß ihnen dann behilflich sein oder sie sogar ein paar Tage mit der Flasche ernähren, bis sie sich hinreichend gekräftigt haben.

Eine Instinktverirrung, die nicht des Amüsanten entbehrt, zeigt das folgende Erlebnis. Eine edle Halbblutstute hatte sich in ihrem achtzehnten Lebensjahr den totalen Bruch eines vorderen Fesselbeines zugezogen. Da es ungewiß war, ob die Heilung so verlaufen würde, daß man sie wieder zum Reiten würde gebrauchen können, beschloß man, sie ein Vierteljahr nach dem Unfall, da gerade Deckzeit war, zum Hengst zu bringen, damit sie womöglich noch mit der Geburt eines Fohlens ihr Gnadenbrot verdienen könne. Als nun in ihrem 19. Lebensjahr die Zeit ihres ersten Abfohlens herankam — der Bruch war inzwischen so weit geheilt, daß sie wieder gut gehen und sogar zum Spazierreiten verwendet

Abb. 35: Die Haltung von Kopf und Hals während des Saugens ist für das Fohlen relativ schwierig und anstrengend

werden konnte —, entfernte man die Zwischenwand zwischen ihrer Box und der des daneben befindlichen Wallachs, um den Raum zu vergrößern. Der Wallach wurde an einer Seite des Stalles angebunden, die Stute durfte frei laufen. Obgleich sie Tag und Nacht fast ständig unter Aufsicht blieb, fohlte sie dennoch eines frühen Morgens in einem unbewachten Augenblick allein glücklich ab. Als man in den Stall kam, war das Fohlen eifrig, aber vergeblich, bemüht, am Wallach an der entsprechenden Körperstelle nach Nahrung zu suchen, während die Mutter ratlos in einigen Metern Entfernung daneben stand.

Hier ging es wohl um eine Instinktverirrung nicht nur des Fohlens, sondern auch der Mutter. Zwar könnte man in Erwägung ziehen, daß ihr für die erstmalige Geburt ungewöhnlich hohes Alter dafür verantwortlich war, doch ist das Fehlverhalten mit größerer Wahrscheinlichkeit nicht auf eine mangelhafte Veranlagung, sondern auf die unnatürlichen Stallverhältnisse zurückzuführen. Denn im Freien hätte sich der Wallach der Belästigung erwehren und entziehen können, das Fohlen hätte weiter herumgesucht und schließlich doch den richtigen Ort gefunden.

An seinem dritten Lebenstag sprang übrigens das Fohlen, als es im Garten herumtollte, versehentlich in das dort befindliche Schwimmbassin. Mit sicherem Instinkt verstand es sogleich zu schwimmen und sich über Wasser zu halten, bis man es wieder herausholen konnte. Das Hineinspringen in das Wasser, das keine nachteiligen Folgen hatte, darf man sicherlich nicht als eine Instinktverirrung ansehen, sondern als eine Überforderung der Anpassung an Lebensbedingungen, die in der Natur in dieser extremen Form nicht vorkommen.

Eine Merkwürdigkeit des Ernährungsinstinktes, die nicht frei von Irrbarkeit sein dürfte, ist das eigentümliche, meistens ablehnende Verhalten gegenüber neuartigen und *unbekannten Nahrungsstoffen*. Dabei ist aber in Betracht zu ziehen, daß das Pferd im allgemeinen ein ausgeprägtes Gewohnheitstier ist. Viele Pferde lehnen zunächst fast alles ab, was sie nicht kennen. Dabei ergeben sich außerordentliche Unterschiede in der Sensibilität des Geschmacks. Die Individualität kommt bei dieser Gelegenheit deutlich zum Ausdruck. Demnach ist nicht ohne weiteres zu differenzieren, ob die Ablehnung eines Nahrungsmittels auf den vielleicht unangenehmen Geschmack, auf einseitige Gewohnheiten oder auf eine instinktiv richtige oder irrige Abneigung zurückzuführen ist. Manche Pferde benötigen Wochen, bis sie Mohrrüben annehmen, andere verzehren zwar begeistert Mohrrüben, nicht aber Runkelrüben. Einzelne sind geradezu süchtig auf Zucker, andere legen zeit ihres Lebens keinen Wert darauf. Freilich scheint es Dinge zu geben, die jedes Pferd annimmt, zum Beispiel Buchenzweige. Als eine Instinktverirrung ist wohl die Gier auf neuartige Körnerfrüchte zu betrachten. Manche Pferde, die noch nie im Leben Weizen, sondern nur Hafer gekannt haben, stürzen sich in geradezu unmäßiger Weise auf ihn, falls sie ihn vorgesetzt bekommen. Der Weizen wird dann so gierig hinuntergeschlungen, daß es zu Quellungen im Magen mit der gefürchteten Magenzerreißung kommen kann. Wenn also auf eine neue Getreideart übergegangen werden soll, ist es notwendig, die Pferde mit kleinen Mengen beginnend daran zu gewöhnen. Das gilt allgemein für jede Futterumstellung.

Auffallend ist das wohl allen Pferden eigene Bedürfnis, an Holz, Rinde oder *an Zweigen zu knabbern*. Dem sollte man nicht entgegenwirken, da hierbei vermutlich eine naturgemäße Instinkthandlung vorliegt. Man muß berücksichtigen, daß das Pferd nicht aus der baumlosen, sondern aus der Waldsteppe oder Savanne stammt. Nicht nur die Vorläufer des Pferdes, wie das Eohippos oder Eohippus, sondern auch dem heutigen Pferd näherstehende Frühpferde wie das Parahippos waren nicht nur Waldbewohner, sondern auch ausschließliche Laubfresser. Es mag sein, daß sich von der Millionen Jahre dauernden Urgewohnheit des Laubverzehrens noch ein Rest bis in unsere Tage hinein erhalten hat.

Abb. 36: Knabbern an Zweigen entspricht auch bei guten Weideverhältnissen einem natürlichen Bedürfnis

Das Abbeißen von Zweigen und das Knabbern an Baumstämmen, das Verzehren von Rinde dürfte überdies einem echten Bedürfnis nach Substanzen, die der Gesundheit förderlich sind, entsprechen. Möglicherweise wäre es gut, den Pferden systematisch Gelegenheit zu geben, an Stämmen zu nagen oder Zweige zu verzehren. Übrigens enthalten gerade im Winter Rinde und Knospen wertvolle Substanzen, wie man an den sogenannten Barbarazweigen erkennen kann, in denen bekanntlich schon alle Anlagen für die ersten Blätter und Blüten gespeichert sind. Paalman empfiehlt Zweige als appetitförderndes Mittel. »Auf Reisen, in fremden Ställen und nach einem anstrengenden Turniertag fressen manche Pferde schlecht, obwohl sie gerade dann ihr Futter am nötigsten hätten. Hier helfen frisch geschnittene Weidenzweige, die den Appetit des Pferdes rasch wiederherstellen. Man kann sicherheitshalber Weidenzweige mit auf die Reise nehmen und sie unterwegs in einem Eimer Wasser frisch halten.« Nach meiner Beobachtung sind Buchenzweige besonders zu empfehlen, auch im Winter. Die Blätter und Zweige der Rotbuche (Fagus silvatica) sind sogar durch einen bemerkenswerten Gehalt an Mineralstoffen, insbesondere an Kalk, ausgezeichnet. Weniger geeignet ist dagegen die Weißbuche (Hainbuche, Hornbaum). Sie wird von den Pferden nicht gern genommen und kann eine abführende Wirkung haben.

Ein illustratives Beispiel möge zur Veranschaulichung beitragen: Im Kriegswinter 1941/42 war die militärische Einheit des Verfassers mit etwa 1000 Pferden im russischen Mittelabschnitt wochenlang von den rückwärtigen Versorgungslinien abgeschnitten, so daß Futtermittel nicht herangebracht werden konnten. Zur Verpflegung der Pferde wurden deshalb in den umliegenden großen Birkenwäldern täglich Bäume gefällt, die Äste abgesägt und in die Quartiere gefahren. Mit großem Appetit verzehrten die Pferde alle feinen Zweige und schälten die Rinde von den stärkeren Teilen peinlich sauber ab. Dabei hielten sie sich in ausgezeichnetem Futterzustand und blieben völlig gesund.

Wenn nicht als Verirrung, so doch als Instinktänderung ist vermutlich das Verhalten der Pferde gegenüber dem *Zucker* zu verstehen. Kaum ein Pferd wird sogleich Zucker annehmen, sondern ihn zunächst ablehnen. Erst wenn man ihn wiederholt angeboten oder gar aufgedrängt hat, wird die Lust daran geweckt. Sie steigert sich unter Umständen so sehr, daß, ähnlich wie bei einem Kind, auch vor einem schädlichen Übermaß nicht haltgemacht wird. Dabei können sich Symptome der Süchtigkeit entwickeln.

Eine auffallende Vorliebe haben Pferde für *Bier*. Es wird offenbar von den meisten ohne Zögern schon beim erstenmal angenommen. In früheren Zeiten machten manche Kutscher davon regelmäßigen Gebrauch. Vor ungewöhnlichen Anstrengungen, beispielsweise am Fuß eines Berges, pflegten sie den Pferden einen Liter Bier zu verabreichen, um dann angeblich müheloser als ohne dieses Stärkungsmittel die Steigung zu bewältigen. Vermutlich war damit auch eine psychische Wirkung, also ein Doping, in Form einer Enthemmung oder Stimulierung verbunden. Auch bei Rekonvaleszenten verwendete man es vielfach mit gutem Erfolg. In vielen Gaststätten und Brauereien gab man das sogenannte Tropfbier stets den Pferden. Experimentelle Untersuchungen über die Wirkung unterschiedlicher Mengen sowie über die Möglichkeit des Süchtigwerdens sind mir nicht bekannt.

Die Beobachtung weidender Pferde zeigt, daß sie *taunasses Gras* offensichtlich bevorzugen. Daraus kann man schließen, daß das Pferd von Natur aus, wie viele Wildarten, ein nächtlich oder gegen Morgen äsendes Tier ist. Zeeb konnte an den Dülmener Wildpferden beobachten, daß sie mit Vorliebe gegen Morgen grasten, während sie sich zur Nachtzeit im schützenden Gehölz aufhielten.

Aus diesem Verhalten ist zu schließen, daß das sogenannte Naßfüttern natürlichen Bedingungen entspricht. In früheren Zeiten pflegten manche Kutscher das damals übliche mit Hafer vermengte Häcksel mit etwas Wasser anzufeuchten. Von anderen wurde diese Sitte abgelehnt, weil sie annahmen, daß auf solche Weise die notwendige Speichelproduktion herabgesetzt werde. Mir sind nachteilige Folgen des Naßfütterns nie bekannt geworden. Von diesem Gesichtspunkt aus ist auch die

Abb. 37: Shetlandpony beim Biergenuß

Mash-Fütterung positiv zu beurteilen. Gelegentlich findet man sogar Pferde, die jedes aufgenommene Büschel Heu in den daneben befindlichen Wassereimer eintauchen, um ihn danach erst zu kauen. Auch das dürfte mit der natürlichen Gewohnheit zu erklären sein, mit Vorliebe nasses Gras zu verzehren.

Ein anderes auffallendes Verhalten weidender Pferde besteht darin, fortwährend wechselnd, einmal hier, einmal dort ein paar Bissen zu nehmen. Das kann nicht darauf beruhen, daß ihnen gewisse Grasarten besser als andere schmecken. Vielmehr scheint es ihnen darum zu gehen, ständig *Abwechslung* zu haben. Wenn eine Fläche lange genug beweidet ist, wird sie, abgesehen von Geilstellen oder von versauerten Teilen, gleichmäßig abgegrast. Daraus läßt sich folgern, daß ununterbrochene, gleichbleibende Fütterung nicht naturgemäß ist. Auffallenderweise haben offenbar schon die Hethiter diese Veranlagung der Pferde berücksichtigt und Gerste und Weizen gemischt, im allgemeinen im Verhältnis 2:1 verfüttert.

Wie es heißt, waren die Gersten- und Weizensorten des alten Orients kleiner, weicher und damit den wilden Grassamen ähnlicher als die heute üblichen Sorten des Hart-Weizens und der Hart-Gerste. Vielleicht wurde unter anderem auch aus diesem Grunde im Westen der weichere Hafer als Pferdefutter bevorzugt. Daraus folgt, daß neuzeitliche Gersten- und Weizensorten, wenn man sie als Zugabe verwenden will,

gequetscht oder geschrotet werden sollten. Das bringt allerdings den
Nachteil der kurzen Haltbarkeit mit sich. Die zerkleinerten Körner
werden nach wenigen Tagen muffig und von den Pferden nur ungern
angenommen.

Eine wichtige Instinkthandlung ist die psychisch bedingte Nahrungsenthaltung. Im menschlichen Bereich wird Hungern, das man sich trotz
vorhandenen Appetits selbst auferlegt, als *Fasten* bezeichnet. Ein ähnliches Verhalten in Form einer freilich nicht bewußtwerdenden Nahrungsverweigerung, eine Art instinktiven Fastens, ist bei vielen Tierarten
erkennbar. Bekanntlich wissen die Tiere im allgemeinen sicherer ein
unzuträgliches Übermaß an Nahrung und Getränk zu vermeiden als die
Menschen. Das Pferd jedenfalls reagiert äußerst präzise auf die meisten
körperlichen und psychischen Störungen mit Nahrungsverweigerung,
dies also nicht nur bei Erkrankungen des Verdauungsapparates, sondern
auch bei krankhaften Veränderungen beispielsweise im Bereich der
Atemwege, des Kreislaufs, des Bewegungsapparates oder auch infolge
seelischer Belastungen, wie etwa bei der Trennung der Stute vom
Fohlen. Deshalb ist der Blick in die Krippe das erste, was der Pferdepfle-
ger zu tun hat, wenn er morgens den Stall betritt. Das Appetitverhalten
des Pferdes gleicht einem Barometer und ist ebenso zu bewerten wie
etwa die Körpertemperatur.

Das Fasten ist im menschlichen Bereich infolge religiöser Mißverständnisse unberechtigterweise in Mißkredit geraten. Seit dem Mittelal-
ter wurde es mehr und mehr lediglich als Kasteiung, als Selbstzweck in
Form einer Selbstquälerei betrachtet. Diese Auffassung wird deutlich
von Augustinus und von Luther vertreten. Die neuzeitliche medizinische
Forschung hat nun aufschlußreiche Erkenntnisse über den Wert des
Fastens für körperliche, vor allem aber für seelische Leistungssteigerung
ermittelt. Es kann hier nicht der Ort sein, um die Mannigfaltigkeit der
mit dem Fasten verbundenen physiologischen und psychologischen
Erscheinungen zu erörtern. Die beiden wichtigsten Komponenten sollen
jedoch erwähnt werden. Die eine besteht im Freiwerden von Reserven,
vor allem des Blutes und des Kreislaufs, die, sonst für den Verdauungsapparat benötigt, nun für andere Aufgaben zur Verfügung stehen, sei es
für eine körperliche oder psychische Leistungssteigerung, sei es für die
reichliche Durchblutung eines erkrankten Organes. Die andere Komponente ist die einer unspezifischen und alarmierenden Reizwirkung auf
den gesamten körperlichen und seelischen Organismus.

Diese Bemerkung über das Fasten möge dazu beitragen, den Sinn
einer instinktiven Nahrungsverweigerung beim Pferd zu beleuchten. Es
ist im allgemeinen nicht zweckdienlich, diesem sinnvollen Verhalten
entgegenzuwirken. Wenn Pferde die Futteraufnahme während einer
Erkrankung verweigern, kann das sehr wohl eine heilungsfördernde
Wirkung haben, die man vielleicht durch Entfernung noch vorhandener

Futterreste sogar unterstützen sollte. Ebenso ist die schon erwähnte Nahrungsenthaltung im Verlauf des Startfiebers durchaus begründet.

Der Orientierungssinn

Ein Beispiel dafür, daß nicht nur der Verstand, sondern auch der Instinkt der Übung bedarf, ist der Orientierungssinn, der vor allem bei den Brieftauben große praktische Bedeutung hat. Bekanntlich ist es notwendig, den bei diesen Tieren ausgeprägten Sinn in der Weise zu üben, daß man sie, mit kurzen Entfernungen beginnend, in zunehmenden Distanzen starten läßt. Man hat das fälschlicherweise mitunter so verstanden, als ob die Tauben in entsprechendem Umkreis die Landschaft kennenlernen müßten. Das trifft jedoch zweifellos nicht zu, wenngleich Ortskenntnisse beim Nachhausefinden mit verarbeitet werden, sobald einmal die nähere Umgebung des heimatlichen Schlages erreicht ist. Daß die Irrbarkeit ebenfalls mit im Spiele sein kann, ersieht man daraus, daß auch »erfahrene« Brieftauben sich gelegentlich verfliegen.

Unter diesen Aspekten, nämlich dem der notwendigen Übung und dem anderen, des möglichen Fehlverhaltens, muß man die Frage nach dem Orientierungsinstinkt, dem inneren Kompaß des Pferdes, beurteilen. Es ist bisher nicht exakt wissenschaftlich bewiesen, daß das Pferd über einen Orientierungssinn verfügt. Es ist aber noch weniger bewiesen, daß es ihn nicht besitzt. Man muß davon ausgehen, daß es erwiesenermaßen Tierarten gibt, die so etwas wie einen inneren Kompaß haben. Unwichtig ist es zunächst, zu wissen, auf welche Weise dieser innere Sinn arbeitet. Es genügt, darauf hinzuweisen, daß die Verhaltensforschung bei anderen Tierarten unendlich viel Mühe und Aufwand darauf verwendet hat, um mit großem Erfolg in die Geheimnisse einzudringen, die hier zugrunde liegen. Die Fähigkeiten der Lachse, der Aale, der Bienen, der Zugvögel, sich zu orientieren, wurden in einer Weise erforscht, die zu den großartigsten Erfolgen in der Biologie gehören. Auch an Hund, Katze und anderen Säugetieren wurde experimentell die Existenz eines Orientierungsinstinktes nachgewiesen. Es wäre merkwürdig, wenn er ausgerechnet beim Pferd fehlen sollte, dem er in der freien Wildbahn für seine jahreszeitlichen Wanderungen geradezu unentbehrlich sein muß. Immerhin steht die schlüssige, experimentelle und unwiderlegbare Beweisführung trotz vieler eindrucksvoller Anekdoten noch immer aus. Eine Schwierigkeit in der Versuchsanordnung besteht darin, die Tätigkeit des Ortsgedächtnisses, die keine Leistung des Instinktes, sondern des Bewußtseins ist, auszuschließen. Über ein ausgezeichnetes *Ortsgedächtnis* des Pferdes werden nirgends Zweifel erhoben, weil die

Beispiele dafür geradezu erdrückend sind. Jeder, der viel mit Pferden in unübersichtlichem Gelände unterwegs ist, sei es im dichten Wald oder bei Nacht und verdecktem Himmel, wird bemerkt haben, daß sein Tier wie von einer Magnetnadel gezogen instinktiv die Richtung nach Hause einschlägt, sobald man ihm die Zügel hingibt. Der Vergleich mit einer Magnetnadel oder mit einem Kompaß scheint keineswegs unberechtigt zu sein, wie neueste Forschungen an Bienen gezeigt haben. Aufgrund exakter wissenschaftlicher Untersuchungen ist bewiesen, daß sich die Bienen mit Hilfe eines unbekannten Organes nach dem Magnetfeld der Erde zu orientieren vermögen, das sogar durch künstliche Magnetfelder beeinflußt werden kann (Lindauer). Ähnliche Experimente dürften bei Großtieren aus technischen Gründen kaum durchführbar sein. Da jedoch die Existenz einer erdmagnetischen Orientierung im Tierreich nunmehr erwiesen ist, kann die Möglichkeit dieser Veranlagung auch beim Pferd sehr wohl in Betracht gezogen werden.

Eine der berühmtesten Anekdoten über das Heimfindevermögen, die leider nicht mehr im einzelnen nachprüfbar ist, berichtet Generalleutnant Br. v. Sch. Er schreibt: »Vor etwa 35 Jahren (um 1900, d. Verf.) fand unsere jährliche Generalstabsreise in Schlesien am Riesengebirge statt. Ich reiste von Potsdam dorthin. Unsere Pferde waren bereits einen Tag vorher als Militärtransporte in Hirschberg eingetroffen. Ich hatte als Ordonnanz außerdem einen Man von den I. Garde-Ulanen mit seinem Dienstpferd. Als ich einmal das mir bekannte Geräusch sich keilender Pferde hörte, sah ich den Ulanen am Boden liegen und sein Dienstpferd in langem Galopp bergabwärts rasen, während er mein Pferd noch festhielt. Soweit ich sehen konnte, eilte der Ausreißer in Richtung Hirschberg, unserem Quartier zu. Dort hofften wir ihn wiederzufinden. Das Pferd war aber weitergelaufen. Anfragen in den vorherigen Quartieren blieben ergebnislos, es war verschwunden. Diese Nachricht wurde dem Regiment nach Potsdam mitgeteilt. Von dort kam zurück, daß das Pferd ohne Zaumzeug, aber mit Sattel, soeben, also nach knapp vier Tagen, vor seinem Stall in Potsdam eingetroffen sei. Wie das Tier, das im fast geschlossenen Eisenbahnwagen gefahren war, diesen Weg in kurzer Zeit zurücklegte und seinen alten Stall wiedergefunden hat, ist mir stets wunderbar erschienen. Die Entfernung beträgt in der Luftlinie etwa 200 Kilometer (B. Schmidt).«

Der Bericht ist wohl folgendermaßen zu kommentieren: Obgleich die Angabe von Zeugen fehlt, darf man die Tatsache des Ereignisses als glaubhaft betrachten. Ob aber die mit Recht als wunderbar bezeichnete Leistung wirklich auf einer Tätigkeit des Instinktes, also auf einer Selbstentdeckung des Weges, oder vielleicht doch auf der Erinnerung an einen schon einmal zurückgelegten Weg beruht, dürfte ungewiß sein. Somit ist die Erzählung wohl ein Beleg für das Heimfindevermögen, wie Zell es nennt, nicht aber ein Beweis für den Orientierungsinstinkt.

Während des Krieges hat Grzimek in Polen Versuche mit fünf Pferden angestellt, um Aufschluß über den Orientierungsinstinkt zu erlangen. Dabei kam er zu negativen Ergebnissen. Die Pferde wurden mit verbundenen Augen im Lastwagen gefahren oder geführt: »Wir wollen es ihnen leichter machen, sage ich mir und bringe die nächste, Hortensia, nur ganze fünf Kilometer vom Gestüt weg. Man kann die Gebäude beinahe liegen sehen. Hortensia schlendert in verkehrter Richtung zum nächsten Dorfe... Die Stute geht hinter den Scheunen des fremden Dorfes herum, zeitweise macht sie kleine Ausflüge in die Äcker, kommt aber immer wieder zum Dorfe zurück... Ich versuche es noch einmal mit der niedlichen dreijährigen Schimmelstute Arabeska, die rührend zahm und fast noch ein Kind ist. Sie wird nicht gefahren, sondern mit verbundenen Augen geführt. Aber auch sie läuft in verkehrter Richtung zum nächsten Dorf und bleibt dort. Es hat also keine von unseren Araberstuten aus unbekannter Gegend nach Hause gefunden. Sie haben den rätselhaften Orientierungssinn nicht besessen, den man den Pferden so oft nachgesagt hat, und der in so vielen Pferdebüchern spukt.«

In den beschriebenen Versuchsanordnungen dürfte ein Irrtum unterlaufen sein, so daß keine zuverlässigen Schlußfolgerungen daraus gezogen werden können. Es wurde nicht festgestellt, ob die Pferde überhaupt das Bestreben hatten, nach Hause zurückzukehren. Daß Heimwärtsstreben keineswegs selbstverständlich ist, zeigen die vielen Beispiele von Pferden, die aus Versehen in einem unbewachten Augenblick den Stall verlassen haben und oft nur mit Mühe wieder eingefangen und zurückgebracht werden konnten. Es wäre nicht schwierig gewesen, diese Unklarheit auszuschließen. Man brauchte dazu lediglich die Pferde zurückzubringen und sie dann mit offenen Augen nochmals dorthin zu führen, wo man sie das erste Mal freigelassen hatte. Wären sie schnurstracks zurückgekehrt, so müßte man allerdings das Vorhandensein eines Orientierungssinnes annehmen. Wenn sie jedoch weiterhin herumgestreunt wären, so lag es nicht am Nichtkönnen, sondern am Nichtwollen.

Ich besaß eine Angloaraberstute von ausnehmender Aktivität, die, aus dem Stall gebracht, sich grundsätzlich weigerte, wieder in ihn zurückzukehren, wenn sie nicht inzwischen mit oder ohne Reiter einige Zeit bewegt wurde. Sie war übrigens wahrscheinlich mit den von Grzimek erwähnten Araberstuten verwandt, denn ihre Mutter war die in Janow geborene Lumka v. 397 Shagya x 23 a. d. Milka 81/45 v. 454 Djerid ox. Das Verhalten jener Versuchspferde ist also mehr als Zeichen für aktive, bewegungshungrige Veranlagung, weniger für fehlenden Orientierungssinn zu werten.

Ein besonders eindrucksvoller Vorfall ähnlicher Art wurde mir vor kurzem bekannt: Auf einem alleinstehenden Gutshof befindet sich zusammen mit weiteren vier Pferden eine dreißigjährige Stute, die ihr ganzes Leben dort verbracht hat und die gesamte Umgebung genauestens kennt. Es kam mehrfach vor, daß sie aus dem Stall oder aus der Koppel davonlief und sich stundenlang in dem angrenzenden Waldgebiet herumtrieb. Niemand dachte daran, sich deshalb Sorgen zu machen, weil man wußte, daß sie stets nach Hause fand. Manchmal kam sie auch auf Sichtweite an den Hof heran, ohne sich fangen zu lassen, um erst im Laufe der Nacht wieder zurückzukehren. Der Wald beginnt etwa 100 Meter abseits vom Gehöft und erstreckt sich auf eine Länge von etwa 20 Kilometern und eine wechselnde Tiefe von fünf bis zehn Kilometern. Hätte man mit ihr die oben beschriebenen Experimente angestellt, wäre man zweifellos demselben Trugschluß verfallen, wie seinerzeit Grzimek.

In ihrem dreißigsten Lebensjahr spielte sich ein Ereignis ab, das ebenfalls für das hier zu behandelnde Problem von Bedeutung ist. Die Stute kam wieder einmal aus der Koppel, lief in den Wald und kehrte zwei Tage lang nicht zurück. Endlich machte man sich auf die Suche und fand sie irgendwo hilflos stehend, nachdem sie offenbar nicht mehr zum Stall gefunden hatte. Aus dieser Beobachtung geht hervor, daß die Orientierung, sei es aufgrund des Gedächtnisses oder eines Instinktes, eine geistige Leistung erfordert, die durch irgendwelche Störungen, wie etwa durch Altersschwäche, herabgesetzt werden kann. Diese Tatsache stimmt mit Feststellungen am Menschen überein, bei dem ebenfalls Fälle von altersbedingter Orientierungsschwäche bekannt sind.

Man darf also nicht in einen fehlerhaften Anthropomorphismus verfallen und von vornherein annehmen, daß es dem Pferd mehr gefallen müsse, im Stall zu stehen, als draußen herumzustreunen. Eher könnte man einen Vergleich mit Kindern ziehen, die sich mit mehr Freude frierend herumtreiben, als zu Hause in der warmen Stube zu sitzen. Für entsprechende Versuche müßte man also Pferde verwenden, die nach menschlichem Ermessen das größte Bestreben haben sollten, zum Stall zu gelangen. Dazu wären am ehesten Stuten mit Fohlen bei Fuß geeignet. Eine Stute mit einem drei Monate alten Fohlen, das ohne Schaden zu leiden einen halben Tag allein im Stall gelassen werden kann, wird vermutlich alles daransetzen, um zu ihrem verlassenen Fohlen zurückzukehren.

Eine endgültige und eindeutige Klärung des Problems ist nicht nur von theoretischem und wissenschaftlichem Interesse, sondern auch von praktischer Bedeutung. Jeder Reiter kann in die Lage geraten, sich auf das Heimfindevermögen seines Pferdes verlassen zu müssen. Wie oft ist es schon vorgekommen, daß man sich verspätet hat, in dunkler Nacht heimwärts reiten oder sich in unbekanntem und unübersichtlichem Gelände zurechtfinden mußte. Da ist es von entscheidender Wichtigkeit, zu wissen, ob es sich bei dem Orientierungssinn des Pferdes um ein Märchen oder um eine Tatsache handelt.

Übrigens hat einer der anerkanntesten, objektivsten und kritischsten Naturforscher, nämlich Darwin, den Orientierungssinn der Säugetiere als erwiesen angenommen. Für ihn war lediglich der Mechanismus des Geschehens von problematischem Interesse. Er nahm an, daß im Gehirn in der Art eines Engrammes jeder Weg aufgezeichnet werde, den das Tier dann unbewußt zurückverfolge. Mit dieser Theorie ist jedoch schwer zu vereinbaren, daß Tiere den Rückweg von einem Ort, den sie auf einem Kreisbogen oder auf einem anderen, unregelmäßigen Umweg erreicht haben, auf dem annähernd kürzesten Weg, der Sehne eines Bogens vergleichbar, zu nehmen pflegen.

Eine experimentelle Klärung des Problems begegnet in den westlichen Ländern der gegenwärtig wohl unüberwindbaren Schwierigkeit, nicht mit dem motorisierten Verkehr in Kollisionen zu geraten. Bedauerlicherweise hat die politische Entwicklung den bereits von mir eingeleiteten Plan zunichte gemacht, in dafür geeigneten Gebieten eines östlichen Landes entsprechende Versuche anzustellen. Es war geplant, zu diesem Zweck Mutterstuten der Huzulenrasse zu verwenden, deren Fohlen man zu Hause zurücklassen wollte. Nach menschlichem Ermessen würden jene so schnell wie möglich versuchen, wieder den heimatlichen Stall zu erreichen. Als experimenteller Hinweis kann ein historisches Ereignis gewertet werden: Nach dem Verlust der Schlacht bei Issos flüchtete Darius vor Alexander d. Gr. auf einer Stute, deren Füllen man zu Hause gelassen hatte. Mit größter Geschwindigkeit und Ausdauer kehrte sie dorthin zurück. Vor allem aber wählte sie mit sicherem Orientierungssinn den kürzesten Weg in einem dem König, der von seinem Gefolge getrennt worden war, zweifellos unbekannten Gelände (nach Schlieben).

Der Zeitsinn

Ein bekannter Instinkt bei Mensch und Tier ist die viel erwähnte und durch interessante Experimente, besonders an den Bienen, bewiesene innere Uhr, der Zeitsinn. Im Gegensatz zum Ortssinn gibt es hier keine Zweifel an seiner Existenz. Über den Wirkungsmechanismus sind zwar ebenfalls nur Theorien möglich, doch fällt es weniger schwer, sich eine Vorstellung davon zu machen, da alle lebenden Körper von zahllosen rhythmischen Vorgängen erfüllt sind, die für einen Zeitablauf in irgendeiner Weise verwendbar sein könnten. Der augenfälligste Rhythmus in unserem Körper ist der Puls oder der Herzschlag. Aber auch für uns unbewußt verlaufen in uns zahlreiche rhythmische Vorgänge, vielfach sogar mit größerer Unabhängigkeit von äußeren Einflüssen als der Kreislauf. Die meisten Menschen werden infolge hormoneller Rhythmen zwischen drei und vier Uhr morgens geboren. Asthmatiker leiden nachmittags am stärksten unter ihren Beschwerden, Fieberkranke haben im allgemeinen abends die höchste Temperatur. Der Zuckerspiegel im Blut hat Höhe- und Tiefpunkte im Laufe von 24 Stunden. Solche Beispiele gibt es noch mehrere.

Dennoch vermag niemand zu sagen, worin das Wesen der inneren Uhr eigentlich besteht. Wie empfindet das Insekt, woher weiß der Mensch, daß eine bestimmte Zeit abgelaufen ist? Man hat sich vielleicht abends vorgenommen, zu einer bestimmten Stunde zu erwachen, und wirklich wird man von der inneren Uhr geweckt. Es erscheint uns verwunderlich, daß Insekten, unabhängig von irgendwelchen äußeren Einflüssen, genaue Zeitabstände zwischen Fütterungszeiten instinktiv einzuhalten wissen. Aber ist es nicht ebenso merkwürdig, wenn ein Mensch sich am Vormittag vornimmt, nachmittags zu einer bestimmten Zeit dies oder jenes zu tun, daß ihm das tatsächlich zur rechten Zeit einfällt? Hier geht es sogar nicht nur um einen instinktiven inneren Zeitsinn, sondern darüber hinaus um die Beeinflussung, um die Herstellung einer instinktartigen Funktion durch einen Akt des reflektiven Bewußtseins. Diese Funktion, die man mit dem Einstellen des Zeigers einer Weckuhr vergleichen könnte, kann das Tier nicht besitzen. Dagegen kann der Mensch durch Dressur diesen Weckzeiger des Tieres nach eigenem Belieben regulieren. Es zeigt sich sogar, daß die Zuverlässigkeit des Zeitsinnes beim Tier, das nicht durch reflektive Denkvorgänge abgelenkt wird, oft größer ist als beim Menschen. Die verschiedenartige Veranlagung und die bedeutende Rolle der Übung für das richtige Wirken der Instinkte ist dafür maßgebend, daß auf diesem Gebiet nur positive Ergebnisse beweiskräftig sind.

Man darf wohl mit Recht vermuten, daß der Zeitsinn, die innere Uhr, bei zivilisierten Menschen und domestizierten Tieren mehr oder weniger verkümmert ist. Dies läßt sich daraus entnehmen, daß es Menschen gibt, die aus Liebhaberei durch Training eine überdurchschnittlich genau funktionierende innere Uhr erworben haben. Man geht mit einer dieser wandelnden Uhren spazieren und wird gebeten, nach zehn Minuten, nach einer Viertel-, nach einer halben Stunde, je nach Vereinbarung, die vergangene Zeit an Hand einer Taschenuhr zu kontrollieren. Nun unterhalten wir uns mit dem Begleiter über irgendwelche interessanten Angelegenheiten, die es ihm durchaus unmöglich machen, währenddessen die Sekunden und Minuten zu zählen. Aber pünktlich nach Ablauf der vereinbarten Zeit bittet er uns, auf die Uhr zu blicken, die bestätigt, daß die vorher vereinbarte Zeitspanne exakt abgelaufen ist.

Vergeßlichkeit ist vermutlich oft nichts anderes als ein Versagen oder ein Nachgehen, eine Unpünktlichkeit der inneren Uhr. Wie oft kommt es vor, daß uns einfällt, nun habe ich ganz vergessen, den Tee abzugießen, das Radio einzuschalten oder dies oder jenes zu tun. Die Sache selbst ist uns keineswegs aus dem Gedächtnis entschwunden. Wir sind uns noch genau dessen bewußt, was wir vorhatten. Aber die Pünktlichkeit hat versagt. Wenn man davon ausgeht, daß die Genauigkeit das Kennzeichen einer guten Uhr ist, dann werden wir uns bewußt, welchen Mangel die immer wieder nachgehende innere Uhr, unsere Vergeßlichkeit, bedeutet.

Als die Pferde noch zu schweren, langdauernden Arbeiten, oft den ganzen Tag über, herangezogen wurden, mußte das Füttern hauptsächlich nachts, oder wenigstens in früher Morgenstunde beginnend, besorgt werden. Man wußte auch schon immer, daß die Pünktlichkeit des Fütterns dem Pferd besonders zuträglich, Unregelmäßigkeit für die Futterverwertung nachteilig ist. Dennoch kam es vor, daß der Pfleger verschlief oder nur schwer aus den Federn kam. Dann pflegten die Pferde pünktlich mit den Hufen gegen die Standwand zu schlagen, um den Säumigen an seine Pflicht zu erinnern. Man kann nicht einwenden, sie hatten eben Hunger, es sei keine innere Uhr, sondern der knurrende Magen am Werk gewesen. Dies trifft sicherlich nicht zu, denn auf die Minute pünktlich ist die Verdauungsarbeit nicht Tag für Tag beendet, und Appetit hatten jene schwerarbeitenden Pferde eigentlich immer und zu jeder Zeit.

Experimente mit dem Zeitinstinkt haben ergeben, daß die innere Uhr offenbar vorzugehen pflegt. Angenommen, Tiere werden daran gewöhnt, regelmäßig im 24-Stunden-Rhythmus zu einer bestimmten Zeit gefüttert zu werden. Bald zeigt ihnen die innere Uhr an, wann dieser Zeitpunkt gekommen ist, den sie durch ihr Verhalten, durch das Herankommen an die Futterstelle, zu erkennen geben. Sie pflegen jedoch nicht pünktlich zu sein, sondern schon einige Minuten vorher zu kommen. Wenn sie nun nicht zur festgesetzten Zeit, sondern sogleich nach ihrem Erscheinen Futter erhalten, werden sie an den folgenden Tagen um einige weitere Minuten früher eintreffen, so daß sich die Tagesperiodik allmählich zeitlich verschiebt. Man darf diesen Vorgang vermutlich nicht als Ungenauigkeit der inneren Uhr betrachten, schon gar nicht bei Herdentieren, bei denen jedes einzelne versucht, den übrigen zuvorzukommen, um die besten Brocken zu erhaschen.

Der erwähnten Beobachtung, daß die innere Uhr der Tiere vorzugehen scheint, könnte man am Menschen gewonnene Experimente entgegenhalten. Man hat nämlich zum Studium des Zeitsinnes Menschen in bunkerartige, von allen äußeren Einflüssen abgeschirmte Räume gebracht, ohne Uhr, ohne Fenster, und ihnen überlassen, wann sie schlafen, wachen, essen, arbeiten. Sie hatten auch tagebuchartige Aufzeichnungen über ihre Zeitempfindungen zu machen, vor allem die Zeit festzulegen, die ihrer Meinung nach jeweils herrschte. Bei diesen Experimenten ergab sich, im Gegensatz zu den Tieren, ein Nachgehen der inneren Uhr. Diese Ergebnisse sind jedoch insofern nicht vergleichbar, weil die Versuchspersonen aus einem völlig andersartigen Milieu herausgerissen und in eine wirklichkeitsfremde, mit stark herabgesetzter

Aktivität verbundene, unnatürliche Umgebung versetzt wurden, die nicht ohne Einfluß auf die inneren Rhythmen sein konnte.

Die auch beim Pferd wirksame innere Uhr wird auf anschauliche Weise durch folgende Geschichte illustriert: Ein Bauer schickte seinen neuen Kutscher zum Pflügen auf das Feld, mit der Anweisung, um vier Uhr nachmittags die Arbeit zu beenden und mit dem Gespann nach Hause zurückzukehren. Auf den Einwand, er besitze keine Uhr, sagte der Bauer, die Pferde würden ihm schon Bescheid geben. Tatsächlich weigerten sich die Pferde pünktlich, über die gewohnte Zeit hinaus weiterzuarbeiten, und machten deutlich klar, daß es an der Zeit sei, zurückzukehren.

Die Geschichte klingt glaubhaft, wenn es sich nur um dieses eine Mal gehandelt haben sollte. Wenn man aber auch in Zukunft allein der »Pferdeuhr« den Abschluß der Arbeit überließe, so würde mit Sicherheit Tag für Tag die Arbeitszeit um einige Minuten verkürzt werden. Es wird also dem Bauern nicht erspart bleiben, entweder eine Uhr zu kaufen oder sich doch mehr auf den menschlichen Zeitsinn zu verlassen, der durch bewußte Überlegungen, beispielsweise über den Sonnenstand, korrigiert werden könnte.

Manches spricht dafür, daß Pferde nicht nur über einen inneren Zeitmesser, sondern auch über einen inneren Entfernungsmesser verfügen. Bei Rennpferden hat man nämlich die Beobachtung gemacht, daß man die Distanz des täglichen Trainings derjenigen des vorgesehenen Rennens angleichen muß. Es hat sich als zweckmäßig erwiesen, vor einem Rennen von 2400 Meter über etwa 2200 Meter zu trainieren. Dabei kommt ein ähnlicher Effekt wie beim Vorgehen der inneren Uhr zum Vorschein. Wie die Bienen einige Minuten vor der festgesetzten Zeit zur Futterstelle kommen, läuft das Pferd eine gewisse Strecke weiter als der vorausgegangenen Trainingsdistanz entsprechen würde. Aus diesem Grund ist es allgemein üblich, im Training einige hundert Meter weniger als in der Distanz des bevorstehenden Rennens zu üben. Es genügt also, für ein Rennen von 2400 Meter das Training auf ca. 2200 m einzustellen. Würde man jedoch nur über 1600 Meter trainieren, so würde das Pferd im Rennen nach etwa 1800 Metern zurückfallen, weil es ja — unbewußt — glaubt, seine Pflicht absolviert zu haben.

Reflexe

Allgemeines

Manche lehnen es ab, Reflexe in das Gebiet der Psychologie einzubeziehen, nicht nur, weil sie vielfach unbemerkt, also ohne bewußtes Erleben, ablaufen, sondern wohl auch deshalb, weil man oft die bekannten physiologischen Vorgänge durch einfache künstliche Reize, beispielsweise durch den galvanischen Strom, auslösen kann. Eine Verbindung mit den obersten Regionen des Zentralnervensystems ist tatsächlich bei vielen Reflexen nicht erforderlich, so daß sie sogar an vom Körper losgelösten Organen, etwa am Herzen, nachzuweisen sind. In Wirklichkeit entspricht aber auch der Reflex dem Begriff des Seelischen im anfangs definierten, weitestgefaßten Sinn. Auch er ist eine auf innerer Zielstrebigkeit beruhende Bewegung. Man kann sogar das Aufhören der Reflexerregbarkeit als Zeichen für die Ausschaltung der Lebensfunktionen heranziehen. Der seelische Charakter eines Vorganges ist nicht damit widerlegt, daß man die damit verbundenen körperlichen Mechanismen kennt.

Viele seelische Vorgänge kann man weder verstehen noch erörtern, wenn man das Reflexgeschehen ausklammert. Seit Freud denkt niemand daran, das Triebleben aus der Psychologie herauszulösen. Nicht weniger wichtig ist das der Reflexe, von denen wir ähnlich wie vom Triebleben beeinflußt werden, auch dann, wenn wir uns dessen nicht oder kaum bewußt sind.

Beim Reflex handelt es sich um einen frühzeitig in der Entwicklungsgeschichte auftretenden Vorgang. Man versteht darunter die unmittelbare Antwortreaktion auf einen Reiz ohne die Mitwirkung von Willen und Bewußtsein. Es gibt eine große Anzahl verschiedenartiger Reflexformen. Zunächst unterscheidet man zwischen direkten oder primären und indirekten, sekundären (Darwin) oder bedingten (Pawlow) Reflexen. In beiden ist wiederum zwischen angeborenen und erworbenen Reflexen zu unterscheiden. Bei dem allen kann es sich um Reflexe im Bereich der autonomen, dem Willen nicht unterworfenen, als auch des zentralen, dem Willen zugänglichen Nervensystems handeln. Weiter kann man zwischen endogenen innerlich bedingten und exogenen, äußerlich ausgelösten, sowie zwischen somatogenen, körperlich und psychogenen, seelisch verursachten Reflexen unterscheiden. Ferner können sie bemerkbar oder unbemerkbar und damit bewußt oder unbewußt ablaufen. Alle Formen können miteinander in Verbindung treten und somit filigranhafte, überaus komplizierte Konstellationen ergeben.

Das bekannteste Beispiel zum Nachweis eines direkten, angeborenen, zentralen und exogenen Reflexes ist die Dekapitation des Frosches. Wenn man einem Frosch den Kopf vom Rumpf trennt und anschließend den Körper an einer bestimmten Stelle reizt, zum Beispiel durch Betupfen mit einer Säure, dann bewegt sich der Fuß des enthaupteten Rumpfes so zu der gereizten Hautstelle, als ob er die Säure abwischen wollte. Es ist also eine Antwortreaktion auf einen Reiz unter Ausschluß des Willens und Bewußtseins erfolgt, die ja im Kopf ihren Sitz haben und mittels der Entfernung des Gehirns ausgeschaltet wurden.

Die Reflextätigkeit beruht auf den sogenannten Reflexbahnen und Reflexbogen im Rückenmark und im Stammhirn, also in den entwicklungsgeschichtlich älteren Abschnitten des Nervensystems. Deshalb sind Reflexe schon bei Tierarten möglich, die über kein Bewußtsein verfügen. Die Berührung der Fangarme einer Aktinie, einer Seeanemone, durch einen vorbeischwimmenden Fisch verursacht reflektorisch die entsprechende Krümmung und Fangbewegung der Arme, die ihn dadurch zu ergreifen suchen. Es ist nun nicht etwa so, daß sich bei den höheren Tieren der Reflex ausschließlich auf solche Abläufe beschränken würde. Bei einem nicht geköpften Frosch würde nicht nur der beschriebene Reflex ausgelöst werden, vielmehr würde das Tier überdies davonspringen. Daraus geht hervor, daß bei diesem bemerkbaren Reflex sowohl eine Kurzschaltung von der gereizten Hautstelle über das Rückenmark zum entsprechenden Hinterfuß als auch eine Abzweigung zum Gehirn besteht. Der Klavierspieler verwandelt reflektorisch die mit dem Auge wahrgenommenen Noten in Fingerbewegungen. Er wäre schon zeitlich nicht in der Lage, bei jedem Ablesen einer Note und beim Anschlagen einer Taste eine bewußte Überlegung anzustellen. Dennoch wäre es absurd, zu behaupten, daß diese Reflextätigkeit ohne Mitwirkung des Bewußtseins vor sich ginge. Darüber hinaus sind auch noch Gedächtnis und Gefühl mitbeteiligt, ein Zeichen für die komplizierten Zusammenhänge aller seelischen Vorgänge. Umgekehrt gibt es wenig bewußte Handlungen, die nicht mit reflektorischen Abläufen verbunden wären. Auch können Reflexe des autonomen Systems durch Sinneswahrnehmungen erzeugt werden. Man spricht dann von indirekten oder sekundären Reflexen. Bekannt ist der Pawlowsche Versuch zum Nachweis des indirekten autonomen Reflexes. Er beruht darauf, daß bekanntlich beim Menschen und bei manchen Tierarten nicht erst die Aufnahme der Nahrung eine Sekretion des Speichels und des Magensaftes hervorruft, sondern schon ihr bloßer Anblick, ja sogar schon der Gedanke an eine verlockende Speise. »Das Wasser läuft mir im Munde zusammen.« Pawlow dressierte nun einen Hund in der Art, daß dieser jeweils einige Minuten vor dem Füttern ein Glockenzeichen zu hören bekam. Dabei zeigte es sich, daß im Laufe der Dressur die Sekretion des Mund- und Magensaftes, erkennbar an den angebrachten Fistelöffnungen, schon auf dieses indirekte Zeichen hin einsetzte, daß also ein indirekter oder bedingter Reflex ausgelöst wurde. Dies beweist übrigens nicht nur, daß das Reflexgeschehen mit dem Großhirn und mit dem Bewußtsein in Verbindung steht, sondern auch, daß Tiere eine gewisse Vorstellungskraft besitzen können.

Das Reflexgeschehen ist also von einer ungemein vielseitigen und komplizierten Mannigfaltigkeit gekennzeichnet. Die besonderen Vorzüge der Reflexe bei den höheren Tieren bestehen darin, daß die Reaktionen viel rascher ablaufen, als wenn das Bewußtsein erst eingeschaltet werden müßte. Neben der größeren Geschwindigkeit des Reaktionsablaufs ist mit dem Reflexgeschehen auch noch eine gewisse Kraftersparnis verbunden, weil dazu keine Arbeit des zerebralen Systems benötigt wird.

Besonderes

Nach dieser allgemeinen Erörterung die Betrachtung einiger spezieller Reflexe beim Pferd: Ein angeborener, *direkter,* zentraler, bemerkbarer Reflex wird ausgelöst durch Berührung der Widerristgegend, erkennbar am bekannten Zucken der Haut. Wahrscheinlich handelt es sich um Beziehungen zum Sexualsystem. Bei Stuten ist der Reflex in der Zeit der Rosse besonders ausgeprägt. Ähnlich reagieren andere Hautstellen, wenn man ein einzelnes Haar etwa mit einem Strohhalm leicht berührt. Leichtes, vorsichtiges Berühren ruft eigenartigerweise eine deutlichere Reaktion hervor als ein stärkerer Reiz. Wenn man Pferde auf der Weide beobachtet, sieht man, daß diese Hautreflexe fast ununterbrochen in Tätigkeit sind. Ein angeborener, *indirekter,* autonomer und bemerkbarer Reflex geht dann vor sich, wenn frisches Stroh eingestreut wird. Die Wahrnehmung der frischen Einstreu bewirkt die sogenannte psychische Sekretion. Eine ebenfalls bedingte Reflexauslösung betrieben früher vielfach die Kutscher, indem sie pfiffen, wenn den Pferden im Geschirr die Entleerung der Harnblase schwerfiel.

Weit verbreitet in der Tierwelt ist die reflektorische Darmentleerung infolge psychischer Erregung. Jedermann kennt sie aus dem entsprechenden Vorgang bei abfliegenden Vögeln, mit dem zweifellos ein zweckmäßiges Geschehen, nämlich eine Gewichts- und Starterleichterung verbunden ist. Das Gleiche läßt sich bei Pferden, besonders vor dem Start, häufig beobachten. Wenn man weiß, wie erheblich sich im Rennen eine Gewichtsdifferenz von nur einem Kilo auswirken kann, wird man auch hier einen ähnlichen, sinnvollen Zusammenhang nicht ohne weiteres in Abrede stellen dürfen. Dabei handelt es sich um einen indirekten, vegetativen und bemerkbaren Reflex. Oft allerdings ist er so sehr übersteigert, daß er als nervöser, schwächender Durchfall in Erscheinung tritt, als eine sinnwidrige Überregulation, die in den Bereich der Irrbarkeit gehört.

Von ähnlichen Erscheinungen berichtet Guenon durch den Einfluß der Musik. »Besonders das Flötenspiel scheint die Pferde zu bezaubern. Indem ich in dieser Frage besondere Versuche anstellte, konnte ich feststellen, daß vier Fünftel der zuhörenden Pferde während des Konzertes von zehn Minuten Dauer öfters misteten oder harnten. Aber auch von den übrigen Pferden versuchten einige zu harnen, indem sie die entsprechende Stellung — zwar ohne Erfolg — einnahmen. Ich erkläre mir die Sache so, daß diese Erscheinung bei den ängstlichen Pferden eine Folge der Furcht ist, die sie bei dem Eindruck, der ihnen neu ist, empfinden, während sie bei den anderen Pferden, die in der Tat bezaubert zu sein schienen, als ein Ausdruck lustvoller Erregung betrachtet werden kann.«

Leider ist über die Art der angestellten Versuche nichts Näheres bekannt, insbesondere nicht darüber, ob auch andere Reaktionen, etwa Unruhe oder Versuche zu flüchten, genauere Anhaltspunkte ergaben. Unbedingt abwegig braucht die Annahme lustvoller Gefühle nicht zu sein, wenn man daran denkt, daß das Pfeifen des Kutschers ganz gewiß kein Angstgefühl hervorgerufen hat. Irgendeine Art von Erregung, sei sie ängstlicher oder freudiger Art, liegt der Erscheinung jedenfalls zugrunde.

Wenn ein Pferd ausschlägt, weil es infolge einer unvorsichtigen Berührung erschrocken ist, handelt es sich um einen *angeborenen,* direkten, zentralen Reflex. Daß es so ist, geht daraus hervor, daß schon wenige Tage alte Fohlen in dieser Weise reagieren, obwohl sie ganz gewiß nicht aufgrund irgendwelcher ungünstiger Erfahrungen handeln. Wenn ein Pferd dagegen ausschlägt, um sich gegen einen wirklichen oder vermeintlichen Gegner zu wehren, dann ist das kein Reflex, sondern eine Tätigkeit des Bewußtseins. Nun kann sich aber die bewußte Handlung zum Reflex ausbilden: Ein Pferd wurde vielleicht böswillig und schlecht behandelt, vielleicht gar gequält. Daraufhin schlug es regelmäßig aus, um sich zu verteidigen. Allmählich wurde diese ursprünglich berechnende Reaktion zu einer reflektorischen. Jedesmal, wenn ein Mensch in die Nähe kam, schlug das Bein automatisch aus. Vielleicht kam das Tier nach einiger Zeit in andere Hände, wurde gut behandelt, wurde sogar anhänglich und zutraulich. Dennoch kam fast gegen eigenes Wollen der Reflex hin und wieder zum Durchbruch, weil die einmal eingeschliffenen Reflexbahnen lange Zeit, oft lebenslang, bestehen bleiben. Das Pferd war ein »Schläger« geworden. Ähnliche sogenannte Zwangsreflexe gibt es auch in anderen Formen, zum Beispiel beim Beißen. Ein häufiger Zwangsreflex, oft eine regelrechte Zwangsneurose, ist das Stehenbleiben von Springpferden auf dem Turnierplatz in der Nähe des Eingangs oder am darauffolgenden Hindernis. Vielleicht hatte das Pferd bei der Ausbildung unliebsame Erfahrungen in dieser Umgebung gemacht, denen es sich durch die Flucht aus der ihm unangenehmen Situation zu entziehen suchte. Nachdem sich das wiederholt ereignet hatte, ist daraus eine neurotische Störung in Form eines Zwangsreflexes geworden.

Von den vegetativen, autonomen Reflexen bleiben die meisten unbemerkbar, mit Ausnahme derjenigen der Körperöffnungen. Wenn sich reflektorisch beim Anblick einer Delikatesse im Mund Speichel bildet, werden wir uns dieses Vorganges bewußt, nicht mehr aber der Sekretion des Magensaftes. Erst bei krankhaften Vorgängen werden uns die Reflexe, oft mehr als deutlich, klar, wenn die sogenannte Schmerzreizschwelle durchbrochen wird.

Ein eigenartiger, bei anderen Tierarten nicht bekannter Reflex ist das sogenannte Blinken der Stuten nach dem Urinieren. Besonders stark ist es während der Rosse ausgeprägt, dann auch ohne Harnabsonderung auftretend. Vermutlich ist der Sinn des Vorganges in einem auf den Hengst abgestimmten Verhalten zu erblicken.

Die größte Rolle aber spielen für uns die *erworbenen,* direkten, zentralen Reflexe, und zwar in der Dressur des Pferdes. Erst wenn man etwas so gut gelernt hat, daß es reflexartig vor sich geht, beherrscht man es wirklich. Der Lesende, der Schreibende, der Klavierspielende, der Tanzende verarbeitet die einzelnen Buchstaben, Noten und Figuren nicht mehr mit dem Bewußtsein, sondern er verarbeitet sie reflexmäßig mit einer Geschwindigkeit, die bewußtes Überlegen niemals bewältigen könnte. Die erwähnten Reflexbahnen lassen sich nur durch Übung ausbilden. Übung aber setzt den Aufwand von Zeit und Wiederholung voraus. Geduld und Übung sind also Voraussetzungen — repetitio est mater studiorum —, bis sich erlernte Fähigkeiten zu Reflexen entwickelt haben. Erst dann sind sie so in Fleisch und Blut übergegangen, daß sie jahrelang bestehen bleiben. Jeder Mensch, der einmal in der Jugend Radfahren oder Eislaufen gelernt hat, bemerkt noch nach vielen Jahren, in denen er das nicht betrieben hat, zu seinem eigenen Erstaunen, wie gut er die alte Fertigkeit noch beherrscht und wie rasch er wieder die einstige Gewandtheit erlangt. Ähnliche Beobachtungen sind auch bei Tieren gemacht worden. Es ist vorgekommen, daß Pferde, die viele Jahre an der Deichsel gegangen waren, später von Reitern erworben wurden, die dann mit Erstaunen feststellen konnten, daß die betreffenden Pferde auffallende Fertigkeiten in der Dressur oder im Springen besaßen, die sie früher einmal gelernt haben mußten. Das berühmteste Beispiel dafür ist wohl das Pferd Hanko des Freiherrn von Langen. Er hatte es von einem Milchwagen weggekauft und war dann sehr überrascht, hervorragende Dressurleistungen vorzufinden. Später soll es sich herausgestellt haben, daß es sich um ein französisches Beutepferd gehandelt hat, das vermutlich im Saumur ausgebildet war.

Eigenartige Reflexe sind das *Recken* und Strecken sowie das Gähnen des ermüdeten oder noch müden Menschen oder Tieres. Dabei dürfte es sich um psychogene Reflexe handeln, denn man weiß, daß man sich nicht reckt und daß man nicht zu gähnen pflegt, wenn man infolge einer unmittelbar vorausgegangenen körperlichen Anstrengung erschöpft, sondern wenn man nach langdauerndem Sitzen, Liegen oder Stehen müde ist. Man vergegenwärtige sich den Frühaufsteher, wie er sich noch halb verschlafen mit hinter dem Kopf verschränkten Händen gähnend reckt und streckt, um sich wachzurütteln. Von diesem Recken und

Strecken des Rumpfes und vom entsprechenden Dehnen des Gesichtsschädels geht eine belebende Wirkung auf das Zentralnervensystem aus.

Der Sinn dieser Reaktion besteht wahrscheinlich darin, daß durch die
extreme Dehnung der Gesichtsmuskulatur das Blut aus dem Gesichtsschädel abgedrängt und dem Hirnschädel zugeführt wird. Bei sorgfältiger Selbstbeobachtung kann man dies an einem leichten Ohrensausen
beobachten. Infolge dieser Durchblutungsförderung wird eine, wenn
auch nur vorübergehende, Belebung erzielt. Wirksamer noch ist das
Recken und Strecken, das meistens gemeinsam mit dem Gähnen ausgeübt wird. Durch die extreme Streckung der Muskulatur werden die in
den Muskeln abgesackten ruhenden Blutmengen in den Kreislauf hinein-
gepreßt. Dasselbe gilt für die sogenannten inneren Blutreserven, besonders in der Milz, die infolge der Durchbiegung des Rückgrates, verbunden mit dem tiefen Einatmen, ebenfalls mobilisiert werden. Von besonderem Einfluß auf das Nervensystem ist das Gähnen und Recken
dadurch, daß dabei vor allem die im vertebralen Venengeflecht befindlichen venösen Blutmengen unmittelbar in das Gehirn-Rückenmarksy-
stem gepumpt werden.

Der beschriebenen blutphysiologischen Erklärung tut es keinen
Abbruch, wenn auch noch andere Mechanismen mit dem Geschehen
verbunden sind. Beim Gähnen wird auch die durch die Eustachische
Tube bestehende Verbindung zwischen Ohr und Mundhöhle erweitert,
erkennbar an dem bekannten knackenden Geräusch im Ohr. Die Hör-
fähigkeit wird auf diese Weise gesteigert, man wird auch psychisch
»hellhöriger«. Das nachfolgende tiefe Ein- und Ausatmen bewirkt eine
vermehrte Sauerstoffanreicherung des Blutes. Doch ist das sicherlich
nicht die Hauptsache, denn eine tiefe Einatmung ließe sich auch ohne die
Verrenkungen des Gesichtes und des Körpers erzielen. Vielleicht soll
auch eine Lockerung der steifgewordenen Glieder erreicht werden.

Während man aus gesellschaftlichen Rücksichten vielfach bemüht
sein muß, solche Reflexe zu unterdrücken, ist man im modernen Sport
geradezu bestrebt, sie in Form auch anderer Streckgymnastik zu intensi-
vieren. »Vorbereitende Dehnungsübungen sind in der Lage, die Nervenenden der Muskulatur zu sensibilisieren und auf die Wettkampfbela-
stung einzustellen. Wir alle kennen die Dehnungsübungen des Hundes,
der hinter dem Ofen geschlafen hat und so Nervensystem und Muskulatur auf neue Taten vorbereitet« (Dr. P. Schneider in Kicker-Sport-
Magazin 1969, 2).

Sowohl das Gähnen als auch das Recken und Strecken sind nicht nur
bei vielen Hunden, sondern auch bei manchen Pferden regelmäßig zu
beobachten. Meistens gehen die Reflexe in der Weise vor sich, daß das
Pferd nach dem Aufstehen die Vorderbeine vorstellt, dabei das Rückgrat
tief nach unten durchbiegt und danach oft auch noch den einen und
dann den anderen Hinterfuß extrem nach rückwärts ausstreckt. Es

Abb. 38: Ein gähnendes — nicht flehmendes — Pferd (vergleiche Abb. 45)

scheinen vor allem lebhafte und psychisch bewegliche Individuen zu sein, die sich nach dem Aufstehen zu recken pflegen. Manchmal kann man das Gähnen auch in der Weise sehen, daß bei extrem geöffneter Mundspalte der Unterkiefer seitlich hin- und herbewegt wird. Dies scheint ein deutliches Zeichen der Langeweile zu sein.

Ein auffallendes Reflexgeschehen läßt sich beim sogenannten medikamentösen Ablegen des Pferdes beobachten. Wenn man nämlich eine Injektionsnarkose am stehenden Pferd vornimmt, legt es sich beim Schwinden des Bewußtseins mit Sicherheit auf die dem Kopf abgewandte Körperseite. Man muß also Kopf und Hals des Pferdes nach rechts biegen, wenn es sich auf die linke Seite legen soll und umgekehrt. Hält man jedoch den Kopf geradeaus, so überschlägt es sich mit Gewißheit nach rückwärts. Da der gesamte Vorgang bei ausgeschaltetem Bewußtsein abläuft, kann es sich nur um einen Reflex und zwar aus dem Bereich zerebraler Reflexbahnen handeln. Vermutlich hängt das beschriebene Verhalten mit der bekannten Art des Sich-Niederlegens zusammen. Besonders deutlich läßt sich dies auf der Weide vor dem Wälzen beobachten. Will sich das Pferd auf die linke Seite legen, so beginnt es zunächst damit, sich rechtsherum zu drehen und dabei die Füße dicht zusammenzubringen, um sich dann bei nach rechts gehaltenem Kopf auf die linke Schulter niederzulassen.

Ein anderes Beispiel ist die *Milchsekretion*. Die Berührung des Euters durch die Lippen des Fohlens setzt reflektorisch die Sekretion der Milch in Gang. Die Milch beginnt, wie man zu sagen pflegt, einzuschießen. Aber oft wird schon durch das sich nähernde Fohlen, noch vor der körperlichen Berührung, also indirekt, der Milchreflex auf dem Wege über das Bewußtsein erregt, erkennbar an den aus den Zitzenöffnungen austretenden Milchtropfen.

Die Tätigkeiten des *Kreislaufs* und der *Atmung* werden ebenfalls durch Reflexe beeinflußt. Der Kohlendioxydgehalt des Blutes bedingt reflektorisch den Rhythmus des Herzens und der Atemtätigkeit. Bei Kolik oder bei fieberhaften Zuständen wird der Puls durch Giftstoffe, die aus dem Darm oder aus entzündeten Geweben in das Blut übergehen, reflektorisch beschleunigt. Ebenso kann sich auf dem Weg über das Bewußtsein in bedingter, indirekter Weise der Pulsschlag erhöhen, am häufigsten in der Erregung, beispielsweise vor einem Start zum Rennen.

Ähnliche Vorgänge spielen sich beim *Schweißausbruch* ab. Durch die Wärmestauung bei Anstrengung oder bei hoher Außentemperatur wird reflektorisch die Schweißbildung angeregt, die durch Verdunstung der feuchten Körperoberfläche eine Abkühlung herbeiführt. Aber auch durch Aufregung, das heißt durch einen Bewußtseinszustand indirekt bedingt, kann sich der sogenannte Angst- oder Erregungsschweiß einstellen. Man kann also aus der Schweißbildung psychische Rückschlüsse ziehen. Offenbar ist es kennzeichnend, an welchen Körperstellen der Schweiß zuerst auftritt. So scheint der Schweißausbruch, wenn er am Ohrgrund beginnt, vorwiegend psychisch bedingt zu sein. Wenn ein Pferd vor dem Rennen schwitzend in den Führring gebracht wird, so hat man das mit Recht seit jeher als ungünstiges Vorzeichen gewertet. Dieser Schweißausbruch kann nur psychisch verursacht sein, da keine körperliche Anstrengung vorausgegangen war. Das wiederum deutet auf eine Erregung hin, die mit Unausgeglichenheit und Verspanntheit verbunden ist. Das Tier ist nicht »losgelassen«, wie man in der Reitersprache sagt, nicht gelockert, sondern verkrampft. Überdies hat es schon vor dem Rennen einen Teil seiner Kräfte verpufft. Denn die Schweißbildung erfordert in jedem Fall, auch psychischer Art, eine nicht unbedeutende Arbeitsleistung des Körpers, insbesondere des Kreislaufs. Die Gründe für solche Psychosen mögen verschiedener Natur sein. Mangel an ausreichender Bewegung in den Tagen vor dem Rennen ist wohl die häufigste Ursache.

Die letzten Beispiele zeigen bereits, daß die Reflextätigkeit weitgehend von der Art, von der Veranlagung und von der jeweiligen Verfassung, das heißt von Rasse, Konstitution und Kondition, also auch vom Trainingszustand eines Pferdes abhängig ist. Diese Faktoren hängen eng mit der Sensibilität eines Tieres zusammen. Unter Sensibilität versteht man die Erregbarkeit des Gefühls. Diese wiederum steht in enger Beziehung zu Temperament, Lebhaftigkeit, Beweglichkeit und Adel eines Pferdes. Da Pferde schon ihrer zoologischen Stellung nach zu den sensibelsten Tierarten gehören, wird demnach Reflexerregbarkeit bei ihnen eine besonders große Rolle spielen, mehr als bei manchen anderen Tieren, wie beispielsweise beim Rind. Von unerfahrenen Reitern wird Sensibilität oft verwechselt mit Ängstlichkeit oder gar mit Feigheit, das heißt mit Eigenschaften des Charakters, die aber nichts mit Sensibilität zu tun haben. Beide seelische Bereiche zu vermengen wäre ebenso falsch, als wollte man einen geistesgegenwärtigen, reaktionsschnellen Menschen als feige, einen langsamen und trägen als mutig bezeichnen. Ein Pferd aber kann sensibel, reaktionsschnell, schreckhaft und doch mutig, ein anderes phlegmatisch, indolent, dickfällig und doch feige sein.

Das Gegenteil zu den bisher besprochenen Reflexerregungen ist die *Reflexhemmung,* die ebenfalls eine große Rolle im täglichen Leben der Tiere und des Menschen spielt, oft ohne die gebührende Beachtung zu finden. In früheren Zeiten war jedem Gespannführer die Hemmung des Harnblasenreflexes bei seinen Pferden bekannt, wenn etwa infolge des Geschirres, der Stränge, des nachschiebenden Wagens oder eines harten Untergrundes die Harnentleerung gestört wurde. Er versuchte dann diese Hemmung durch eine bedingte Reflexauslösung zu kompensieren, indem er durch eine bestimmte Art zu pfeifen eine Reflexerregung erzeugte.

Die *Milchsekretion* reagiert ebenso empfindlich auf störende wie auf die schon erwähnten anregenden Einflüsse. An Rindern läßt sich dies durch Messen der Milchmenge beim Melken in einfacher Weise nachprüfen. Man kann dann feststellen, daß irgendwelche Störungen, wie die Berührung durch einen ungewohnten Menschen oder das Bellen eines Hundes, sogleich eine Verringerung der Milchproduktion herbeiführen. Beim Pferd können wir zwar die Milchleistung nicht meßbar bestimmen. In Anbetracht seiner großen Sensibilität ist jedoch mit Sicherheit anzunehmen, daß sie eher noch mehr als beim Rind störenden Einflüssen verschiedenster Art unterworfen ist. Das heißt mit anderen Worten, die Ernährung des Fohlens kann durch Störungen im Stall oder auf der Weide auf psychischem Wege beeinträchtigt werden.

Ähnliche Regeln gelten auch für die *Fütterung* der erwachsenen Pferde. Während der Fütterung sollte man jede Beunruhigung der Tiere vermeiden, weil die Produktion des Magensaftes durch unangenehme Einflüsse gestört werden kann. Auch uns Menschen kann durch ein unangenehmes Ereignis »der Appetit vergehen«, es kann uns etwas »auf den Magen schlagen«. Der einmal unterbrochene Appetit aber stellt sich nicht ohne weiteres wieder ein. Die alte Regel, daß in einem Pferdestall, vor allem während der Fütterungszeit, Ruhe herrschen soll, hat also ihren guten Grund. Mit diesen Vorgängen mag es auch zusammenhängen, daß nachts aufgenommenes Futter besser verdaut wird und im Futterzustand mehr anschlägt als das tagsüber gereichte. »Die Gerste, die du des Morgens gibst, wirst du im Rauchfang, die des Abends

gegebene in der Kruppe finden« (Arabisches Sprichwort). Auch eine
dem Verkehrslärm ausgesetzte Lage des Stalles dürfte aus diesen Gründen der Futterverwertung nicht dienlich sein.

Eine besonders gravierende Rolle spielt die Reflexhemmung beim
Geburtsgeschehen. Viele erfahrene Pferdezüchter haben schon seit langem die Beobachtung gemacht, daß die Geburt bei der Stute infolge von
Umwelteinflüssen verzögert werden kann. Diese Möglichkeit ist zweifellos in der freien Wildbahn von Nutzen, wenn der Zeitpunkt der Geburt
reflektorisch unter ungünstigen oder gar unter gefahrdrohenden
Umständen verzögert wird. Ein krasses und folgenschweres Beispiel
reflektorischer Geburtshemmung zeigt folgendes eigene Erlebnis:

Ein mir befreundeter Züchter erwartete bei einer wertvollen, erstmals
tragenden Vollblutstute die Geburt. Da er im Jahr zuvor mit einer
anderen Stute bei gleichem Anlaß Unglück hatte, war er in großer Sorge
und bat mich, unverzüglich zu kommen, sobald die Geburt einsetzte. Er
selbst richtete sich neben der Box einen Wohnraum ein, der nur durch
eine dünne Bretterwand von der Box abgetrennt war. In jenem Raum
hatte er Schlafplatz und Telefon angebracht sowie eine kleine Öffnung
in der Boxenwand, durch die er das Pferd beobachten konnte.

Eines Tages, nachdem andere Anzeichen bereits die bevorstehende
Geburt angekündigt hatten, bemerkte er, wie sich die Stute legte und wie
die ersten Wehen einsetzten. Sofort sprang er auf, ergriff das Telefon
und rief mich an, ich möchte unverzüglich kommen. Dann rannte er
hinaus, holte seine nicht weniger nervöse Frau und noch einige
Bekannte, die notfalls helfen sollten.

Als ich nach 20 Minuten eintraf, stand die Stute teilnahmslos in einer
Ecke, ohne irgendwelche Geburtserscheinungen zu zeigen. Ich untersuchte sie und stellte fest, daß tatsächlich die Geburt in Gang war, denn
der Muttermund war vollständig eröffnet, das Fohlen in regelmäßiger
Stellung und Haltung mit Kopf und Vorderbeinen am Beckeneingang zu
fühlen. Da man infolgedessen mit einer spontanen Geburt rechnen
konnte, empfahl ich, nichts zu unternehmen und abzuwarten, weil
einem natürlichen Verlauf nichts im Wege zu stehen schien.

Alle Beteiligten begaben sich nun in das Wohnhaus, um abzuwarten.
Nur ab und zu ging eine Person zur Kontrolle in den Stall. Als sich eine
Stunde lang nichts ereignete, nahm ich nochmals eine Untersuchung der
Geburtswege vor. Aber welche Überraschung! Jetzt lag der Kopf des
Fohlens zurückgeschlagen und ein Vorderfuß nach rückwärts gebeugt,
so daß eine spontane Geburt unmöglich war. Es wurde sogleich eine
Haltungsberichtigung vorgenommen und das glücklicherweise noch
muntere Fohlen entwickelt.

Das Ereignis ist folgendermaßen zu interpretieren: Die plötzlich
auftretende Unruhe im Stall, das Telefonieren, das Auf- und Zuschlagen
der Türen, das Hin- und Herrennen der Menschen hatte eine Reflex-

hemmung der Geburtsvorgänge herbeigeführt. Das Fohlen aber, vielleicht infolge eines beginnenden Sauerstoffmangels beunruhigt, begann mit Eigenbewegungen, die zur unregelmäßigen, fehlerhaften Lage führten.

Auch die anfangs erwähnten psychisch bedingten Verzögerungen des Geburtsbeginns dürfen nicht gleichgültig hingenommen werden. Von Merkt wurde statistisch festgestellt, daß übertragene Fohlen schlechtere Lebenserwartungen haben als zeitgerecht geborene. Vielleicht ist das beobachtete Übertragen manchmal nicht körperlich, sondern psychisch, das heißt in Reflexhemmungen begründet, die zu einer Schädigung des Fohlens infolge Sauerstoffmangels führen. Wie lange übrigens diese Geburtsverzögerungen andauern können, ist nicht bekannt. Es ist jedoch denkbar, daß die Geburt auf psychischem Wege viele Tage hinausgeschoben werden kann.

Vielleicht ist manche angeblich angeborene Lebensschwäche bei Fohlen nicht die Folge einer schwächlichen Veranlagung, sondern die einer Schädigung durch Geburtsverzögerung. Diese von manchen fälschlicherweise als Fohlenlähme bezeichnete, relativ häufige Erscheinung äußert sich bekanntlich vor allem darin, daß das Junge kräftemäßig nicht in der Lage ist, die anstrengende Körperhaltung, die zum Saugen an dem winzigen und hoch zwischen den Schenkeln wie versteckt liegenden Euter notwendig ist, einzunehmen. Um diese Schwäche zu überwinden, muß die Stute mit der Hand ausgemolken und das Fohlen stündlich mit der Babyflasche getränkt werden. Häufig kräftigt sich das Junge innerhalb weniger Stunden so weit, daß es allein zu saugen vermag. Diese rasche Erholung spricht ebenfalls dafür, daß es sich nicht um eine konstitutionelle Schwäche, sondern um eine sekundäre Schädigung gehandelt haben kann.

Man sollte also Beunruhigungen bei Stuten in den letzten Tagen oder Wochen vor der Geburt vermeiden. Dazu gehört auch jeder *Lärm* außerhalb, in der Nähe des Stalles. Eine mir gut bekannte Halbblutstute brachte sieben von acht Fohlen jeweils an einem Sonntag zur Welt. Das konnte nicht auf einem Zufall beruhen. Ihr Stall befand sich im Gehöft eines landwirtschaftlichen Betriebes, mit der Tür zum Hof, der mit einer Kohlen- und Heizölhandlung verbunden war. Während der Woche herrschte also ein unaufhörlicher Betrieb und Lärm von Menschen, Fahrzeugen und Maschinen, die vermutlich reflexhemmende Folgen hatten. Diese Beobachtung bestätigt die schon erwähnte, am Menschen gewonnene Erfahrung, daß es keine Gewöhnung an Lärm gibt. Man hat nämlich festgestellt, daß sich zwar das Bewußtsein, nicht aber das sogenannte vegetative System an Lärm gewöhnt. Auch der scheinbar tief und bewußtlos schlafende Mensch reagiert auf Lärmeinflüsse mit Pulsbeschleunigung und anderen, ihm nicht bewußt werdenden Reflexerregungen. So hat sich auch der Körper der erwähnten Stute nicht einmal

im Laufe vieler Jahre an den sie täglich umgebenden Betriebslärm
gewöhnt. Nur so kann man es erklären, daß sie jeweils an betriebs- und
lärmfreien Sonntagen abfohlte.

Auch enge Abfohlboxen scheinen reflexhemmende Wirkungen auszuüben. Das ist keineswegs verwunderlich, wenn man bedenkt, daß für
ein Steppentier, das seit Millionen Jahre gewöhnt war, ausschließlich
unter freiem Himmel zu leben, jeder Stall etwas Unnatürliches sein muß.
Je enger aber ein Stall, um so unnatürlicher wird er empfunden werden.
Wenn man allerdings beabsichtigt, die Stute zum Abfohlen in eine
andere, geräumigere Box oder an einen anderen Ort zu verbringen, so
sollte das geraume Zeit vorher geschehen. Denn schon der Ortswechsel
an sich wird ebenfalls Reflexhemmungen erzeugen. Dies kann man auch
daraus entnehmen, daß sich bekanntlich viele Pferde beim Verbringen in
einen neuen Stall tagelang nicht niederlegen. Vierzehn Tage vor dem zu
erwartenden Geburtstermin sollte die Umstellung spätestens vorgenommen werden. Dasselbe gilt für alle anderen Veränderungen. Wechsel des

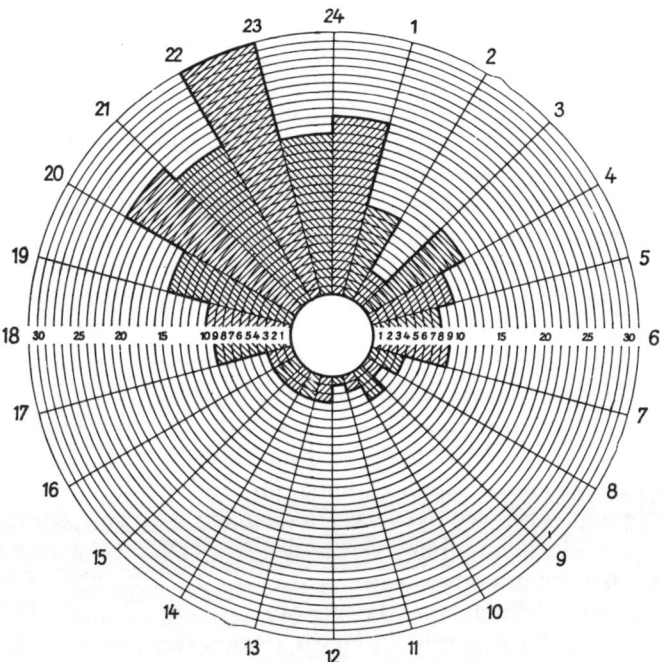

Abb. 39: Anzahl der Geburten in einstündigen Intervallen im Verlauf von 24
Stunden. »Die Anzahl der Geburten ist durch Schraffierung des Sektors gekenn-
zeichnet. Die meisten Geburten konzentrieren sich auf den Zeitraum von 20 Uhr
bis 1 Uhr, wobei die stärkste Kumulation zwischen 22 Uhr und 23 Uhr eintritt.
Interessant ist die Feststellung, daß in der Zeit zwischen 2 und 3 Uhr wenig
Fohlen geboren werden.« (J. Dusek)

Personals, der Stallwache, der benachbarten Pferde, bauliche Veränderungen sollten spätestens vierzehn Tage vor der planmäßigen Geburt beendet sein, wenn man nicht mit unliebsamen Reflexhemmungen rechnen will. Dem Menschen, der zu den höhlen- oder nesterbewohnenden Lebewesen gehört, fällt es schwer, sich die völlig andersartige Beschaffenheit, Lebens- und Verhaltensweise des freilebenden Steppentieres ausreichend deutlich zu machen. Daher die katastrophalen, vermenschlichten Unterkünfte vieler Pferde, die nicht selten in einer Art Dunkelhaft oder wie in einem Kerker gehalten, vor dem kleinsten Luftzug ängstlich geschützt, aus irregeleiteter Fürsorge oft in der unnatürlichsten Weise untergebracht sind.

Mit den beschriebenen Vorgängen und Reflexhemmungen ist zweifellos auch die altbekannte Tatsache zu erklären, daß die Geburten bei der Stute, aber auch bei anderen höheren Tieren und ebenfalls beim Menschen, vorzugsweise nachts beginnen. Von mehreren Untersuchern wurde die seit altersher bekannte Beobachtung statistisch erhärtet, daß sich die meisten Geburten bei der Stute auf die Zeit zwischen 20 Uhr und 01 Uhr konzentrieren. Der bekannte tschechische Hippologe J. Dusek hat auf Grund seiner an 232 Kladruber Stuten angestellten Untersuchungen diese Zusammenhänge eindrucksvoll bewiesen, die in der Abbildung 39 dargestellt sind.

Empfindungen und Wahrnehmungen

Allgemeines

Die Verbindung zwischen Trieb, Instinkt und Reflex auf der einen und dem Bewußtsein auf der anderen Seite wird durch das Gefühl hergestellt. Wenn der meinem Willen nicht unterworfene Nahrungstrieb wach wird, wenn ich Hunger habe oder wenn mir gar die Zunge am Gaumen klebt, dann verbindet sich damit eine Empfindung, die man als das Hunger- oder als das Durstgefühl bezeichnet. Aber auch von der anderen Seite, vom Bewußtsein her, durch den Anblick einer schmackhaften Speise oder eines köstlichen Getränkes, kann in mir eine ähnliche Empfindung, das Gefühl des Appetits, geweckt werden. Das Gefühl wird also von zwei Seiten, vom Unbewußten und vom Bewußten erzeugt. Dabei spricht man zur Abgrenzung der durch die Sinnesorgane vermittelten Empfindungen von den übrigen Gefühlen, von Wahrnehmungen.

Alle Sinnesorgane stellen zunächst Empfindungen her und wenden sich zuerst an das Gefühl. Dann erst werden sie verstandesmäßig erfaßt und analysiert. Wenn mich ein Hufschlag trifft, entwickelt sich zuerst ein Gefühl, nämlich das des Schmerzes. Dann erst kommt mir zum Bewußtsein, was geschehen ist. Noch später versuche ich zu verstehen, weshalb mich das Pferd geschlagen hat. Beim Tastsinn, dem ursprünglichsten der Sinne, spricht man geradezu vom Tast-Gefühl. Aber auch das Sehen ist ein Fühlen der elektromagnetischen Lichtwellen, das Hören ein Empfinden und Fühlen von Schallwellen, Riechen und Schmecken ein Empfinden und Fühlen chemischer Substanzen. Wegen des engen Zusammenhanges der Wahrnehmungsweisen mit dem Bau und mit der Funktion der Sinnesorgane spricht man von der physiologischen Psychologie. Hier in ganz besonderem Maße gilt die schon mehrfach getroffene Feststellung, daß es keinen psychischen ohne einen damit verbundenen körperlichen Vorgang, aber auch nicht das Umgekehrte gibt.

Für die Einordnung der Sinnespsychologie an dieser Stelle spricht auch die phylogenetische oder ontogenetische Beobachtung beim Menschen und bei vielen Tierarten, die zu den Nesthockern gehören. Es ist bekannt, daß beispielsweise Hundewelpen noch ohne funktionsfähige Sinne leben, daß sie insbesondere noch blind sind, wenn sich vitale Triebe, Instinkte und Reflexe längst in Tätigkeit befinden. Beim Pferd, das ein ausgesprochener Nestflüchter ist, lassen sich diese Entwicklungsstadien allerdings nicht beobachten.

Die enge Verbindung der für Empfindungen und Wahrnehmungen verantwortlichen Sinnesorgane mit physiologischen und physikalischen Vorgängen birgt die Gefahr in sich, ähnlich wie bei der Psychologie der Reflexe einer einseitigen mechanistischen Betrachtungsweise zu erliegen. Dies wäre nicht gerechtfertigt. Denn erst das psychische Erlebnis macht die physiologische Reizbeantwortung in einem Sinnesorgan zu einer fühlbaren Wahrnehmung. Dazu nimmt R. Sommer mit folgenden unübertrefflichen Worten Stellung:

»In den materialistischen Abarten der Naturwissenschaft wird der psychische Charakter der Empfindungen öfter ganz beiseite gelassen, und es bleibt nichts übrig als der Begriff der zentralen Erregung von Sinnesnerven. Dadurch wird das psychische Leben von Grund auf mechanisiert, wie dies zuerst im Cartesianismus durchgeführt worden ist, in dem die Tiere als unbeseelte Maschinen betrachtet werden. Aufgrund dieser Anschauungen ist nicht nur eine eigentliche Tierpsychologie unmöglich, sondern auch die menschliche Psychologie kommt, nach der Mechanisierung der elementaren Elemente, immer mehr zu einem seelenlosen Materialismus. Es muß daher, auch wenn man die physikalisch-chemische Seite des Reizvorgangs stark hervorhebt und ein umfassendes Studium dieser physiologischen Bedingungen der Empfindungen fordert, als Grundlage der Tierpsychologie vor allem betont werden, daß die Empfindungen, die als Folge der Reizung von Sinnesorganen zustande kommen, *psychische Elemente* sind.«

Der Tastsinn

Die älteste und ursprünglichste Sinnesempfindung ist der Tastsinn, eine Art Urgefühl. Auch Wärme-, Kälte-, Schmerzempfindungen, ferner die Empfindungen des Gleichgewichts, der Muskelspannung und der Gelenktätigkeit gehören dazu.

Von den anderen Sinnen unterscheidet er sich auch dadurch, daß er in zwei Formen, nämlich in aktiver und in passiver Weise, zur Geltung kommt. Die übrigen Sinne sind vornehmlich passiver Natur. Das Gehör empfängt passiv die herankommenden Schallwellen. Das Auge nimmt die elektromagnetischen Wellen zwangsläufig wahr, wenn man es nicht mit den Lidern von der Umwelt abschließt. Geruchsstoffe treten an uns mit der Luft heran, die wir atmen müssen, wenn wir nicht ersticken wollen. Ähnlich verhält es sich mit dem Geschmack der Nahrung, den wir wahrzunehmen gezwungen sind, wenn wir essen. Eine gewisse Aktivität freilich ist uns dann gegeben, wenn wir eine Rose ergreifen, um ihren Duft zu riechen, oder ein Glas Wein, um sein Bukett zu schmekken, oder wenn wir den Blick auf ein bestimmtes Ziel richten.

Beim Tastsinn jedoch sind aktives und passives Wahrnehmen deutlich ausgeprägt. Wir fühlen passiv, ähnlich wie mit dem Gehör, zwangsläufig alle mechanischen, thermischen oder chemischen Berührungen unserer Körperoberfläche, aber aktiv und selektiv vermögen wir unzählige Dinge unserer Umgebung zu be-tasten, zu be-fühlen, zu be-greifen. Bei keinem Tier scheint dieser aktive, befühlende und begreifende Tastsinn so entwickelt zu sein wie beim Menschen. Dies ist vor allem seiner er- oder be-greifenden Hand, eben der hochentwickelten, sogenannten Greifhand zu verdanken.

Ein ähnliches Tastorgan aktiver Art wie die menschliche Hand besitzt das Pferd an seinen Extremitäten nicht. Seine »Füße« sind vielmehr von der Umwelt durch Hornkapseln geradezu »abgekapselt«. Zwar wird wohl ein gewisses Tastempfinden für die Bodenverhältnisse vorhanden sein, aber doch sicherlich in geringerem Maße als das des menschlichen Fußes, nicht zu reden von der menschlichen Hand. Daß ein, wenn auch begrenztes Empfinden an der Hufsohle vorhanden ist, kann man daraus entnehmen, daß unbeschlagene Pferde in der Regel vorsichtiger auftreten als beschlagene. Fast die gesamte übrige Körperoberfläche ist ausschließlich als passives Tastorgan ausgebildet. Dieser passive Tastsinn ist sogar außerordentlich empfindlich. Das läßt sich bekanntlich durch leichte Berührungen an jeder beliebigen Körperstelle nachweisen. Eine Ausnahme bildet das aktive Tastorgan der Lippen. Wie feinfühlig das Pferd an und mit seinen Lippen ist, spürt man, wenn man von ihm beschnuppert wird. Vor allem dürften die langen Tasthaare an der Pferdelippe Berührungsempfindungen vermitteln.

Die aktive Tastfähigkeit der Pferdelippen läßt sich auch auf experimentelle Weise feststellen. Man braucht nur in die Krippe unter den Hafer oder das Häcksel gemischt einen winzigen Gegenstand, etwa ein Pfennigstück oder eine Glasperle, zu bringen. Sie werden mit großer Sicherheit unversehrt darin liegenbleiben. Besonders deutlich ist das aktive Tasten und Fühlen der Lippen beim grasenden Pferd zu beobachten. Man sieht, wie es beinahe jeden einzelnen Halm mit den Lippen befühlt, bevor es ihn abreißt. Das Verschlucken eines metallischen Fremdkörpers, etwa eines Drahtstückes, gehört zu den größten Seltenheiten. Es kommt häufiger vor, daß ein Mensch eine Nadel, einen Knopf, eine Fischgräte, als daß das große Tier mit seinem scheinbar so »unförmigen Maul« etwas Vergleichbares verschluckt.

Abgesehen von der aktiven und passiven Komponente innerhalb der Tastempfindung findet man bei der näheren Untersuchung des Tastsinnes noch weitere Eigentümlichkeiten. Zunächst ist bemerkenswert, daß die Haut, das eigentliche Tastorgan, das umfangreichste aller Sinnesorgane ist, sowohl der Fläche als auch dem Volumen nach. Die Haut nimmt etwa ein Drittel der kreisenden Blutmenge auf. In jedem einzelnen Quadratzentimeter befinden sich rund 100 Schweißdrüsen, 15 Talgdrüsen und Hunderte von Nervenenden. Sie ist ferner das Organ, das der Beeinflussung durch die Umwelt, auch und besonders durch den betreuenden Menschen, am zugänglichsten ist. Die Millionen Nervenenden können im Gegensatz zu den in unzugänglichen Höhlen liegenden Sinneszellen der Seh-, Hör-, Riech- und Geschmacksorgane vom Menschen jederzeit, beliebig oft und beliebig intensiv berührt, beeinflußt und damit gereizt werden. In der freien Natur unterliegen sie nahezu unaufhörlichen Reizen in Form wechselnder Temperatur, wechselnder Luftbewegung, zahlreicher Insekten sowie mechanischer Reize, wie Staub, Sand, Zweige und der Berührung mit anderen Pferdekörpern. Man kann mit Gewißheit annehmen, daß diese seit Jahrhunderttausenden üblichen Urgewohnheiten zu notwendigen Lebensbedingungen geworden sind.

Der Gesichtssinn

Nicht nur analytische und experimentelle Untersuchungen, sondern auch die empirische tägliche Beobachtung zeigen uns, daß die Sehweise des Pferdes andersartig ist als die unsrige. Nun wird zwar oft die Ansicht vertreten, es habe keinen Sinn, sich die Welt des Tieres, sei es die seines Sehens, Hörens, Riechens oder irgendeines anderen Bereiches, vorstellen zu wollen, weil uns das Tier darüber keine Aussage machen kann. Bereits im allgemeinen Teil wurde aber begründet, daß dies nur begrenzt zutrifft. Zwar werden wir nie die naturgetreue Vorstellungswelt eines Tieres erfassen können, doch vermögen wir uns mehr oder weniger

annähernd in sie hineinzuversetzen. Das kann nur in der Weise geschehen, daß man von der menschlichen Situation ausgeht und damit die
tierischen Verhältnisse vergleicht. Welches sind also die wesentlichsten
Verschiedenheiten des Sehens bei Mensch und Pferd?

Da ist zunächst einmal die unterschiedliche Anordnung der Augen.
Die menschlichen Augen stehen gleichmäßig nach vorn, die Augenachsen laufen parallel, nach vorn konvergierend, und werden gemeinsam
auf einen bestimmten Punkt gerichtet. Dieser eine von beiden Augen
erfaßte Punkt wird scharf und plastisch gesehen, während mit zunehmender seitlicher Entfernung von ihm die Gegenstände unscharf werden. Im Gegensatz dazu sind die Augen des Pferdes nicht nach vorn,
sondern seitwärts gestellt, die Augenachsen laufen auseinander, sie
divergieren. Das Pferd sieht also zweifellos einen bestimmten Punkt
nicht so scharf wie der Mensch, dagegen einen viel größeren Umkreis
relativ gleichmäßig gut. Es ist in der Lage, nahezu den gesamten
Horizont gleichmäßig zu überblicken. Vermutlich erscheint die Welt
dem Pferdeauge ähnlich wie uns eine etwas unscharfe Panoramaauf-
nahme. Die Tatsache des nahezu völligen, gleichzeitigen Rundblickes

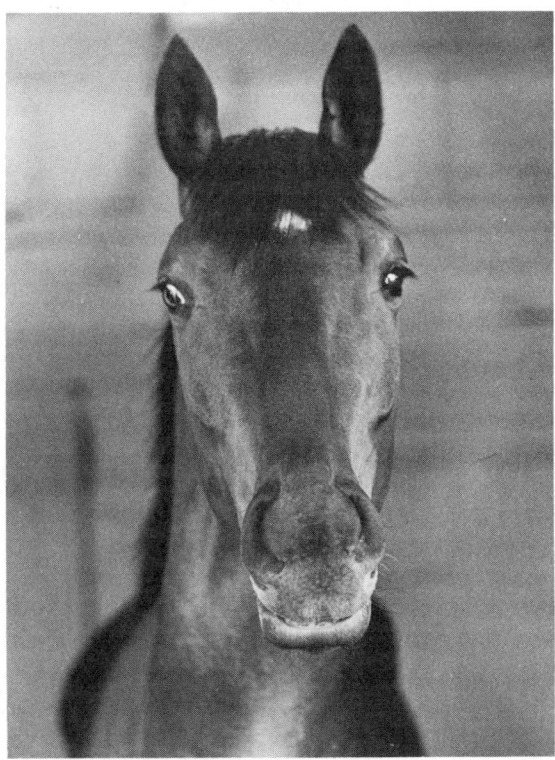

Abb. 40: Die divergie-
renden Pferdeaugen

läßt sich in einfacher Weise experimentell feststellen. Man bringt das Pferd ins Freie und läßt es von einer Person an der Trense halten. Dann versuche man, sich in der Entfernung von einigen Metern dahinterzustellen, ohne von ihm gesehen zu werden. Das ist fast nicht möglich. Noch deutlicher wird es, wenn man versucht, mit einer Gerte drohende Bewegungen zu machen, ohne daß es das Pferd bemerkt. Es wird nicht gelingen. Umgekehrt ist es, wenn man von vorn mit beiden Händen das Pferd an der Trense nimmt, wie es beim Vorstellen üblich ist. Sieht man ihm dabei in die Augen, so erkennt man, daß es uns nicht wie ein Mensch gerade in die Augen sehen kann. Will man ihm wirklich senkrecht in ein Auge blicken, muß man sich seitlich oder schräg von vorn aufstellen.

Diese Eigentümlichkeit des Pferdeauges ist eine zweckmäßige und sinnvolle Anpassung an die körperliche und seelische Veranlagung und an die Bedingungen der Steppe. Es erwehrt sich seines Feindes durch den schnellen Lauf nach vorn sowie durch den Schlag mit den Hinterhufen nach rückwärts. Für beides ist es lebenswichtig, alle rückwärtigen Vorgänge so genau wie möglich mit den Augen zu verfolgen, das

Abb. 41: Man betrachtet das Pferdeauge schräg von der Seite

jagende Raubtier im Auge zu behalten, es im Galopp mit gezieltem Hufschlag zu treffen, dabei gleichzeitig nach vorn das Gelände, den unebenen, mit Löchern und Steinen übersäten Boden, nach der Seite die eigenen Artgenossen zu beobachten.

Wie genau das Pferd trotz aller aufgezählten Aufgaben sieht, erkennen wir, wenn es auf der Weide im Galopp den herumtollenden Hund zu treffen versteht. Man kann also nicht sagen, das Pferd sehe schlechter als der Mensch, denn es sieht zweifellos mehr als wir. Die unterschiedlichen Verhältnisse lassen sich vielleicht am besten klarmachen, wenn man vom Fotografieren ausgeht. Es gibt bekanntlich Normalobjektive, Weitwinkel- und Teleobjektive. Niemand wird sagen, ein Teleobjektiv sei besser als ein Weitwinkel. Jedes der beiden ist eben etwas gänzlich anderes. Der Adler verfügt gewissermaßen über das Tele-, der Mensch über das Normal-, das Pferd über das Weitwinkelobjektiv. Jedes Auge der erwähnten drei Lebewesen ist in optimaler Weise den Bedürfnissen ihres Lebens und den Erfordernissen ihrer Umwelt angepaßt.

Zur verschiedenartigen Anordnung der Pferdeaugen kommen noch weitere Unterschiede: Die *Pupille* ist nicht rund, sondern oval. Und zwar steht das Oval stets annähernd horizontal mit einer geringen Neigung nach vorn unten und begünstigt auf diese Weise die Möglichkeit des Rundblickes, im Gegensatz etwa zur Katze, bei der die Pupillen senkrecht gestellt sind.

Man kann die stets horizontale Stellung der Pupillen beobachten, wenn man die Augen des grasenden oder vom Boden gefütterten Pferdes betrachtet und anschließend seinen Kopf anhebt. Vielleicht hängt es auch mit der ovalen Form der Pupillen zusammen, daß die Pferde offenbar viel größere Helligkeiten ertragen als die Menschen. Man sieht nie, daß ein Pferd von der Sonne geblendet wird oder in einer grell beschienenen Schneelandschaft die Augenlider verengt. Auch hat man noch nicht gehört, daß ein Pferd schneeblind geworden wäre.

Daß die diffuse Sehweise der seitlich angeordneten Augen mit den divergierenden Sehachsen eine zielstrebige und fortschrittliche Anpassung an die Umwelt und die Lebensbedingungen des Pferdes ist, geht aus folgendem hervor: »Die Augen von Hyracotherium oder Eohippus, dem vor 50 Millionen Jahren lebenden, waldbewohnenden und laubfressenden Vorläufer des Pferdes, saßen vorn, beinahe in der Mitte des Kopfes. Das Gehirn von Hyrocotherium war außerordentlich primitiv, beinahe noch das eines Reptils. Das Gehirn des Pferdes ist groß, seine Rinde reichhaltig gewunden« (Simpson).

»Brückner stellte für Equiden im Augenhintergrund einen Streifen deutlichsten Sehens fest, der sich horizontal durch die Netzhaut dieser Tiere zieht und durch die besondere Anreicherung mit Ganglienzellen in diesem Gebiet kenntlich wird« (nach Hassenberg). Auch diese Eigentümlichkeit wird die horizontale Sehweise begünstigen. Uneinheitlich sind die Ansichten über die Krümmung der Hornhaut. Manche nehmen an, sie sei natürlicherweise beim Pferd nicht gleichmäßig halbkugelig, sondern in vertikaler stärker als in horizontaler Richtung gewölbt. Dies bedingt einen Astigmatismus, die sogenannte Stabsichtigkeit. Das heißt, die Gegenstände werden horizontal verzerrt, ein Punkt erscheint als waagerechter Stab. Daß dies so ist, können wir daraus schließen, daß bei Menschen dieselbe Erscheinung als krankhafter Vorgang auftritt, der durch entsprechende Brillengläser korrigiert werden kann. Von anderen wird allerdings die Ansicht vertreten, daß nicht alle Pferde mit Astigmatismus behaftet sind.

Eine andere Besonderheit des Pferdeauges ist das ihm eigene Tapetum lucidum, die hinter der Netzhaut befindliche, fluoreszierende Leucht-schicht. In ihr liegen Kristalle, die das eintretende Licht reflektieren. Schwache Lichtstrahlen, die bereits die Netzhaut durchdrungen und gereizt haben, werden auf diese Weise ein zweites Mal, und zwar von rückwärts, durch die Netzhaut geschickt, die nun nochmals erregt wird. Dies, in Verbindung mit einer extremen Öffnungsmöglichkeit der Pupille, berechtigt uns, anzunehmen, daß das Pferd bei schwacher Beleuchtung wenigstens doppelt so hell sieht wie der Mensch. Das bestätigt die experimentelle Methode: »Das Pferd sieht in einer Nacht, die wir stockfinster nennen, noch genug, um heimzufinden. Darum gibt ein erfahrener Reiter oder Kutscher bei Nacht immer den Zügel nach, um seinem Pferde, das sich nun frei bewegen kann, das Bewußtsein einzuflößen, daß es selbst für seine Sicherheit zu sorgen hat. Es weicht Wagen und Bäumen aus und bleibt vor Abgründen stehen. Oberst Spohr besaß ein Pferd, das einst bei dunkler Nacht unter seinem Reiter, der gar nichts sehen konnte, etwa 50 Bewässerunsgräben von 1,20 Meter Breite übersprang« (v. Maday).

Über eine derartige Leuchtschicht verfügen auch viele andere Tierar-ten, wie Katzen, Rehe, Schafe, deren »Lichter« jeder schon im Dunkeln gesehen hat, wenn sie mit einem Scheinwerfer angestrahlt wurden. Dagegen fehlt diese Eigenschaft dem Menschen, dem Schwein und dem Affen.

Die Anpassungsbreite des Pferdeauges ist also größer als die des Menschen: Einerseits wird es auch bei greller Helligkeit nicht geblendet, andererseits nimmt es bei fast völliger Dunkelheit noch Gegenstände wahr, die wir überhaupt nicht mehr sehen. Dagegen scheint die Anpas-sungsgeschwindigkeit, die sogenannte *Adaptation,* an sich rasch ändernde Helligkeitsbedingungen geringer zu sein als die menschliche. Das kann man jedenfalls beobachten, wenn man nachts in einem dunklen Stall helles Licht einschaltet. Die zu beobachtenden Reaktionen deuten darauf hin, daß Pferde durch plötzlich auftretende grelle Beleuchtung mehr geblendet werden als wir Menschen. Sie zucken mit den Lidern so, als hätten sie einen schmerzhaften Schlag erhalten.

Man kann auch in einem Stall, in dem sich mehrere Pferde unter gleichen Beleuchtungsverhältnissen befinden, feststellen, daß ihre Reaktionen auf unvermittelt eingeschaltetes Licht unterschiedlich sind. Die einen zucken heftiger, die anderen weniger stark mit den Lidern, die einen adaptieren früher, andere später. Und zwar scheint es so zu sein, daß jüngere Pferde eine größere Lichtempfindlichkeit anzeigen als ältere. Daraus kann man schließen, daß mit zunehmendem Alter nicht nur die Sehschärfe, sondern auch die Lichtstärke der Augen abnimmt, um mit einem fototechnischen Ausdruck zu sprechen.

Es ist naheliegend, aus diesen Feststellungen Folgerungen für den Gebrauch und für die Organisation von Veranstaltungen zu ziehen. Bei Springprüfungen mit künstlicher Beleuchtung wäre es möglicherweise vorteilhafter, den gesamten Platz gleichmäßig, statt die einzelnen Hindernisse grell und die dazwischenliegenden Flächen überhaupt nicht zu beleuchten. Doch müßten darüber experimentelle Untersuchungen endgültig entscheiden. Ferner sollte man bei der Stallbeleuchtung auf diese Gegebenheit Rücksicht nehmen. Es ist sicher für das Pferd angenehmer und für die Augen schonender, wenn man es ermöglichen kann, einen Doppelschalter zu verwenden, um zuerst eine schwache, nach einigen Minuten erst die volle Beleuchtung, zum Beispiel eine Leuchtstofflampe, einzuschalten. Im Straßenverkehr ist das Pferd zweifellos besonders benachteiligt, wenn es in der Dunkelheit plötzlich von einem grellen Scheinwerfer getroffen wird. Man darf sich nicht wundern, wenn es unter diesen Umständen scheut, nachdem es vermutlich im Augenblick bis zur Blindheit geblendet ist.

Die langsame Anpassung des Pferdeauges an wechselnde Beleuchtungsverhältnisse legt noch folgende Regeln nahe: Vor dem Start in einem Nacht-Springen sollte das Pferd auf dem Abreiteplatz unter ähnlichen Helligkeitsbedingungen vorbereitet und aufgestellt werden, wie sie bei der anschließenden Prüfung zu erwarten sind. Es wäre also unvorteilhaft, das Tier vielleicht dicht neben der von einer Lampe hell erleuchteten Stelle am Abreiteplatz abzustellen, wenn der Turnierplatz nur diffus beleuchtet ist. Ebenso falsch aber wäre das Gegenteil, beispielsweise bei einem Hallenturnier, mit dem Pferd plötzlich aus einem düsteren Stall in die strahlend hell illuminierte Halle hinauszutreten und sofort zu starten. Vielleicht läßt es sich unter solchen Umständen ermöglichen, am Eingang zur Halle zu warten, während der Vorgänger noch reitet, oder aber den Start durch Reiten einer Schleife innerhalb der erlaubten Startzeit zu verzögern.

Aufgrund des Verhaltens anderer Tierarten mit ähnlichen Sehorganen wird man sogar damit rechnen müssen, daß die Pferde nicht etwa die Augen von der schmerzenden Lichtquelle, etwa den Scheinwerfern eines Autos, abwenden, sondern sogar wie hypnotisiert von ihr gebannt werden. Bekannt ist das Fixieren von Rehen mit einem Zielscheinwerfer, die sich dann nicht von der Stelle rühren und dadurch die leichte Beute wildernder Schützen werden. Diese so merkwürdige wie hypnotisierende Wirkung des Lichtes führt auch zu dem gefürchteten, sinnlosen Verhalten von Pferden bei Bränden, wenn sie wie von einer magnetischen Kraft angezogen in das Feuer starren oder gar auf die Flammen zugehen. Übrigens fällt es sogar manchen Kraftfahrern schwer, nicht in die blendenden Scheinwerfer eines entgegenkommenden Autos, sondern daran vorbeizublicken. Vielleicht ist die beschriebene Veranlagung, die langsame Adaptation, auch mit ein Grund dafür, daß manche Pferde nach einem Ritt auf einem dunklen Waldweg kurz verharren, bevor sie ins Freie treten.

Wenn diese langsame Anpassungsfähigkeit des Pferdeauges für die Domestikation nachteilig ist, war sie es nicht unter naturgemäßen Bedingungen. Der Wechsel zwischen Tag und Nacht geht in der freien oder bewaldeten Steppe, besonders nördlicher Breiten, langsam vor sich. Die Verhältnisse liegen also ganz anders als etwa bei einem aus dunkler Dickung plötzlich ins Freie kommenden Wald- oder Höhlenbewohner, der sich rasch aus dem Dämmerlicht des Waldes an die Helligkeit der offenen Landschaft gewöhnen muß.

Nicht nur von theoretischem Interesse, sondern auch von praktischer Bedeutung ist die Frage nach dem *Farbensehen* des Pferdes. Gerade auf diesem Gebiet müssen wir bemüht sein, uns von menschlichen Vorstellungen so frei wie nur möglich zu machen. Für jede Tierart sieht die Welt anders aus als für eine andere, und ganz anders als für den Menschen. Man sollte sich stets vor Augen halten, daß wir nicht Farben als solche sehen, sondern daß wir elektromagnetische Schwingungen im Bereich gewisser Wellenlängen empfinden, die unser Gehirn in Form von Farben zur Wahrnehmung bringt. Theoretisch wäre es denkbar, daß es auch noch andere Farbempfindungen gibt, die wir uns nicht vorzustellen vermögen. Wahrscheinlich ist es freilich umgekehrt. Der Mensch scheint die größte Farbskala innerhalb der Säuger zu besitzen.

Entsprechende Feststellungen für das Pferd sind den Untersuchungen Grzimeks zu verdanken. Demnach erkennen die Pferde Gelb, Grün, Rot und Blau. Strenggenommen heißt das allerdings nur, sie können sie voneinander unterscheiden. Und zwar können sie das nicht etwa nach dem den verschiedenen Farben eigenen Helligkeitsgrad, sondern nach der Farbqualität. Dies wurde durch Vergleiche mit graugetönten Flächen unterschiedlicher Helligkeit festgestellt. Wie allerdings die einzelne Farbe in der Vorstellung des Pferdes erscheint, kann es uns so wenig mitteilen, wie ein Mensch dem anderen seine Farbwahrnehmung beschreiben kann. In Wirklichkeit läßt sich experimentell lediglich nachweisen, daß ein Tier elektromagnetische Wellen mit Hilfe eines Sehorganes wahrnimmt und einzelne Wellenbereiche voneinander differenziert. Nur die Wahrscheinlichkeit spricht dafür, daß das Blau, mit

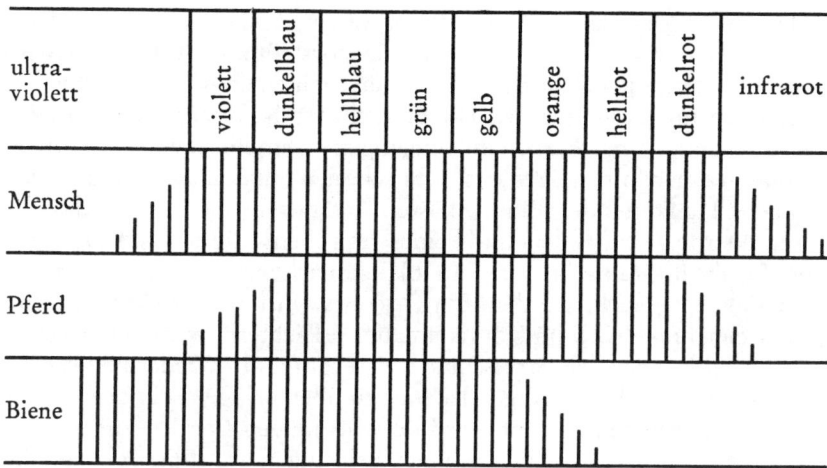

Abb. 42: Farbspektrum

dem in mir eine bestimmte Wellenlänge in Erscheinung tritt, auch beim
anderen dieselbe Qualität besitzt. Daß es nur wahrscheinlich ist, nicht
aber unbedingt sicher, geht aus der »Blindheit« mancher Individuen für
einzelne Farben hervor. Daß das Pferd andere Farbeindrücke haben
dürfte als der Mensch, ergibt sich daraus, daß es nach den Untersuchungen Grzimeks offenbar Gelb und Grün deutlicher wahrnimmt als Rot
und Blau. Dies stimmt mit den menschlichen Verhältnissen nicht überein. Bei uns gibt es ja, wenn nicht sogar mehr, so doch mindestens
ebensoviele Bevorzuger für Rot und Blau wie für Gelb und Grün. Wenn
wir Gelb aus größerer Entfernung erkennen als Blau oder Rot, liegt das
nicht an einer für uns intensiveren Farbqualität, sondern am größeren
Helligkeitsgrad der gelben Farbe, der sich mit Hilfe eines Belichtungs-
messers feststellen läßt. Das führt nahezu zwingend zur Schlußfolgerung, daß der Farbenbereich des Pferdes enger ist als der menschliche.
Siehe hierzu Abbildung 42.
   Die Spektralfarben (Regenbogenfarben) des durch ein Prisma gebro-
chenen weißen Lichtes gliedern sich in dem dargestellten Schema von
Violett bis Rot. Die subjektive Intensität der Farben für den wahrneh-
menden Betrachter wurde durch Schraffierungen in verschiedener Höhe
dargestellt. Um zu zeigen, daß tatsächlich nicht für jedes Lebewesen
Licht gleich Licht und Farbe gleich Farbe ist, wurde zum Vergleich noch
das für die Biene sichtbare Farbspektrum dargestellt. Ihr Farbsehbereich
beginnt, wie v. Frisch exakt nachgewiesen hat, erst bei Gelb, geht aber
weit hinüber in das Ultraviolett, während Rot für sie nicht wahrnehm-
bar ist.

Die vorausgegangene Untersuchung ist für die Psychologie des Pferdes wichtig, um daraus eine annähernde Vorstellung darüber zu gewinnen, wie ihm die Welt der Farben erscheinen mag, wie farbig sie vermutlich für dieses Tier ist. Die Betrachtung ist ferner für die praktische Anwendung der Farben im Umgang mit dem Pferd von Bedeutung. Wenn wir einen Springplatz mit recht schönen bunten, roten und blauen Stangen, Planken oder Blumenkästen ausstatten, dann sieht das für unsere Pferde völlig anders und keineswegs ebenso bunt aus. Es ist auch eine Erfahrungstatsache, daß an blaugestrichenen Stangen vermehrt Springfehler gemacht werden. Ein Parcours wird also erschwert, wenn man viele dunkelrote und dunkelblaue, erleichtert, wenn man gelbe, grüne, weiße oder schwarze Hindernisse aufbaut. Wiederum werden hellrote und hellblaue Stangen leichter zu überspringen sein als dunkelrote oder dunkelblaue. Man wird deshalb jungen Pferden zuerst über gut sichtbaren Farben das Springen beibringen, routinierte über die schlecht sichtbaren trainieren.

Mit diesen Betrachtungen über das Farbensehen des Pferdes ist noch nichts über die psychische Wirkung der Farben ausgesagt. Nach meinen Beobachtungen scheint Rot besonders erregend zu sein. Angenommen, man reitet im Schritt an einem Wald entlang. Da tritt in einigen hundert Metern Entfernung eine Frau in rotem Kleid aus dem Gehölz. Die Reaktion des Pferdes in Form auffallenden Schnaubens, Hebens des Kopfes, steif nach vorn gerichteter Ohren, deutet auf erregte Aufmerksamkeit hin. Auch rote Kraftfahrzeuge wirken auf schreckhafte Pferde erregender als andersfarbige. Eine Parallele zum roten Tuch des Stierkämpfers liegt nahe. Diese Verhaltensweisen lassen sich auch leicht erklären. Die rote Farbe kommt in der Natur kaum in größeren Flächen, im allgemeinen nur in Form relativ kleiner Blüten vor. Rot ist also in der natürlichen Umwelt des Pferdes weitaus weniger vorherrschend als das Grün der Weiden oder Wälder, weniger auch als ein diesem näher verwandtes Gelb oder Blau.

Eine Besonderheit in der Sehweise des Pferdes ist die der menschlichen offensichtlich überlegene *Bewegungssehschärfe*. Obgleich sich diese Eigenart aus anatomischen und physiologischen Eigentümlichkeiten nicht begründen läßt, ist sie zweifellos aufgrund der täglichen Beobachtung gegeben. Jeder Reiter weiß, wie sein Pferd plötzlich erschrecken kann, sei es vor einer über den Weg huschenden Maus oder vor einer geringfügigen Bewegung seitlich im Gebüsch, die er selbst nicht wahrgenommen hat. Vielfach kann der Reiter nicht einmal nachträglich den Grund der Reaktion entdecken. Daraus kann sich das Mißverständnis ergeben, als ob das Pferd lediglich aus einer Unart heraus ohne Grund und Ursache scheut. Es sind schon umfangreiche Abhandlungen über das Scheuen der Pferde geschrieben worden, in denen diese in der besonderen Sehweise des Pferdes begründete Ursache nicht berücksichtigt wurde. Manche glaubten sogar, das Scheuen auf angeblich mangelhaftes Sehvermögen zurückführen zu müssen, doch scheint die hervorragende Bewegungssehschärfe, also eher das Gegenteil, eine sinnesphysiologische und -psychologische Überlegenheit, dafür verantwortlich zu sein.

Die Bewegungssehschärfe ist also darin begründet, daß das Pferd Objekte, die durch rasche Veränderung ihrer Form oder ihres Standortes auffallen, besonders deutlich wahrnimmt. Daraus kann man schließen, daß es Dinge, die sich schleichend nähern, um so schwerer erkennt. So kann man sich das oft unverständliche Verhalten gegenüber Kraftfahrzeugen erklären. Das sich nähernde Fahrzeug scheint sich, wie für uns ein heranbrausender Schnellzug, nicht zu bewegen, sondern nur allmählich zu vergrößern. So kann es geschehen, daß das am Straßenrand gehende Pferd vor einer im Laub huschenden Eidechse erschrickt, sich mit der Hinterhand zur Straße wendet, und mit einem Kraftwagen kollidiert. In dieser, dem Menschen fremden Sehweise sind übrigens auch die zahlreichen, sonst schwer verständlichen Verkehrsunfälle vieler Wildtierarten, besonders des Schalenwildes, zu erklären. Von ihnen wird das in sich selbst unbewegte, herannahende Objekt, das Kraftfahrzeug, nicht als bewegter Körper empfunden und deshalb nicht beachtet. Dagegen ist noch nie ein Reh mit einem galoppierenden Pferd zusammengestoßen, obwohl dazu auf irgendwelchen unübersichtlichen Waldwegen sicherlich häufig die Möglichkeit gegeben wäre.

Um dies begreifen zu können, muß man sich klarmachen, daß es in der Natur keinen lebendigen Körper gibt, der seine aktive Fortbewegung nicht unter ständiger Formveränderung vollzieht. Wenn wir uns ein galoppierendes Pferd vergegenwärtigen, so erkennen wir, daß es dabei den Rücken krümmt, dann wieder streckt, die Beine anzieht, dann wieder vorschnellt, Kopf und Hals auf und nieder beugt, kurz eine ständige Veränderung seiner Form bewirkt. Die Lokomotive des Schnellzuges, das Kraftfahrzeug auf der Straße dagegen bleiben auch bei der größten Geschwindigkeit nahezu starre, äußerlich scheinbar unbewegte Körper, deren rotierende Räder nicht einmal vom Menschen als bewegte Elemente erkennbar sind. Man sollte es deshalb dem Pferd nicht als eine Art Dummheit anrechnen, wenn es das naturfremde, wie schleichend sich nähernde Kraftfahrzeug nicht als bewegten Körper wahrnimmt.

Dies sollte man sich auch vergegenwärtigen, wenn es gilt, ein durchgegangenes Pferd aufzuhalten. Angenommen, das Tier stürmt auf uns zu. Wir stellen uns ihm mit ausgebreiteten Armen entgegen. Nun sollte man nicht in starrer Haltung verharren, sondern die ausgestreckten Arme, vielleicht mit einem flatternden Taschentuch in der Hand, auf und ab bewegen, um sich dem Pferd als bewegtes Objekt deutlich bemerkbar zu machen.

Die Bewegungssehschärfe beruht wahrscheinlich auf psychischen Ursachen, nämlich auf dem Wahrnehmungsmoment, der im allgemeinen Teil unter »Leben, Rhythmus und Bewegung« besprochen wurde. Leider sind keine Untersuchungen darüber bekannt, wie sich der »Moment« des Pferdes im Vergleich zum menschlichen verhält. Wenn man aber Vergleiche mit dem bereits erwähnten Kampffisch und der Schnecke anstellt, kann man sich den Sachverhalt veranschaulichen: »Der Kampffisch kann winzige Bewegungen, die sich schneller als in $^1/_{18}$ Sekunde vollziehen, noch sehen, während wir sie nicht sehen. Für die Schnecke hingegen sind gewisse Bewegungen dementsprechend viermal so schnell; sie kann Einzelheiten, die wir sehen, nicht erkennen« (Heiss).

Da wir keine exakten, experimentellen Grundlagen für das Pferd besitzen, können wir nur analytisch-hypothetische Schlußfolgerungen von einer gewissen Wahrscheinlichkeit ziehen. Offensichtlich steht der Wahrnehmungsmoment in direktem Verhältnis zur Geschwindigkeit der Fortbewegung sowie zur Schnelligkeit der Richtungsänderung. Der Wahrnehmungsmoment ist also die sinnvolle Anpassung der Sehweise an die Schnelligkeit. Es ist anzunehmen, daß der Moment des Pferdes in Anbetracht seiner Schnelligkeit und Fähigkeit der raschen Richtungsänderung sehr kurz ist, wahrscheinlich jedenfalls kürzer als der menschliche. Aus dieser Sachlage läßt sich verstehen, weshalb das Pferd inmitten eines schnellen Galopps schlagartig zur Seite springen kann, so daß wir, ohne den Grund seines Verhaltens zu erkennen, aus dem Gleichgewicht kommen. Es hat eine Bewegung wahrgenommen, die vielleicht unterhalb der Wahrnehmungsschwelle unseres »Momentes« lag.

Die Bandbreite des Bewegungsspektrums ist also ebenso wie die des Farbspektrums begrenzt (siehe S. 25). Die Biene, die Ultraviolett wahrnimmt, erkennt nicht Rot. Der Kampffisch, die Stubenfliege, die blitzschnelle Bewegungen erkennen, nehmen die Bewegung der langsam auf sie zukommenden Hand nicht wahr. Dasselbe Verhalten zeigt ein Pferd, das vor der schnell sich nähernden Hand erschrickt, aber die langsam bewegte ruhig auf sich zukommen läßt.

Dies alles ist für uns Menschen schwer verständlich. Auf der einen Seite überblickt dieses Tier gleichzeitig einen riesigen Bereich, auf der andern bemerkt es die winzigste Bewegung. Liegt das an der Eigenart seines Auges oder an der psychischen Verarbeitung der optischen Signale? Sicher ist das zweite wenigstens mitentscheidend. Es ist wichtig, sich hier wieder an die Bedeutung des reflektierenden menschlichen Denkens im Gegensatz zum Direktdenken des Tieres zu erinnern. Das fortwährende Reflektieren, das Nachdenken, das In-sich-hinein-Denken, lenkt außerordentlich stark von der Außenwelt ab und schwächt die Konzentrationsfähigkeit (»der zerstreute Professor«). Das Tier dagegen hat sämtliche Sinne unaufhörlich und ausschließlich für die Außenwelt zur Verfügung, ohne von einer Innenwelt, einem »Innenleben«

abgelenkt zu werden. Für diese Annahme spricht auch die Beobachtung, daß weniger reflektive Naturmenschen, Angehörige von Naturvölkern, erwiesenermaßen ein schnelleres Reaktionsvermögen, eine größere Bewegungssehschärfe besitzen, als sogenannte Zivilisierte, eine Tatsache, die bei manchen Sportarten, wie beim Boxen, deutlich zum Ausdruck kommt. Dennoch geht die Bewegungssehschärfe des Pferdes über unser Vorstellungsvermögen hinaus. Man kann sie am besten beim Longieren beobachten. Das Bewegen des Peitschenstieles um wenige Millimeter wird vom Pferd bemerkt, während es gleichzeitig die Cavalettis, den longierenden Menschen und die gesamte Umgebung »im Auge« behält.

Zwar hat der Mensch wegen seines vielbeschäftigten reflektiven Denkens vermehrte Schwierigkeiten, sich zu konzentrieren, doch wird dieser Nachteil bis zu einem gewissen Grad dadurch ausgeglichen, daß er aufgrund seiner spezifischen Sehweise die Aufmerksamkeit nur jenem einzigen, zentralen und scharf gesehenen Punkt seines Gesichtskreises zuzuwenden hat, während das Pferd sie über eine große Anzahl gleichmäßig gesehener Objekte verteilen muß. Die Erfahrung zeigt jedoch, daß es möglich ist, die Aufmerksamkeit eines Pferdes auf bestimmte Richtungen und Objekte seines Sehbereiches durch Übung zu konzentrieren. Wer hat es noch nicht erlebt, daß junge Pferde wie blind gegen eine vor ihnen aufgebaute Stange liefen? Das könnte im menschlichen Bereich nur einem ganz extrem zerstreuten Professor passieren. Wenn man junge Pferde beim Springen beobachtet, kann man sehr gut erkennen, wie sie nach allen Seiten in die Gegend gucken, ohne merklich auf die am Boden oder in geringer Höhe befindliche Stange zu achten. Wenn man einem Pferd das Springen beibringen will, ist es deshalb die erste Aufgabe, es sehen zu lehren, das heißt, sich nach vorn zu konzentrieren, nicht nach seitwärts oder nach rückwärts. Dies geschieht, indem man es zunächst nur über eine einzelne, am Boden liegende Stange treten läßt. Und wie oft geschieht es, daß es selbst über diese simple Stange stolpert. Daraus geht hervor, daß die Cavalettiarbeit nicht nur eine gymnastische, sondern auch eine psychische Aufgabe hat. Um so erstaunlicher ist es in Anbetracht der geschilderten Verhältnisse, bis zu welchem Grad von Vollkommenheit der Konzentration nach vorn und auf einen bestimmten Punkt es manche Pferde aufgrund von Übung und langjähriger Erfahrung bringen. Wer kennt nicht jene routinierten Turnierpferde, die es sofort erkennen, wenn über einem klobigen Hindernis ein nur wenige Millimeter starkes Eisenrohr angebracht wurde, das sie dann hoch überspringen, ohne sich weh zu tun? So nur ist es auch zu verstehen, daß es Pferde gibt, die lernen, über einen Drahtzaun zu springen. Andererseits muß man sich aber stets bewußt sein, daß die Aufmerksamkeit, die Konzentration auf ein bestimmtes Objekt hin, durch irgendwelche Vorgänge, in erster Linie durch den Reiter selbst, abgelenkt werden

kann. Ein unruhiger oder ungleichmäßiger Sitz des Reiters im Sprung
wird nicht nur mechanisch die Balance des Pferdes, sondern auch seine
Konzentration nach vorn stören. Es wird gewissermaßen nach hinten
»schielen«, um zu sehen, was da nicht stimmt. Es ist also auch psychisch
von Bedeutung, einen ruhigen, gleichmäßigen Sitz und Springstil einzuhalten.

Nach alldem ist es wohl berechtigt, die verbreitete Ansicht zu revidie-
ren, wonach das Pferd in oft einseitiger oder übertriebener Weise als
»Nasen-« oder als »Ohrentier« bezeichnet wird. Das Sehen spielt bei
ihm keineswegs eine untergeordnete Rolle. Vielleicht wird man dem
Sachverhalt am ehesten gerecht, wenn man es als ein überaus wahrneh-
mungs- und sinnesstarkes Tier bezeichnet. Dies würde auch ganz mit
dem psychischen Grundcharakter des Pferdes als eines besonders sensiti-
ven, seelisch und körperlich bewegungsaktiven Wesens übereinstimmen.

»Immer mehr hat sich während der mehr als sechsjährigen Beobachtung bei mir die Überzeugung gefestigt, daß das Pferd psychologisch ein
ausgeprägt optisches oder, wenn man den von Jaensch aufgestellten
Begriff verwenden will, ein eidetisches Wesen ist. Faßt man diese
Eigenschaften mit dem ausgeprägt motorischen Charakter und der
Bauart des Pferdes im Sinne des Laufens nach vorn zusammen, so
entsteht ein wesentlich optisch-motorischer Typ, der viele sonst unverständliche Erscheinungen erklärt« (Sommer).

Das Urteil Sommers bedarf folgender Kommentierung: Die Feststellung des »im Sinne des Laufens nach vorn geprägten motorischen Typs«
bestätigt mit anderen Worten die schon wiederholt erwähnte Bewe-
gungsaktivität als Grundcharakter des Pferdes. Wohl nicht ganz stichhaltig dürfte jedoch die einseitige Betonung des vorwiegend eidetischen
Wesens sein. Denn über die anderen Sinne, insbesondere die des Hörens
und Riechens, scheint Sommer keine so ausreichenden Beobachtungen
gemacht zu haben, um Vergleiche anstellen zu können. Es ist ihm aber
recht zu geben, wenn er sich dem Standpunkt des einseitigen Ohr- oder
Nasentieres entgegenstellen will.

Bei der großen Bedeutung, die demnach dem Gesichtssinn des Pferdes
zukommt, sollte die Gesundheit der Augen sorgfältig beachtet werden,
dies um so mehr, weil sie stärker als die übrigen Sinnesorgane Gefähr-
dungen und Erkrankungen ausgesetzt sind. Bei Pferden, die im Springen
unverständliche Fehler machen, oder bei solchen, die auffallend oft
scheuen, sollte man auch an die Möglichkeit von Störungen im Sehbe-
reich denken. Auch die Normalsichtigkeit sollte, soweit es die klinischen
Möglichkeiten zulassen, bei Verdacht auf Unregelmäßigkeiten überprüft
werden. Ob es auf die Dauer unschädlich sein kann, ein Pferd ständig
mit dem Kopf dicht vor einer Wand anzubinden, ist fragwürdig, auf
jeden Fall aber unnatürlich. In der freien Natur pflegt es vorzugsweise in
die Ferne zu blicken. Das ist ein weiterer Hinweis für die Vorzüge eines

Fensters in Kopfhöhe im Stall, die schon früher aus noch anderen Gründen hervorgehoben wurden.

Eine Zusammenfassung der vorausgegangenen Betrachtung ergibt demnach folgendes:

1. Das Pferd sieht nicht schlechter und nicht besser als der Mensch, sondern gänzlich anders, so daß wir uns seine tatsächliche Art zu sehen nur begrenzt vorstellen können.

2. Das Pferd sieht einen Umkreis von beinahe 360° gleichzeitig relativ gut, jedoch nicht so scharf wie der Mensch einen einzelnen Punkt.

3. Da das Pferd nicht beide Augen auf einen bestimmten Punkt zu richten vermag, dürfte das perspektivische und plastische Sehen, das Schätzen der Entfernung und damit das richtige Taxieren schwieriger sein als für den Menschen.

4. Gewohnt, gleichzeitig zahlreiche Dinge zu beobachten, fällt es dem Pferd schwer, sich nach vorn auf ein bestimmtes Objekt zu konzentrieren. Zur Ausbildung des Springpferdes gehört es demnach auch, es im richtigen Sehen zu schulen.

5. Die Anpassungsfähigkeit an grelle Beleuchtung und an nahezu völlige Dunkelheit ist sehr viel größer als die des Menschen. Dagegen geht die Adaptation an rasch wechselnde Helligkeiten vermutlich langsamer vor sich.

6. Die Bewegungssehschärfe ist der des Menschen überlegen.

7. Das Pferd erkennt zwar die Farben Rot, Gelb, Grün und Blau, jedoch in anderer Intensität als der Mensch, nämlich Gelb und Grün deutlicher als Blau und Rot.

Der Gehörsinn

Während der Mensch konvergierend sieht, aber divergierend hört, verhält es sich beim Pferd umgekehrt. Im Gegensatz zu uns ist es fähig, seine Ohren in verschiedene Richtungen zu bewegen. Auch die völlig andersartige Form der Ohrmuscheln bedingt zweifellos eine andere Hörweise und Tonqualität als die des menschlichen Ohres. Man braucht nur einmal einen Trichter an das eigene Ohr zu halten, um sich davon zu überzeugen. Ferner ist damit eine Verstärkung der auf die Ohrmuscheln zukommenden Schallwellen verbunden, eine Erscheinung, von der man in früherer Zeit mit dem Hörrohr Gebrauch machte. Wir hören bekanntlich Töne von allen Seiten einigermaßen gleichmäßig. Häufig fällt es uns sogar schwer, sie genau zu lokalisieren. Das Pferd vernimmt jedoch mit Sicherheit die in der Richtung der Ohrmuscheln auftretenden Geräusche deutlicher als andere. Vor allem kann es von vornherein die Aufmerksamkeit seines Gehörs in einer bestimmten Richtung auf von dort zu erwartende Laute einstellen. Angenommen, im Panorama seines

Gesichtsfeldes scheint irgend etwas nicht ganz geheuer zu sein, so wird es mit dorthin zeigenden Ohren nicht nur den leisesten Ton vernehmen, sondern ihn vermehrt von anderen isolierten und stereophonisch lokalisieren. Nach vorn und bis zu einem gewissen Grad auch nach rückwärts vermag es beide Ohren auf denselben Punkt zu richten und vermutlich in Form eines akustischen Entfernungsmessers die Distanz zu bestimmen. Völlig unbegreiflich für das menschliche Vorstellungsvermögen aber muß es sein, wenn das Tier mit jedem Ohr in verschiedene Richtung hört, etwa mit dem rechten nach vorn, mit dem linken nach rückwärts. Das stimmt wieder mit der divergierenden Funktion der Augen überein. Das Pferd kann demnach offenbar nur divergierend sehen, aber konvergierend *und* divergierend hören. Vermutlich sind Sehen und Hören bei ihm nur im gegenseitigen Wechsel- und Zusammenspiel zu begreifen.

Es gehört zum Interessantesten und Amüsantesten im Umgang mit dem Pferd, sein *Ohrenspiel* zu beobachten. Nirgends gelingt dies so schön wie vom Kutschbock aus. Keinen Augenblick stehen die Ohren ruhig. Unentwegt sind sie damit beschäftigt, die gesamte Geräuschkulisse nach allen Seiten abzutasten. Die außerordentliche Empfindlichkeit des Gehörs kann man dabei in der Weise testen, daß man am Ohrenspiel feststellt, ein wie feines Zischen zwischen den Zähnen das Pferd noch wahrnimmt, ein Geräusch, das der nebenan Sitzende womöglich nicht hört. Vielleicht gerät mancher in Zweifel darüber, ob dies bei dem Geratter der Räder und des Wagens auf die Entfernung zwischen Fahrer und Pferdeohren überhaupt möglich ist.

Auch der Reiter kann die Fähigkeit des Herausfilterns beobachten. Wenn man bei stürmischem Wetter mit geschlossenem Mund ein leises hm-hm vor sich hinsummt, vernimmt es das Pferd. Man kann das aus der Reaktion der Ohren und der Verlangsamung der Gangart entnehmen. Dies ist um so erstaunlicher, als der Reiter infolge des Windgeräusches seine eigene Stimme nicht zu hören vermag.

Das Herausfiltern kann entweder auf organischen oder auf psychischen Eigentümlichkeiten beruhen. Wenn eine Mutter inmitten des von der belebten Straße eindringenden Lärms tief schläft, beim geringsten Wimmern ihres Kindes aber erwacht, so ist hier das Herausfiltern wohl nicht mit einer spezifischen Empfindlichkeit des Gehörs, sondern mit psychischen Vorgängen zu erklären.

Aus folgendem Beispiel geht die akustische Empfindlichkeit hervor. Wenn ein Pferd aus irgendeinem Grunde nicht aufstehen will oder wenn es nur schwer aufzustehen vermag, kann man durch ein lautes, in das trichterförmig aufgehaltene Ohr gerufenes Wort einen solchen Schmerz hervorrufen, daß es erschreckt aufspringt, eine Wirkung, die unter Umständen stärker ist als ein Peitschenschlag.

Bei der Behandlung von Rhythmus und Bewegung (S. 25, 196) sowie bei der Betrachtung der Sehweise wurde die größere Bewegungssehschärfe des Pferdes darauf zurückgeführt, daß sein »Moment« kürzer ist als der des Menschen. Es wurde ferner darauf hingewiesen, daß zwischen Seh- und *Hörmoment* ein Zusammenhang zu bestehen scheint. Denn der Mensch nimmt eine Bildfolge von mindestens 18 pro Sekunde als kontinuierliche Bewegung und eine Schallwellenfolge von ebenfalls etwa 18 je Sekunde als Ton wahr. Dem ist aber nach oben eine Grenze gesetzt. Bei Tieren, deren Moment kürzer ist als der des Menschen, liegt die Grenze höher. Der Polizei- oder Jagdhund kann mit einer Pfeife gerufen werden, die so hoch eingestellt ist, daß ein Mensch sie nicht hören kann. Ähnliches darf man auch beim Pferd vermuten. Wenn, wie wir Grund haben anzunehmen, der optische Moment des Pferdes bei etwa 20 bis 25 Frequenzen/Sek. liegt, ist damit zu rechnen, daß sein akustischer Moment ebenfalls höher ist als der menschliche. Daraus kann man die Folgerung ableiten, daß das Pferd beispielsweise das dem menschlichen Ohr entgehende Piepsen einer Maus im Gebüsch noch vernimmt. Ein so schwaches Geräusch kann ein für den Reiter unerklärliches Scheuen bedingen. Es gibt jedenfalls keine Veranlassung, anzunehmen, daß Erschrecken nur durch optische, nicht aber durch akustische Eindrücke verursacht wird.

Besonders bekannt und eingehend untersucht wurde diese Einrichtung bei den Fledermäusen, bei denen zahlreiche Modifikationen festgestellt wurden. »Nach den Untersuchungen der Amerikaner Griffin und Galambos sowie des Holländers Dijkgraaf senden die nächtlichen Flieger Ultraschall-Peillaute von hoher Intensität scharf gebündelt aus und messen durch das Echo die Richtung und Entfernung von Hindernissen und Beute bis sechs Meter Entfernung. Das Muster der einzelnen Schallaute ist bei den einzelnen Arten unterschiedlich, wie auch die Weise, in der sie erzeugt werden. Während die meisten Arten den zu reflektierenden Richtstrahl durch den Mund erzeugen, geschieht es bei den sogenannten »Hufeisennasen« durch die Nase. Durch den hufeisenförmigen Wulst um die Nase herum wird der Schall gebündelt. Dieser Richtstrahler kann je nach Erfordernissen durch Muskeln verstellt werden. Bei Orientierung im Nahbereich wird ein breiter Schallkegel erzeugt, bei Orientierung auf größere Entfernung ein scharf gebündelter Strahl. Das Auspeilen der Richtung, in der sich ein reflektierendes Objekt befindet, wird durch die großen und oft sehr beweglichen Ohrmuscheln erleichtert. Besonders die großen Hufeisennasen führen mit ihnen ständig Peilbewegungen aus. Wie die Richtung der Beute oder des Hindernisses bestimmt wird, ist wahrscheinlich bei den einzelnen Typen unterschiedlich. Manche Fledermäuse mit Echopeilung benötigen beide Ohren zum Richtungshören, bei den Hufeisennasen genügt bereits ein Ohr. Wahrscheinlich wird im ersten Fall die Zeit- oder die Intensitätsdifferenz der die beiden Ohren erreichenden Echos ausgewertet, im anderen Fall wird durch Peilbewegungen die Richtung aufgesucht, aus

der das Echo mit der größten Intensität zurückkehrt. Rätselhaft bleibt
noch, auf welche Weise die Entfernung zum Objekt so genau gemessen
wird« (Signale in der Tierwelt).

Besonderes

Glaubt man bei dieser Schilderung nicht geradezu ein Pferd vor sich zu
sehen, wie es in unübersichtlichem Gelände mit »peilenden« Ohren,,
vorgestrecktem Hals und schnaubend vorwärtsgeht? Besonders deutlich
sind das echoerzeugende Schnauben und das Peilen mit den Ohren im
dunklen oder unübersichtlichen Gelände zu beobachten. Manche Pferde
vermögen dabei sogar eine Art pfeifendes Geräusch zu erzeugen. Es ist
also sehr wahrscheinlich, wenn auch experimentelle Beweise dafür nicht
vorliegen, daß die Pferde auf solche Weise von gegenüberliegenden
Gegenständen reflektierte Schallwellen plastisch aufnehmen und damit
Gegenstände und Hindernisse lokalisieren. Dies scheint mir jedenfalls
naheliegender zu sein als die Annahme geheimnisvoller Strahlungen, wie
sie Tesio voraussetzt, der im übrigen jedoch eine interessante Ansicht
vertritt:

»Eine bemerkenswerte Tatsache ist mir aufgefallen. Unsere Rennpferde leben in Boxen, etwa zwölf Fuß im Quadrat. In einer Ecke ist die
Krippe, in der anderen die Tränke. In der Nacht ist es stockfinster. Das
Pferd legt sich in völliger Dunkelheit nieder, steht wieder auf, frißt und
säuft. Es kommt eigentlich nie vor, daß es an eine Wand stößt. Mit
anderen Worten, es muß seine Umgebung auch in der Dunkelheit
erkennen können. Übernervöse Pferde erreichen im Training manchmal
einen Punkt, an dem sie anfangen, in den paar Quadratmetern ihrer Box
auf- und abzutraben. Wie vermeiden sie es, gegen die Wände zu laufen?
Welcher Sinn leitet sie? Wir können nur vermuten, daß die nach vorn
gespitzten Ohren noch irgendeinem anderen Sinn dienen als dem Hören.
Es möchte fast scheinen, daß es dem Gesichtssinn hilft, Entfernungen zu
schätzen. Ich bin sicher, daß man den sechsten Sinn eines Pferdes mit
einem Radioempfänger vergleichen kann, wobei die Ohren als Antennen
wirken.«

Diese Ansicht Tesios bestätigt die schon vertretene Ansicht, daß die
Ohren bei der Orientierung mithelfen. Nur dürfte es sich dabei nicht um
irgendwelche geheimnisvollen elektromagnetischen, sondern um echo-
artig reflektierte Schallwellen handeln. Vielleicht dient dieser Aufgabe
der akustischen Echoortung die rätselhafte sogenannte »Trompete« in
der Nasenöffnung. Im Eingang der Nase des Pferdes befindet sich
nämlich ein Blindsack von trompetenartiger Gestalt, den man gut mit
dem eingeführten Finger fühlen kann. Bis jetzt ist nicht bekannt, welchem Zweck er dient. Da das Schnauben auf einem eigenartigen Flattern

der Nasenöffnung beruht, ähnlich wie wir es mit den Lippen hervorzubringen vermögen, können die Trompeten infolge des Vibrierens der
Umgrenzung in gleicher Weise mitwirken. Es wäre sogar denkbar, daß
der Blindsack dabei eine projizierende Wirkung auf die Schallwellen
ausübt. Er würde dann eine ähnliche Aufgabe erfüllen, wie der Wulst bei
den Fledermäusen oder die Nasenöffnung der Delphine, die ebenfalls
durch die Nase Echowellen erzeugen.

Die Tätigkeit der Nasentrompete kann man gut beobachten, wenn
man neben einem schnaubenden Pferd reitet. Manche Pferde haben
sogar die Gewohnheit, in bestimmten Gangarten fortwährend zu
schnauben. Bei dieser Gelegenheit läßt sich deutlich erkennen, wie die
Nasentrompete durch Muskeltätigkeit gebläht wird, so daß sie als
Vorwölbung nach außen in Erscheinung tritt. Daß die Vorwölbung in
einer aktiven Muskelfunktion besteht, geht daraus hervor, daß ohne sie
der Blindsack durch den austretenden Luftstrom nicht gebläht, sondern
zusammengedrückt werden müßte. Erst durch die aktive Blähung können auch die Blindsackränder in Schwingung geraten und den Schnaub-
ton erzeugen, also ebenso wie eine Saite nur in gespanntem Zustand
ertönen kann.

Eine experimentelle Methode, das Schnauben zu erzeugen, ist folgende: Man legt auf einem dem Pferd gut bekannten Weg, am besten
unmittelbar hinter einer Kurve oder etwa hinter der Ecke eines Gebäu-
des, ein weißes oder schwarzes oder auffallendes großes Tuch, einen
Papier- oder Plastiksack auf die Erde. Fast jedes Pferd wird seine
Überraschung über die ungewohnte Veränderung nicht nur mit aufgerissenen Augen und lang vorgestrecktem Hals, sondern auch mit lautem
Schnauben zum Ausdruck bringen.

Nicht zu verwechseln mit dem Schnauben ist das *Prusten,* das
vermutlich dazu dient, Staub oder andere Fremdkörper aus der Nase zu
blasen. Man könnte es hinsichtlich seines Zwecks und seiner Funktion
wohl eher mit dem Niesen vergleichen. Da es ebenso wie das Schnauben
mit einer druckartigen Exspiration verbunden ist, ergibt sich ein zwar
ähnliches, jedoch nicht identisches Geräusch. Es ist besonders häufig zu
hören, wenn Pferde gehäckseltes Futter aus der Krippe aufnehmen,
selten dagegen auf der Weide.

Die Schallortung wird für uns besonders einleuchtend, wenn man
sich vergegenwärtigt, wie wir uns in einem dunklen Raum bewegen. Mit
vorgehaltenen Händen gehen wir vorsichtig tastend vorwärts. Dem
Pferd fehlt diese Möglichkeit des Gebrauchs der vorderen Gliedmaßen.
Es muß sich zwangsläufig der Mittel des Gehörs oder des Geruchs
bedienen, wenn es nicht anstoßen soll. Eine gewisse, wenn auch geringfügige Schallortung können wir übrigens selbst experimentell vornehmen. Wenn man sich in einem verdunkelten Raum langsam gegen eine
Wand zubewegt, während man gleichzeitig ein leise pfeifendes oder

blasendes Geräusch mit den Lippen erzeugt, kann man mit dem Gehör wahrnehmen, daß man sich kurz vor der Wand befindet.

Das eigentümliche Schnauben des Pferdes hat seit jeher die Beobachter beschäftigt. Bisher wurde es jedoch lediglich als phonetisches Ausdrucksmittel, ähnlich der Stimme, gewertet. Zweifellos ist das Schnauben auch für diesen Zweck bestimmt. Es ist ein Ausdruck der Erregung, es dient zur Verständigung mit anderen Artgenossen, etwa zu ihrer Warnung oder auch zur Drohung gegen andere, als feindlich empfundene Wesen. Das widerspricht aber nicht der Möglichkeit, daß es auch zur Ortung dient. Auch andere mit Echolot ausgestattete Tiere verwenden ihre Stimme nicht nur für diesen einen Zweck, sondern ebenfalls zur Verständigung.

Eine typische Schilderung des entsprechenden Verhaltens, wie es wohl jeder Reiter in ähnlicher Form schon erlebt hat, bringt v. Maday. »Eines Tages wurde mein Pferd von einer mit einer geteerten Plane bedeckten Sämaschine erschreckt, die auf einem offenen Felde stand. Mit geweiteten Nüstern schaubte es heftig. Das Weiten der Nüstern geschah aber nicht zum Zweck des Auswitterns (Geruchwahrnehmens), denn wenn ein Pferd eifrig an einem Gegenstand riecht, und nicht aufgeregt ist, so schnaubt es nicht. Ein schaubendes Pferd ist zur Abwehr oder gar zum Angriff bereit.«

Nach Brehm schnaubt der Tarpanhengst, sobald ihm etwas auffällt. Dieses Schnauben des angriffslustigen Hengstes ist vielleicht nicht nur als Drohgebärde, sondern auch als Mittel zur genauen Lokalisierung des Gegners bestimmt. Man kann sich wohl vorstellen, daß das Pferd v. Madays mit Hilfe einer Schallortung versuchte, das in seinem diffusen Gesichtspanorama aufgetauchte unheimliche schwarze Etwas, die geteerte Plane, genauer zu lokalisieren und abzugrenzen. Das wiedergegebene Erlebnis v. Madays mit seinem Pferd und der Sämaschine fand um das Jahr 1910 statt, zu einer Zeit also, in der man von Radar und Echolotung noch nichts wußte. Dennoch war ihm damals schon klar, daß das auffallende Schnauben nichts mit Geruchswahrnehmung, mit Auswittern, wie er es nennt, zu tun hatte.

Schließlich kann eine Schallortung nicht nur durch Schnauben, sondern auch durch das Dröhnen des Hufschlages, vor allem bei schnellem Tempo, zustande kommen. »Es ist auffallend, wie Springpferde vor jedem Sprung nach vorn die Ohren spitzen« (Isenbart). Besonders bezeichnend ist es, daß viele Springpferde, die auch »nach hinten orientiert« sind, also mit angelegten Ohren gehen, in mehr oder weniger regelmäßigen Abständen die Ohren nach vorn richten. Daß die Schallwellen der Hufschläge vom Hindernis reflektiert werden, kann man sich gut vorstellen.

Zweifellos ist das Echolot des Pferdes anderen Aufgaben gewidmet, als das mancher anderer Tiere, wie etwa der Fledermäuse. Niemand wird daran denken, einem Pferd die Augen zu verbinden und es dann über eine Stange springen zu lassen. Jene Flugtiere dagegen sind bekanntlich fähig, mit ihrer Schallortung dünne, in einem verdunkelten Raum gespannte Drähte zu umfliegen. Beim Pferd hingegen scheint sich die Schallortung eher darauf zu beziehen, die Distanz optisch wahrgenommener Objekte zu bestimmen sowie flächenhafte Gegenstände und Hohlräume zu erkennen. Gräben, Schluchten, Hohlwege werden anscheinend vornehmlich mit Hilfe reflektierter Schallwellen wahrgenommen. Wenn ein Pferd vor dem Sprung die Ohren spitzt, dient das möglicherweise weniger der Wahrnehmung des Hindernisses selbst, als mehr dem dahinterliegenden Raum.

Aufgrund dieses Sachverhaltes muß die im Kapitel über den Gesichtssinn wiedergegebene Schilderung Spohrs (S. 192), wie er mit seinem Pferd in der Dunkelheit zahlreiche Gräben übersprang, mit Vorbehalt beurteilt werden. Vielleicht war die Leistung des Tieres nicht dem Sehvermögen, sondern der Schallortung oder doch dem Zusammenwirken beider Sinne zu verdanken.

Auch scheint mir folgende Beobachtung zuzutreffen: Wenn man nachts aus einem hellerleuchteten Stall in die Dunkelheit hinausreitet, pflegt das Pferd zunächst ein starkes Schnauben zu entwickeln, das nach einigen Minuten nachläßt. Man kann das wohl so erklären, daß das Pferd wegen der bereits erwähnten langsamen Adaptation der Augen seine vorübergehende »Blindheit« zunächst vermehrt durch die Schallortung ersetzen muß. Wenn man die Tierarten, bei denen bisher Schallortung festgestellt wurde, vergleicht, findet man, daß es sich offenbar durchwegs um schnell bewegliche Arten handelt, zu denen das Pferd zweifellos gehört. Man kann sich auch nicht gut vorstellen, daß etwa eine Schnecke über ein Schallecho verfügt.

Aufschlußreich war mir folgendes Verhalten meines Pferdes, eines neunjährigen Vollblutwallachs. Ich ritt im verschneiten Gelände über einen leicht geneigten Hang, der von mehreren Terrassen unterbrochen war, abwärts. Der Schnee war etwa 30 Zentimeter tief. Vor jedem Absatz, den Schritt kurz verzögernd, stieß das Tier mit lang nach vorn und unten gestrecktem Kopf ein paar auffallende Schnaubtöne aus, um dann überraschend unbekümmert in den hier tiefer angewehten Schnee hinunterzutreten, als ob es nun wüßte, was unter der Oberfläche des Schnees zu erwarten sei.

Vielleicht ist auch das bekannte Schlagen mit den Vorderbeinen in das Wasser, das vielen Pferden eigentümlich ist, dem Zweck gewidmet, Untiefen zu erkennen, denn es ist fast immer mit lebhaftem Schnauben verbunden. Daß dieses Verhalten bei vielen Pferden das Vorspiel ist, sich anschließend ins Wasser zu legen, steht dem nicht entgegen.

Die Neigung der einzelnen Pferde, zu schnauben, ist unterschiedlich. Psychisch regsame, temperamentvolle und sensible Tiere schnauben offensichtlich öfter und stärker als andere. Es scheint auch, daß die Führungsrolle des Leittieres in vermehrtem Schnauben zum Ausdruck kommt.

Für experimentelle Untersuchungen kann man entweder dem Pferd die Augen verbinden oder die Nasentrompete verstopfen. In beiden Fällen ist es notwendig, das Versuchstier zunächst an den ungewohnten Zustand zu gewöhnen. Ich hatte Gelegenheit, ein blindes Reitpferd versuchsweise zu reiten, das prompt gegen einen Baum stieß, wenn man es dagegen lenkte. Dieses Tier war aber daran gewöhnt, daß der Reiter auf den Weg achtete, so daß es darauf vertraute, nicht gegen ein Hindernis geführt zu werden. Dagegen stieß es nicht an, wenn man es frei laufen ließ. Aus der näheren Umgebung des Stalles fand es allein in seinen Stand zurück, dies allerdings wohl auch unter Mitwirkung des Geruchssinnes.

Der Geruchssinn

Weniger als über die Seh- und Hörweise ist über den Geruchs- und Geschmackssinn bekannt. Sie stehen in engem gegenseitigem Zusammenhang, da jeder von ihnen der Wahrnehmung chemischer Substanzen, einmal in gasförmigem, zum andern in festem oder flüssigem Zustand, dient. Manchmal läßt sich nicht mit Sicherheit feststellen, welcher der beiden Sinne gerade wirkt. Vermutlich ist der Geruchssinn der überlegene. Man kann dies jedenfalls daraus entnehmen, daß Pferde im allgemeinen den Geschmackssinn gar nicht erst heranzuziehen brauchen, wenn ihnen etwas nicht bekömmlich oder angenehm zu sein scheint. Angenommen, vorgesetztes Wasser behagt ihnen nicht, so pflegen sie sich bereits abzuwenden, sobald sie nur daran gerochen, nicht erst davon getrunken haben. Auf ein dem Menschen überlegenes Geruchsvermögen kann man aus der anatomischen Beschaffenheit der riesigen Nase schließen. Aber auch experimentell läßt sich die außerordentliche Geruchsempfindlichkeit feststellen. Schon der ungewohnte Wassereimer wird wegen des fremden Geruchs abgelehnt.

Mit dieser Feststellung einer quantitativen Überlegenheit der Nase ist noch nichts über die Qualität des Geruchsempfindens ausgesagt. Die vergleichende Beobachtung der Wahrnehmungsweisen des Geruchs etwa bei Hund, Reh und Pferd führt zur Schlußfolgerung, daß diese Tierarten zwar über ein außerordentliches Geruchsvermögen, jedoch verschiedenartiger Qualität verfügen. Sicher gibt es beim Riechen ähnliche Verschiedenheiten wie beim Sehen. Eine Tierart nimmt möglicherweise die geringsten Spuren von Geruchsstoffen in der Nähe wahr, eine andere auf weitere Entfernungen. Über das Riechvermögen des Pferdes

Abb. 43: Man will sich nicht nur sehen, sondern auch beriechen

auf größere Entfernungen gehen die Ansichten, soweit sie in der Literatur niedergelegt sind, erheblich auseinander.

Es ist bekannt, daß bestimmte Tierarten geruchsempfindlich für gewisse Substanzen, unempfindlich für andere Stoffe sind. Das entspricht der unterschiedlichen Wahrnehmungsfähigkeit für Farben. Es ist möglich, daß das Pferd Gerüche wahrnimmt, die wir nicht kennen, während wir vielleicht Substanzen riechen, die dem Pferd verborgen bleiben. Ferner ist denkbar, daß es ähnlich wie beim Hören ein Herausfiltern einzelner Geruchsbereiche gibt.

Wenn das Fohlen dicht an der Seite der Mutter bleibt, sobald sie aus dem Stall geführt wird, hat man den Eindruck, daß es sich dabei nach dem Geruch des mütterlichen Körpers richtet. Es scheint eine Duftzone von einigen Metern zu bestehen, aus der es sich nicht entfernt, sobald ihm irgend etwas unheimlich wird. Die gegenseitige Begrüßung von Pferden geht immer so vor sich, daß sie sich dicht neben den Nüstern beriechen, wobei sie meistens die Nasen fest aneinanderpressen. Anscheinend wird in der Nüsterngegend ein besonders charakteristischer Duftstoff gebildet. Man kann ihn bei dichtem Herantreten im Bereich der nicht oder nur schwach behaarten Zone oberhalb der Nüsterngegend auch mit dem menschlichen Geruchsempfinden wahrnehmen. Der gerade in dieser Körpergegend besonders deutliche aromatische Geruch des Pferdes trägt sicherlich zur charakteristischen Atmosphäre in einem Pferdestall bei, die keinem unvoreingenommenen Menschen unangenehm ist.

Offensichtlich besitzt jedes Pferd seinen individuellen Körpergeruch. Wenn zwei Pferde sich kennenlernen und zum erstenmal berochen haben, pflegen sie ihre Sympathie oder Antipathie deutlich durch ihr Benehmen zum Ausdruck zu bringen. Bekannt ist das kreischende Quietschen, das wohl im allgemeinen ein Ausdruck der Ablehnung oder einer Distanzierung ist. Es scheint aber auch gelegentlich, besonders bei Stuten, ein Sich-Zieren oder Sich-Interessantmachen zu bedeuten. Das alles deutet darauf hin, daß Freundschaft oder Abneigung zwischen Pferden weitgehend eine Frage des Geruchs ist.

Vielleicht war auch beim Menschen dieser Sinn ursprünglich von größerer Bedeutung als heutzutage. Ist er es womöglich sogar jetzt noch mehr, als uns zum Bewußtsein kommt? Finden wir den einen oder anderen sympathisch oder unsympathisch wegen seines Geruches, ohne uns dieser Ursache bewußt zu werden? Es ist jedenfalls merkwürdig, daß man sagt, dieser oder jener stehe in einem schlechten Geruch oder gar, »den kann ich nicht riechen«. M. Russel von der Universität von Kalifornien in San Francisco hat entdeckt, daß offenbar auch beim Menschen, wenigstens in sehr jugendlichem Alter, Duftkennzeichen erkannt werden können. Er überprüfte zehn Neugeborene daraufhin und fand, daß sie zwischen einem nur mit Wasser getränkten Läppchen, das er ihnen 30 Sekunden unter die Nase hielt, und einem Läppchen mit der Milch einer fremden und der eigenen Mutter unterscheiden konnten. Mit sechs Wochen war deutlich zu erkennen, daß sechs der zehn Kinder nur auf die Milch der eigenen Mutter ansprachen.

Die verschiedenartigen Ansichten über das Riechvermögen der Pferde sind zweifellos in den Schwierigkeiten objektiver Feststellbarkeit begründet. Es ist leichter, die Seh- und Hörweise als die Riechweise eines Tieres zu untersuchen. Man geht wohl nicht fehl in der Annahme, daß dieser Sinn bei den domestizierten Formen wegen mangelnder Übung weniger ausgebildet ist als bei wildlebenden. Ein in der argentinischen Pampa lebender, verwilderter Halbblüter hat sein Geruchsorgan vermutlich noch besser ausgeprägt als ein Wildpferd in einem europäischen Gehege. Beobachtungen an solchen wildlebenden Pferden sollen kommentarlos wiedergegeben werden, da sie hier nicht nachzuprüfen sind.

Von Rengger (nach Zell) wird dazu folgendes berichtet: »Die Sinne dieser fast wildlebenden Tiere scheinen schärfer zu sein als die europäischer Pferde. Ihr Gehör ist äußerst fein. Bei Nacht verraten sie durch Bewegung der Ohren, daß sie das leiseste, dem Reiter vollkommen unhörbare Geräusch vernommen haben. Mit Hilfe ihres Geruches machen sie sich mit ihrer Umgebung bekannt. Sie beriechen alles, was ihnen fremd erscheint. Durch diesen Sinn lernen sie ihren Reiter, das Reitzeug, den Schuppen, wo sie gesattelt werden usw. kennen. Durch ihn wissen sie in sumpfigen Gegenden die bodenlosen Stellen zu ermitteln, durch ihn finden sie in dunkler Nacht oder bei dichtem Nebel den Weg zu ihrem Wohnorte oder zu ihrer Weide. Gute Pferde beriechen ihren Reiter in dem Augenblick, wenn er aufsteigt, und ich habe schon solche gesehen, welche ihn gar nicht aufsteigen ließen oder sich seiner Leitung widersetzten, wenn er nicht einen Poncho oder Mantel mit sich führte, wie ihn die Landleute, welche die Pferde bändigen und zureiten, immer tragen. Falls sie durch den Anblick irgendeines Gegenstandes erschreckt werden, beruhigt man sie am leichtesten, wenn man ihn beriechen läßt. Auf größere Entfernung hin wittern sie freilich nicht. Ich habe selten ein Pferd gesehen, das einen Jaguar auf fünfzig und noch weniger Schritte gewittert hätte. Sie machen daher in den gewohnten Gegenden Paraguays die häufigste Beute dieses Raubtieres aus.«

Diese letzte Behauptung, Pferde könnten nicht auf weite Entfernungen wittern, wird von Zell mit folgenden Worten energisch bestritten: »In Südafrika wittern Pferde verborgene Wasser auf unglaubliche Entfernungen. Das haben so viele Afrikaner erlebt, daß jeder Streit darüber überflüssig ist. Dagegen ist es richtig, daß sie den Jaguar gewöhnlich nicht wittern. Das geschieht aus dem einfachen Grunde, was Rengger bei einiger Überlegung sich selbst hätte sagen müssen, weil der Jaguar, wie alle Raubtiere, sich unter Wind seiner Beute nähert.«

Hierzu gehört auch eine eigenartige Behauptung Xenophons: »Strauße und Trappen leben gern in Gesellschaft wilder Esel.« »Man sagt, daß sich die Strauße in der Wüste deshalb in der Nähe von wilden

Abb. 44: Zebras an von ihnen selbst gegrabenen Wasserlöchern

Eseln aufhalten, weil diese, wie Reisende beobachtet haben, ein ungemein feines Witterungsvermögen für Wasser und Quellen haben«
(Schlieben).

Es wäre anmaßend, zu den wiedergegebenen Ansichten negativ, oder
soweit sie sich widersprechen, kritisch Stellung zu nehmen, ohne in der
Lage zu sein, exakte Nachprüfungen durchzuführen. Die widersprüchlichen Angaben könnten nur dann auf einen Nenner gebracht werden,
wenn man annimmt, daß sich die Geruchswahrnehmung für Wasser
über größere Entfernungen erstreckt als für andere Stoffe. Wenngleich
die Wahrscheinlichkeit einer derartigen Annahme gering ist, kann sie
doch nur durch eine experimentelle Untersuchung ausgeschlossen werden, die unter den gegenwärtigen europäischen Bedingungen kaum
möglich ist. Zu bestätigen und allgemein bekannt ist die Empfehlung,
Pferde einen Gegenstand, vor dem sie Angst zeigen, beriechen zu lassen.

Von besonderem Interesse ist für das Pferd offensichtlich der Duft des
Dungs anderer Artgenossen. Immer wieder kann man beobachten, wie
aufmerksam er berochen wird. Es scheint, daß dabei eine individuelle
Note des einzelnen Tieres zum Ausdruck kommt, die sogar den Zweck
hat, die Nachricht über die Anwesenheit eines bestimmten Individuums
zu vermitteln. In diesem Zusammenhang spricht Zell geradezu von einer
Post der Pferde:

»Viele Tiere pflegen sich seit Urzeiten zu benachrichtigen. Und zwar
benützen die Nasentiere naturgemäß Duftstoffe zu diesem Zweck, so

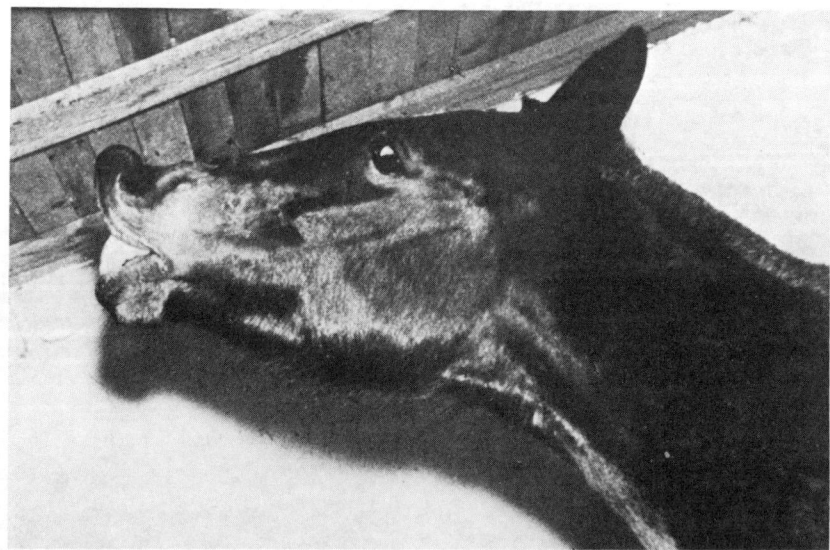

Abb. 45: Flehmendes Pferd (vergleiche Abb. 38)

das Moschustier den Moschus, die Zibetkatze den Zibet, der Biber sein Geil. Das Pferd verwendet zur Benachrichtigung seinen Mist. Es war schon seit langer Zeit aufgefallen, daß Pferde große Mistberge bilden und diese gern beriechen. Doch konnte man sich ihren Zweck nicht näher erklären. So schreibt Azara von den Cimarones, den verwilderten Pferden Südamerikas, folgendes: ›Mit Verwunderung bemerkt man, daß die Wege, welche sie überschreiten, oft auf mehrere Kilometer hin mit ihrem Mist bedeckt sind. Es unterliegt keinem Zweifel, daß sie die Straße aufsuchen, um ihre Notdurft zu verrichten. Und weil nun alle Pferde die Eigenheit haben, den Kot anderer ihrer Art zu beriechen und durch ihren eigenen zu vermehren, wachsen diese Miststätten zu förmlichen Bergen an.‹ Der Mist soll in der Steppe demnach zur Verständigung dienen. Pferdekenner berichten, daß viele Hengste aus Reinlichkeit nicht im Stall misten.

In Wirklichkeit hat das mit Reinlichkeit nichts zu tun. Der Hengst hofft, seinen Mist im Freien als Post zu verwenden und hält ihn deshalb zurück. Das Wildpferd beriecht fremden Mist und entleert sich dann. Die Chinesen sind vor langer Zeit auf diesen Zusammenhang gekommen. Wie mir Major Kleemann mitteilte, der die Expedition nach China mitgemacht hat, sind dort für Pferde und Esel gewissermaßen Klosette vorhanden, also Gruben mit Mist, die von den vorbeikommenden Einhufern gern benützt werden.«

Soweit die Schilderungen Zells, die teilweise im Widerspruch zu den vorausgegangenen Darstellungen Klingels stehen. Vor allem bedürfte es der Nachprüfung, inwieweit Pferde auf größere Entfernungen Gerüche wahrzunehmen vermögen. Die Angaben über die sogenannte Pferdepost sind wohl nicht von der Hand zu weisen. In diesem Zusammenhang sei auch auf die von Zeeb an den Dülmener Pferden gemachten Beobachtungen hingewiesen. Er stellte fest, daß sich die Hengste nach dem Deckakt in einem Schlammbad zu wälzen pflegten. Man kann wohl annehmen, daß es sich dabei ebenfalls um eine Angelegenheit des Geruchssinnes handelt. Will der Hengst den Geruch der gedeckten Stute aus Rücksicht auf andere Stuten verdecken? Vielleicht steht damit auch die auffallende Tatsache im Zusammenhang, daß sich männliche Tiere mit Vorliebe auf ihren eigenen Mist zu legen pflegen, wie Besitzer von Schimmelhengsten oder -wallachen zu ihrem Leidwesen oft feststellen müssen. Dagegen gibt es vor allem Stuten, die ausgesprochen reinlich sind, stets in eine bestimmte Ecke ihrer Box den Mist absetzen und sich sogar sorgfältig hüten, daraufzutreten. Doch das ist keine bestimmte Regel, denn auch unter den weiblichen Vertretern findet man weniger reinlich veranlagte Tiere. Es wäre aufschlußreich, die psychischen Hintergründe dieses unterschiedlichen Verhaltens herauszufinden, und wertvoll, zu ermitteln, ob man körperliche Unsauberkeit irgendwie abstellen kann. Bisher hat man darüber offenbar keine Erfahrungen.

Jedenfalls scheint die Sauberkeit dem ursprünglichen und naturgemäßen Verhalten zu entsprechen. Das dürfte daraus hervorgehen, daß auch auf den Weiden vielfach bevorzugte Mistplätze vorhanden sind. Meistens befinden sie sich dort, wo minderwertiges Gras wächst, mit Vorliebe an schattigen Stellen, zum Beispiel unter einer bestimmten Baumgruppe.

Aufgrund dieser Darlegungen kann man wohl mit Recht annehmen, daß dem Pferd manche Gerüche angenehm, andere unangenehm sind. Deshalb sollte nicht nur aus gesundheitlichen, sondern auch aus psychologischen Gründen für gute Luft im Stall gesorgt werden, damit sich das Tier wohl fühlt.

Eine eigenartige Reaktion des Geruchssinnes ist das sogenannte *Flehmen*. Es ist etwas anderes als das Gähnen, von dem schon die Rede war. Das Flehmen entspricht in anatomisch-physiologischem Sinn dem Naserümpfen des Menschen, bei dem es den Ausdruck der Verachtung bedeutet. Ein Pferd flehmt dann, wenn ihm ein überraschender, intensiver Geruch in die Nase gestiegen ist. Es tritt besonders während der Fortpflanzungszeit auf, wenn Hengste Harn der Stuten mit den Lippen aufgenommen haben, sowie nach Beriechen der Vulva.

Der Geschmackssinn

Die außerordentliche Geschmacksempfindlichkeit des Pferdes steht außer Zweifel. Von Natur aus ist sie eine Voraussetzung für das Überleben. Im Zusammenwirken von Instinkt und Geschmack muß das Pferd beurteilen, was ihm zuträglich und unzuträglich, nützlich oder schädlich ist. Die Geschmackswahrnehmung und die Differenzierung der Geschmacksstoffe ist zunächst ein physiologisch-neurologischer Vorgang. Dagegen ist die Empfindung, ob etwas gut oder schlecht schmeckt, ausschließlich psychologisch zu beurteilen. Instinktiv meidet das Pferd die sogenannten Geilstellen auf der Weide, an denen ein oder mehrere Jahre vorher ein Pferd gemistet hat, vermutlich mit dem Sinn, sich nicht mit dort abgesetzten Parasitenlarven zu infizieren.

Wahrscheinlich ist den domestizierten Pferden nicht mehr dieselbe Instinktsicherheit und dieselbe Empfindlichkeit des Geschmacks gegeben wie ihren wildlebenden Vorfahren, die schädliche und giftige Pflanzen zu meiden wußten. Dagegen scheint eine übertriebene oder sinnlose, geradezu sinnwidrige Form (Irrbarkeit) des Geschmacks infolge übersteigerter Sensibilität bei hochgezüchteten Pferden vorzukommen. Dies kann geradezu groteske Formen annehmen, die gewiß mit natürlichen Instinkten oder gar mit Zweckmäßigkeit nichts zu tun haben. Ein bekanntes Beispiel für solche Überempfindlichkeit war die berühmte Kincsem. Sie sollte in Baden-Baden Rennen laufen und lehnte es, dorthin gebracht, ab, Leitungswasser zu trinken. Man sah schon eine Katastrophe herannahen, als irgend jemand endlich aus einem Brunnen Wasser brachte, das sie dann annahm.

»Manche Pferde sind in bezug auf Sauberkeit des Futters und Getränkes sehr anspruchsvoll. Eines Tages verweigerte mein Pferd Kedves das Wasser. Ich nahm sofort an, daß es verunreinigt sei und brachte frisches; aber auch dieses verweigerte sie mit verächtlichem Schnauben. Ich unterzog den Eimer darauf einer gründlichen Reinigung und bot der schwierigen Pferdedame nochmals Wasser an. Wieder ein Beschnüffeln des Eimers und abweisendes Schnauben. Dabei sah ich, daß Kedves großen Durst hatte, wie man aus ihrem erwartungsvollen Wiehern beim Bringen des Wassers entnehmen konnte. Nun bemerkte ich, daß ich die Eimer meiner beiden Pferde verwechselt hatte. Ich brachte Kedves in ihrem Eimer Wasser, sie trank es begierig aus und nahm dann noch einen zweiten Eimer voll zu sich. Trotz des großen Durstes hatte sie sich also nicht entschließen können, aus dem Eimer ihres Stallgenossen zu trinken« (Montgelas).

Man kann das ablehnende Verhalten gegenüber ungewohntem Wasser kaum als etwas Naturgemäßes betrachten. Wahrscheinlich ist die beschriebene, doch wohl übertriebene Geschmacksempfindlichkeit einzelner Pferde teils auf eine ungewöhnlich sensible Veranlagung, teils darauf zurückzuführen, daß die betreffenden Tiere das gleiche Wasser stets aus demselben Trinkgefäß erhalten haben. Dies dürfte kaum natürlichen Gegebenheiten entsprechen. Schließlich kann man nicht annehmen, daß unter den natürlichen Verhältnissen der freien Wildbahn immer aus demselben Gewässer getrunken wird. Man sollte deshalb daran denken, die Pferde daran zu gewöhnen, verschiedenartiges Wasser anzunehmen, auch auf die Gefahr hin, sie einmal dursten zu lassen. Zweifellos wäre es nicht der geeignete Zeitpunkt gewesen, Kincsem ausgerechnet vor einem entscheidenden Rennen erzieherisch zu behandeln. Wer aber beispielsweise beabsichtigt, eine langdauernde Wanderung zu Pferde oder eine anstrengende, mehrtägige Vielseitigkeitsprüfung zu unternehmen, sollte nicht erst diese Gelegenheit abwarten, um sein Pferd mit fremdem Wasser und Eimer zu tränken. Vor allem in Stallungen mit automatischen Tränkvorrichtungen wird es sich empfehlen, die Tiere an Eimer und Wasser verschiedener Art zu gewöhnen, bevor man anstrengende Leistungen von ihnen fordert, die mit entsprechenden Problemen verbunden sein mögen.

Gefühl

Allgemeines

Zu Beginn des Abschnittes über die Wahrnehmungsweisen wurde gezeigt, daß die Sinnesorgane die Aufgabe haben, über das Nervensystem äußere Eindrücke, seien es solche elektromagnetischer Wellen, chemischer Substanzen oder mechanischer Einwirkungen, aufzunehmen und anderen körperlichen und seelischen Bereichen zu vermitteln. Wenn die empfangenen Eindrücke als Empfindungen und Wahrnehmungen zum *Bewußtsein* gelangen, entwickelt sich ein Gefühl. Gefühl ist also eine bewußtgewordene Empfindung. Aus dieser engen Verbindung des Gefühls mit dem Bewußtsein, daraus, daß es ohne Bewußtsein gar kein Gefühl geben kann, geht sein hoher Rang in der Stufenleiter der psychischen Bereiche hervor. Man kann infolgedessen mit großer Wahrscheinlichkeit annehmen, daß Lebewesen, die kein Bewußtsein besitzen, auch das nicht haben können, was wir Menschen unter Gefühl verstehen.

Manche Psychologen lehnen es ab, Sinnesempfindungen in das Gefühlsleben einzubeziehen. Das ist aber nicht zwingend begründet und auch nicht notwendig, wenn man bei der Einteilung eine entsprechende Gliederung in verschiedenartige Formen von Gefühlen vornimmt. Die hier vertretene Auffassung wird auch insofern bestätigt, als der Schmerz, das Schmerzgefühl, sei es körperlicher oder seelischer Art, allgemein als dem Gefühlsleben zugehörig gilt. Die meisten Schmerzen aber werden durch Sinnesempfindungen vermittelt. Nun wäre es zweifellos inkonsequent, zwar schmerzhafte, nicht aber andere Sinnesempfindungen dem Gefühlsleben zuzurechnen.

Dafür, daß Gefühl ein Bewußtsein voraussetzt, mag auch folgende Beobachtung experimenteller Art sprechen: Bei einer flachen Narkose, in der das Bewußtsein eben ausgeschaltet, die Funktionsfähigkeit der Sinnesorgane aber noch erhalten ist, deutet die durch einen Lichteinfall in das Auge erfolgte Verengung der Pupille an, daß die Lichtempfindung zwar noch besteht, nicht mehr jedoch das Gefühl. Denn der Narkotisierte erinnert sich nach dem Erwachen nicht an die wenige Minuten vorher erfolgte Blendung, nicht einmal dann, wenn man ihn daran zu erinnern sucht. Dabei ist zur Verengung der Pupille ein komplizierter physiologischer Vorgang über die Netzhaut und das Sehzentrum im Gehirn notwendig. Die Pupille verengt sich nicht unmittelbar infolge des auf die selbst eingefallenen Lichtstrahles, sondern erst auf dem Umweg über den Sehnerv und das Sehzentrum. Daraus geht hervor, daß der komplexe Vorgang einer Sinnesempfindung zwar abgelaufen ist, ohne jedoch ein Gefühl zu erzeugen. Man könnte das nicht mit eben derselben Gewißheit vom Hornhautreflex behaupten, denn bei ihm erfolgt das nach Berührung der Cornea ausgelöste Zucken der Lider nicht über ein Gehirnzentrum, sondern unmittelbar über einen Reflexbogen.

Eine vermutlich enge Beziehung zwischen *Gefühl und Instinkt* geht aus der Ähnlichkeit des schon besprochenen Zeitsinnes, der instinktiven, sogenannten inneren Uhr (siehe S. 170), mit dem Zeitgefühl hervor. Manche Menschen vermögen auf Befragen mit großer Genauigkeit gefühlsmäßig die Uhrzeit zu bestimmen, ohne sich erkenntnismäßiger

Mittel, wie etwa des Sonnenstandes, zu bedienen. Den meisten von uns freilich, die gewohnt sind, ständig eine Uhr wie einen Teil der Bekleidung bei sich zu tragen, ist dieses Zeit-Gefühl verlorengegangen, das man zwar nicht als Instinkt, ebensowenig aber als Funktion des bewußten Denkens wird bezeichnen können.

Aus dem engen Zusammenhang zwischen Gefühl und Bewußtsein läßt sich aber auch folgern, daß man, ähnlich wie zwischen Bewußtsein und Selbstbewußtheit, zwischen direktem und reflektierendem Gefühl unterscheiden muß. Wir Menschen vermögen unser Gefühlsleben durch das Reflektieren außerordentlich zu steigern. Wer jemals einen Weinprüfer beobachtet hat, wie er mit angespannter Aufmerksamkeit den vorgesetzten Tropfen kostet und nachdenklich auf der Zunge befühlt, wird am Vorhandensein eines reflektierenden Gefühls kaum zweifeln können. Der Musizierende, der sich selbst musizieren hört, gewinnt dabei ein größeres Verständnis einer Komposition als derjenige, der sie nur passiv anhört. Aber auch der Vogel hört sich singen, der Hund hört sich bellen, knurren, winseln, das Pferd hört sich schnauben und wiehern. Wenn also dem Tier zwar wegen des fehlenden Wortes das reflektierende Denken und damit das Ichbewußtsein fehlt, so ist doch zu vermuten, daß ihm, wenn auch in geringerem Maße, ein reflektierendes Fühlen zu eigen sein kann.

Eines der höchststehenden reflektiven Gefühle ist das *Mitleid.* Der Mitleid Empfindende versetzt sich reflektierend in die Lage des Leidenden, ohne selbst betroffen zu sein. Diese Gefühlsempfindung kann ein Lebewesen ohne den Besitz der Selbstbewußtheit nicht haben. Daraus geht die Bedeutung des Mitleids für die menschliche Kultur nach dem Wort Albert Schweitzers hervor: »Ethik ist Mitleid.«

Wenn dagegen eine Stute irgendein Leiden ihres Fohlens, eine ihm drohende Gefahr, seine Angst vor einem gefährlichen Feind, mitempfindet, wenn sie es vielleicht, von ihm getrennt, klagen hört und selbst darunter leidet, erkennbar an einem schmerzlichen Wiehern, so ist das kein Mitleid im Sinn einer ethischen Empfindung. Sie leidet nicht in uneigennütziger Weise und in fremdem Interesse, sondern wegen der Verletzung ihrer eigenen mütterlichen Gefühle. Das heißt, es handelt sich hier nicht um ein reflektives Gefühl, nicht um Mitleid.

Die Verwechslung von fremden mit eigenen Interessen beim Mitfühlen irgendeiner psychischen Belastung eines anderen Menschen oder eines Tieres kann man als falsches Mitleid bezeichnen. Mancher glaubt Mitleid mit einem angeblich leidenden Tier zu empfinden, obgleich es ihm unbewußt um die eigenen Gefühle geht. Er hat Mitleid mit den auf der Weide im Regen stehenden Pferden, ohne zu wissen, daß er in Wirklichkeit unter der Vorstellung leidet, selbst mit nassen Kleidern dort draußen herumstehen zu müssen. Deshalb ist die Unterscheidung zwischen echtem und falschem Mitleid eine wichtige Voraussetzung für den Tierschutz, der zu einem wesentlichen Teil auf dem Gefühl des Mitleids beruht. Tierschutz setzt gewisse Kenntnisse in der Psychologie nicht nur des Tieres, sondern auch des Menschen voraus. Dem echten Tierschutz geht es ausschließlich um die Interessen des Tieres.

Wenn es richtig ist, daß die Entwicklung des Gefühls im direkten Verhältnis zum entwicklungsgeschichtlichen Hochstand einer Tierart steht, dann ist es gerechtfertigt, die Quälerei an einem hochstehenden Tier als gravierender zu beurteilen als an einem primitiven. In der Tat ist es etwas anderes, vielleicht nicht so sehr im moralischen Sinn als im effektiven Ergebnis, ob man einem Frosch oder einem so hochdifferenzierten Lebewesen wie dem Pferd einen Schmerz zufügt.

Das Gefühlsleben unterliegt fortwährenden *Wandlungen* im Laufe der Entwicklungsgeschichte, im Laufe der historischen Zeit sowie während des individuellen Lebens. Die Wandelbarkeit ist sogar besonders typisch für diesen seelischen Bereich. Denken wir nur daran, wie schnell sich heiße Liebe in abrundtiefen, tödlichen Haß verwandeln kann. Im Zusammenhang mit dieser Tatsache steht die Relativität der Gefühle: Es ist bekannt, daß dem Maß freudiger und schmerzhafter Gefühle nach oben und unten eine Grenze gesetzt ist. Das Kind erlebt sehr schnell bei geringfügigen Anlässen ein für den Erwachsenen unbegreifliches derartiges Höchstmaß schmerzlicher Gefühle, als ob sogleich seine Welt unterginge. Dies mag nicht nur mit der größeren Gefühlskraft des Kindes, sondern auch mit einem Mangel an vergleichbaren Erfahrungen zusammenhängen. Andererseits erscheint uns ein schmerzliches Gefühl als relativ harmlos, wenn es gleichzeitig mit einem wesentlich stärkeren an uns herantritt. Den Verlust unserer Brieftasche empfinden wir vielleicht als gering, wenn er zeitlich mit dem Tod eines liebgewordenen Menschen zusammentrifft.

Besonderes

Wandlungen der Gefühle finden sich auch beim Pferd. Das schmerzliche Gefühl der Trennung von den Artgenossen oder gar von der Mutter ist bei Jungtieren stärker als bei erwachsenen, bei denen das Gefühl der Mutterliebe im späteren Alter sogar ganz verlorenzugehen scheint. Man kann es wohl nicht beweisen, aber doch für wahrscheinlich halten, daß auch in der Entwicklungsgeschichte des Pferdes eine Wandlung seiner Gefühlswelt stattgefunden hat. Bei den umwälzenden Eingriffen, die der Mensch auf dem Wege der Züchtung in den körperlichen Bereich vorgenommen hat, ist wohl auch der psychische, vor allem der sensible, nicht unbehelligt geblieben. Man geht gewiß nicht fehl in der Annahme, daß das Wildpferd ein anderes Gefühlsleben besitzt als das domestizierte.

Abb. 46: Nasenbremse mit und ohne Instrument

Von der *Relativität* der Gefühle macht man praktischen Gebrauch mit der *Nasenbremse*. Man erzeugt mit Hilfe einer Kompression der empfindlichen Pferdelippe einen Schmerz, der einen anderen, geringeren Schmerz überlagert und als geringfügig relativiert. Es ist eine selbstverständliche Forderung, diesen ablenkenden Schmerz auf unvermeidbare Fälle zu beschränken und ihn nicht stärker als unbedingt notwendig auszuüben. Ob es sich bei der Nasenbremse nur und ausschließlich um einen Schmerz handelt, ist freilich nicht ganz geklärt. Die geradezu erstarrte Haltung eines gebremsten Pferdes erinnert auch an eine Art hypnotischen Zustand, wie man ihn bei manchen anderen Tierarten durch bestimmte Fixierungen erzielen kann. Diese erstarrte Haltung läßt sich nicht auf irgendeine beliebige Art der Schmerzerzeugung an irgendeiner anderen Körperstelle herbeiführen. Die psychologische Wirkung der Nasenbremse bedarf also noch der Klärung. Oft ist es gar nicht notwendig, sich einer regulären Bremse zu bedienen. Ein geringfügiger Druck mit Daumen, Zeige- und Mittelfinger genügt, um die gewünschte Wirkung hervorzurufen.

Ein analoger Effekt läßt sich durch extremes Hochbiegen des Schweifes erzeugen. Besonders bei Fohlen macht man von der *Schweifbremse* vielfach Gebrauch. Manchmal ist es ohne diese einfache Maßnahme gar nicht möglich, Manipulationen ganz harmloser Art, beispielsweise das erstmalige Auflegen des Halfters, vorzunehmen. Man faßt den Schweif mit beiden Händen und biegt ihn kräftig nach oben. Wie hypnotisiert steht das Fohlen mit aufgehobenem Schweif in erstarrter Haltung da. Nun ist sogleich so viel nachzugeben, daß der erstrebte Zweck eben noch erreicht wird. Allzu heftige oder gar brutale Flexionen sind zu vermeiden und überflüssig. Auch bei erwachsenen Tieren ist im Prinzip dasselbe Verhalten gegeben, jedoch im allgemeinen aus mechanischen Gründen und wegen der Größenverhältnisse nicht anwendbar. Eigenar-

Abb. 47: Schweifbremse bei einem Araberfohlen

tigerweise hat ein Abbiegen nach der Seite oder eine Schmerzerzeugung auf andere Weise, etwa durch Knebeln, keine entsprechende Wirkung.

Es dürfte kein Zufall sein, daß Nasen- und Schweifbremse die Enden des zentralen Nervensystems, einmal das vordere, im andern das hintere Ende beeinflussen. Der enge Zusammenhang zwischen Haltung und Bewegung des Schweifes mit dem Gefühlszustand ist bekannt. Man vergegenwärtige sich den Hund, der im Zustand der Angst den Schwanz zwischen die Beine klemmt, in freudiger Stimmung hingegen eifrig wedelt. Im Kapitel über die Sprache wird vom Schweif als Ausdrucksmittel noch die Rede sein.

Das in früheren Zeiten bei manchen Pferderassen übliche Kupieren hatte vermutlich ebenfalls Einfluß auf den psychischen Zustand der betroffenen Tiere. Vielleicht wollte man dadurch sogar bewußt eine verstärkte Erregtheit, eine künstliche Steigerung des Temperamentes herbeiführen, denn es wurde nicht nur bei Zugpferden gegen das sogenannte Leinenfangen und zur Erzeugung einer optisch breiteren Hinterpartie, sondern auch bei schweren Reitpferden, vor allem bei Huntern vorgenommen. Untersuchungen über diese Vorgänge können wir heute nicht mehr anstellen, da die Verstümmelung glücklicherweise verboten wurde. Bei von Natur aus temperamentvollen Rassen, wie Arabern oder Vollblütern, war das Kupieren jedenfalls nicht üblich. Die nervenstimulierende Wirkung kann man deutlich bei Hunden mit unaufhörlich zitterndem Schwanzstummel beobachten.

Manche Trainer glauben die Erfahrung gemacht zu haben, daß Rennpferde mit sehr langen Schweifhaaren weniger schnell sind als mit verkürzten. Dies dürfte kaum mit dem Gewicht und dem Luftwiderstand einiger zwanzig oder dreißig Zentimeter Schweifhaare, sondern mit der Nervenstimulierung zusammenhängen, die mit dem Abschneiden der Haare verbunden ist. Wenn wir daran denken, wie das Haareschneiden, das Rasieren, das Abfeilen der Fingernägel eine stimulierende oder gar prickelnde Wirkung auf unser Nervensystem ausüben, so sind derartige Zusammenhänge auch beim Pferd nicht von der Hand zu weisen.

Nicht identisch mit der Relativierung in Form der Überlagerung eines Gefühls durch eine andere, stärkere Gefühlseinwirkung ist die *Gefühlsablenkung* durch Verlagerung des Bewußtseins. Man macht davon beim Pferd in Form von leichtem, rasch wiederholtem Klatschen mit der flachen Hand, meistens am Hals, Gebrauch. Dabei wird keineswegs ein Schmerz oder ein stärkeres als das abzulenkende, sondern eher ein angenehmes Gefühl, eine Ablenkung der Aufmerksamkeit, des Bewußtseins also, erzeugt. Eine ähnliche Wirkung kann man auch mit fortwährendem beruhigendem Sprechen erreichen. Im allgemeinen wird man beides verbinden. Aus dem menschlichen Bereich sind Überlagerungen und Ablenkungen des Gefühls auf dem Weg über das Bewußtsein allgemein bekannt. Fesselnde Musik läßt einen Leidenden ganz oder teilweise seine Beschwerden vorübergehend vergessen. Der durch ein plötzlich auftretendes lebensbedrohliches Ereignis in Todesangst versetzte Mensch bemerkt einen gleichzeitig auftretenden körperlichen Schmerz zunächst nicht. Erst nach Abklingen der psychischen Erregung tritt ein Schmerzgefühl auf. Der Angstzustand hat das Bewußtsein derartig gefangengenommen, daß es für die körperliche Empfindung keinen Raum mehr hatte. Wohl jeder Turnierreiter wird schon ähnliche Erfahrungen gemacht haben. Vielleicht scheuert der Stiefel und verursacht eine empfindliche Blase, vielleicht hatte man vor dem Start eine schmerzhafte Prellung erlitten. Während des Umlaufs im Parcours scheint der Schmerz wie weggeblasen. Erst nach Beendigung tritt er wieder auf, den zu bemerken wir in der Erregung weder Aufmerksamkeit noch Zeit hatten. Derartige Gefühlsablenkungen sind auch bei Pferden beobachtet worden, die im Rennen eine schmerzhafte Verletzung, etwa einen Knochenbruch erlitten, ihn aber infolge der Erregung nicht bemerkten, sondern weiterliefen, solange die mechanische Funktion des Körpers es noch zuließ. Der betreffende Vorgang kann zwar mit einem lokalen, schmerzblockierenden Wundschock zusammenfallen, ohne aber mit ihm identisch zu sein.

Während bei der Überlagerung des Gefühls ein kontinuierlicher Schmerz am wirksamsten zu sein scheint, ist die Ablenkung des Bewußtseins offenbar eher von einer gewissen Frequenz der Einwirkun-

gen abhängig. Rasches, leichtes Klopfen ist im allgemeinen wirksamer
als langsames und kräftiges. Ferner ist die Ablenkung um so erfolgreicher, je näher sie an der abzulenkenden Stelle stattfindet.

Schließlich gibt es auch die Gefühlsablenkung durch den Betroffenen
selbst. Man »beißt die Zähne zusammen«, um sich von einem Schmerz
abzulenken. Ähnliche Vorgänge kann man auch bei Pferden beobachten. Viele beißen während des Festgurtens des Sattels in die Krippe oder
in einen Pfosten, offenbar, um sich von dem unangenehmen Gefühl
abzulenken. Vielleicht ist auch das eigenartige Grasen der Kincsem
unmittelbar vor dem Start, das im Zusammenhang mit dem Startfieber
erwähnt wurde, in ähnlicher Weise zu erklären (S. 67).

Einzelne Gefühlsbereiche

Aus dem Vorausgegangenen wird ersichtlich, daß die Welt der Gefühle
von einer nahezu unendlichen Größe und Mannigfaltigkeit ist. Jeder
Trieb, jede Instinkthandlung, jede Wahrnehmung, jeder psychische und
körperliche Vorgang kann ein Gefühl erwecken. Darüber hinaus können
beim Menschen abstrakte Bewußtseinsvorgänge und Gedächtnisinhalte
Gefühlsregungen hervorrufen, wie gutes oder schlechtes Gewissen,
Schamgefühl, Rachegefühl und andere. Ähnliche Erscheinungen werden
beim Tier durch Assoziationen, durch eine Art unmittelbarer Gedankenverbindungen hervorgebracht.

Je nach Veranlagung und Herkunft können die Gefühle bei jedem
einzelnen Lebewesen eine besondere Form haben. Man vergegenwärtige
sich nur, daß der Maler, der Musiker, der Mathematiker, der Techniker,
der Landwirt jeweils seine eigene Gefühlswelt besitzt und diese auch
differenziert, denn nicht jeder Musiker liebt dieselbe Musik, vielmehr
der eine klassische, der andere moderne, dieser Mozart, jener Wagner,
der dritte Jazz. Schließlich ist nicht nur die Gefühlsform, sondern auch
die Gefühlsstärke, die man als *Sensibilität* bezeichnet, unterschiedlich.
Wenn wir uns der ausgeprägten Individualität des Pferdes erinnern,
dürfen wir mit Recht annehmen, daß jedes einzelne Tier, wenn auch
nicht in dem Ausmaß wie der Mensch, seine individuelle Gefühlsweise
besitzt. Um so merkwürdiger ist es, daß in der Tierpsychologie das
Gefühlsleben im Vergleich zu anderen Gebieten, etwa des Triebes oder
des Instinktes, relativ wenig behandelt wird.

Wegen des gewaltigen Umfanges dieses psychischen Bereiches ist es
unerläßlich, eine gewisse Systematik bei der Betrachtung der Gefühle
einzuhalten, wenn man einen Überblick behalten will. Ferner ergibt sich
daraus, daß es im Rahmen dieser Arbeit unmöglich ist, das Gefühlsleben
mit erschöpfender Vollständigkeit zu behandeln. Deshalb sollen lediglich einige besonders wichtige Gefühlsbereiche behandelt werden.

Man kann die Gefühle einteilen in innere und äußere, beide wiederum in diejenigen körperlichen und seelischen Ursprungs, so daß sich ihrer Entstehung nach vier verschiedene Gruppen ergeben. Jede von ihnen kann angenehmer, unangenehmer und schmerzhafter Art sein. Die daraus folgende Gruppierung in zwölf verschiedene Formen von Gefühlen mag zwar gekünstelt anmuten, sie kann aber dazu dienen, die außerordentliche Vielfalt des Gefühlslebens, das beim Pferd eine überragende Rolle spielt, zu verdeutlichen und seine Untersuchung zu erleichtern.

Wenn ich ein Pferd mit der flachen Hand am Hals klopfe, erzeuge ich ein körperliches Gefühl äußeren Ursprungs und angenehmer Art. Klopfe ich es auf dieselbe Stelle mit der Reitgerte, so ist das Gefühl unangenehm oder gar schmerzhaft. Man macht sich diese Unterscheidung bekanntlich im Umgang mit dem Pferde zunutze. Wir erzeugen durch Klopfen, durch zärtliche Worte, durch Leckerbissen angenehme Gefühle, wenn es sich nach unseren Wünschen verhalten hat, wir schaffen durch harte Worte, mit Sporn oder Peitsche Unlustgefühle, um unerwünschtes Verhalten abzustellen. Man geht dabei von der Erfahrungstatsache aus, daß jedes mit Gefühl begabte Lebewesen bemüht ist, sich so zu verhalten und alles zu tun, um angenehme Gefühle zu erlangen und unangenehme zu vermeiden. Die Freiheitsdressur von Pferden und anderen Tieren im Zirkus fußt beispielsweise auf dieser Erfahrung.

»Zur Hilfengebung am stärksten herangezogen wird das Gefühl des Pferdes, und zwar so sehr, daß beim fertig ausgebildeten Schulpferd das Gefühl der alleinige Vermittler des Willens seines Reiters ist« (Podhajsky).

Sämtliche Sinne können angenehme und unangenehme Gefühle vermitteln. Beispielsweise erwecken harmonische Klänge angenehme, disharmonische unangenehme Gefühle. Der schrille Pfiff einer Dampfpfeife in nächster Nähe kann einen Schmerz erzeugen. Ein sonniger Tag ist Mensch und Tier angenehmer als ein trüber, weil das Licht ein angenehmes Gefühl erzeugt. Bei schönem Wetter tummeln sich nicht nur die Menschen, sondern auch die Pferde mehr als bei regnerischem. Dagegen empfindet auch das Pferd allzu grelles Licht, etwa die plötzliche Blendung durch einen Scheinwerfer, als unangenehm und als schmerzhaft. Es ist also eine Frage der Intensität, ob ein Sinnesreiz als angenehm, als unangenehm oder gar als schmerzhaft empfunden wird. Der entsprechende Schwellenwert ist individuell verschieden und hängt von der Veranlagung und von der Gewöhnung ab. Eine bestimmte Temperatur kann dem einen bekanntlich angenehm, dem andern unangenehm, zu kalt oder zu warm erscheinen, eine Tatsache, die täglich in Räumen, in denen sich mehrere Menschen aufhalten, zu beobachten ist. Noch unterschiedlicher ist der Schwellenwert zwischen Mensch und Tier. Das, was uns angenehm ist, braucht noch längst nicht auch dem Pferd angenehm zu sein. Um so mehr müssen wir zu verstehen suchen, welche Eindrücke dem Pferd angenehm, welche ihm unangenehm sind.

Dies ist ausschließlich auf dem Wege der *Analogie* möglich. Dabei können zwei Wege beschritten werden, nämlich der, sich in die Lage des Tieres zu versetzen, den man als subjektive, und der andere, die Gefühlsäußerungen des Pferdes zu deuten, den man als objektive Analogie bezeichnen kann. Der Weg der subjektiven Analogie birgt die Gefahr der Vermenschlichung des Tieres in sich. Daher ist im allgemeinen der objektive zuverlässiger. Er setzt jedoch voraus, daß man genügend Erfahrung besitzt, um die Äußerungen des Pferdes richtig zu beurteilen.

Angenommen, es herrscht ein naßkalter Regentag. Die Pferde stehen auf der Weide, sie sind triefnaß und lassen die Ohren hängen. Unsere subjektive Analogie sagt uns, daß die Tiere sich ebenso wie wir vermutlich nicht so wohl fühlen wie bei Sonnenschein, wenn wir das andere Extrem, eine unerträgliche Hitze, beiseite lassen. Auch die objektive Analogie, die Beobachtung der Gefühlsäußerungen, scheint dies angesichts des teilnahmslosen Verhaltens zu bestätigen. Vielleicht stellen wir eine weitere subjektive Analogie an, versetzen uns in die Lage der Pferde und stellen uns vor, daß sie vielleicht nicht nur Unangenehmes, sondern sogar eine Art Schmerz empfinden, indem sie frieren. Aber weit gefehlt. Die objektive Analogie zeigt uns nämlich, daß ihnen, weil sie nicht in die auf der Weide befindliche Schutzhütte gehen, der Aufenthalt im Freien trotz des herrschenden Wetters immer noch lieber ist als der in der warmen Hütte, die wir selbst fröstelnd sofort aufsuchen würden. Umgekehrt ist es an einem heißen Sommertag. Die Urlauber auf der nahen Wiese liegen in der Sonne und lassen sich bräunen, während die Pferde den Schatten der Bäume oder der Schutzhütte aufsuchen. Die objektive Analogie zeigt also, daß dem Pferd, anders als dem Menschen, die Hitze ein unangenehmeres Gefühl erzeugt als die Kälte.

»Die Unterbringung meines Versuchspferdes ›Puck‹ bei meiner Dienstwohnung an der Nervenklinik in Gießen geschah dicht neben der Wohnung in einem für diesen Zweck gebauten kleinen Stall, der innerhalb des abgeschlossenen Gartens steht, der sich neben und hinter der Wohnung befindet. Das Pferd wurde weder bei Tage noch bei Nacht angebunden, die Tür des Stalles stand mit Ausnahme von sehr kalten Tagen, stets offen, auch bei Regenwetter, besonders um zu beobachten, unter welchen Umständen das Tier den Stall aufsucht. Es stellte sich dabei zunächst die bemerkenswerte Tatsache heraus, daß auch bei Regenwetter, das vom menschlichen Standpunkt schlecht erscheint, Puck ruhig im Garten bleibt und sich vollregnen läßt. Dagegen geht das Tier bei heißem Wetter von selbst in den Stall, stellt sich in diesem jedoch nach der an der Rückwand angebrachten Krippe nur, wenn in dieser etwas zu fressen ist, während er sonst stets mit dem Kopf nach der offenen Tür zu steht. Schließt man den unteren Teil der quergeteilten

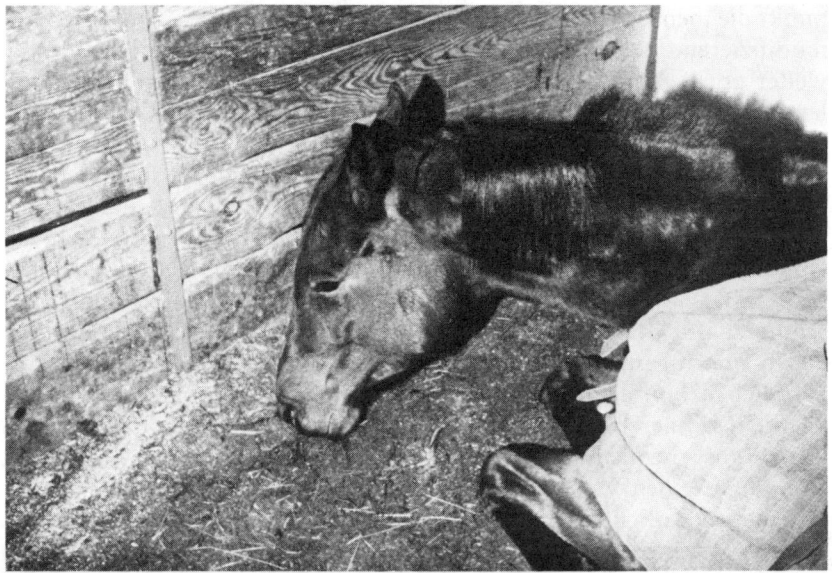

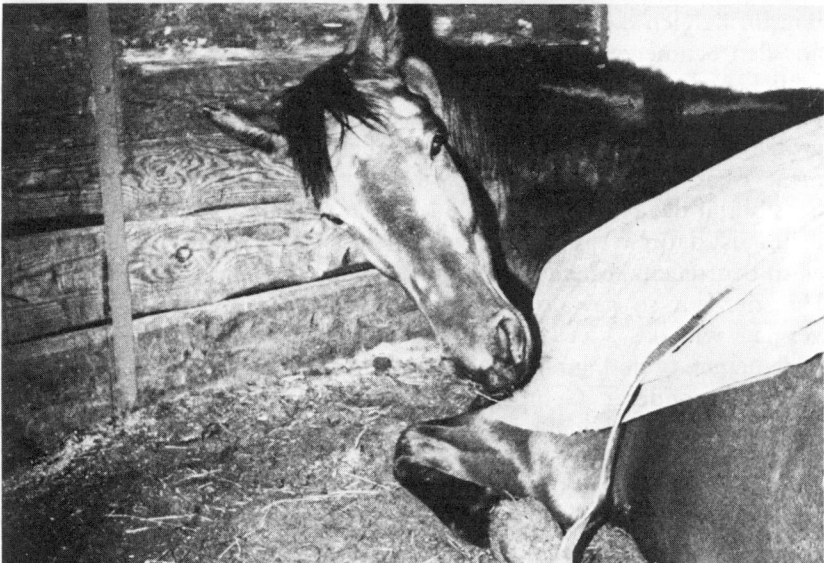

Abb. 48: Ausdruck mittelgradiger Leibschmerzen

Tür, so steckt er in der Regel den Kopf aus dem oberen offenen Abschnitt heraus, schließt man die Türe ganz und öffnet das kleine, seitlich angebrachte Fenster, so steht er mit dem Kopf nach diesem gewandt oder streckt ihn heraus. Danach muß man vom Pferdestand-

punkt die menschlichen Begriffe von gutem und schlechtem Wetter stark
modifizieren. Es ist ein eigenartiges Bild, wenn er auch im Regen ruhig
weiter grast. Auch Gewitter mit Donner und Blitz machen ihm auffallend wenig aus, wenn das Gewitter nicht gerade über dem Gelände steht
und nicht sehr heftig ist« (Sommer).

Neben dem großen Bereich der exogenen gibt es auch den der
körperlich bedingten endogenen Gefühle. Sie können ebenfalls angenehm, unangenehm oder gar schmerzhaft sein. Das endogene Gefühl des
Appetits ist angenehm, das des Hungers unangenehm, das des Heißhun-
gers unter Umständen schmerzhaft. Manche Organe können nur
schmerzhafte Gefühle vermitteln. Das Gehirn, das Herz, die Lunge, der
Darm sind für uns gewöhnlich nicht fühlbar. Erst wenn sie erkranken,
zum Beispiel infolge einer Entzündung, verursachen sie ein Gefühl, und
zwar ein schmerzhaftes. Dennoch trägt das von jedem gesunden inneren
Organ ausgehende Wohlgefühl, wenn es uns auch nicht bewußt wird,
zum allgemeinen Wohlbefinden, zur guten Form, zur Fitneß bei.

Innerkörperlich bedingte Gefühle gibt es zweifellos auch beim Pferd.
Bei ihm treten ebenfalls die schmerzhaften deutlicher in Erscheinung als
die angenehmen. Besonders hochgradige Schmerzen scheinen sich bei
ihm im Bereich der Bauchhöhle entwickeln zu können, wenn man dies
aus den Schmerzäußerungen bei den gefürchteten Kolikerkrankungen
schließen darf. Dies hängt vermutlich sowohl mit dem komplizierten
und hochspezialisierten Verdauungsapparat als auch mit der besonders
großen Schmerzempfindlichkeit des Bauchfells bei dieser Tierart zusammen. Aber auch die schon erwähnte ausnehmend stark entwickelte
Sensibilität des Pferdes im Rahmen seiner gesamten psychischen Veranlagung ist dafür vermutlich verantwortlich. Soweit wir in der Lage sind,
es zu beurteilen, besteht Grund zu der Annahme, daß kaum ein anderes
Haustier ein so gewaltiges Maß an Schmerzgefühlen zu empfinden
vermag wie das Pferd. Um so erstaunlicher, daß es Schmerzen im
allgemeinen ohne Lautäußerungen zu ertragen pflegt.

Ein besonderer Gefühlsbereich innerkörperlichen Ursprungs bei
Mensch und Tier scheint der des *Gebärens* zu sein. Alle Anzeichen bei
freilebenden und bei naturgemäß gehaltenen Tieren deuten darauf hin,
daß die physiologische und unkomplizierte Geburt eher mit einem
Wohlgefühl als mit Schmerzen verbunden ist. Erst infolge der Einflüsse
der Domestikation kommt es auch bei den Haustieren zu schmerzhaften
Geburtsvorgängen. Bei vielen Pferden jedenfalls geht die Geburt derartig
schnell und geradezu spielerisch vor sich, daß man keine Veranlassung
hat, sie mit schmerzhaften Gefühlen in Verbindung zu bringen. Auch die
Gefühlsäußerungen einer gebärenden Stute lassen bei einer glatt verlaufenden, unkomplizierten Geburt keine Spur eines Unbehagens erkennen.
Dagegen können bei Komplikationen außerordentliche Schmerzen hervorgerufen und zum Ausdruck gebracht werden.

Bisher wurde nur von somatogenen, also körperlich ausgelösten Gefühlen exogener und endogener Art gesprochen. Neben diesen findet man aber auch beim Pferd *seelisch* bedingte Gefühle, die ihrerseits ebenfalls durch äußere oder innere Einflüsse geweckt werden können. Oben wurde gezeigt, wie das Sozialverhalten zwar triebbedingt ist, wie dabei aber auch Instinkt und Gefühl mitwirken, wenn sich in einer Herde nicht ein wahlloser Massenbetrieb entwickelt, sondern wenn unzertrennliche Kameradschaften, Freundschaften, aber auch Antipathien oder gar Feindschaften zustande kommen. Sicher wußte jenes bereits erwähnte gescheckte Pony (S. 87) nicht, wie es selbst aussieht. Es wußte ganz gewiß nicht, daß es selbst ein geschecktes Pony ist, es hatte noch nie in einen Spiegel geblickt, in dem es sein Bild sicher als ein fremdes Pferd betrachtet hätte, und war sich seines eigenen Äußeren nicht bewußt. Dennoch fühlte es sich zu dem gleichartigen Kameraden hingezogen. Daraus entwickelte sich ein Gefühl der Zuneigung, der unzertrennlichen Freundschaft, die Tag und Nacht keinen der beiden von der Seite des anderen weichen ließ. Als ein Pony weggeholt wurde, trauerte das Zurückgebliebene noch tagelang, um erst nach einiger Zeit neuen Anschluß zu suchen. Gewiß ist diese Ausdrucksweise nahe an der Grenze der Vermenschlichung. Die Grenze ist jedoch dann nicht überschritten, wenn wir uns bewußt bleiben, daß es sich im Gefühlsleben des Tieres nicht um Vorgänge eines reflektierenden Bewußtseins handelt. Das Pferd fühlt wohl Zuneigung zu seinem Kameraden, es weiß aber nicht, daß es diese fühlt. Es wiehert freudig, wenn es, vorübergehend von ihm getrennt, ihn wieder erblickt, es weiß aber nicht, daß es sich freut. Wenn es trauert beim Verlust des Freundes, steigert es sich doch nicht wie der sich selbst bemitleidende Mensch in immer mehr sich häufende Traurigkeit hinein. Somit kann es niemals dieselben Höhe- und Tiefpunkte der Gefühle von Freude und Traurigkeit, von Glück und Unglück, von Liebe und Haß empfinden wie der sich reflektierend hineinsteigernde Mensch. Dies berücksichtigend, dürfen wir sehr wohl auch von inneren Gefühlen der Pferde sprechen, ihnen Wohlbehagen und Unbehagen, Zuneigung und Abneigung, Zufriedenheit und Unzufriedenheit, Angst und Zutrauen, Lust und Schmerz und viele andere Gefühlsregungen zugestehen, ohne ihr Gefühlsleben damit zu vermenschlichen.

Ein besonders vielschichtiges Gefühl ist das der *Angst,* das durch innere und äußere Ursachen hervorgerufen werden kann. Exogener, somatischer Art ist das Angstgefühl, das durch einen körperlichen Schmerz oder durch Einschränkung der Bewegungsfähigkeit verursacht wird. Psychischer Genese kann Angst sein infolge von Einsamkeit und Verlassenheit. Angst ist Mangel an Vertrauen zu einem anderen Lebewesen oder zu sich selbst und beruht auf dem Gefühl der Unsicherheit. Das Angstgefühl wird beim Menschen für mannigfache körperliche und seelische Schäden verantwortlich gemacht. Auch beim Pferd spielt es seit jeher eine bedeutende Rolle (siehe auch S. 68).

Einen Grenzbereich zwischen Gefühlsleben und Charakter bildet das *Taktgefühl*. Man versteht unter Taktgefühl das Einfühlungsvermögen in einen anderen Menschen. Darauf beruhen Rücksicht, Gesittung und Ethik. Man kann schließlich nur dann Rücksicht auf andere nehmen, sich nur dann gesittet betragen, wenn man versteht, sich in den anderen und in seine Empfindungen einzufühlen.

Das Wort Takt stammt wohl aus dem Musikleben und entspricht etwa dem Begriff des Rhythmus. Die wichtigste Voraussetzung für die Harmonie, für den Zusammenklang des gemeinsamen Spieles eines Orchesters, ist die Beachtung des Taktes. Wer aus dem Rhythmus kommt, aus dem Takt gerät, stört alle anderen, er vernichtet geradezu das gemeinsame Konzert, er ist »taktlos«. Diese Art des Taktes als des kultivierten Rücksichtnehmens auf den Rhythmus der anderen ist eine dem Menschen und seinem reflektierenden Denken und Fühlen vorbehaltene Einstellung.

Dennoch muß das Taktgefühl auch im Rahmen der Pferdepsychologie behandelt werden. Der Grund dafür ist der Begriff »Reitertakt«, der die gegenseitigen Beziehungen zwischen Reiter und Pferd behandelt. Man versteht unter Reitertakt zwei verschiedene, jedoch eng miteinander zusammenhängende Dinge. Zunächst ist unter Takt beim Reiten der exakte und akzentuierte Rhythmus der Gänge des Pferdes gemeint. Die besonderen Merkmale des ausgebildeten Dressurpferdes sind Takt, Losgelassenheit, Anlehnung, Schwung, Geradegerichtetsein und Aufrichtung (Niemack). Takt, also gleichmäßig rhythmische Bewegung, ist demnach das erste und zugleich das grundlegende, was das junge Pferd zu erlernen hat, ehe darauf weitere Anforderungen aufgebaut werden können. Das Erlernen des Taktes setzt gegenseitiges Einfühlungsvermögen, eben das Taktgefühl von seiten des Reiters, aber auch des Pferdes voraus. Dieses Taktgefühl wird sich nicht auf den Rhythmus allein beschränken, sondern sich auf dem Wege eines körperlichen und psychischen Exerzitiums auf alle gegenseitigen Beziehungen, auf die gesamte Umwelt erstrecken. So entwickelt sich aus dem Takt der dressurmäßigen Gangarten zwangsläufig der Reitertakt im allgemeinen Sinne.

»Die richtige und schnelle Wahrnehmung der Wirkungen, die die Bewegungen des Pferdes auf uns ausüben, ist die so überaus wichtige Eigenschaft, die wir mit dem Wort ›Reitertakt‹ oder ›feines *Gefühl* zu Pferde‹ bezeichnen. Das Erfassen der richtigen Augenblicke für die Hilfengebung ist Sache des Reitertaktes. Den Schultrab kennzeichnet fleißiger, erhabener, taktmäßiger Tritt. Nur ruhige, wirkliche Pferdeleute, die sich Verständnis für die Psyche des Pferdes angeeignet haben, werden gerade bei dieser Arbeit (des Piaffierens) stets ein richtiges Verfahren einschlagen. Auch wird nur derjenige, der sich im Sattel schon

Gefühl und Reitertakt angeeignet hat, seine Hilfen rechtzeitig in angemessener Stärke und sorgfältig zueinander abgestimmt erteilen können. Selbst wenn die so umfangreichen und notwendigen Vorbedingungen körperlicher und charakterlicher Eigenschaften sowie volle Beherrschung der wissenschaftlichen Grundsätze der Reitlehre erfüllt sind, muß noch das Wichtigste hinzukommen, nämlich das richtige Gefühl, der feine ›Reitertakt‹« (Steinbrecht).

Das Taktgefühl erstreckt sich also trotz der fehlenden Selbstbewußtheit des Tieres nicht nur auf den Reiter, sondern in gewissem Sinne auch auf das Pferd selbst. Jeder, der Einblick hat, wird zugeben, daß im Laufe der Dressur etwas von dem auf das Pferd übertragen wird, was man im menschlichen Bereich unter Takt versteht. Die Dressur erschöpft sich nicht allein im Lernen bestimmter Fertigkeiten, sie beeinflußt auch das gesamte Gefühlsleben und Verhalten des Pferdes gegenüber dem Menschen. Wenn man nicht vergißt, daß sich das Tier seines eigenen Verhaltens nicht bewußt ist, mag es nicht unberechtigt sein, auch von taktvollen und von taktarmen Pferden — um das Wort taktlos zu vermeiden — zu sprechen. Oder wie sollte man es sonst ausdrücken? Das Wort ›vorsichtig‹ wäre nicht richtig. Der Vorsichtige gibt wohl acht aus eigenem Interesse, der Taktvolle ist vorsichtig mit Rücksicht auf den anderen.

Ein natürliches Gefühl der Rücksicht, ein wohl der Mehrzahl der Pferde eigentümlicher Takt besteht darin, daß sie es nach Möglichkeit vermeiden, auf einen gestürzten Menschen zu treten. Darüber werden so viele Anekdoten erzählt, wie ganze Schwadronen über einen gestürzten Reiter hinwegritten, ohne ihn zu verletzen, daß sie wohl nicht ins Reich der Fabel gehören.

Über auffallend rücksichtsvolles Verhalten von Pferden machte Oberst a. D. Klehr während jahrelanger Tätigkeit an einem Reitinstitut, das einem Sanatorium angeschlossen war und sowohl Freizeit- als auch therapeutisches Reiten betrieb, folgende Beobachtungen (persönliche Mitteilung): »Während der Ferien waren viele Familien mit kleineren Kindern da, die mich oft zur Verzweiflung brachten, wenn sie vor oder nach einem Ausritt beim Satteln bzw. Absatteln zwischen den Pferden herumkrochen und auch im Stall sehr leichtsinnig an die Pferde herangingen, so daß ich mich oft mit den Eltern in die Haare kriegte. Trotzdem ist in den sechs Jahren, die ich dort tätig war, nie etwas passiert. Beim therapeutischen Reiten hatte ich immer den Eindruck, die Pferde wissen, daß Kranke bzw. Körperbehinderte auf ihrem Rücken sitzen. Selbst die Haflinger benahmen sich im therapeutischen Reiten ausgesprochen gesittet, während sie sonst am häufigsten sowohl in der Bahn als auch im Gelände die Reiter absetzten. Gleiche Beobachtungen habe ich auch mit zwei anderen Pferden, die von einem Blinden sogar ausgeritten wurden, gemacht. Noch ein anderes Pferd, ein kräftiger

Brauner, hatte nicht nur Sattelzwang, sondern auch seine schlechten Erfahrungen mit den Reitern gemacht, die ihm beim Aufsitzen ins Kreuz fielen. Bei jedem Aufsitzen sprang er immer mit beiden Hinterbeinen in die Luft, wenn der Reiter sein rechtes Bein über die Kruppe nahm. Eine ältere, ziemlich korpulente Dame, die trotz des Schemels, von dem sie aufstieg, nicht ausgesprochen weich und elegant in den Sattel glitt, ritt ausschließlich dieses Pferd. Beim Aufsitzen dieser Dame stand der Wallach jedesmal wie ein Denkmal, ohne sich zu rühren, als wenn er dächte, »ich muß doch auf die alte Dame Rücksicht nehmen«.

Auch das Verhalten hervorragender Springpferde bei ihrem Bemühen, keine »Fehler« zu machen, kann mit einem mehr oder weniger ausgeprägten Taktgefühl zusammenhängen. Man pflegt zwar zu sagen, dieses oder jenes Springpferd sei vorsichtig und bemüht, keine Fehler zu machen. Tatsächlich handelt es sich aber um mehr als nur darum, vorsichtig zu sein, um sich selbst nicht zu verletzen. Vielmehr vermeiden solche Pferde aus einer Art von Taktgefühl heraus die Berührung von Hindernissen in einer Weise, die mit der Vermeidung einer Schmerzempfindung nichts zu tun hat. Um ein derartiges Verhalten zu erzielen, bedarf es sowohl einer sensiblen Veranlagung, verbunden mit Intelligenz von seiten des Tieres, als auch psychologischen Geschicks und Einfühlungsvermögens des Reiters. Man wird dieses Ziel nicht erreichen, wenn man davon ausgeht, daß ein Springpferd nur deshalb Fehler zu vermeiden sucht, um sich Schmerzen zu ersparen. Dies ist nur die erste Stufe auf dem in der Ausbildung zu beschreitenden Weg. Wenn es dabei bleibt, wird ein derartiges Pferd nur so lange vorsichtig sein, wie es infolge unmittelbar vor der Prüfung erfolgten Barrens, das verboten wurde, eine vermehrte Schmerzempfindlichkeit mit auf den Weg nimmt, die es zu besonderer Vorsicht zwingt.

Unter natürlichen Verhältnissen spielt dieses Taktgefühl eine große Rolle in der gegenseitigen Rücksicht der Pferde untereinander. Besonders den Fohlen gegenüber ist in der dichtgedrängten Herde, auch in schnellen Gangarten und in plötzlichen Wendungen, womöglich in den erregten Situationen äußerer Gefahr, ein Taktgefühl notwendig, damit die jungen Tiere nicht durch die harten, kantigen Hufe der großen verletzt werden. In der Domestikation läßt sich ein entsprechendes Verhalten zwischen Stute und Fohlen im Stall beobachten. Bei einer edlen und sensiblen Stute kommt es kaum vor, daß das Fohlen durch ihren Huf verletzt wird, selbst wenn es in einer relativ engen Box, vielleicht verängstigt durch einen hinzugekommenen Menschen, eng an sie geschmiegt um sie herumspringt. Dagegen sind bei plumpen Typen Verletzungen der Fohlen durch Huftritte der Stuten keine Seltenheit. Andererseits sind manche Stuten derartig vorsichtig oder »taktvoll«, daß sie sich bei beengter Unterkunft wochenlang nicht legen, um das Kleine nicht zu behindern.

Das Gefühlsleben des Pferdes ist durch *Suggestion* außerordentlich beeinflußbar. Dies hängt naturgemäß mit seinem Wesen als Gruppentier zusammen. Da ihm die begriffliche Sprache fehlt, muß es fühlen, was in der Herde vor sich geht, ob andere eine Gefahr wittern, ob im tosenden Galopp der großen Menge eine Rechts- oder Linkswendung oder ein plötzliches Halten erfolgen wird. Diese gewaltige Sprache des suggestiven Gefühls, die sich der menschlichen Erkenntnis und der Beschreibung entzieht, weil sie eben nichts mit dem bewußten Denken zu tun hat, können wir, da uns frei galoppierende Pferdeherden kaum mehr zugänglich sind, am besten an Vogelschwärmen, zum Beispiel an Tauben, beobachten. Wie von unsichtbaren Fäden gezogen, wogen sie gleichzeitig in der Luft hin und her, auf und nieder, fliegen gleichzeitig hoch oder gehen gemeinsam zu Boden. Im menschlichen Bereich ist die Gefühlssprache von der begrifflichen Wortsprache weitgehend verdrängt worden. Nur zwischen Tanzenden kann man noch die wortlose, gefühlsmäßige Übereinstimmung der vorzunehmenden Bewegungen beobachten. Vermutlich ist wirklich ein wogender Vogelschwarm, eine galoppierende Pferdeherde mit Tanzenden vergleichbar. Für den Tänzer ist es unbegreiflich, wie seine Partnerin in Bruchteilen von Sekunden fühlt, welcher Schritt dem vorausgegangenen folgen wird. Wenn er sie fragt, ist sie selbst nicht in der Lage, es zu erklären. Ähnliche Gefühlsbeziehungen wie zwischen Tanzenden können sich auch zwischen Reiter und Pferd entwickeln.

Wie in allen anderen psychischen Bereichen gilt auch im Gefühlsleben das Gesetz der *Irrbarkeit,* wonach Entgleisungen oder Abartigkeiten durch die verschiedenartigsten exogenen und endogenen Ursachen somatischer oder psychischer Art ausgelöst werden können. Eine mir bekannte Zuchtstute liebte ihre Stutfohlen heiß, während sie die eigenen Hengstfohlen so sehr haßte, daß sie von ihr umgebracht wurden, wenn man sie nicht rechtzeitig in Sicherheit brachte. Zum Saugen wurde in die Seitenwand der Box eine entsprechende Öffnung geschnitten, durch die hindurch das gefährdete Fohlen an der Mutter, die man gegen diese Wand drängte, saugen konnte, ohne von ihr gesehen zu werden. Eine Erklärung für das abnorme Verhalten ließ sich nicht ermitteln.

Eine vorübergehende Übersteigerung des Gefühlslebens bezeichnet man als *Affekt,* eine Gefühlswallung. Im Affektzustand hat der Betroffene die Herrschaft über die Gefühle vorübergehend verloren, die psychische Rangordnung ist gestört, er hat »den Verstand verloren«, wie es treffend heißt, er ist wirklich geistesgestört. Wenn ein derartiger Zustand fortwährend besteht oder sich regelmäßig und häufig wiederholt, bezeichnet man ihn als Krankheit. Während man im menschlichen Bereich eine ganze Reihe von Affekten kennt, ist beim Pferd wohl nur der Affekt der Angst von Bedeutung. Wesentlich ist dabei vor allem, daß die Angst nicht nur durch tatsächlich drohende Gefahr, sondern auch

Abb. 49: Einem tanzenden Vogelschwarm ist die galoppierende Pferdeherde vergleichbar

durch Einbildung und Suggestion ausgelöst werden kann. Bei einem vom Angstaffekt übermannten Pferd wird also unter Umständen jede vernünftige Reaktion ausgeschaltet, der Vorwärtstrieb übersteigert und bis zur möglichen Selbstvernichtung geführt.

Wenn Angst in einer Masse von Individuen auftritt, die sich gegenseitig suggestiv hinaufsteigern, spricht man von *Panik*. Zu Angst- und Paniksituationen kommt es um so leichter, je weniger die höheren Bereiche, der Verstand, der Charakter, der Gehorsam geschult, geübt und erzogen sind. Es gibt nicht wenig Reitjagden, auf denen man Pferde in mehr oder weniger wilder Panik unter verzweifelt kämpfenden Reitern dahinrasen sieht, so daß den Zuschauern die Haare angesichts der gefährlichen Lage zu Berge stehen. Auf einem solchen Pferd in derartiger Situation ist auch der geübte Reiter machtlos. Nur wochenlange systematische Arbeit zu Hause kann hier eine Änderung herbeiführen. Deshalb sieht man auf der Jagd nicht so sehr, ob ein Reiter reiten kann, sondern in erster Linie, wie er sein Pferd ausgebildet hat.

Im Affekt des *Zorns* tritt das Gegenteil von Angst ein. Der vom Zorn Übermannte greift auch den übermächtigen Gegner an, ohne Vorsicht, ohne Rücksicht auf eigene Sicherheit. Zweifellos kommt auch beim Pferd der Zorn vor. Wahrscheinlich war er in früherer Zeit häufiger als in der Gegenwart. »Es steht auf in zornigem, schrecklichem Schnauben«, heißt es im Buch Hiob. Hier ist der Hengst, das Schlachtroß im Kampfgetümmel geschildert, das einst auf Aggressivität gezüchtet wurde. Wie sehr man eine derartige Veranlagung durch Züchtung verstärken kann, läßt sich heute noch an Kampfstieren und Kampfhäh-

nen beobachten. Inzwischen wurde aber diese Eigenschaft beim Pferd
weitgehend durch die züchterische Auslese eliminiert. Somit haben wir
gegenwärtig nur selten Gelegenheit, Beobachtungen über das Verhalten
im Affekt des Zorns beim Pferd anzustellen.

Beeinflussung des Gefühlslebens

Stets sollte man sich darüber Gedanken machen, wie man beim Pferd
angenehme Gefühle erzeugen, unangenehme vermeiden kann. Dazu
einige Beispiele von vielen möglichen. Das Auflegen des Sattels, das
Anlegen der Trense ist vielen Pferden unangenehm, worüber man sich
nicht zu wundern braucht. Manche bringen ihr Mißfallen auch deutlich
zum Ausdruck, indem sie zu schnappen versuchen, heftig mit dem
Schweif oder gar mit dem Hinterhuf nach dem Gurt schlagen oder sich
durch Hochnehmen des Kopfes gegen das Auftrensen wehren. Vom
Standpunkt der psychischen Veranlagung aus ist derartiges Verhalten
nicht unbedingt ein schlechtes Zeichen, denn es deutet darauf hin, daß
das Tier einen starken Willen hat, der sich nicht alles ohne weiteres
gefallen läßt. Die nun einmal unvermeidlichen Maßnahmen sollten
deshalb so zart und schonend wie nur möglich vor sich gehen, um das
unangenehme Gefühl wenigstens auf das mindestnotwendige Maß zu
beschränken. Vor allem darf man dem Tier sein Mißfallen nicht mora-
lisch übelnehmen. Schließlich kann man nicht erwarten, daß es sich über
das Metall zwischen den Zähnen, den Sattel auf dem Rücken und den
Gurt um die Brust freut. Freilich wird man es, wenn es schnappt oder
gar schlägt, durch ein scharfes Wort strafen. Im übrigen aber sollte man
während des ganzen Vorgehens, vor allem bei sensiblen Tieren, mit
ihnen sprechen und den Gurt zunächst nur locker anziehen.

Unangenehm, wenn nicht sogar schmerzhaft ist sensiblen Pferden ein
hartes Anschlagen des Metalls gegen die Zähne beim Einführen des
Gebisses, erkennbar am erschreckten Zucken des Kopfes. Besonders
empfindlich sind junge Pferde in der Zeit des stets mit einer schmerz-
empfindlichen Zahnbettentzündung verbundenen Wechsels der Schnei-
dezähne, beginnend mit etwa 2½ Jahren, endend beim Wechsel der
oberen Eckzähne mit 5–6 Jahren. Gefühlloses Vorgehen führt dann zu
der bekannten Untugend, daß sich das Pferd durch festes Aneinanderpressen der Kiefer gegen das Aufzäumen wehrt. Ähnliches gilt für das
Abnehmen des Zaumes.

Vielen Pferden ist es unangenehm, wenn der Genickriemen über die
Ohren nach hinten gestreift wird. Oft ist es daher günstiger, nach dem
Einführen des Gebisses den Genickriemen mit der linken Hand hochzu-
halten und mit der rechten Hand zuerst das rechte, dann das linke Ohr

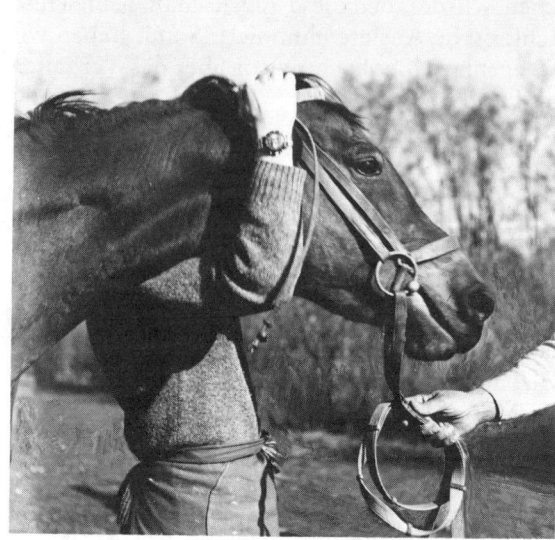

Abb. 50: Das Über-
streifen des Genickrie-
mens über die Ohren
ist vielen Pferden unan-
genehm

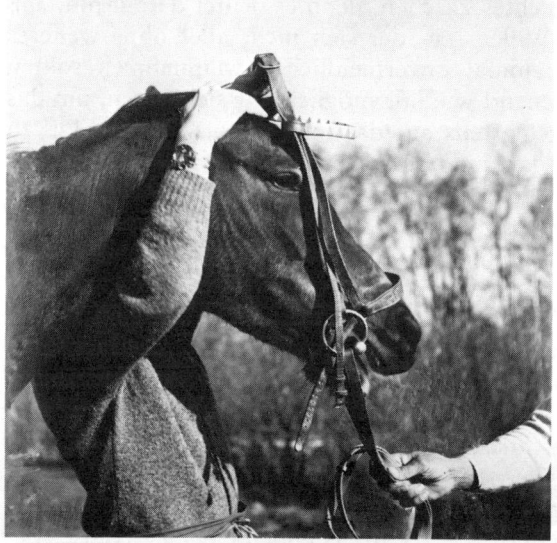

Abb. 51: Schonender
ist es, zuerst die Ohren
unter dem Genickrie-
men hindurchzuführen

nach vorn zu biegen und vorsichtig unter dem Genickriemen hindurch
über das Stirnband zu führen.

Sogleich nach dem Aufsatteln oder nach dem Herausführen aus dem
Stall sollte man dem Pferd vielleicht ein Stück Zucker reichen und ihm
lobend den Hals klopfen, damit es das Herausgehen mit einem angenehmen Gefühl verknüpft. Das Aufsteigen und damit der Beginn des Reitens
sollten nicht ausgerechnet mit einem Fußtritt in die Rippen verbunden

Abb. 52: Griechische Reiter ohne Sattel und Bügel. »Ausritt zur Jagd.« Attische Amphora 550 v. Chr. (Staatl. Antikensammlung München)

sein. Obwohl das jeder weiß, bringt mancher es doch nicht immer fertig, sich danach zu richten. Besonders weniger langgewachsene Reiter sind dabei benachteiligt, ungerechterweise besonders, weil sie nicht nur kürzere Beine haben, sondern infolgedessen auch um so kürzere und damit höher hängende Bügel benützen müssen. Deshalb sollte viel mehr davon Gebrauch gemacht werden, sich nach der Art der Rennreiter auf das Pferd heben zu lassen oder von einem Podest aus ohne Benützung des Bügels aufzusteigen. So vermeidet man auch am besten das dem Pferd sicherlich nicht angenehme Zurseiteziehen des Sattels, vor allem dann, wenn man noch nicht endgültig festgegurtet hat. Auch wenn man von der anderen Seite gegenhalten läßt, ist das oft nicht ganz zu vermeiden. Töricht wäre es, das Aufsteigen von einem Podest aus als unreiterlich zu betrachten. Tatsächlich gehört nicht weniger Gewandtheit dazu, wenn man es richtig vornimmt, als beim Aufsteigen mit dem Bügel. Muß man unterwegs ab- oder aufsteigen, ist das weniger erheblich, weil ja inzwischen nachgegurtet wurde.

Der »Steig«-bügel ist übrigens eine relativ junge Erfindung, die erst im 6. Jahrhundert aufgekommen ist. Vor dieser Zeit und bei vielen Reitervölkern auch noch später sprang man frei vom Boden auf das Pferd. Vornehme Personen, besonders Frauen, ließen sich auf das Pferd heben. Die Griechen stützten sich gelegentlich auf den Speer.

Zur Schonung ihrer Gefühle ist beim Anreiten junger Pferde auch zu empfehlen, zunächst ohne Gebiß mit nur in die Reithalfter eingeschnall-

Abb. 53: Aufstiegsbalken im Reitclub Santo Amaro — São Paulo

ten Zügeln zu beginnen. Auf diese Weise wird das Tier wenigstens mit
einer Plage weniger überfallen. Es ist sogar empfehlenswert, möglichst
lange Zeit ohne Gebiß zu reiten. Die Pferde behalten dann ihren
natürlichen Schwung eher bei, sie werden nicht so leicht hart im Maul,
als wenn sie das unsympathische Metall auf den Laden ertragen müssen.
Besonders empfehlenswert ist diese Methode auch beim Einspringen. Es
kann dem besten Reiter passieren, daß er bei den unberechenbaren und
unregulierten Sprüngen oder Sätzen eines jungen Pferdes nicht mitkommt und mehr als gut ist im Zügel hängenbleibt. Der Schaden ist aber
weniger groß, wenn der Ruck nur auf den Nasenriemen, nicht aber auf
das Gebiß wirkt. Aus demselben Grund sollte man dabei einen Halsrie-
men anlegen, den man notfalls ergreifen kann, wenn es ein Mißverständnis geben sollte.

Eine Belastung des Gefühls tritt zweifellos durch jede *Beengung* ein,
am schwerwiegendsten durch Beengung der Atmung. Jeder Mensch, der
eine körperliche Leistung erzielen will, vergrößert beim Atmen den
Querschnitt der Atemöffnung, indem er durch den Mund atmet. Noch
nie hat ein Läufer einen Wettlauf mit geschlossenem Mund gewonnen,
weil eben der Querschnitt der Mundöffnung größer ist als die Nasenöffnung. Das Pferd jedoch kann wegen andersartiger anatomischer Verhältnisse im Rachenraum nicht durch den Mund atmen. Davon kann
sich jeder Pferdebesitzer auf einfache Weise selbst überzeugen, indem er

den weichen Nasengang oberhalb der Nüstern so fest zusammendrückt, daß ihn die Luft nicht mehr passieren kann. Man könnte das Pferd theoretisch auf diese Weise sogar zum Ersticken bringen. Dafür vermag es aber den Querschnitt der Nasenöffnung und damit die Sauerstoffversorgung um ein mehrfaches zu vergrößern, indem es die Nüstern aufbläht. Dieses Blähen der Nüstern wird jedoch durch einen tief geschnallten Nasenriemen behindert. Wie sehr schon der geringste Druck die Atmung beschränkt, kann jeder an sich selbst durch Anlegen von Daumen und Zeigefinger an der eigenen Nase experimentell ausprobieren. Auch wer jemals mit einer Gasmaske marschieren mußte, weiß, wie sehr sich eine scheinbar geringfügige Behinderung der Atmung als körperliche und psychische Belastung auswirkt.

Diese Behinderung der Atmung kann in Form des weit verbreiteten, tief geschnallten Nasenriemens, bekannt als sogenanntes Hannoversches Reithalfter, bei hohen Leistungsanforderungen verheerende Folgen haben. Nach meinen Beobachtungen sind Kreislaufzusammenbrüche bei anstrengenden Prüfungen meistens in Verbindung mit tief geschnalltem Nasenriemen aufgetreten. Dies dürfte kein Zufall sein. Dazu kommt, daß die durch den Luftmangel zweifellos ausgelöste psychische Erregung der Angst einen zusätzlichen Sauerstoffbedarf bedingt, der damit rückwirkend eine um so größere Atemnot verursacht. Kein Rennreiter würde

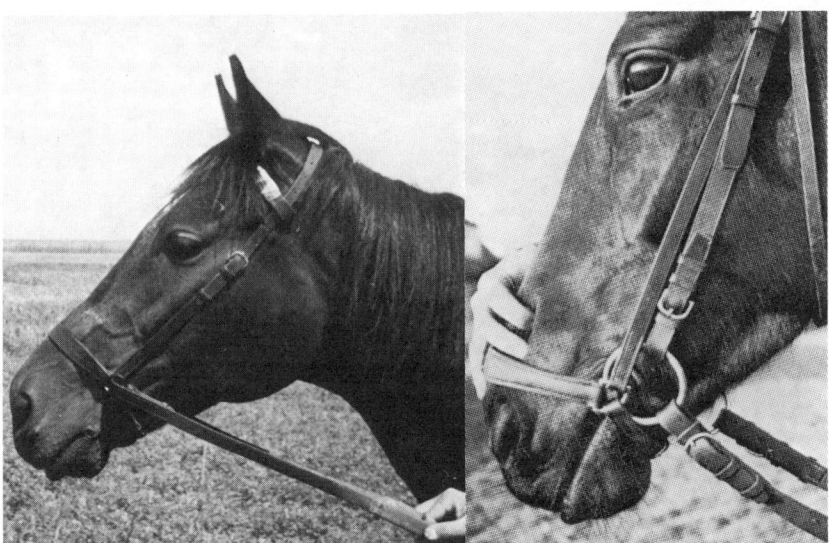

Abb. 54: Behelfsmäßige Schnallung ohne Gebiß zum Anreiten (links).
Mit diesem tiefliegenden Nasenriemen schnürt man dem Pferd die Luft ab. Die Begrenzung des weichen Nasenkanals nach oben ist durch Druck mit dem Zeigefinger kenntlich gemacht (rechts)

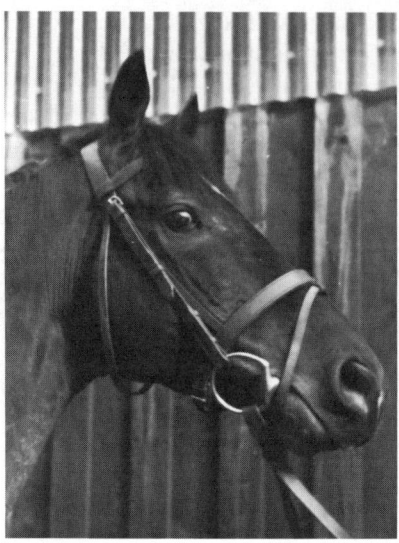

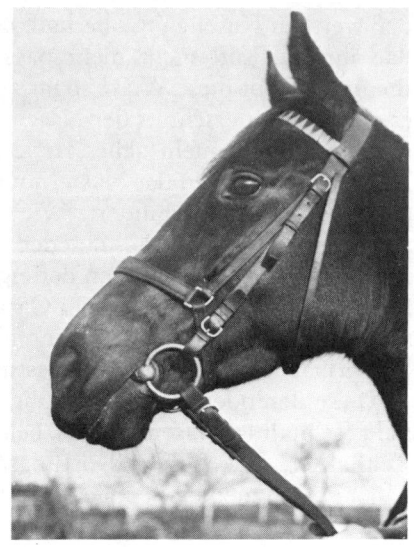

Abb. 55: Ein brauchbarer Kompro-
miß ist der mit Englischem Reithalfter
verbundene Nasen-Sperriemen

Abb. 56: Oberhalb des weichen Nasenkanals liegender Nasenriemen des
»englisch« verschnallten Hannoverschen Reithalfters

Abb. 57: Rennpferde
tragen entweder keinen
oder einen hochliegen-
den Nasenriemen

jemals daran denken, sein Pferd mit tief liegendem Nasenriemen aufzu-
zäumen. Auch der gekreuzte Nasenriemen des Mexikanischen Sperr-
halfters ist keine sichere Gewähr für völlige Freihaltung des Atemweges.
Zwar wird der untere Riemen durch den oberen, der die eigentliche
Sperrung veranlassen soll, höher gehalten als beim Hannoverschen
Halfter. Dennoch liegt er noch immer im Bereich des weichen Nasenkanals, so daß er sich als drückende Behinderung auswirkt. Auch das
Hannoversche Reithalfter läßt sich englisch, d. h. unter den Backenstük-
ken hindurch, schnallen. Der Nasenriemen muß dann allerdings so hoch
eingestellt werden, daß der Mundwinkel nicht zwischen dem Riemen
und dem Trensengebiß eingeklemmt wird.

In Anbetracht der großen Empfindlichkeit seines Gehörs müssen dem
Pferd *laute Töne* und Geräusche unangenehm sein. Deshalb sollte im
Umgang mit ihm ein ruhiger Ton herrschen. Wenn man mit ihm spricht,
sollte es leise, zärtlich und flüsternd geschehen. Dagegen kann man ein
scharfes Wort als Strafe benützen. Oft genügt ein lautes »Pfui« bei
einem Springfehler zur Korrektur. Manche Pferde sind derartig sensibel
und empfindlich, daß sie daraufhin sogar vor Erregung über den lauten
Tadel die Nerven verlieren. Andererseits erkennt man an den gespitzten
Ohren, wie wohltuend und dankbar ein beruhigendes Lob empfunden
wird. Je ruhiger, freundlicher und leiser man mit dem Pferd umzugehen
und zu sprechen pflegt, um so wirksamer wird es ein scharfes Wort als
Tadel oder als Strafe aufnehmen. Wo es dagegen ohnehin ständig von
lauten Worten und Lärm umgeben ist, wird ihm ein lauter Tadel nicht
als etwas Außergewöhnliches erscheinen.

Wer Wert auf die Gefühlsverfassung seines Pferdes legt, sollte auch
auf regelmäßige Arbeit und *Bewegung*, auf die Vermeidung jeden
Stumpfsinnes bedacht sein. Wenn ein Pferd tagelang angekettet dicht
vor einer Wand stehen muß, ist das nicht nur eine Quälerei, sondern es
stumpft auch sein Gefühlsleben ab.

Gedächtnis

Allgemeines

Der Instinkt beruht auf einer ererbten Erfahrung. Um dagegen ein
Wissen zu erlangen, bedarf es einer erworbenen Erfahrung. Sie kann nur
mit Hilfe von Wahrnehmung und Gedächtnis zustande kommen.

Man versteht unter Gedächtnis die Fähigkeit, etwas Wahrgenomme-
nes zu behalten, sich zurückliegender Wahrnehmungen zu erinnern und
sie sich bei Bedarf zum Bewußtsein zu bringen. Die Erinnerung, das

Zurückrufen vergangener Erlebnisse in das Bewußtsein, ist jedoch nur zum Teil dem Willen unterworfen. Auch ohne unser Zutun »fällt uns plötzlich etwas ein«, woran wir vielleicht jahrelang nicht gedacht haben. Ferner führen Gedankenverbindungen, sogenannte Assoziationen, dazu, Erinnerungen wachzurufen. Angenommen, ich befinde mich auf einem Weg, den ich vor vielen Jahren gegangen war. Ich bin nicht in der Lage, die gesamte Strecke auswendig zu beschreiben. Aber während ich gehe, fällt mir von Merkmal zu Merkmal das nächste ein. So wird es mir nicht schwer, den richtigen Weg zu finden. Vielleicht vermisse ich sogar fehlende Objekte, denen ich früher begegnet bin.

Das Erinnern, das Hervorheben zurückliegender Wahrnehmungen aus dem Gedächtnis, kann also auf dreifache Art erfolgen: Ich kann mit eigenem Willen eine Erinnerung hervorholen, indem ich mir beispielsweise irgendwelche Geschichtszahlen, die ich früher gelernt habe, »vergegenwärtige«. Die Erinnerung kann aber auch ohne mein bewußtes Zutun in mir auftauchen. Es fällt mir irgendein Ereignis, das keinerlei Beziehung zur Gegenwart hat, und für mich auch zur Zeit ohne Belang ist, vielleicht irgendein Jugenderlebnis, ein. Schließlich kann infolge der Gedankenverbindung mit einer anderen Wahrnehmung, sei es aufgrund einer Ähnlichkeit oder einer Gegensätzlichkeit, eine Erinnerung erscheinen.

Inwieweit ist es nun aber zulässig, menschliches und tierisches Gedächtnis zu vergleichen? Welches ist der Unterschied zwischen beiden? Da Gedächtnis und Bewußtsein in enger Verbindung stehen, müssen die im allgemeinen Teil ausführlich behandelten Verhältnisse im menschlichen und tierischen Bewußtsein herangezogen werden. Wenn das Tier das auf dem Wort aufgebaute reflektierende Denken nicht besitzt, kann es sich auch nicht abstrakt, reflektierend, eine Erinnerung spontan zu Bewußtsein bringen. Ein Pferd wird sich nicht an den gestrigen Tag erinnern, es wird nicht an die vergangene Jugendzeit zurückdenken. Wegen seines nur dem Direktdenken geöffneten Bewußtseins wird es also auch nur ein direktes, nicht ein reflektierendes Gedächtnis besitzen können. Was aber hat es wirklich? Es besitzt zweifellos ein assoziierendes, ein mit wahrnehmbaren Gegenständen und mit Ereignissen oder Erlebnissen verbundenes Gedächtnis. Dem Pferd werden also beim Auftreten eines bekannten Ereignisses, eines bekannten Gegenstandes oder eines bekannten Gefühlseindruckes damit verbundene Erinnerungen aufsteigen. Bei der großen Rolle, die das Gefühl im Leben des Pferdes spielt, werden gefühlsbezogene, gefühlsassoziierte Erinnerungen eine überragende Bedeutung besitzen.

Besonderes

So sehr auch die Meinungen bei anderen seelischen Bereichen des Pferdes auseinandergehen, über eines sind sich alle Fachleute einig: Es verfügt über ein gutes Gedächtnis. Einen Weg, den es einmal vom Stall aus gegangen ist, findet es unweigerlich wieder zurück, einen Ort, an dem es einmal eine schlechte Erfahrung gemacht hat, erkennt es auch nach langer Zeit wieder, nicht ohne dies durch Scheuen oder Ausweichen zum Ausdruck zu bringen. Genauerer Pferdekenntnis bedarf es, um festzustellen, daß Pferde auch ein Gedächtnis für Menschen und für Pferde besitzen. Einen bemerkenswerten Bericht über das Personengedächtnis bringt der Hippologe Oberst Spohr. Wie er glaubte nachweisen zu können, erkannten ihn Pferde, die er einst besessen hatte, noch nach mehreren Jahren wieder. Er schreibt:

»Ich hatte einst ein von einem Händler gekauftes Pferd für einen befreundeten Gutsbesitzer zugeritten und auch später noch oft benutzt. In eine neue Garnison versetzt, besuchte ich nach zwei Jahren die alte Garnison und meinen Freund. Er teilte mir mit, daß das Tier zwar noch ganz gut gehe, aber weder ihn noch seinen Kutscher aufsitzen lassen wolle, sondern nach ihnen beiße und am Kopfe stets von zwei Knechten gehalten werden müsse. Der Grund war mir sofort klar. Mein Freund, ein sehr starker Herr, pflegte beim Aufsitzen die Pferde mit der Spitze seines linken Fußes sehr in den Rippen zu genieren. Daher das Abbeißen, das sich danach auf den Kutscher übertrug. Darauf bauend, daß das Tier mich noch kenne, wettete ich, es zu besteigen, ohne daß es auch nur Miene mache, mein Aufsitzen zu hindern. Ich überzeugte mich im Stall bald, daß das Tier mich noch kannte, ließ es satteln, vorführen, brach es eine kleine Weile, mit ihm sprechend, an der Hand ab (zäumte es bei), und saß auf, ohne daß das Tier auch nur den Kopf umdrehte. Es erkannte eben seinen alten Reiter.« An anderer Stelle erzählt derselbe Autor: »Die Senner-Stute Ulrike, welche ich im Winter 1850–51 fast täglich vier Monate geritten, sah ich erst 1861, also nach zehn Jahren wieder, nachdem sie 1859, als 24jährig ausrangiert, von Major G. gekauft worden war. Sie erkannte mich sofort wieder, wieherte mich an und mauste sofort in der als brotführend bekannten Paletottasche, legte den Kopf auf Befehl über die Schulter und gab mir die Füße, obgleich das Major G. niemals mit ihr vorgenommen hatte« (v. Maday).

Ähnliches berichtet Gräfin Montgelas, die in der Zeit nach dem ersten Weltkrieg ebenfalls einen Namen als Pferdekennerin hatte. »Beim Umgang mit Pferden sollte man sich immer daran erinnern, daß sie ein geradezu phänomenales Gedächtnis haben und sich an Vorkommnisse, die auf sie viel Eindruck machten, jahrelang erinnern können. Wenn ihr Besitzer von diesen Dingen zufällig keine Kenntnis hat, erscheint ihm ihr Gebaren dann oft als dumm und unbegreiflich, während es vom Stand-

punkt des Pferdes sehr wohl begründet ist. Ein Pferd, mit dem ich einen
Verkehrsunfall infolge des falschen Verhaltens eines Kraftfahrers hatte,
näherte sich beim Reiten wie beim Fahren noch drei Jahre danach nur
mit Angst der Unfallstelle. Jeder Nerv und Muskel vibrierte an dem Tier
und über seine Haut ging ein leichtes Zittern.«

Für das Vorhandensein eines Zahlengedächtnisses sprechen folgende
Beobachtungen: »Ein Pferd des Obersten Br. Hohenbühel, das in der
Pilarenarbeit täglich fünfzigmal einen Schritt rechts und links machen
mußte, verlangsamte nach dem fünfzigsten Schritt auffallend seine
Bewegung, so oft der Abrichter sich verzählt hatte. In einem Kohlen-
bergwerk im Hennegau haben Pferde täglich dreißig Fahrten zu machen.
Man hat beobachtet, daß sie nach der dreißigsten Fahrt, und nicht
früher, von selbst ihre Ställe aufsuchen, ohne irgendeiner Ermahnung zu
bedürfen. Werden sie ausnahmsweise früher vom Geschirr befreit, so
bleiben sie stehen, weil sie zu wissen scheinen, daß sie ihre Tagesarbeit
noch nicht hinter sich haben« (v. Maday).

Eine vortreffliche Schilderung der Kombination von Orts-, Ereignis-
und Zeitgedächtnis bringt R. Sommer:

»Untersucht man die Frage, ob mein Pferd Puck einen einmal gefah-
renen, vielleicht sogar in mehreren Winkeln verlaufenden Weg ohne
Lenkung wiederfindet, so ergibt sich eine durchaus positive Antwort.
Das optische Erinnerungsvermögen des Tieres ist geradezu erstaunlich
und zeigt sich bei ihm unmittelbar mit den entsprechenden Bewegungen
verknüpft. Läßt man das Tier auf dem gewohnten Wege nach Hause
fahren, biegt es ganz richtig an den betreffenden Querstraßen ein. Meine
vielfachen Prüfungen dieser Art stimmen alle zu dem Satz, daß das Pferd
ein geradezu außerordentliches optisch-motorisches Gedächtnis hat.
Dabei ist sicher, daß es die verschiedenen Stellen des Weges wiedererkennt und sich an bestimmte Vorgänge, die an ihm geschehen sind,
erinnert. Ein klares Beispiel dieser Art ist folgendes: Ich fahre vom
Schiffenberg in Gießen zu Beginn der Dämmerung nach Hause. Das
Pferd läuft in gutem Trab den von Hindernissen freien Weg, der in
kurzer Entfernung in den Wald führt. Plötzlich macht das Pferd einen
heftigen Sprung nach links, so daß der Wagen in Gefahr kommt, auf die
Böschung der Straße zu geraten, was ich durch einen raschen Ruck am
Zügel nach rechts verhindere. Unmittelbar nach dem Seitensprung des
Pferdes sah ich links vor ihm einen Fuchs in den Wald eilen, der offenbar
kurz vor dem Pferd die Straße gekreuzt und das Pferd erschreckt hatte.
Die Stelle des Waldes ist so charakteristisch, daß sie leicht gemerkt und
bezeichnet werden kann. Noch monatelang nach dem Vorfall wurde
Puck beim Passieren dieser Stelle am Eingang des Waldes öfter unruhig
und bog wiederholt nach links aus, offenbar in Erinnerung an den
schreckhaften Vorfall. Diese durch Vorstellungen bedingte Schreckwir-
kung trat nicht immer im gleichen Grade auf, nach meinen Beobachtun-

gen besonders aber dann, wenn die Beleuchtungsverhältnisse ähnlich waren wie bei dem wirklichen Vorfall. Erst allmählich hat sich dies verloren. Es ist aber nach diesem Beispiel zweifellos so, daß das Tier die Stelle im Wald wiedererkannt und sich an den Vorgang erinnert hat, wiederum ein Beweis für die optische Merkfähigkeit. Dabei ist auch die von mir beobachtete Gleichartigkeit der Reaktion, Ausweichen nach links bei dem wirklichen und dem später erinnerten Vorgang von großer Bedeutung.«

Experimentelle Untersuchungen

Mehrfach wurde darauf hingewiesen, daß sämtliche seelischen Bereiche zu ihrer Ausbildung der Übung bedürfen und durch Übung vervollkommnet werden können. Für nichts gilt das in so hohem Maße wie für das Gedächtnis.

Von dem Psychologen Jost wurden aufgrund zahlreicher experimenteller Untersuchungen folgende Regeln für das durch Übung erworbene Behalten aufgestellt (nach Rohracher):

Das Behalten ist nicht nur abhängig von der Zahl der Übungen, sondern auch davon, in welcher zeitlichen Anordnung die Übungen wiederholt werden. Dies wurde experimentell am Behalten von Silbenreihen festgestellt. Wenn man beispielsweise hundert Silbenreihen vierundzwanzigmal wiederholen läßt, ergeben sich ganz verschiedene Gedächtnisleistungen, je nach der zeitlichen Anordnung. Wie es sich verhält, veranschaulicht die nachfolgende Tabelle:

| Bei Silbenreihen, die an | 3 | 6 | 12 | aufeinanderfolgenden Tagen |
jedesmal	8mal,	4mal,	2mal	wiederholt wurden,
	24	24	24	
waren die Trefferzahlen	18	39	53	

Die Zahl der Wiederholungen war also jeweils dieselbe, nämlich 24 insgesamt. Sie waren aber auf verschiedene Intervalle verteilt, wobei sich die 12 × 2malige Wiederholung mit 53 Treffern als die günstigste erwies. Auf das Pferd angewandt und vorausgesetzt, daß der Vorgang des Behaltens beim Pferd in etwa mit dem beim Menschen identisch ist, ergibt sich daraus, daß das Einprägen einer Lektion, einer neuen Fertigkeit, mit weniger Mühe verbunden ist, wenn sie nur kurze Zeit geübt, aber häufig und mit eingelegten Zeitintervallen wiederholt wird, als wenn man sie langdauernd, ohne Zwischenpausen wiederholt.

Freilich sagt die Versuchsanordnung lediglich aus, daß das Lernen mit Intervallen wirksamer und weniger mühsam ist als ohne Intervalle. Es wäre jedoch ungemein wichtig zu wissen, wie die Ergebnisse sind, wenn man die täglichen Silbenreihen nicht unmittelbar hintereinander, sondern mit 10, 20, 30, 60 Minuten Zwischenpause oder halbtags wiederholen ließe, welche Intervalle also die optimalen sind. Entsprechende Experimente mit dem Pferd wären zweifellos nicht nur interessant, sondern auch für die praktische Arbeit mit ihm lohnend. Es geht ja nicht nur darum, wie man am mühelosesten, sondern auch, wie man am schnellsten zum Ziel kommt. Ähnliche Gesetzmäßigkeiten über die optimalen Intervalle mit entsprechenden Modifikationen gelten nicht nur für das Training des Gedächtnisses, sondern auch für Reflexe, für das Begreifen, das Folgern und sogar für körperliche Leistungen.

Niemals sollte beim Experimentieren die schon wiederholt hervorgehobene große Individualität der Pferde, die sich auch in der Unterschiedlichkeit ihres Gedächtnisses äußert, außer acht gelassen werden. Um allgemein gültige Maßstäbe zu erlangen, müssen stets verschiedene Rassen und Individuen herangezogen werden, Versuche allerdings, die kaum durchzuführen sind.

»Das Gedächtnis ist übrigens bei den einzelnen Pferden sehr verschieden, und es ist nicht unmöglich, diese Unterschiede vergleichend zu messen. Ich tat es mehrfach, indem ich untersuchte, wie oft ich einen bestimmten Weg reiten mußte, bis ein Pferd lernte, diesen Weg von selbst zu gehen, und nach wieviel Monaten es den Weg wiedererkannte. Fünf bis sechs Übungen genügen immer zum Erlernen von solch einfachen Leistungen« (le Bon, zitiert nach v. Maday).

Eine andere, mit dem Behalten eng zusammenhängende Frage ist die nach der Konzentrationsfähigkeit, die ihrerseits wiederum mit der Aufmerksamkeit im Zusammenhang steht (S. 251). Man hat festgestellt, daß bei Jugendlichen die Konzentrationsfähigkeit kürzer ist als bei Erwachsenen. Nach Hellbrügge geht die Dauer der Konzentrationsfähigkeit bei Volksschülern kaum über zwanzig Minuten hinaus. Es ist zu vermuten, daß sie bei Pferden ebenfalls nur relativ kurz ist. Das dürfte schon aus dem Grundcharakter ihrer diffusen Wahrnehmungsweisen hervorgehen sowie daraus, daß im allgemeinen Tiere dem kindlichen Wesen des Menschen näherstehen als dem von Erwachsenen. Man braucht nur Menschenaffen zu beobachten, um sich davon zu überzeugen. Es ist wohl nicht gut denkbar, daß ein Schimpanse eine Stunde lang konzentriert mit einem Problem beschäftigt ist.

Das Gegenteil vom Behalten ist das *Vergessen*. Im allgemeinen empfindet man es als ärgerlich, etwas vergessen zu haben oder sich trotz eifrigen Bemühens an eine bestimmte Sache nicht mehr erinnern zu können. Es liegt nahe, das Vergessen dem Lebensprinzip der Irrbarkeit zuzuordnen, mit dem es zweifellos in enger Beziehung steht (S. 22). Dort

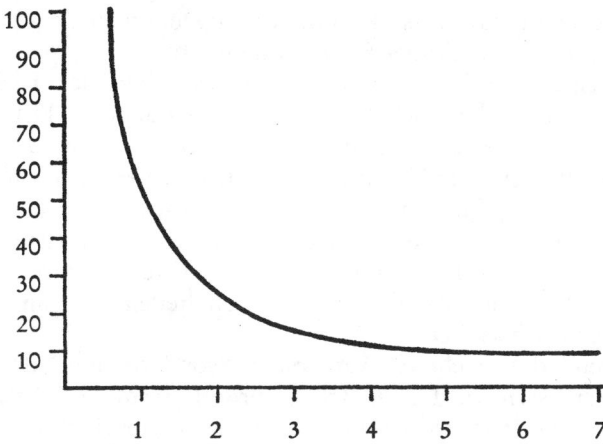

Abb. 58: Vergessenskurve

wurde aber auch schon begründet, daß die Irrbarkeit eine unentbehrliche, notwendige Eigenschaft jedes lebendigen Wesens ist.

Aber nicht weniger als das Irren im allgemeinen ist das Vergessen im
besonderen ein unentbehrlicher Bestandteil des Lebens. Man stelle sich
nur vor, ein Mensch könnte nichts vergessen, sondern müßte stets
sämtliche Vorgänge, Ereignisse und Empfindungen seines gesamten
Lebens ständig im Gedächtnis behalten. Wahrscheinlich würde er darüber wahnsinnig werden.

Das Vergessenkönnen ist also eine Lebensnotwendigkeit. Falsch
daran ist nur — und darin besteht im eigentlichen Sinn die Irrbarkeit des
Gedächtnisses — das Wesentliche zu vergessen und das Belanglose zu
behalten, ein Vorgang, den wir täglich an uns beobachten können.

Von besonderer Bedeutung ist die Tatsache, daß Behalten und Vergessen nur begrenzt unserem Willen unterworfen sind. Niemand kann
mit Gewißheit voraussagen, woran er sich nach einigen Jahren noch
erinnern, was er in der Zwischenzeit vergessen haben wird. Bei dem
erwähnten experimentellen Erlernen von Silbenreihen konnte durch die
Wiederholungen zwar das Behalten durch den bewußten Willen gefördert werden, niemals aber konnte man voraussagen, welche der gelern-
ten Silben behalten, welche vergessen würden.

Auch das Vergessen ist bestimmten Gesetzmäßigkeiten unterworfen,
über die von Jost ebenfalls einige Ergebnisse ermittelt wurden. In
Fortführung der Silbenexperimente hat sich nämlich folgende Regel
ergeben:

Die Ergebnisse werden schlechter, wenn man die Zeitabstände allzu-
sehr vergrößert, wenn also nicht täglich, sondern etwa nur an jedem

vierten Tag geübt wird. Das hängt mit der sogenannten Vergessenskurve zusammen, die in Abbildung 58 dargestellt ist:

Vergessenskurve: In der Waagrechten die Zahl der Tage, in der Senkrechten die Zahl der behaltenen Worte oder Silben in Prozenten. Zu Beginn des Versuches wurden von der Versuchsperson hundert auswendiggelernte Wörter oder Silben beherrscht. Nach einigen Tagen waren noch 50, nach zwei Tagen noch 20, nach drei Tagen 15, nach vier Tagen 4 in langsam weiter fallender Tendenz bekannt. Der Versuch zeigt, daß der größte Teil des Aufgenommenen sehr rasch vergessen wird, daß nur ein kleiner Rest des darüber hinaus Behaltenen langsam aus dem Gedächtnis verschwindet.

Nicht nur das leichtere Aufnehmen, sondern auch das weniger schnelle Vergessen wird demnach gefördert, wenn das Lernen zwar nicht zu langdauernd, jedoch in geeigneten Zeitabständen, womöglich zwei- oder dreimal täglich wiederholt wird. Auch beim Pferd kommt man in dieser Weise am schnellsten und mit der geringsten Mühe zum Erfolg.

Andere experimentelle Untersuchungen haben ergeben, daß die Gedächtnisleistung durch das sogenannte *Kumulieren* nur wenig gesteigert werden kann. Wenn nämlich ein bestimmtes Thema einmal erfaßt worden ist und dem Gedächtnis erfolgreich eingeprägt wurde, hat die weitere Fortsetzung des Übens für die Dauer des Behaltens keine wesentliche Bedeutung.

Es gibt wohl keinen Zweifel darüber, daß gegen diese Regeln sowohl bei der Ausbildung der Reiter als auch der Pferde häufig verstoßen wird. Da ist vielleicht an einem Tag in der Woche Springstunde, in der ein Reiter versucht, seinem Pferd das Springen beizubringen. Endlich hat es begriffen, daß es nicht rechts oder links an der Stange vorbeilaufen, auch nicht davor stehenbleiben soll. Der Reiter, begeistert über den Erfolg, versucht seinem Pferd das neue Können recht eindringlich einzutrichtern und jagt es unentwegt über das Hindernis. Tatsächlich nützt er mit diesem Kumulieren nur wenig und schadet unter Umständen sogar dem guten Willen, nicht zuletzt auch den Beinen seines Pferdes. Danach ist möglicherweise eine Woche lang Arbeitsruhe, in der Pferd und Reiter Gelegenheit bekommen, das Erlernte wieder zu vergessen. Freilich soll nicht verkannt werden, daß die oben genannten Forderungen häufig auf technische und organisatorische Schwierigkeiten stoßen. Immerhin sollte man den Idealzustand wenigstens kennen und ihm möglichst nahekommen. Er würde darin bestehen, zwei- oder dreimal täglich dieselbe Übung, jedoch nur in kurzfristigen, das Pferd weder körperlich noch psychisch belastenden Wiederholungen auszuführen. Das soll nicht etwa heißen, ein Springpferd unaufhörlich täglich zwei- bis dreimal über Hindernisse zu reiten. Es ist gerade bei der erwähnten Lernmethode notwendig, auch wieder längere Pausen einzulegen. Man muß stets darauf bedacht sein, daß das Pferd nicht beim Lernen abgestumpft wird oder die Lust verliert.

Die Fähigkeiten des Gedächtnisses werden durch Üben an *verschiedenartigen Themen* gesteigert. Ein Mensch, der in seiner Jugend an einer alten Sprache im Denken geübt wurde, wird auch bei andersartigen Gegenständen, zum Beispiel auf technischem oder biologischem Gebiet, zu denken verstehen. Wer schon einmal eine Fremdsprache gelernt hat, wird eine weitere um so leichter aufnehmen. Ebenso dürften auch beim Pferd irgendwelche erworbenen Kenntnisse für andere Aufgaben von Nutzen sein. Dabei kommt noch hinzu, daß nicht nur das Begreifen und das Behalten, sondern auch das Gehorchen als Prinzip erlernt worden ist.

Ebenfalls auf experimentellem Wege wurde nachgewiesen, daß das Behalten erleichtert wird, wenn *mehrere Sinne* gleichzeitig eingeschaltet werden. Es ist bekannt, daß das Angaloppieren schneller gelernt wird, wenn es aus einer bestimmten Ecke heraus, verbunden mit Zungenschlag, Schenkel- und Gewichtshilfen, erfolgt, wenn also Gesichts-, Gehör- und Tastsinn gleichzeitig eingeschaltet werden, als bei nur einer dieser Hilfen. Wenn dann die betreffende Lektion dem Gedächtnis eingeprägt ist, können die zusätzlichen Hilfszeichen fortgelassen werden.

Die Leistung des Gedächtnisses wird gefördert, wenn der Lernende mit *Interesse,* Willigkeit und Freude bei der Sache ist. Daraus geht die Bedeutung des Gefühlslebens für die erfolgreiche Arbeit und Ausbildung beim Pferd hervor.

Es gibt Einflüsse, die störend auf das Behalten wirken, die sogenannten *Gedächtnishemmungen.* Hier ist zunächst die Ablenkung zu erwähnen. Umgekehrt heißt dies, daß Konzentration das Lernen und das Behalten fördert. Ein Pferd kann sich nur dann konzentrieren, wenn auch der Reiter konzentriert ist. Nervosität, Abgelenktheit und Unausgeglichenheit seines Reiters fühlt ein empfindsames Pferd. Es wird infolgedessen unaufmerksam und im Behalten gestört. Auch andere Vorgänge in- und außerhalb der Bahn, seien sie akustischer oder visueller Art, wirken ablenkend und störend auf den Lernprozeß. Da man jedoch ein Pferd nicht zeitlebens von der Außenwelt und von unruhigen Vorgängen abschließen kann, sollte man es außerhalb der Unterrichtsstunden an solche Vorgänge gewöhnen. Es ist deshalb nicht ungünstig, Pferde in einer Koppel nahe an einem Bahndamm oder an einer verkehrsreichen Straße gelegentlich frei laufen zu lassen. Um so weniger werden sie sich dann im Training oder bei einer Prüfung erregen. Es wäre zweifellos nicht sinnvoll, in der Reitbahn stets bei völliger Ungestörtheit zu arbeiten, wenn dann die Dressurprüfung womöglich neben dem Rummelplatz eines Jahrmarktes stattfinden müßte.

Unmittelbar im Anschluß an eine Ausbildungsstunde sollten *Ablen-*

kungen vermieden werden, um die sogenannten nachdauernden Gehirnprozesse nicht zu stören. Es ist also nicht empfehlenswert, nach einer schwierigen Dressurstunde mit anderen spazierenzureiten oder gar einen anderen Reiter aufsitzen zu lassen oder das Pferd sonstwie aufzuregen, weil es eben noch eine gewisse Zeit zur unbewußten Verarbeitung des Aufgenommenen benötigt.

Diese wissenschaftlich gefundenen und fundierten Regeln dürfen freilich nie in ein starres Schema ausarten. Dazu sind die Pferde viel zu unterschiedlich veranlagt. Es ist Sache des Einfühlungsvermögens und der kritischen Beobachtung, das Richtige, vor allem die optimalen Intervalle und die richtige Übungsdauer, herauszufinden, um mit möglichst wenig Aufwand an Mühe und Zeit eine schnelle, solide und dauerhafte Ausbildung zu erzielen.

Von außerordentlicher Bedeutung für die Leistungsfähigkeit nicht nur des Gedächtnisses, sondern sämtlicher psychischer Bereiche ist auch die psychische *Kondition*. Sie ist nicht nur von psychischen Bedingungen, wie gutem Milieu, freundlicher Behandlung, ausgeglichenem Gefühlsleben und anderen seelischen Einflüssen, sondern in Anbetracht der wiederholt erwähnten somatopsychischen Beziehungen weitgehend von körperlichen Verhältnissen abhängig. Von entscheidender Bedeutung für die psychische Leistungsfähigkeit ist deshalb die erbliche Veranlagung sowie die körperliche und seelische Beeinflussung in den ersten Lebensmonaten, also die Aufzucht. Sie hängt auch weitgehend ab von der richtigen Unterbringung im hellen, luftigen und geräumigen Stall, möglichst mit einem Fenster in Kopfhöhe, in Nachbarschaft sympathischer Kameraden, ferner von ausgeglichener Fütterung, von regelmäßiger und ausreichender Bewegung sowie vom Freisein von Parasiten und von anderen krankmachenden Einflüssen.

Das gesamte Geschehen im Bereich des Gedächtnisses und des Lernens sowohl im seelischen wie im körperlichen Bereich ist nur verständlich, wenn man sich darüber klar ist, daß die wesentlichen Vorgänge dabei unserem Willen entzogen sind. Alles, was der Mensch für das Erwerben irgendwelcher Fähigkeiten tun kann, ist einzig und allein das Ausüben von Reizen. Das Wachstum des Körpers und des Geistes, die Entwicklung von Eigenschaften, erfolgt außerhalb unserer willensmäßigen Einwirkung. Das bedeutet, daß mit gewaltsamen Methoden nichts, mit Geduld, Ausdauer und Wiederholungen alles zu erreichen ist.

Die Echoortung

Allgemeines
Das für uns Menschen schwer vorstellbare, dem Pferd sicherlich eigentümliche plastische, perspektivische Hören dient wahrscheinlich nicht

nur der Ortung und Entfernungsbestimmung fremder Geräusche, sondern auch dem Zweck der Orientierung mit Hilfe selbsterzeugter Töne auf dem Wege der Schallortung. Man spricht bei derartigen Fähigkeiten vom Echolot oder Radar bei elektromagnetischen, vom Sonar bei Luftschwingungen. Diese Echoortung ist im Tierreich weit verbreitet. Es gibt zahlreiche Fischarten, die sich elektrischer Stromstöße bedienen, um durch deren Reflexion nach Art eines echten Radars Objekte zu lokalisieren. Viel häufiger jedoch ist die Verwendung von Schallwellen.

»Die Wedelrobben vermögen unter der mehrere Meter dicken Eisdecke der Antarktis bei völliger Dunkelheit Fische zu jagen und ihr Atemloch im Eis wiederzufinden, indem sie sich der Schallortung bedienen. Über ähnliche Möglichkeiten verfügen viele andere Meeressäugetiere, wie Wale und Delphine aller Art. Hunde und Katzen umgingen mit verbundenen Augen Gegenstände in einer Entfernung von 20 bis 50 Zentimeter, ohne sie zu berühren, nicht aber Gitter und Netze. Hierzu befähigten die Tiere nicht der Geruch oder Hautrezeptoren, sondern nur das Gehör. Wurde dieses ausgeschaltet, so konnte das Phänomen nicht beobachtet werden« (Die Blauen Hefte).

»Neuere Untersuchungen haben ergeben, daß die Echoortung bei Tieren weit verbreitet ist. Außer Fledermäusen orientieren sich auch Insekten und Fische, die man bisher für stumm hielt, Nagetiere, wie Flughörnchen, und selbst Affen mit Hilfe eines Schallortungssystems. Schnepfen, Eulen, Schwalben und Singvögel ›ergründen‹ ihre Umgebung mit Hilfe durchdringender Schreie und Pfeiflaute, wenn sie im Nebel oder in der Dunkelheit fliegen. Das Echo ermöglicht es ihnen dann, die Flughöhe zu bestimmen und Hindernisse zu erkennen. Von den Tieren, die sich mit Hilfe des Echos orientieren, verfügen die Delphine über einen besonders präzise arbeitenden Ultraschallortungsapparat. Diese flinken Wassersäugetiere senden Ultraschallimpulse aus, indem sie ihre Nasenöffnungen außerordentlich rasch hintereinander öffnen und schließen. Während des Schwimmens drehen sie den Kopf nach allen Seiten, um das Echo ihrer Schallimpulse aufzunehmen. Sie finden ihre Beute auch im trübsten Wasser und fangen sie mühelos. Nicht einmal das kleinste Bleikörnchen, das man ins Wasser wirft, entgeht ihnen. Auch sind sie in der Lage, schon von weitem verschiedene Fischarten zu unterscheiden. Ihr Ortungssystem übertrifft die vom Menschen geschaffenen Instrumente bei weitem« (G. Lanyi).

»Die Echo-Ortung wurde von den Menschen schon lange vor Erfindung der mehr wissenschaftlichen Echolot-Methoden benutzt. Bei Nebel lassen die Schiffskapitäne Sirenen oder Hörner ertönen und stellen am Echo fest, wie weit von der Küste entfernt sie sich befinden. Einige Seeleute behaupteten, daß sie mit diesem Hilfsmittel sogar vergleichsweise winzige Objekte, wie Bojen, ausmachen könnten. Auch das Empfindungsvermögen blinder Menschen ist häufig über das Normale hinaus gesteigert. Der Stock eines Blinden dient nicht nur dazu, Gegenstände zu ertasten, sondern auch Schallwellen zu erzeugen, deren Echo Rückschlüsse auf Richtung und Entfernung eines Objektes erlaubt. Daher das eigenartige klopfende Vorgehen mit dem Stock, das man bei vielen Blinden beobachten kann. Einige Blinde nahmen freiwillig an einem Versuch teil, bei dem ihnen die Ohren verstopft wurden. Sie vermochten sich nicht mehr sicher fortzubewegen. Es gibt Blinde, die sogar die Hilfe eines Stockes entbehren können, da sie den Weg durch das Echo ihrer Schritte finden können« (Carthy).

Verstand

Allgemeines

Wenn man eine Wahrnehmung macht und im Gedächtnis behält, entwickelt sich daraus eine erworbene Erfahrung, ein Wissen. Nun ergibt sich die Möglichkeit, diese im Gedächtnis gespeicherte Erfahrung, das vorhandene Wissen, mit neuen Wahrnehmungen oder mit anderen Gedächtnisinhalten zu verbinden. Diese Fähigkeit, die Folgerungsgabe, ist die nächsthöhere psychische Rangstufe, der eigentliche Maßstab der *Intelligenz*. Mit Hilfe des Zusammenfügens von Erfahrungen werden nicht nur Eindrücke aufgenommen und gespeichert, es werden vielmehr neuartige Erkenntnisse und Handlungsweisen hervorgebracht, die im Individuum selbst ihren Ursprung haben. Man spricht bei derartigen geistigen Leistungen von Verstand. Der Mensch ist auf diesem Gebiet des selbständigen Folgerns und des Kombinierens vor allem wegen seines reflektierenden Denkvermögens dem Tier unendlich überlegen. Er ist es hier viel mehr als auf den Gebieten des Trieblebens, der Instinkte, der Wahrnehmungsfähigkeit oder des Gedächtnisses, auf denen ihn die Tiere oft sogar übertreffen. Der größte Teil des menschlichen zerebralen Systems, das Vorderhirn, ist vornehmlich dieser Aufgabe, dem schöpferischen, kombinierenden, logischen Denken, der Folgerungsgabe gewidmet. Verstand können demnach nur Lebewesen besitzen, die Bewußtsein, Gedächtnis und ein gewisses Vorstellungsvermögen besitzen. Deshalb muß nicht jede Dressur unbedingt eine Verstandesleistung sein. Man hat bei sehr niederen Tierarten, wie bei Regenwürmern oder angeblich sogar bei Amöben, mit Erfolg Dressuren durchgeführt. Das ist aber kein Beweis für einen Verstand dieser Tiere. Vielmehr handelt es sich dabei um die Ausbildung oder Vervollkommnung von Reflexen, wie sie auch bei höheren Tieren bis zum Menschen, teils mit, teils ohne Beteiligung des Verstandes, stattfinden. Alle Fähigkeiten bei Menschen und Tieren können durch Übung beeinflußt oder gesteigert werden, auch wenn sie nichts mit Verstand und Intelligenz zu tun haben. Verstand oder Intelligenz ist also nur dort beteiligt, wo vergleichende und schlußfolgernde Bewußtseinsvorgänge ablaufen, die auf den Menschen und auf höhere Tiere beschränkt sind. Falsch aber wäre es, wegen der tatsächlich bestehenden menschlichen Überlegenheit in das andere Extrem zu verfallen und allen Tieren jeden Verstand abzusprechen.

»Wenn man bei dem Wort Verstand von vornherein nur an abstrakte Begriffe denkt, schaltet man die bei den Tieren außerordentlich zahlreichen Fälle von anschaulichem Verstehen völlig aus, so daß die Kluft zwischen Mensch und Tier unüberbrückbar wird. An den Anfang aller Tierpsychologie muß daher der Satz gestellt werden: Es gibt Verstand ohne abstrakte Begriffe.

Den Beobachtungen in der Tierpsychologie wird man nur gerecht, wenn man darin eine Form von praktischem Verstand erkennt, in dem bestimmten Vorstellungen zweckmäßige Bewegungsreihen zugeordnet sind. Nur der einseitig rationalistischen Denkweise, die bei jeder Verstandestätigkeit abstrakte Begriffe fordert, müssen solche Erscheinungen völlig unverständlich bleiben, woraus dann in der Regel die Bezeichnung solcher deutlichen Verstandesleistungen als automatischer Akte folgt. Hierin zeigt sich auch jetzt noch die Nachwirkung der Cartesianischen Denkweise, die in den Tieren nichts als Maschinen sah, und auch die psychischen Vorgänge im Menschen, mit Ausnahme der Denktätigkeit in der substantia cogitans, mechanisch erklärte. Mit dieser Auffassung muß grundsätzlich gebrochen werden, wenn die Tierpsychologie, und in vielen Punkten auch die Psychologie des Menschen, von solchen Vorurteilen befreit werden soll. Dabei zeigen viele Tiere bei der Ausführung von Bewegungsreihen, die sich an Gegenstandsvorstellungen anknüpfen, deutliche Anpassungen an veränderte Situationen, worin klar zutage tritt, daß es sich nicht bloß um Vorgänge im Sinne eines linear determinierten Reflexes handelt« (R. Sommer).

Das Folgern erfordert mehr als jeder andere psychische Vorgang eine Leistung, eine geistige Arbeit. Eine Wahrnehmung muß mit einer Vorstellung verknüpft werden, sie kann nicht »gedankenlos« vor sich gehen, wenn sie zu einer Folgerung führen soll. Dieser Vorstellung im besonderen Maße gilt die Aufmerksamkeit. Dann erst kommt es zum Begreifen oder zum Erfassen eines Zusammenhanges.

Über die Bedeutung der *Aufmerksamkeit* sowie über damit verbundene körperliche Vorgänge, vor allem in Form der Aufrichtung, die schon im Zusammenhang mit körperlich-seelischen Wechselbeziehungen (S. 76) erwähnt wurde, schreibt R. Sommer:

»Eine grundlegende Verstandesfunktion in unserem Sinne ist bei Tieren und Menschen die Aufmerksamkeit. Für ihre Entwicklung halte ich den ausgeprägten Spannungscharakter für bedeutungsvoll. In dem

Ausdruck ›gespannt nachdenken‹ liegt, ebenso wie andererseits in dem
Ausdruck ›begreifen‹, eine richtige Beobachtung über die feinen Muskel-
spannungen, die bei diesem geistigen Akt vorhanden sind. Die Verglei-
chung ist die eigentliche Grundlage für die Entstehung von Vorstellungen über die Gleichheit oder Ungleichheit zweier Dinge. Nur dadurch,
daß die Vorstellungen, in manchen Fällen auch die Wahrnehmungen, im
Bewußtsein nebeneinander gehalten werden, was durch die Spannung
der Aufmerksamkeit ermöglicht wird, kommen Begriffe über die Gleichheit und Verschiedenheit von Eigenschaften zustande. Die Anerkennung, daß es bei Tieren derartige Verstandesleistungen gibt, wird lediglich durch die vielfach noch verbreitete rationalistische Auffassung
gehemmt, nach der bei dem Wort Verstand immer gleich an abstrakte
Begriffe gedacht wird. *Das Pferd hat im optisch-motorischen Gebiet
und in der Anpassung seiner Körperbewegung an die gegenständliche
Welt anschaulichen Verstand.*«

Die im allgemeinen Teil wiedergegebene Schilderung Helen Kellers,
wie das Ichbewußtsein von ihr Besitz ergriff, bestätigt geradezu experimentell die Hypothese Sommers über die Beziehungen zwischen Aufmerksamkeit, Spannung und Verstandestätigkeit, wenn sie sagt: »Ich
stand still, mit *gespannter Aufmerksamkeit* die Bewegungen der Finger
meiner Lehrerin verfolgend« (S. 34).

Besonderes

Es blieb unserer Zeit vorbehalten, ›das Pferd‹ als dummes Tier, ja als
ungewöhnlich dumm zu bezeichnen. Manchmal gilt es geradezu als
guter snobistischer Ton, die Dummheit des Pferdes hervorzuheben.
Dementgegen galt das Pferd jahrtausendelang, in Zeiten, die mehr
Kontakt und Einblick in das Pferd vermittelten als die Gegenwart, nicht
nur als edel, sondern auch als intelligent. Nun sind in jüngster Zeit
exakte und emotionell unbeeinflußte wissenschaftliche Untersuchungen
in vergleichenden Experimenten darüber angestellt worden. Dabei hat
sich in sorgfältigen und stichhaltigen Versuchsanordnungen herausgestellt, daß die Lernkapazität des Pferdes der des Elefanten etwa gleich-
kommt, und die von Schweinen, Ratten und Mäusen übertrifft (Giebel,
zit. n. Rensch).

Freilich wird auch der größte Pferdefreund kaum abstreiten, daß der
Verstand des Pferdes geringer ist als der mancher anderer Tierarten, wie
etwa von Menschenaffen, Delphinen, Hunden oder Katzen. Dafür
spricht nicht nur die vergleichende Beobachtung, sondern auch das
relativ kleinere Gehirn des Pferdes (S. 60). Dennoch wird seine Intelligenz vielfach unterschätzt.

Dies beruht einmal darauf, daß Intelligenz oft mit *Gelehrigkeit*
verwechselt wird. Zweifellos ist beispielsweise der Hund gelehriger als

die Katze, nicht aber unbedingt intelligenter. Vielmehr rührt seine größere Gelehrigkeit daher, daß er von Natur aus mehr auf den Menschen eingeht als sie. Die dem Pferd, ähnlich wie der Katze, eigentümliche Distanzierung ist aber für den Umgang mit ihm erschwerender als seine im Vergleich zum Hund geringere Intelligenz. Die zugrundeliegende, unterschiedliche Veranlagung hängt damit zusammen, daß Herden- oder Rudeltiere von Natur aus stärker für die Anpassung an andere Individuen prädestiniert sind als in exklusiven Gruppen- oder Familienverbänden lebende, ein Hinweis dafür, daß das Pferd kein Herden-, sondern ein Gruppentier ist (siehe S. 89).

Zu dieser naturgegebenen Eigenart kommt die häufige frühkindliche und jugendliche Vernachlässigung in der Domestikation hinzu. Im Gegensatz zum Hund, der im allgemeinen von frühester Jugend an in ständigem Kontakt mit dem Menschen lebt, muß das Pferd oft in der stumpfsinnigsten Weise dahinvegetieren. Das hat eine Verkümmerung der natürlichen Anlagen zur Folge (siehe S. 37). Aufzucht und Haltung beider Tiere sind grundsätzlich verschieden.

Ferner dürften züchterische Maßnahmen aus einer Zeit, in der die Pferde vielfach lediglich als Kraftmaschinen betrachtet wurden, ihre Spuren hinterlassen haben, während beim Hund die Intelligenz seit jeher eine der wichtigsten Voraussetzungen für seinen Wert gewesen ist.

Die Intelligenz ist um so größer, je kompliziertere Zusammenhänge einerseits begriffen und je schneller sie andererseits erfaßt werden. Beides ist nicht identisch. Es gibt genügend Beispiele dafür, daß Menschen hohen Intelligenzgrades keineswegs besonders schlagfertig sind. Bei der Ausbildung von Pferden gewinnt man den Eindruck, daß ihre Fähigkeit, schnell zu begreifen, hinter der zurücksteht, komplizierte Zusammenhänge zu erfassen.

Die Tatsache, daß das Pferd Verstand hat und in der Lage ist, aus Wahrnehmungen im Zustand der Aufmerksamkeit Vorstellungen zu bilden und mit anderen Wahrnehmungen und Vorstellungen zu verknüpfen, ist von entscheidender Bedeutung für die Ausbildung. Schließlich muß man anders mit einem Lebewesen umgehen, wenn es in der Lage ist, zu verstehen und Erlebtes zu verbinden, als wenn sich sein Seelenleben ausschließlich auf Reflexerregbarkeit und Reflexbildung beschränkt.

In engem Zusammenhang mit der Aufmerksamkeit steht die Konzentrationsfähigkeit. Diese aber ist nach den schon erwähnten, bei Kindern vorgenommenen Untersuchungen Hellbrügges begrenzt.

»Das Pferd kann mindestens eine halbe Stunde anhaltend und intensiv arbeiten, ohne das geringste Zeichen von geistiger Ermüdung zu äußern. Bei schwierigen Dressurarbeiten ist es ratsam, diese nach einer halben Stunde abzubrechen und täglich ein- bis zweimal zu wiederholen« (v. Maday).

Eine halbe Stunde scheint mir nicht das mindeste, sondern das höchste an möglicher Konzentrationsdauer für ein Pferd zu sein, auch dann, wenn man keine hohen Anforderungen stellt. Vielmehr dürften bei den meisten Pferden innerhalb dieser dreißig Minuten Zwischenpausen in kürzeren Abständen notwendig werden. Erst recht wird für schwere Dressurleistungen — von der körperlichen Anstrengung ganz abgesehen — auch das bestveranlagte Pferd kaum in der Lage sein, die dazu notwendige Konzentration eine halbe Stunde lang ohne Unterbrechung aufrechtzuerhalten. Besonders eindrucksvoll erscheint die von v. Maday bereits vor 75 Jahren empirisch festgestellte Regel der täglichen zwei- bis dreifachen, durch jeweils mehrere Stunden unterbrochenen Übungen. Diese Intervalle entsprechen den am Menschen gewonnenen Erkenntnissen.

Die Möglichkeit und die Fähigkeit, den Zusammenhang zu erfassen, ist also die erste Voraussetzung, um eine Kombination, eine Verstandes- oder Folgerungstätigkeit in Gang zu bringen. Hierbei handelt es sich um eine der wichtigsten Fragen in der Ausbildung und im Umgang mit Tieren. Wohl die meisten Tierliebhaber machen es sich nicht genügend klar, daß der Erfassungsbereich zwischen Ursache und Wirkung beim Tier viel enger ist als beim Menschen. Man kann einem Menschen sehr wohl sagen, weil er gestern das oder jenes angestellt hat, bekommt er heute diese oder jene Strafe. Beim Tier aber dauern die erfaßbaren Zusammenhänge oft nur wenige Sekunden. Es ist ungemein schwierig für uns, diese dem Tier noch möglichen *Assoziationen* zu verstehen. Dabei geht es darum, daß wir uns in die Lage des Pferdes, nicht aber das Pferd in unsere menschliche Situation versetzen, indem wir es vermenschlichen. Angenommen, ein Reiter ist eine halbe Stunde lang in der Bahn geritten, er steigt ab, führt das Pferd in den Stall, klatscht es am Hals ab, gibt ihm ein Stück Zucker und sagt: Das hast du brav gemacht. Es ist unwahrscheinlich, daß das Pferd die Belohnung mit der guten Leistung in der Bahn, die längst seinem Vorstellungsvermögen entschwunden ist, in Verbindung bringt. Richtiger wäre es demnach, noch in der Bahn abzusteigen und es umgehend an Ort und Stelle zu belohnen.

Beispiele

Um zu dem bereits erwähnten Vorgang des Ausschlagens (S. 31) zurückzukehren, ist klar zu erkennen, daß das bewußte Schlagen eines Pferdes nach dem tatsächlichen oder vermeintlichen Gegner einen Folgerungsakt bedeutet. Das Pferd nimmt den Tierarzt wahr, es hat noch den Schmerz im Gedächtnis, den es in Verbindung mit dieser unerfreulichen Person empfunden hat, zieht eine entsprechende Folgerung und schlägt

aus. Gewiß wäre es nicht gerechtfertigt, hierbei von einem Reflex zu
sprechen. Mit Hilfe von Wahrnehmung und Gedächtnis war eine Erfahrung erworben und mit einer erneuten Wahrnehmung folgerichtig verbunden worden. Einen derartigen Vorgang pflegt man im menschlichen
Bereich als Denken zu bezeichnen. Hier aber beginnt die Grenze, die
unüberbrückbare Kluft zwischen Mensch und Tier. Dieses nämlich ist
sich seines Denkens und Tuns nicht bewußt. Darum ist es auch für sein
Handeln niemals im menschlich moralischen Sinn verantwortlich zu
machen.

Ein verblüffendes Beispiel beschreibt Magerl: In eine Klinik, in der er
als Assistent tätig war, wurde ein Pferd gebracht, über das nichts
Näheres bekannt war. Es wurde mit der üblichen Sorgfalt untersucht
und ließ sich willig die nachfolgende Behandlung gefallen. Einige Tage
später kam der Besitzer, um sich nach dem Patienten zu erkundigen. Als
er an das Tier herantrat, schlug es aus und verletzte ihn. Man ging dem
eigenartigen Verhalten nach und konnte ermitteln, daß er es vor der
Einlieferung mehrfach mißhandelt hatte. Aus der Begebenheit geht
folgendes hervor: Das Pferd besaß ein differenzierendes Wahrneh-
mungs- und Unterscheidungsvermögen für bestimmte Personen. Es hatte
ferner ein Ereignis- und Personengedächtnis. Schließlich verfügte es über
die Fähigkeit, mit der zurückliegenden Erfahrung und einer erneuten
Wahrnehmung eine folgerichtige Kombination anzustellen. Es wäre
nicht verwunderlich, wenn das Pferd eine verallgemeinernde Konse-
quenz gezogen und die gesamte Gattung Mensch in seine Reaktion
einbezogen hätte. Dann freilich wäre es schwierig, zu behaupten, daß es
sich nicht lediglich um einen Reflex gehandelt haben könnte. Bei dem
beschriebenen Vorfall jedoch wird man kaum etwas anderes als eine
differenzierende Kombination, eine echte Folgerung annehmen können.

Wenn Pferde gewohnt sind, Hafer, Mohrrüben oder Zucker zu
bekommen, sobald man die Weide betritt, pflegen sie auf Anruf herbei-
zukommen. Sie kommen auch, wenn man die Halfter in der Hand hält,
falls es an der Zeit ist, in den Stall zu gehen, um gefüttert zu werden.
Kommt man aber in Reitstiefeln oder gar mit dem Sattel, so zögern sie,
oder sie laufen sogar weg. Dieses Verhalten deutet nicht nur auf eine
differenzierende Beobachtungsgabe, sondern auch auf ein folgerichtiges
Kombinationsvermögen hin.

Eine mir gut bekannte Stute »wußte« genau, daß der Elektrozaun
nicht geladen war, wenn der Induktor nicht tickte. Solange das Ticken
zu hören war, vermied sie jede Berührung des Drahtes. Sobald der Strom
abgeschaltet wurde, durchbrach sie den Zaun.

Die meisten Pferde, die bei hingegebenem Zügel in ruhigem Schritt
gehen, pflegen nach dem Aufnehmen des Zügels in Trab zu fallen, ohne
erst die auffordernden Hilfen abzuwarten. Sie tun das, weil sie offenbar
aus Erfahrung wissen, daß nach dem Aufnehmen regelmäßig eine

schnellere Gangart eingeschlagen wird. Um den Pferden dieses unangenehme Verhalten abzugewöhnen, wird man nach dem Verkürzen des
Zügels zunächst noch eine kleine Strecke im Schritt weiterreiten, dann
und wann auch den Zügel wieder langmachen, ohne vorher schneller zu
reiten. Daraus, daß sie nun ihr Verhalten ändern, geht hervor, daß es
sich um eine Verstandestätigkeit, nicht um einen Reflex gehandelt hat.
Je länger freilich die Angewohnheit schon besteht, um so mehr wird sich
aus der ursprünglichen Folgerung ein Reflex ausbilden, der erfahrungsgemäß schwieriger zu beseitigen ist als eine Verstandeshandlung.

Ein Pferd, dessen Reiter Tag für Tag seinen Spazierritt auf den
gleichen Wegen zurücklegt, wird von sich aus hier nach rechts, dort
nach links abwenden, wie es das seit Tagen gewohnt ist. Daß dies nichts
anderes ist als eine Folgerung, geht daraus hervor, daß man durch
Änderung der Strecke das Verhalten des Pferdes in kürzerer Zeit
umwandeln kann, als es bei einem Reflex möglich wäre.

Jeder, der Erfahrung mit Pferden hat, wird bestätigen, daß ihre
Intelligenzgrade ungemein unterschiedlich sind. So gewiß es intelligente
Pferde gibt, so sicher findet man auch dumme Typen sowie unzählige
Zwischenstufen. Sicherlich hatten die Wildpferde eine gleichmäßigere
Intelligenz als die durch züchterische und umweltbedingte Einflüsse aller
Art in der vielfältigsten Weise beeinflußten domestizierten Rassen. So
gewiß diese Tatsachen sein mögen, so schwierig ist es andererseits, den
Intelligenzgrad der einzelnen Pferde exakt zu bestimmen.

Seit langem bemüht man sich, Methoden zu finden, mit deren Hilfe
kurzfristig Messungen der Intelligenz möglich sind, um damit Mühe und
Zeit beim Einsatz für bestimmte Aufgaben zu sparen. Jedoch sind alle
Versuche, sogenannte Intelligenzquotienten (IQ) zu entwickeln, bis
heute fragwürdig geblieben, obwohl Hunderte von Verfahren dafür
entwickelt worden sind. Die Ursachen für diese Schwierigkeit sind in
mehreren Umständen begründet. Intelligenz für sich allein ist vielfach
nutzlos, wenn sie nicht mit anderen positiven Anlagen gekoppelt ist.
Dazu gehören vor allem Aufmerksamkeit, Konzentrationsfähigkeit und
Willfährigkeit, Eigenschaften, die mehr dem Charakter als dem Verstand zuzurechnen sind. Ein unaufmerksamer, verträumter oder gar
schlecht gelaunter Mensch wird mit einer großen Intelligenz weniger
anfangen können als der zwar mäßig begabte, jedoch um so eifrigere,
gutwillige, leistungsfreudige. Alle erwähnten Eigenschaften sind zudem
fortwährenden Formschwankungen unterworfen. Der Intelligenztest
wird an diesem Tage ein anderes Ergebnis haben als an jenem. Noch
fragwürdiger ist eine Intelligenzprüfung an noch im Wachstum befindlichen Menschen. Niemand weiß mit Gewißheit, wie sich ein junger
Mensch entwickeln wird. Wenn beispielsweise, wie schon geschehen,
durch Tests festgestellt wird, daß dicke Kinder intelligenter sind als
magere, so liegt dem lediglich eine Verwechslung von Intelligenz mit

Entwicklungsstand zugrunde. Da die dickeren Kinder im allgemeinen stärker akzeleriert, das heißt frühreifer sind als weniger dicke, werden sie diesen zeitlich voraus sein, ohne sie in absoluter Weise zu übertreffen.

Wenn also selbst am Menschen, bei dem uns weitaus mehr Möglichkeiten zu Gebote stehen, zuverlässige Methoden zur Messung der Intelligenz fehlen, so ist kaum zu hoffen, daß beim Pferd Aussicht auf derartige Möglichkeiten besteht. Es wird also weiterhin dabei bleiben, daß man erst auf Grund langzeitiger Beobachtung und Erfahrung Urteile über den Intelligenzgrad nicht nur von Menschen, sondern auch von Pferden wird fällen können.

Charakter

Allgemeines

Eine der bedeutendsten seelischen Kräfte ist der Charakter. Er ist nicht identisch mit Intelligenz, eine Tatsache, die am Menschen täglich zu beobachten ist. Für keine Eigenschaft wird er so sehr zur Rechenschaft gezogen, wie für seinen Charakter, im Gegensatz zur Intelligenz. Wenn ein Mensch dumm ist, ist er es aus irgendwelchen Gründen. Er wird vielleicht verlacht, aber kaum wegen seiner Dummheit angefeindet. Wenn er jedoch einen schlechten Charakter hat, fragt niemand, ob äußere Einflüsse daran beteiligt sind. Er allein wird verantwortlich gemacht. Diese Einstellung ist nicht unberechtigt. Denn kein anderer Zweig des seelischen Gefüges ist so wenig von der erblichen Veranlagung abhängig und so weitgehend von der Umwelt, von der Erziehung und sogar vom eigenen Willen beeinflußbar wie der Charakter. Niemand wird glauben, man könne musikalische, mathematische, zeichnerische oder irgendeine andere intellektuelle Veranlagung durch Erziehung ersetzen. Nur vorhandene Anlagen lassen sich mehr oder weniger vervollkommnen oder steigern. Dagegen sind Wandlungen des Charakters im negativen oder im positiven Sinn an der Tagesordnung, nicht nur beim Menschen, sondern auch beim Pferd. Auch beim Tier können wir sehr wohl von Charakter und von Charaktereigenschaften sprechen, jedoch nur dann, wenn wir uns bewußt bleiben, daß wir niemals eine moralisch-sittliche Wertung wie beim seiner selbst bewußten und deshalb für sich selbst verantwortlichen Menschen zugrunde legen dürfen.

Eine enge Beziehung besteht vermutlich zwischen Gefühl und Charakter. Wenn das Gefühl vornehmlich das passive Reagieren auf Einflüsse der Umwelt bedeutet, ist der Charakter diejenige seelische Veranlagung, welche die aktive Einstellung gegenüber der Umwelt wahrnimmt. Man kann den Sachverhalt auch in der Weise ausdrücken, daß man mit Gefühl die Art der Entgegennahme von Reizen, mit Charakter die Art der Reizbeantwortung bezeichnet. Das Gefühl vermittelt Empfindungen aller Art, der Charakter bestimmt die Art und Weise der daraufhin erfolgenden Reaktionen. Für das Gefühl ist also die Passivität, für den Charakter die Aktivität das hervorstechende Merkmal. Aufgrund dieser Feststellungen ergeben sich auch Beziehungen zwischen Aktivität, Initiative und charakterlicher Veranlagung.

Jedermann weiß, daß es gute und schlechte Charaktereigenschaften gibt, oft ohne sie im einzelnen genau bestimmen zu können. Im allgemeinen vermögen wir die Qualität des Charakters nur aus bestimmten Verhaltensweisen eines Individuums bei besonderen Anlässen indirekt zu erkennen. Wir alle wissen, wie fragwürdig es ist, aus der Physiognomie eines Menschen seinen Charakter bestimmen zu wollen. Niemand vermöchte aus einer großen Menge von Menschen die edlen und die verbrecherischen Charaktere, um bei extremen Formen zu bleiben, nur aufgrund ihres Äußeren mit einiger Sicherheit auszuwählen. Man ist ja immer wieder erstaunt, wie wenig sich die Täter auch der abscheulichsten Verbrechen äußerlich vom Durchschnitt der übrigen Menschen unterscheiden. Von Mohammed wird eine dafür bezeichnende Anekdote erzählt. Er wollte aus einer Gruppe Jugendlicher eine gewisse Anzahl für die Ausbildung als Leibwächter auswählen. Als er Gelegenheit fand, sie beim Trinken an einem Bach zu beobachten, zog er jene, die sich zum Trinken über das Wasser beugten, denjenigen vor, die es mit der hohlen Hand schöpften. Aus ihrer Art zu trinken, zog er Schlüsse auf ihre Entschlossenheit und Initiative. Sogar der für seine Menschenkenntnis bekannte Prophet traute sich also nicht zu, die Jugendlichen nach ihrem Äußeren charakterlich zu beurteilen.

Besonderes

Nicht weniger Schwierigkeiten macht die Beurteilung des Charakters beim Pferd. Auch bei ihm vermögen wir ihn nur daraus zu ersehen, daß beim Verhalten während bestimmter Anlässe gewisse Eigenschaften zum Vorschein kommen, die wir auf die charakterliche Grundlage zurückführen. Es ist also nicht möglich, aus der äußeren Erscheinung eines Pferdes seinen Charakter einigermaßen zuverlässig zu erkennen. Wenn es anders wäre, würde ja auch den Rennen und anderen Leistungsprüfungen nicht die Bedeutung zukommen, die ihnen tatsächlich zusteht. Häufig ist zur Beurteilung des Charakters sogar eine langdauernde Beobachtungs- oder Ausbildungszeit erforderlich. Sonst würden nicht Weltklassereiter manchmal zwei Jahre Arbeit an ein Pferd verschwenden, um dann herauszufinden, daß es vielleicht körperlich, nicht aber charakterlich den Anforderungen gewachsen ist. Wenn wir bei einem Pferd feiges, faules, mißtrauisches Verhalten beobachten, legen wir einen schlechten, wenn wir mutiges, fleißiges, tätiges und zutrauliches Verhalten erkennen, einen wertvollen Charakter zugrunde.

»Wir können die Pferde einteilen in gutmütige und bösartige, gehorsame und ungehorsame, kämpferische und feige, nervenfeste und sensible Tiere. Graf Lehndorff jr. betrachtet Feigheit von Pferden als sicher vererbbar und führt als Beispiel den Hengst Talion an, der diese Eigenschaft besaß und auf seine Nachkommen übertrug« (Bauer).

Wahrscheinlich ist eine wirklich zuverlässige Beurteilung des Charakters erst dann möglich, wenn die Anforderungen bis an die Grenze des Möglichen gehen. Daraus folgt auch die Fragwürdigkeit der Material- und Eignungsprüfungen, deren Wert man nicht überschätzen sollte, vor allem dann, wenn sie ohne Mindestleistungen abgehalten werden.

»Ein Fohlen, das munter und dreist ist, seinen Gespielen voranläuft, Gräben, Brücken, Flüsse ohne Zögern passiert, verspricht gut zu werden, ein Pferd, welches beim Trinken tief mit dem Maul eintaucht, verspricht Feuer« (nach Schlieben). Das Zitat zeigt, daß auch die Pferdeleute des Altertums eine charakterliche Beurteilung aus der Beobachtung bestimmter Verhaltensweisen, nicht aber aus den Körperformen für richtig hielten. Es ist demnach notwendig, zwischen dem individuellen Charakter des einzelnen Pferdes und dem Grundcharakter der Tierart Pferd, der im Nachfolgenden zu behandeln ist, zu unterscheiden.

Das höchste Prädikat, das man einem Menschen oder einem Tier verleihen kann, ist ein »edler Charakter«. Keine andere Tierart wird so bevorzugt zur Darstellung des Edlen, vor allem in der Kunst, herangezogen wie das Pferd. Ist das berechtigt? Steht dem nicht jenes Bild vom Pferd als einem mehr oder weniger feigen Wesen, das sein Heil allein in der Flucht sucht, im Wege? Eine gegenwärtig vielfach übliche Denkungsart ist nämlich folgende: Der Sinn der Schnelligkeit des Pferdes liege darin, sich durch die Flucht vor seinen Feinden in Sicherheit zu bringen. So habe sich im Wechselspiel zwischen Mutation und Auslese im Kampf ums Dasein, in dem sich die Schnellsten vor den Langsameren behaupteten, das schnelle Lauftier entwickelt. Wenn diese Darstellung zutreffen würde, wäre damit zugleich eine Selektion zugunsten der ängstlichen Individuen verbunden. Diese würden ja am schnellsten flüchten, während die weniger ängstlichen und mutigen zurückblieben, dem Raubtier zum Opfer fallen und damit ausgemerzt würden. Diese Theorie widerspricht jedoch in mehrfacher Hinsicht der Wirklichkeit.

Zunächst steht sie dem Bild vom Pferd entgegen, wie es uns aus der Geschichte vom mutigen Roß überliefert ist. Das wäre dann nur so zu erklären, daß man entweder jahrtausendelang einer verlogenen Idealisierung zum Opfer gefallen ist oder daß man von Pferden nichts verstanden hat. Hier zunächst geschichtliche Beispiele vom Mut des Pferdes.

»Nemesian verlangt zur Jagd libysche Pferde. Er nennt sie höchst ausdauernd und selbst bei vorgerücktem Alter kräftig und mutig, dabei so gelehrig, daß sie sogar ohne Zügel geritten werden könnten. Oppian rühmt an den Pferden der Parther und Meder, daß sie dem Gebrüll der Löwen auf der Jagd standhielten. Die Pferde wurden systematisch zum Mut, besonders für die Jagd gegen reißende Tiere, erzogen. Von den Persern weiß man, daß sie besondere Übungen anstellten, um die Pferde unerschrocken im Kriege zu machen. Kriegspferde waren so abgerichtet, daß sie durch Schlagen und Beißen am Gefecht teilnahmen. So machte es der Bukephalos Alexanders d. Gr., so waren die Pferde ganzer Völkerschaften, wie wir von den Chaldäern und Skythen wissen. Dies galt nicht nur für die Reitpferde, sondern auch für die Handpferde an den Streitwagen. Manche nehmen sogar an, daß die rechts und links vom Mittelpferd Laufenden überhaupt nicht zum Ziehen, sondern nur zum Kämpfen dienen sollten« (Schlieben). »Schneller als Panther sind ihre Rosse (die der Chaldäer) und bissiger als Wölfe« (Habakuk 1,8).

Ein anderer Grund für den teilweise schlechten Ruf des Charakters der Pferde in unserer Zeit mag auch darin zu suchen sein, daß oft mutige Pferde mit dem Begriff der Bösartigkeit identifiziert und ausgemerzt wurden. Es kann wohl sein, daß die, von diesem Standpunkt aus gesehen, negative Auslese den durchschnittlichen Charakter des Pferdes verändert hat. Dies würde bedeuten, daß die Pferde der Gegenwart im allgemeinen nicht mehr so mutig sind wie die der Vergangenheit. Eine solche Auffassung ist zwar nicht nachweisbar, aber auch nicht von vornherein falsch. Es gibt ernstzunehmende und gut fundierte Arbeiten darüber, daß der menschliche Charakter im Laufe der Zeiten außerordentlichen Wandlungen unterworfen wurde. Dies wäre für das Pferd ebenfalls denkbar. Im täglichen Arbeitsgebrauch der jüngeren Vergangenheit stellte der Mut im Gegensatz zum Jagd- und Kriegspferd früherer Zeiten keinen Vorteil dar. Er war unter Umständen sogar unangenehm, weil sich mutigere Pferde nicht ohne weiteres jede unvernünftige Behandlung gefallen ließen.

In der Gegenwart ist wohl am ehesten noch im Rennsport der dem Pferd von Natur aus eigentümliche Mut erhalten. Mit Recht spricht man vom »Kämpferherzen« eines guten, vom »Angstherzen« eines schlechten oder verdorbenen Rennpferdes. Es ist ganz und gar nicht so, daß das feigste Pferd im Rennen am schnellsten laufen würde. Nur Leute, die niemals selbst Rennen geritten sind, könnten eine solch absurde Idee vertreten.

»Ein Klassepferd muß (mutigen) Charakter haben und ihn zum Ausdruck bringen. Rennfähigkeit ist nur bedingt vom Exterieur abhängig, weil sie weniger von körperlichen als von seelischen Eigenschaften beeinflußt wird. Äußerliche, körperliche Eigenschaften bestimmen die Rennfähigkeit in nur begrenztem Maße, die inneren Organe schon weit mehr. Ausschlaggebend aber sind die *seelischen Eigenschaften*. Der Wille zum Siege ist die Hauptsache. Der Wille zum Siege aber sitzt im Kopfe« (aus »Ferro« von W. Sulzberger). »Es kann sein, daß ein Pferd auf den letzten fünfzig Metern Kopf an Kopf mit einem anderen Pferd kämpfen muß. Wenn beide Pferde gleich alt sind und unter dem gleichen Gewicht laufen, wird das Pferd siegen, das den größeren Willen zum Sieg hat. Mit anderen Worten, dessen Willenskraft die nervliche Energie so steigert, daß das Pferd zum siegreichen Endspurt ansetzen kann. Der Sieger mag das physisch schwächere Pferd sein, durch seinen Siegeswillen ist er der Stärkere« (F. Tesio).

Für den Nachweis der Ängstlichkeit des Pferdes wird auch ins Feld geführt, daß auf Koppeln gehaltene Pferde nicht über Gräben oder Zäune hinweg in die Freiheit springen. Dazu ist zu sagen, daß diese Tiere von frühester Jugend an, also im Fohlenalter, in dem sie noch gar nicht zu entsprechenden Sprüngen befähigt sind, an diese Einfriedungen gewöhnt werden. Im übrigen gibt es sehr wohl Pferde — und es sind nicht die schlechtesten — die spontan über einen Koppelzaun nicht nur hinaus-, sondern auch wieder zurückspringen, was zum Beispiel bei Hengsten, die rossige Stuten wittern, passieren kann.

Wieder ein anderes Argument wird von manchen darin gesehen, daß Springpferde, die man gegen ein Hindernis reitet, davor stehenbleiben, wenn sie vom Reiter nicht zum Sprung aufgefordert werden. Nun, es wäre ein schlechtes Zeichen für die Ausbildung, wenn sie ohne oder gar gegen den Willen des Reiters springen würden. Hier liegt eine krasse Verwechslung von Gehorsam mit Feigheit zugrunde, ein typisches Beispiel für oberflächliche Beurteilung durch sachfremde Beobachter. Ganz im Gegenteil spricht gerade folgendes dagegen, daß ein Verweigern oder Wegbrechen vor einem Sprung ein Beweis für die Ängstlichkeit des Pferdes sei. Es ist nämlich bekannt, daß sowohl psychisch als auch körperlich konstitutionell besonders stark veranlagte Pferde im allgemeinen mehr Schwierigkeiten beim Einspringen machen, als weiche Typen, die eher nachgeben und sich dem Willen des Menschen leichter fügen und unterordnen. Das ist ein Zeichen dafür, daß nicht Schwäche, sondern Willensstärke die Ursache derartiger Schwierigkeiten sind. »Nach Mohr springen Przewalskipferde eher über Pfützen und kleine Wasserläufe, als daß sie diese durchwaten. Schullers Togoponys sprangen freiwillig. Ein Onagerjährling wurde beobachtet, wie er über den Wassertrog des Geheges mit einem wie selbstverständlichen Hochweitsprung mehrmals hinwegsetzte, als er aus der Herde herausgefangen werden sollte. Mohr berichtet von den Onagern des Hagenbeck-Importes aus Persien, daß zwei Tiere eine 2,4 m hohe Mauer aus dem Stand (!) übersprangen« (nach Hassenberg).

Aber auch die analysierende Untersuchung jener Theorie vom ängstlichen Fluchttier erweist sich als falsch. Als verfolgendes Raubtier kommt wohl nur der Wolf in Frage. »Der Hund (Wolf) ist immer noch der große Feind des Pferdes, und nichts kann weidende Pferde kopfloser machen als ein oder zwei jagende Hunde« (H. Albert). Raubkatzen springen ihre Opfer aus dem Hinterhalt an, ohne sie über große Entfernungen zu verfolgen. Ihnen gegenüber ist demnach eine Selektion als Lauftier über pferdemäßige Distanzen nicht erforderlich. Aber auch Wölfe greifen wahrscheinlich nur im äußersten Notfall, vom Hunger gepeinigt, etwa im tiefen Winter, Pferde an. Es mag sein, daß sie Pferdeherden verfolgten, um einzelne kranke oder schwächliche und zurückbleibende Tiere zu ergreifen. Daß sie aber über große Entfernungen Pferdeherden regelrecht jagten, ist unwahrscheinlich. In Wirklichkeit ist vermutlich Tesios Auffassung richtig, daß sich die Selektion des Pferdes beim Laufen über große Entfernungen auf der Suche nach neuen Weidegründen ergeben hat (S. 47). In diesem Fall aber wären an der Spitze nicht die feigsten, sondern die mutigsten Individuen gelaufen. Sie mußten ja mit unerwarteten Zwischenfällen, mit plötzlich auftretenden Hindernissen, mit sich entgegenstellenden Feinden rechnen. Sie mußten auch die autoritäre Führungsrolle übernehmen. Mit derartigen Gegebenheiten aber war zugleich eine Auslese der starken und mutigen Exemplare verbunden.

Das größte Mißverständnis in der Beurteilung des Artcharakters des Pferdes beruht jedoch darauf, daß wir nur domestizierte Pferde beobachten können, aus denen nahezu alle männlichen Tiere durch Kastration ausgeschaltet worden sind. Würde etwa jemand daran denken, aufgrund der Beobachtung einer nur aus Frauen und Eunuchen bestehenden Bevölkerung den kämpferischen Wert ihrer Art zu beurteilen? So müssen wir auch die Schilderung Alberts im vorausgegangenen Abschnitt über das Verhalten der Vollblutstuten auf der Weide beim Erscheinen von Hunden mit Vorbehalt betrachten. Die Stuten, besorgt um die gleichzeitig anwesenden Fohlen, fühlen sich ohne ihre männlichen Beschützer verlassen und reagieren ganz anders, als wenn eine Gruppe mutiger Hengste bei ihnen wäre. Geradezu grotesk mutet es an, wenn das Verhalten eines einzelnen Pferdes beschrieben, wenn daraus gar noch eine verallgemeinernde Folgerung zur Beurteilung der gesamten Gattung Pferd gezogen wird, ohne zu erwähnen, ob es sich dabei um eine Stute, einen Hengst oder um einen Wallach gehandelt hat.

Als stichhaltiger Hinweis dafür, daß es die naturgemäße Aufgabe der Hengste war, für die Sicherheit der Herde zu sorgen und für Stuten und Fohlen zu kämpfen, sind die ihnen eigentümlichen Haken-, die sogenannten Hengstzähne zu werten. Zweifellos sind sie beim Wildpferd eine gefährliche Verteidigungswaffe gewesen. Für ein Tier, dessen einzige Abwehr in der Flucht besteht, wären sie sinnlos. Mit Recht pflegt man in

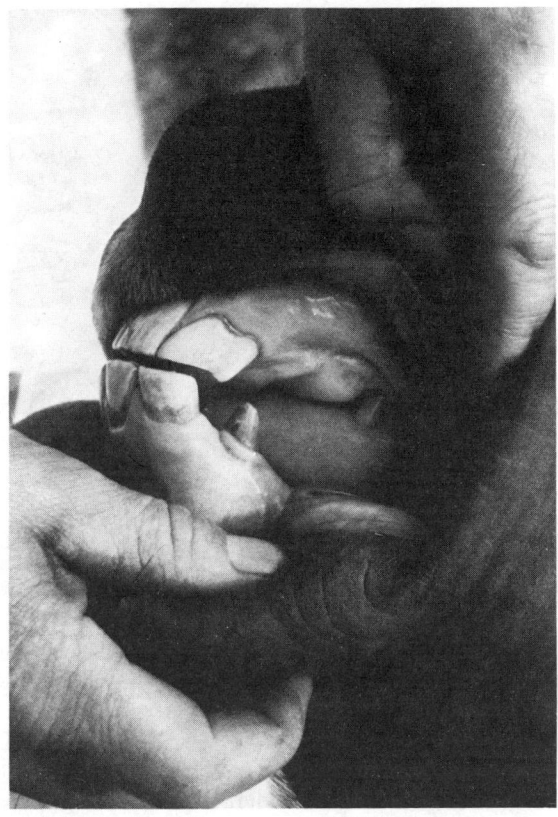

Abb. 59: Hengstzähne

der Zoologie seit jeher das Gebiß als Kennzeichen für den Artcharakter der Tiere heranzuziehen und etwa vom Raubtier- oder vom Früchteesser-Gebiß zu sprechen. Wer je gesehen hat, wie ein wütender Hengst hochaufgerichtet, mit schlagenden Vorderbeinen und gefletschten Zähnen auf ein anderes Pferd oder auf einen Menschen losging, wird wohl nie mehr von der Ängstlichkeit oder gar Feigheit des Pferdes zu sprechen wagen.

Es scheint, daß man sich in alten Zeiten über diese Tatsache durchaus im klaren war. Für kämpferische Aufgaben wurden offenbar vorzugsweise Hengste verwendet. Wenn man aus den erhaltenen Reliefs schließen darf, ritten die assyrischen Könige auf der Löwenjagd Hengste. Dabei bedienten sie den Bogen mit beiden Händen und lenkten ihr mutiges Pferd allein mit den Schenkeln gegen das fauchende Raubtier. Auch die Ritter des Mittelalters gebrauchten im Turnier ausschließlich Hengste (Graf v. Bismarck).

Brehm schreibt über die Tapferkeit der Pferde: »Auf Wölfe gehen die Pferde wiehernd los.« Nun denkt wohl mancher an die früher beliebten

Abb. 60: Assurbanipal lenkt auf der Löwenjagd seinen mutigen Hengst wie alle bogenschießenden Reitervölker ohne Zügel, um die Hände für die Waffe frei zu haben

Darstellungen russischer Troikas, die im verschneiten Wald von hungrigen Wölfen verfolgt werden. Mit vor Angst weit aufgerissenen Augen rasen die Pferde in panischer Angst dahin. Dieses Bild scheint schlecht zur Schilderung Brehms zu passen. Doch muß man dabei berücksichtigen, daß sich die an Schlitten und Deichsel angespannten, um nicht zu sagen gefesselten Tiere dadurch wehrlos fühlen müssen. Die Angst ist unter diesen Umständen eine durchaus verständliche und mit natürlichen Bedingungen nicht vergleichbare Reaktion.

Die Beobachtungen, die beim Fang der letzten Przewalski-Pferde in Mittelasien gemacht wurden, bestätigten ebenfalls die Kämpfernatur der Hengste. »Kam ein Hengst in die Nähe der Jagd, bzw. der fliehenden Stuten und Fohlen, so versuchte er, die Herde von hinten zu decken, und in kritischen Momenten pflegte er auch gegen den Verfolger zu schlagen oder ihn anzugreifen. Mit dem Hengst hatten aber die Jäger kein Erbarmen, der Beschützer der Herde mußte für seine *Tapferkeit* mit dem Leben bezahlen« (J. Volf).

Daß es aber auch mutige Stuten gibt, zeigt folgendes Beispiel. Eine mir gut bekannte, sechsjährige Hannoveraner-Stute, ein ungewöhnlich willensstarkes Tier, von Steinbock-Steinpilz, pflegt jeden in ihre Nähe kommenden fremden Hund anzugreifen. Vor kurzem packte sie einen

Hund mit den Zähnen am Rücken und schüttelte ihn derartig, daß er mehrere Minuten bewußtlos liegenblieb. Ihr mutiger Charakter kam schon zum Ausdruck, als sie im Alter von drei Jahren von der Koppel geholt werden sollte. Um sie einfangen zu können, mußten sich die Hilfspersonen mit Stangen bewaffnen, um sich ihrer Angriffe erwehren zu können.

Nach alledem ist es unter den gegenwärtigen Bedingungen nur schwer möglich, den Charakter des Pferdes, vor allem hinsichtlich der Differenzierung von Angst-Gefühl auf der einen, von Ängstlichkeit, Sensibilität und Reaktionsbereitschaft auf der anderen Seite, zu beurteilen. Nicht nur die psychische Verschiedenheit der einzelnen Tiere trägt dazu bei, vielmehr ist die Unnatürlichkeit der Umweltbedingungen erschwerend. Ein einzelnes Pferd ist als soziales Lebewesen von vornherein unsicher. Ein Wallach ist ein unnatürliches Wesen und niemals mit einem männlichen Tier vergleichbar. Stuten werden sich ohne Hengste anders benehmen, als wenn sie sich von diesen beschützt fühlen.

Zur Veranschaulichung des Unterschieds zwischen Angstgefühl und Ängstlichkeit des Charakters ein Beispiel: Angenommen, ich reite mit meinem Pferd in der Dämmerung in einen Hohlweg, der von dichtem Gebüsch eingerahmt ist. Schnaubend, mit lang vorgestrecktem Hals und mit gespitzten, nach allen Seiten abtastenden Ohren, geht mein Pferd vorsichtig, scheinbar ängstlich, vorwärts. Tatsächlich braucht dieses Verhalten kein Zeichen eines ängstlichen oder gar feigen Charakters zu sein, sondern lediglich der Ausdruck einer wachen, regen und reaktionsbereiten Verfassung, des Gegensatzes zu einer stumpfsinnigen Veranlagung. In der freien Wildbahn müßte das Pferd ja auch wirklich in einer derartig unübersichtlichen Situation mit dem Angriff eines verborgenen Gegners rechnen. Jeder Soldat würde sich in Kriegszeiten ähnlich verhalten, ohne sich den Vorwurf der Feigheit zuzuziehen. Er würde im Gegenteil den des sträflichen Leichtsinnes verdienen, wenn er nicht mit ebenso gespannter Aufmerksamkeit vorginge. Plötzlich huscht raschelnd ein Rebhuhn aus dem Gebüsch und steht vor dem Pferd auf. Dieses macht einen Satz zur Seite, so daß ich vielleicht sogar im Sattel aus dem Gleichgewicht komme, bleibt dann jedoch stehen, blickt nach dem Huhn und geht weiter vorwärts. Auch in diesem Verhalten ist nichts Angstvolles, sondern nur Reaktionsbereitschaft und Reaktionsfähigkeit zu erkennen. Ein anderes Pferd vielleicht, in derselben Situation, macht kurz kehrt und sucht davonzustürmen. Nur mit Mühe läßt es sich halten und am ganzen Leib zitternd an der betreffenden Stelle vorbeibringen. Dann allerdings dürfte es sich um einen ängstlichen, vielleicht sogar feigen Charakter handeln. Wer genügend Pferde kennengelernt hat, weiß, daß beide Typen vorkommen.

Ein anderes Beispiel für die erwähnte Fehleinschätzung: Viele Pferde weigern sich, durch eine Pfütze zu gehen, oder sie versuchen, ihr wenigstens auszuweichen. Mir scheint dieses Verhalten auf berechtigter Angst vor darunter vielleicht verborgenen Gefahren zu beruhen. Weshalb sollte das Pferd eigentlich nicht befürchten, daß sich unter der Wasseroberfläche ein Loch im Boden oder irgendein gefährlicher Gegenstand befindet? Ist es nicht ein Zeichen von kluger Vorsicht und von Eifer, lieber einen kleinen Umweg zu machen, als sich aus Stumpfsinn und Bequemlichkeit unnötig in Gefahr zu begeben? Das Verhalten des Pferdes, ungewissen Wasserflächen auszuweichen, beruht übrigens auch auf anderen, berechtigten Gründen. Der Druck pro Quadratzentimeter Fläche der Fußsohle ist beim Pferd etwa zehnmal so groß wie beim Menschen. Deshalb besteht auch die zehnfache Gefahr, in sumpfigem Boden zu versinken. Dies spricht zugleich für die aus noch anderen Überlegungen berechtigte Annahme, daß das Pferd entwicklungsgeschichtlich trockenen, kontinentalen Gebieten entstammt. Wenn es also in tiefem Boden das Gefühl der Angst empfindet, ist das nicht unbedingt der Ausfluß eines ängstlichen Charakters, sondern die folgerichtige Antwort auf den bedrohlichen Zustand der zudem nicht artgemäßen Bodenverhältnisse. Es wäre eine ganz und gar falsche Vermenschlichung des Pferdes, aus dem beschriebenen Verhalten negative Schlüsse auf seinen Charakter zu ziehen. Wie sehr aber der Reiter auf den Charakter des Pferdes einzuwirken vermag, sieht man daraus, daß es lernt, willig und vertrauensvoll unter ihm durch Wasserpfützen zu gehen. Nur als

Abb. 61: Wassereinsprung

Abb. 62: Standbild eines »heldenhaften« Rossebändigers, der soeben im Begriff ist, dem entsetzt sich aufbäumenden und sich zur Seite wendenden Pferd die Peitsche über das Gesicht zu ziehen

Mut, verbunden mit vertrauensvollem Gehorsam, kann man es schließlich bezeichnen, wenn es später sogar über ein Hindernis hinweg den bekannten Einsprung in das Wasser unternimmt, der in den großen Vielseitigkeitsprüfungen als besonderer Gehorsamsbeweis gefordert wird.

So kommt gerade im modernen Sport der Mut des Pferdes wieder mehr zur Geltung als bei Arbeitspferden früherer Zeit. Gehört nicht auch ein unerhörter Mut dazu, über ein Hindernis zu springen, über das man womöglich gar nicht hinwegsehen kann? Wenn ein Pferd zunächst versucht, daran vorbeizulaufen, ist das keine Frage der Feigheit, sondern der Klugheit. Auch der Löwe würde vermutlich nicht über ein Hindernis springen, wenn er bequemer daran vorbeilaufen könnte.

Falsch wäre es nun aber auch, aus dem Mut auf das andere Extrem zu schließen und das Pferd als ein aggressives oder gar bösartiges Tier zu betrachten, dem man mit roher Gewalt den menschlichen Willen aufzwingen muß, eine Ansicht, die keineswegs so selten ist, wie vielleicht mancher annehmen möchte. Ausdrücke wie »Rossebändiger« oder »Einbrechen roher Pferde« sind Wortbildungen, die eine derartige Einstellung, wenn auch mehr oder weniger unbewußt, zum Ausdruck bringen. Das Pferd ist ein Pflanzenfresser, der keinen Grund hat, sich aggressiv gegen andere Tiere zu verhalten. Es ist vielmehr offensichtlich bestrebt, unnötigen Auseinandersetzungen aus dem Weg zu gehen, eine Eigenart, die ihm bei seiner großen Beweglichkeit im Gegensatz zu manchen anderen Tierarten keine sonderliche Mühe bereitet. Hinzukommt noch die aus dem Verhalten wildlebender Equiden, besonders von Klingel bei Steppenzebras festgestellte Tatsache, daß sie keinen Wert auf eng umgrenzte Territorien zu legen scheinen. Das Pferd, anders als ein Höhlen- oder Nestbewohner oder als ein sogenanntes Standwild, ist nicht daran interessiert, einen begrenzten Raum als persönliches Eigentum gegenüber anderen zu wahren. Es beschränkt sich in freier Wildbahn vielmehr darauf, sich und besonders die Jungtiere gegen die Angriffe anderer Tierarten oder auch des Menschen zu verteidigen.

Daß Friedfertigkeit des Charakters nichts mit Schwäche, Ängstlichkeit oder gar mit Feigheit zu tun haben muß, zeigt sich auch und oft noch deutlicher als beim Pferd bei anderen Tierarten. Von den Gorillas wird berichtet, daß sie in freier Wildbahn verträglich, ja rücksichtsvoll zu andersartigen Lebewesen, auch zum Menschen sind. Werden sie jedoch angegriffen, fühlen sie sich oder ihre Angehörigen bedroht, so werden die zweieinhalb Meter hohen, bis zu sieben Zentner schweren Ungetüme, denen als Vegetariern Aggressivität im täglichen Leben fremd ist, zu wütenden Bestien. Ein Zeichen dafür, daß ihre natürliche Gutartigkeit nicht auf Schwäche beruht.

Eine andere bemerkenswerte Charaktereigenschaft der Pferde ist ihre Art, nicht nachtragend zu sein. Wohl jeder gegen sich selbst ehrliche Reiter wird zugeben, daß er schon ungerecht, jähzornig, heftig, ungeduldig oder gar grob zu seinem Pferd gewesen ist. Oder wollte jemand behaupten, daß er es — auch Menschen gegenüber — niemals war? Wie wohltuend, daß das Tier bei nachfolgender guter Behandlung alles »vergißt«. Dies beruht aber nicht auf einem schlechten Gedächtnis, denn wir haben gesehen, wie vorzüglich die Merkfähigkeit des Pferdes tatsächlich ist, sondern auf seinem — sagen wir es ruhig — vornehmen Charakter. Denn nach wenigen Tagen freundlichen Umgangs wird es sich verhalten, als ob nichts Böses geschehen wäre. Ein gutes Gedächtnis besitzen und doch vergessen können, welch glänzendes Beispiel für einschließenden Gegensatz! (siehe S. 22). Wenn freilich das Tier Tag für Tag immer wieder schlechte Erfahrungen mit einem Menschen machen muß, wird es sich wohl nicht auf immer mit dem nachfolgenden Stückchen Zucker versöhnen, oder besser gesagt, betrügen lassen.

Zusammenfassend ist deshalb der Grundcharakter des Pferdes zu definieren in Form einer Polarität als eines friedlichen und doch mutigen Lebewesens.

Ein ähnlicher Gegensatz wie zwischen dem Gefühl der Angst und der Charaktereigenschaft der Ängstlichkeit findet sich beim *Neid*. Daß Neid als Gefühl einerseits und als Eigenheit des Charakters andererseits nicht identisch ist, geht schon aus dem Sprachgebrauch hervor. Es ist keineswegs ungewöhnlich, zu sagen: »Ich beneide Sie um diese oder jene Gelegenheit.« Damit wird nichts Unwürdiges, vielmehr sogar eine Höflichkeit, wenn nicht sogar ein Kompliment zum Ausdruck gebracht. Neid als Charaktereigenschaft dagegen hat den Beigeschmack der Mißgunst. Man kann aber durchaus jemanden um etwas beneiden, ohne es ihm zu mißgönnen.

Die Beobachtung der Tiere in der freien Natur führt zur Schlußfolgerung, daß es eine gewisse Form des Neides gibt, die zur Selbstbehauptung im Kampf ums Dasein notwendig ist. Pferde, die auf genügend großen Weideflächen grasen, pflegen einigen Abstand voneinander zu wahren, indem sie einen zu nahe kommenden Artgenossen durch eine drohende Kopfbewegung, durch Anlegen der Ohren oder durch vielsagendes Heben des Hinterbeines abweisen. Nur enge Freunde pflegen dicht, oft sogar Kopf an Kopf zu weiden und sich dabei besonders wohl zu fühlen. Im übrigen wird aber eine Distanz von einigen Metern eingehalten.

Ganz anders im Stall. Hier kommt häufig ein derartig stark entwikkelter Futterneid zum Ausdruck, wie er im Freien für die Lebensgemeinschaft geradezu bedrohlich sein müßte. Daraus geht hervor, daß der Futterneid, wie wir ihn in den Ställen beobachten, eine unnatürliche Erscheinung ist, die auf die künstliche Enge, auf eine die Schwelle der Anpassungsfähigkeit überschreitende Beschränkung des Unabhängigkeitstriebes zurückzuführen ist. Hochgradiger Futterneid in einem die Gemeinschaft beeinträchtigenden Ausmaß ist demnach offenbar die neurotische Übersteigerung einer ursprünglich natürlichen Verhaltensweise. Obwohl auch beim Pferd der Futterneid in der Stallhaltung deutlich sichtbar wird, ist er harmlos und geringfügig im Vergleich zu anderen Tierarten. Pferde legen wohl die Ohren an, beißen gegen den Nachbarn, schlagen gegen die Boxen- oder Standwand, wenn gefüttert wird, gelegentlich sogar gegen den Menschen, der sie unvorsichtig dabei zu stören scheint. Dennoch sind das relativ erträgliche Äußerungen des Neides, im Vergleich zu Rindern, Schweinen, Hunden oder Ratten. Es wäre peinlich, hier den Menschen einzugruppieren. Immerhin ist es wesentlich, sich über die Erscheinung des Futterneides und seiner unnatürlichen Steigerung im Stall klar zu sein, denn es sind schon Menschen durch sonst gutartige Pferde unter dem Zwang dieser Neurose zu Schaden gekommen. Dagegen dürfte sich Ähnliches auf der Weide wohl kaum ereignen.

Die Beobachtung des Neidverhaltens ergibt gute Gelegenheit, den Charakter zu beurteilen. Im menschlichen Bereich ist der Neid als eine im moralischen Sinn negative Eigenschaft zu werten, weil eben stark ausgeprägte und unbeherrschte Neidäußerungen auf geringe sittliche Werte schließen lassen. Ganz anders beim Pferd. Ihm dürfen wir keine sittlichen Maßstäbe unterstellen. Deshalb ist hier der Neid im positiven Sinn zu beurteilen. Wenn mehrere Pferde unter gleichartigen, beengten Verhältnissen untergebracht sind, ist der Grad des Futterneides eher ein Anzeichen von Energie und Willensstärke, denn das weniger futterneidische Tier ist nicht etwa aus Tugendhaftigkeit, sondern vermutlich aus

dem Gefühl der Unterlegenheit oder der Schwäche nachgiebig eingestellt. Man muß allerdings noch zusätzlich in Betracht ziehen, daß einem
hervorragend ausgebildeten, dem Menschen völlig gehorsamen Pferd
auch im Verhalten gegenüber seinen Artgenossen etwas von der anerzo-
genen Unterordnung anhaften kann. Von dem aber abgesehen, ist ein
stark futterneidiges Pferd im allgemeinen auch in anderen Bereichen
energisch, initiativ und selbstsicher veranlagt.

In den Bereich des Charakters gehört auch das Täuschen (S. 23). Dem
Pferd dürfte es bei der natürlichen Geradlinigkeit seines Charakters
relativ fern liegen, andere zu täuschen, wenngleich gewisse Täuschungsmanöver, insbesonders beim spielerischen Herumtollen auf der Weide
zweifellos vorkommen. Fragwürdig aber scheint es mir zu sein, daß
Pferde simulieren, wie ihnen nicht selten unterstellt wird. Diese
Annahme beruht wohl meistens auf der Beobachtung, daß manche
Pferde beim Weggehen aus dem Stall eine geringgradige Lahmheit
zeigen, die nach einem energischen Antreiben mit Sporn oder Peitsche
verschwindet. Im allgemeinen liegt diesem Verhalten eine krankhafte
Veränderung in irgendeinem Gelenk zugrunde. Bei degenerativen oder
entzündlichen Erkrankungen des Gelenkknorpels, des empfindlichsten
Organes im Bewegungsapparat, kommt es nämlich häufig zu Exostosen,
das heißt zu Aufrauhungen, denen auf der gegenüberliegenden Seite
Erosionen, d. h. Ausschleifungen entsprechen. Während längeren Ste-
hens im Stall füllen sich diese von den Wucherungen der gegenüberliegenden Seite ausgeschliffenen Rinnen mit sogenannten Granulationsge-
webe aus, das bei nachfolgender Bewegung wieder ausgeschliffen wird.
Dieser Vorgang ist verständlicherweise mit einiger Schmerzhaftigkeit
verbunden, die so lange andauert, bis sich die beiden Gelenkflächen
wieder angepaßt haben. Daher das Verschwinden der Lahmheit nach ein
paar energischen Tritten und die fälschliche Annahme, das Pferd habe
simuliert.

Wille und Gehorsam

Wichtige Eigenschaften des Charakters sind Wille und Gehorsam. Trotz
der Schwierigkeit, das Wesen des Willens zu beschreiben, muß er auch in
einer Psychologie des Pferdes besprochen werden, weil es gerade bei
dieser Tierart ausgeprägte Individualitäten des Willens gibt, wie jeder
weiß, der viel mit Pferden umgegangen ist. Man findet solche mit
starkem, andere mit geringem eigenen Willen. Auch er hängt von den
ererbten Anlagen und von der frühkindlichen und jugendlichen Beeinflussung ab. Dabei muß der Eigensinn eines verzogenen Menschen- oder
Pferdekindes nicht unbedingt identisch sein mit Willensstärke. Es steht
wohl fest, daß willensschwache Pferde leichter zu formen sind als

willensstarke, die wiederum eher verdorben werden können. Im allgemeinen ist Willensstärke gepaart mit anderen inneren Werten, vor allem mit Bewegungsdrang und starker körperlicher und psychischer Konstitution. Es ist also ein verhängnisvoller, leider oft begangener Fehler, ein Pferd abzulehnen, das aufgrund besonders stark entwickelten eigenen Willens dem Reiter Schwierigkeiten und Mühe verursacht. Denn gerade hier handelt es sich oft um ein wertvolles Tier. Ein Beispiel dafür war die berühmte Tora, deren nahezu unbeugsamer Wille nur mit Mühe von einem großen Reiter, Frh. v. Nagel, überwunden werden konnte. Freilich sollte die Überwindung des starken Willens, des Widerstandes eines Pferdes, nicht in sklavischem Gehorsam, sondern in williger Zuneigung enden. »Erzwungenes und Unverstandenes ist niemals schön und wäre — wie schon Simon sagte — gerade so, als ob man durch Peitschen und Stacheln einen Tänzer zum Umherspringen zwingen wollte. Doch dadurch wirken Mensch wie Pferd eher häßlich als schön« (Xenophon). Wenn aber heutzutage von vielen wegen unzureichender Kenntnisse und mangelnder reiterlicher Fertigkeit Pferde mit weichem Charakter vorgezogen werden, kann sich daraus eine negative Auslese in der Pferdezucht entwickeln.

Es ist Sache der Erziehung und Ausbildung, sich den starken Willen eines Pferdes nicht nur unterzuordnen, sondern nutzbar zu machen. Das geschieht auf dem Wege des sogenannten Gehorsams, der in der Reitersprache nicht die gleiche Bedeutung hat wie in der Umgangssprache. Im menschlichen Bereich versteht man unter freiwilligem Gehorsam einen ethischen Wert, dem die höchsten Werte der Selbstbewußtheit, insbesondere Selbstkritik und Selbstbeherrschung, zugrunde liegen. Kein Zweifel kann darüber bestehen, daß das Pferd diese sittlichen Werte nicht besitzt. Es ist aber möglich, die Selbstbeherrschung wenigstens teilweise vom Menschen auf das Pferd zu übertragen auf dem Weg der Erziehung in einer Polarität, willensstark und doch gehorsam zu sein. Wenn man sagt, ein Pferd befinde sich im Gehorsam, dann meint man damit ein an den Hilfen stehendes Pferd, losgelassen und im Gleichgewicht, geradegestellt mit Anlehnung an das Gebiß und mit schwungvollen Bewegungen. Es bringt in Haltung, in Bewegung und Konzentration eine bestimmte innere Einstellung zum Ausdruck. Sie ist mehr als das einfache Gehorchen gegenüber einem Befehl und noch am ehesten mit dem Zustand der Beherrschtheit zu bezeichnen. Einem vollendet gerittenen Pferd sieht man an, daß es nicht nur bestimmten Forderungen und Zeichen gehorcht, sondern daß es eine innere Bereitschaft erkennen läßt, den Willen des Reiters in jeder nur möglichen Weise zu erfüllen und dieser gehorsamen Beherrschtheit auch alle triebhaften Regungen unterzuordnen. Ist es nicht geradezu faszinierend, die Augen eines solchen Pferdes in einer schweren Dressurprüfung zu beobachten und zu sehen, wie es mit »gespannter Aufmerksamkeit« bestrebt ist, jeden Wunsch des

Reiters zu erfüllen? Dasselbe gilt für das Springpferd. Das »gehorsame«
Pferd macht mit, das »versklavte« läßt den Reiter im Stich, wenn es im
Parcours eigene Initiative entwickeln soll.

Sprache

Eine der höchsten Stufen in der Rangleiter der seelischen Bereiche ist die
menschliche Sprache, das Wort. Mit Hilfe des Wortes hat der Mensch
Selbstbewußtheit und Vernunft erlangt, mit ihm die Grenzenlosigkeit
des reflektierenden Denkens errungen. Diese begriffliche *Wortsprache*
fehlt jedem Tier. Dennoch besitzen auch Tiere eine Sprache in ihrer Art.
Im Prinzip versteht man unter Sprache im engeren Sinn das Mittel zur
seelischen Kommunikation zwischen zwei Lebewesen, im weiteren Sinn
alle Ausdrucksweisen seelischer Vorgänge. Ein Mensch vermag bekanntlich nicht nur durch akustische Worte, sondern auch durch irgendwelche Zeichen, vielleicht durch solche der Mimik, durch tanzende
Bewegungen, durch Pfeifen einer Melodie eine Stimmung, Freudigkeit
oder Traurigkeit zum Ausdruck zu bringen. Er schreit vor Schmerz, er
weint aus Trauer, auch dann, wenn er weiß, daß niemand ihn sieht und
hört.
Von manchen Psychologen wird in diesem Zusammenhang unter
dem Begriff Ausdrucksbewegung jeder wahrnehmbare körperliche Vorgang erfaßt, der mit einer Bewegung verbunden ist, beispielsweise die
Atemtätigkeit. Doch dürfte das zu weit gehen. Hier soll unter Ausdrucksweise im weitest gefaßten Sinn einer Sprache jede körperliche
Bewegung verstanden werden, die, bewußt oder unbewußt, mit oder
ohne Absicht, andern etwas mitzuteilen, einen seelischen Zustand oder
Vorgang ausdrücken will. Bei dieser Definition würden rein physiologische Abläufe, die zufällig mit irgendwelchen Bewegungen von Organen
oder Gliedmaßen verbunden sind, nicht als Ausdrucksmittel gelten.
Wenn ein Pferd durch Schlagen mit dem Schweif eine Fliege abwehrt,
geschieht das nicht in dem Sinn, etwas zum Ausdruck zu bringen, im
Gegensatz zum Schweifschlagen bei Mißstimmung. Allerdings kann
man aus der Art mancher physiologischer Bewegungen psychische
Rückschlüsse ziehen. So läßt sich aus der Art der Kaubewegungen das
Temperament beurteilen. Gerade zur Beurteilung des Menschen werden
gern Verhaltensweisen herangezogen, die von dem Betreffenden nicht
wissentlich beeinflußt werden, wie der Gang oder die Art zu essen. »Wie
einer ißt, so ist er.« Auch beim Pferd kann man beispielsweise aus der
Art zu grasen, ob eifrig oder träge, ob energisch oder schlapp, Schlüsse
auf das Temperament ziehen. Ebenso kann man aus der Atmung, aus

dem Zucken mit den Lidern oder aus dem Pulsschlag eine vielleicht vorhandene Nervosität erkennen. Aber mit der Sprache als Mittel, etwas zum Ausdruck zu bringen, hat das kaum etwas zu tun.

Jeder seelische Bereich hat eine Ausdrucksweise, wenn man so will, seine eigene Sprache. Dies sei am Sexualbereich dargelegt. Der Trieb ist bei der rossigen Stute deutlich sichtbar mit bestimmten Ausdrucksformen verbunden, die nicht nur zufällige Begleiterscheinungen körperlicher Abläufe sind, sondern zweifellos den Sinn einer unbewußten, sprachlichen Vermittlung oder Benachrichtigung haben. Der Hengst soll durch sie auf die Begattungsbereitschaft aufmerksam gemacht werden. Aber bereits unterhalb des Trieblebens liegende vitale Vorgänge sind der kommunikatorischen Verständigung gewidmet. Ein spezifischer Geruch übt eine anziehende und stimulierende Wirkung auf das männliche Tier aus. Ferner wird die Stute zu einem bestimmten, ihr gemäßen Partner hingezogen, der durch ihr Verhalten auf seine besondere Bevorzugung aufmerksam gemacht wird. Die Sprache des Gefühls kommt in Form gegenseitiger zärtlicher Berührungen zum Ausdruck. Aber auch der Bereich des Bewußten tritt in zustimmendem oder abweisendem Wiehern in Erscheinung. Es sind also viele »sprachliche« Bereiche am Werk, um die Kommunikation zwischen zwei Lebewesen zustande zu bringen, eine Sprache, die für die Erhaltung der Art von lebenswichtiger Bedeutung ist. Schließlich zeigen orgastische Lautäußerungen des Hengstes beim Deckakt eine Ausdrucksweise, die nicht mehr der Kommunikation, nicht der Verständigung, keinem eigentlichen Zweck mehr dient, aber dennoch deutlich einen seelischen Vorgang, nämlich den der Erregung, anzeigt. Wie wichtig diese Vorgänge sind, weiß schließlich jeder Züchter, der hilflos wäre, würde er nicht die Sprache der Natur verstehen, um seine züchterischen Maßnahmen einleiten zu können.

Die Sprache des Pferdes ist in erster Linie ein Ausdruck seiner Gefühle. Dabei ist es auffallenderweise bestrebt, seine Abneigung, insbesondere gegenüber dem Menschen, deutlicher als seine Zuneigung zu zeigen. Dies dürfte damit zusammenhängen, daß es, wie schon erwähnt, nicht ein Herden-, sondern ein Gruppentier ist, mit dem ihm eigenen Bestreben, Distanz zu wahren.

Zu dieser mit seinem zurückhaltenden Wesen zusammenhängenden Schwierigkeit, den Gefühlszustand des Pferdes richtig zu beurteilen, kommt noch als weitere die schon besprochene divergierende Anordnung der *Pferdeaugen*. Wir sind gewohnt, die seelischen Vorgänge in unseren Mitmenschen in erster Linie an ihrer »Augensprache« abzulesen. Es ist uns manchmal geradezu unangenehm, vom andern nicht offen und gerade angesehen zu werden. Wer uns »schief« ansieht, ist uns undurchsichtig oder gar unsympathisch. Viel menschenähnlicher als der Blick des Pferdes ist der des Hundes, der in einer Weise zu seinem Herrn aufblicken kann, die dem Pferd fehlt. Es bedarf deshalb aufmerksamen

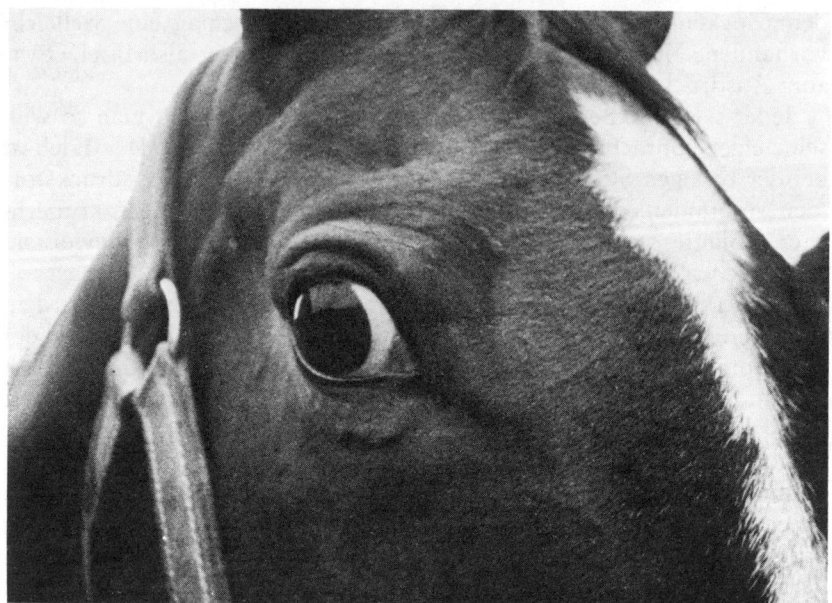

Abb. 63: Ein »sprechendes« Auge — Mozna, zweimalige Siegerin der großen Pardubitzer Steeplechase

Studiums, die uns so fremde Sprache des Pferdeauges zu verstehen. Besonders benachteiligt ist man während des Reitens oder Fahrens, weil dabei das Auge für uns vom Hinterhaupt weitgehend verdeckt ist. Oft glaubt der Reiter, sein Pferd sei boshaft, unwillig, widerspenstig, während er am Auge sogleich erkennen würde, daß es lediglich verängstigt oder ratlos ist. Es kann kaum einen Zweifel darüber geben, daß das Pferd, so paradox es auch klingen mag, den Reiter genauer beobachtet, als dieser sein Pferd. Wie bereits bei der Behandlung der Sehweise geschildert wurde, kann das Pferd fast den gesamten rückwärtigen Horizont überblicken. Wenn nun der Kopf nur minimal seitlich gestellt wird, wie es beim Reiten üblich ist, kann man erkennen, wie es aus dem Pupillenwinkel heraus nach hinten sieht und — mit der Einschränkung einer gewissen vertikalen Begrenzung seines Gesichtsfeldes — den Reiter auf seinem Rücken im Auge behält, während er selbst den Gesichtsausdruck seines Pferdes kaum zu beobachten vermag. Ganz anders ist die Situation beim Longieren. Hier kann man wenigstens eines der beiden Augen genau beobachten und erkennen, wie das »sprechende« Pferdeauge deutlich Aufmerksamkeit, Gleichgültigkeit, Unwillen, Angst, Vertrauen oder Ratlosigkeit zum Ausdruck bringt.

Nächst dem Auge läßt sich aus der Haltung der *Ohren,* die im Gegensatz zu den Augen vom Reiter gut zu beobachten sind, viel über den inneren Zustand des Pferdes ablesen. Mit Recht spricht man vom Ohrenspiel als dem Spiegel der Seele. Nach R. Sommer besteht dabei ein Zusammenhang mit der Gebärdensprache des Menschen, bei dem die Stirnmuskeln die verlorene Beweglichkeit der Ohren ersetzen. Sie drücken nach vorn gespitzt Aufmerksamkeit, Gutwilligkeit, Freundlichkeit aus, zurückgelegt mahnen sie zur Vorsicht und zeigen die Bereitschaft an, sich zu wehren. Darwin stellte die Hypothese auf, das Anlegen der Ohren habe sich als Schutzmaßnahme dieser wichtigen und exponierten Sinneswerkzeuge gegen das Ergreifen durch einen Gegner entwickelt. Diese Erklärung, daß die zurückgelegten Ohren durch einen Gegner nicht so leicht zu erfassen sind, wie aufgestellte, ist einleuchtend. Es könnte aber auch sein, daß sie einer Orientierung nach rückwärts dienen, um in dieser Richtung den Feind mit den Ohren zu lokalisieren und ihn mit den Hinterhufen zu treffen. Wie dem auch sei, die Gebärde wurde zu einem selbständigen Ausdrucksmittel, das eine bestimmte, ablehnende, mißgestimmte Gefühlshaltung anzeigt.

Vielfach kommt ein psychischer Zustand auch durch Haltung und Betätigung des *Schweifes* zum Ausdruck. Man nimmt allgemein an, daß Pferde, die während der Arbeit viel mit dem Schweif schlagen, sich irgendwie nicht wohl fühlen und damit ihren Unwillen anzeigen. Dagegen drückt ein ruhig und majestätisch getragener Schweif das Gefühl der Zufriedenheit aus.

Ein bekannter Ausdruck des psychischen Zustandes ist ferner die Haltung der *Unterlippe*. Schlaff herunterhängend zeugt sie von Langeweile oder Stumpfsinn, häufig in Verbindung mit müde herabhängendem Kopf und halb geschlossenen Lidern. Ein aufmerksames, erregtes Pferd hält beide Lippenränder symmetrisch geschlossen. Bei manchen

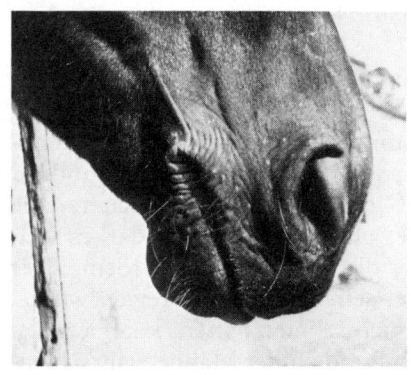
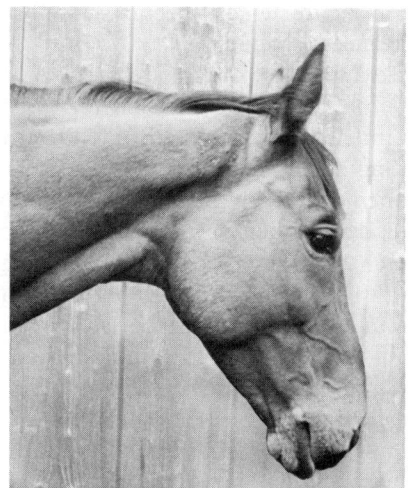

Abb. 64 und 65: Straffe oder hängende Unterlippe als Ausdruck der seelischen Haltung

sehr edlen und temperamentvollen Pferden wird man das Herabhängen der Unterlippe allerdings niemals beobachten können. Nach Raswan war bei den arabischen Beduinen die »kurze, kleine, fest gegen die Kinngrube zurückgebogene Unterlippe eines der wichtigsten und untrüglichsten äußeren Erkennungspunkte am wirklich edlen Araber«, das heißt das Zeichen eines stets wachen, aufmerksamen Sinnes.

Bei manchen Pferden äußert sich eine unwillige Gefühlsregung in einem kurzen *Schütteln* des Kopfes. Besonders bei sensiblen Springpferden ist dieses Verhalten anzutreffen. Vielleicht ist ein Sprung gut gelungen, der Reiter ist mit sich und seinem Pferd zufrieden, und doch bemerkt der aufmerksame Zuschauer am kurzen Kopfschütteln, daß dem Tier etwas unangenehm war. Das Sichschütteln ist eine beim Menschen und im Tierreich weit verbreitete Gefühlsäußerung. Sie rührt zunächst vom Körperlichen her, um dann auf das Seelische übertragen zu werden. Jeder kennt Hunde oder Pferde, die nach einem Wasser- oder Staubbad, nach dem Waschen oder Abspritzen den Körper schütteln, um Reste aus den Haaren zu entfernen. Dies hat sich dann auf das Seelische übertragen. So wie das Wasser vom Körper sucht man auch eine unliebsame Empfindung von sich abzuschütteln. »Da kann man nur den Kopf schütteln« ist eine allgemeine, noch mit dem Beigeschmack der Verwunderung versehene Redensart. Vielleicht ist auch beim Pferd in jenem Kopfschütteln nicht nur das Mißvergnügen, sondern auch das Bestreben, etwas von sich abzutun, enthalten.

Ein anderes Ausdrucksmittel für eine typische Stimmung ist das *Zähneknirschen*. Beim Menschen zeugt es vom ohnmächtigen Zorn des Wehrlosen. Einen ähnlichen Zustand der Erregung bringen manche Pferde ebenfalls durch Zähneknirschen zum Ausdruck, beispielsweise dann, wenn sie sehen, daß das Nachbarpferd gesattelt wird, um ausgehen zu dürfen, während sie selbst befürchten müssen, allein im Stall zurückzubleiben.

Manchmal ist es nicht einfach zu beurteilen, ob es sich bei einer Gefühlsäußerung um einen Ausdruck der Zu- oder der Abneigung handelt. Angenommen, das Pferd kommt, während ich mit der Reinigung der Futterkrippe beschäftigt bin, von der Seite heran und gibt mir einen kräftigen Stoß mit dem Kopf gegen die Schulter. Ich taumle verärgert über die Grobheit zur Seite, ohne zu verstehen, daß es vielleicht mit einer gut gemeinten Geste, die lediglich mit pferdemäßiger Kraft zum Ausdruck gebracht wurde, seine Zuneigung zeigen wollte. Ähnlich kann es sich bei einem für mich schmerzhaften, knabbernden Biß in den Oberarm verhalten, den ein Pferd an der Mähne wahrscheinlich als besondere Liebkosung empfinden würde. Vielleicht lassen sich die so nahe beieinander liegenden Gegensätze zwischen Gunst und Mißgunst am leichtesten verdeutlichen, wenn wir an den Unterschied zwischen der zärtlich streichelnden Hand und der schallenden Ohrfeige denken. Am ersten wird man das zugrundeliegende Motiv erkennen, wenn man den mit dem Geschehen gleichzeitig verbundenen Ausdruck der Augen und Ohren heranziehen kann.

Wir kennen als weitere Ausdrucksmittel das Fletschen der Zähne als Zeichen der Aggressivität oder der Warnung, das Scharren mit den Vorderhufen bei Ungeduld. Weiter bringt die Art des Ganges, sei er tänzelnd oder schleppend, erhaben oder matt, erwartungsvoll oder enttäuscht, sowohl Stimmung als auch Empfindung zum Ausdruck. Auch das Schnauben und das Prusten in der Erregung oder das Quietschen beim Beschnuppern eines anderen Pferdes sind Mittel seelischer Ausdrucksweisen. Diese Lautäußerungen sind schon Bestandteile einer Phonetik, in der das Pferd über eine stattliche Skala mit seiner Stimme verfügt.

Lautäußerungen und Lautsprache weisen evolutionäre Stufen auf, deren oberste in der menschlichen Wortsprache gipfelt. Sie ist in Verbindung mit dem Gesang und der daraus hervorgegangenen Musik zugleich das Höchste, was die Natur auf dem Gebiet der Lauterzeugung hervorgebracht hat. Aber auch innerhalb der Tierreihe finden sich unterschiedliche Entwicklungsstufen der Lautäußerungen. Es ist nicht lediglich ein subjektives, voreingenommenes Gefühl, wenn wir den Gesang der Lerche höher einstufen als das Gekrächze der Elster. Vielmehr lassen sich objektive Maßstäbe für die Lautäußerungen der Tiere ermitteln. Zwischen amorphem Geschrei und künstlerischem Gesang ist nun einmal ein grundsätzlicher Unterschied. Gesang und Musik sind gesetzmäßigen Regeln unterworfen, denen sowohl die Reinheit des Tones als auch die Ordnung des Taktes sowie die Aufeinanderfolge der Töne oder ihr Zusammenklang mit anderen Tönen gehorchen. Mit anderen Worten: Der Willkür des ungeordneten Lärms und Geschreis steht Diszipliniertheit der Töne in Wort und Musik gegenüber. »Musik bringt Ordnung in das Chaos, denn Rhythmus zwingt das Widerstrebende zusammen« (Yehudi Menuhin).

Auch in der ontogenetischen Entwicklung des Menschen tritt diese Stufenleiter in Erscheinung. Das unartikulierte Schreien des Neugeborenen entwickelt sich parallel zum körperlichen und seelischen Aufstieg zur artikulierten, zunehmend gewählten Wortsprache, zum harmonischen Gesang des einzelnen und schließlich zum koordinierten Chor in der Gemeinschaft, zur Musik in ihrer mannigfaltigsten Form.

Nun ist es merkwürdig, daß offenbar ein enger Zusammenhang zwischen dem Grad der Beweglichkeit und dem Niveau der Lautäußerungen einer Tierart besteht. So haben die Zugvögel, wie Lerche oder Nachtigall, eine höhere stimmliche Betätigung als etwa der seßhafte Sperling mit seinem Gezeter. Der Ruf des Kibitz, des Kuckucks, das Gezwitscher der Schwalbe stehen höher als das Schreien der Krähe. In ebensolcher Weise ist das Wiehern des Pferdes, dieses ausgesprochenen

Bewegungs- und Wandertieres, nicht etwa nur anders, sondern tatsächlich höher entwickelt als das nervenzermürbende Geschrei des Esels.
Auch die Umkehrung dieser Gesetzmäßigkeit bestätigt die aufgestellte
Regel: Bewegungsmangel wirkt sich ungünstig, ja rückschrittlich oder
degenerativ auf die Sprache, den Gesang, die Musik aus, eine Annahme,
die in einer Zeit der Bewegungsarmut täglich durch Beobachtung
menschlicher Lauterzeugungen bestätigt wird. Andererseits tritt der
innige Zusammenhang zwischen Musik und Bewegung im Tanz in
Erscheinung. Hier kommt es sogar zu einer Wechselwirkung, denn nicht
nur Bewegung regt an zu Gesang und Musik, etwa in den bekannten
Wanderliedern, auch Musik regt an zu tänzerischer Bewegung.

Die vorstehende Betrachtung führt zur Schlußfolgerung, daß zwischen Geschrei und Gesang, zwischen Lärm und Musik ein grundsätzlicher, ja ein radikaler Unterschied besteht. Bei der Behandlung des
Schreitriebes (S. 28) wurde dargelegt, daß Schreien oft nichts anderes ist
als eine Ersatzhandlung für mangelnde Bewegung. Der bewegungsarm
lebende, an den Arbeitsplatz seines Betriebes oder an den Schreibtisch
seines Büros gefesselte Stadtmensch unserer Zeit sehnt sich beispielsweise danach, am Wochenende in einem Stadion der Bewegung anderer
wenigstens zusehen zu können. Gleichzeitig sucht er sich bei möglichst
häufig sich hier bietenden Gelegenheiten durch Schreien zu betätigen
und seinem eigenen unterdrückten, körperlichen Bewegungstrieb
dadurch Luft zu machen. Völlig entgegengesetzt steht es mit dem
Gesang. Er ist vielmehr eine Begleiterscheinung der Bewegung, ein
Ausdruck der Bewegungsfreude. Der bewegungsarme Standvogel, der
Sperling, die Krähe, verursachen ein langdauerndes, eintöniges Geschrei
oder Gekrächze. Die bewegungsstarken Zugvögel, die Lerchen, die
Nachtigall, die Schwalbe, singen oder erzeugen ein liebliches, gesangar-
tiges Zwitschern. Auch der menschliche Gesang wird durch kaum etwas
anderes so animiert wie durch die Bewegung des Tanzes oder des
Wanderns. Auf den Bergen hat sich das fröhliche Jodeln entwickelt,
nachdem man Höhen oder Gipfel in anstrengender, ja gefährlicher
Mühe bezwungen hatte. Zwischen Gesang und Musik auf der einen,
Lärm und Krach auf der anderen Seite besteht demnach ein fundamenta-
ler Unterschied, der freilich heutzutage oft nicht immer klar zu erkennen
ist. Vielleicht ist die Art und Weise mancher moderner Musik, nicht
zuletzt die ihrer Lautstärke, mit ihrer Funktion, als Bewegungsersatz zu
dienen, zu erklären.

Es ist nicht allzu schwierig, sich die ursächlichen Zusammenhänge
zwischen Bewegungsintensität und Lautniveau zu vergegenwärtigen.
Wenn Zugvögel, wie beispielsweise Kraniche oder Störche, bei nächtli-
chem Dunkel, vielleicht über hohe Gebirgszüge hinweg, oft bei Sturm
und Wetter fliegen, pflegen sie sich erwiesenermaßen durch häufiges
Rufen gegenseitig zu verständigen, um die Geschlossenheit ihrer

Gemeinschaft aufrechtzuerhalten. Es kommt also entscheidend darauf an, daß man sicher gehört wird, daß man sich gegenseitig an der Stimme erkennt, viel mehr als beim Sperling auf dem Dach, der stundenlang Zeit hat, dahinzuzwitschern, bis er irgendwann einmal gehört oder auch, ohne Schaden zu leiden, nicht gehört wird. So ist also die hochentwikkelte Lautsprache eine notwendige Folge der Bewältigung schneller Bewegungsweisen. Ähnliche Bedingungen gelten für die bei Sturm und Wind in oft unübersichtlichem Gelände wandernden Herden oder Gruppen von Pferden, für die Zugvögel unter den Säugetieren.

Die Lautäußerungen des Pferdes haben im Vergleich zu anderen Säugetieren eine ungewöhnlich große Mannigfaltigkeit, besonders augenscheinlich, wenn man etwa die Stimme des Esels, des Rindes oder des Hundes in Vergleich zieht.

Jeder weiß, wie grundverschieden die Stimme klingen kann, zum Beispiel dumpf und erwartungsvoll vor dem Füttern, liebevoll, zärtlich zum eigenen Fohlen, freundlich zur Begrüßung zurückkehrender Stallgenossen, ängstlich, wenn es von anderen Pferden entfernt wird, oder durchdringend als Ausruf »hier bin ich« oder »wo seid ihr?«. Äußerst selten ist der durch Mark und Bein dringende Schmerzensschrei eines in Todesqualen sich windenden Pferdes, den man nie mehr vergißt.

Alles das sind Ausdrucksmittel, die man im weitesten Sinne als Sprache bezeichnen könnte. Wie aber steht es mit dem *Sprachverständnis*? Niemand wird daran zweifeln, daß Pferde die Ausdrucksweisen ihrer Artgenossen erkennen und richtig zu beurteilen vermögen. Wenn ein Pferd die Ohren zurücklegt, dann weiß das andere genau, wessen es sich zu versehen hat. Dies gilt auch für Äußerungen, die reflexartig oder gefühlsmäßig erfolgen. Dagegen ist die Entgegennahme eines Ausdrucks vorzugsweise eine Reaktion des Bewußtseins. Daraus kann man schließen, daß die Ausdrucksmittel des Tieres wohl vorzugsweise von Gefühlsregungen herrühren, daß sie aber doch auch mit dem Bewußtsein in Verbindung stehen. Wenn das Pferd die Ohren anlegt, mag das wohl ein Gefühlsausdruck, vielleicht sogar eine Art Reflex sein. Es weiß aber auch gleichzeitig, daß da in der Nähe jemand ist, der sogleich einen saftigen Schlag bekommen wird, wenn er sich nicht in acht nimmt. Zweifellos verstehen die Pferde gegenseitig ihre Sprache besser, als wir Menschen sie verstehen. Das erkennt man schon daraus, daß in einer Herde von Stuten mit Fohlen jede Mutter die Stimme ihres Kindes und jedes Kind die seiner Mutter kennt. Gewiß ist das keine menschliche Wortsprache, aber doch ein Mittel, um ein Verständnis, vor allem gegenseitiger Gefühle, herzustellen. Vielleicht darf man das Wiehern mit einem Musikinstrument vergleichen, mit dem ein Künstler in der Lage ist, zahlreiche Empfindungen zum Ausdruck zu bringen und zu vermitteln, in einer Sprache, die über alle Nationalitäts- und Sprachgrenzen hinweg von jedem verstanden wird. Die Verwandtschaft von Tiersprache und Musik wurde offenbar schon seit alter Zeit empfunden. »Orpheus hatte durch seine Musik die gesamte Tierwelt zum Freunde, dem sie lauschend ihre Zuneigung schenkte« (Voretzsch).

»Es ist ganz gleichgültig, was man zu ihm sagt und in welcher Sprache man zu ihm spricht. Hier kommt es nur auf den Tonfall an und daß man für die gleichen Befehle immer die gleichen Laute gebraucht. Ich habe mit Pferden, die ich in Ungarn gekauft hatte, und mit Arabern, die ich in Afrika ritt, deutsch und englisch gesprochen und mich mit ihnen auf diese Weise bestens verständigt. Beim Sprechen mit Tieren trifft der Satz ›c'est le ton, qui fait la chanson‹ im wahrsten Sinne des Wortes zu« (Montgelas).

Man muß also stets, wenn von Sprache die Rede ist, zwischen Sprachausdruck und Sprachverständnis unterscheiden. Beides ist nicht identisch. Das geht schon daraus notwendigerweise hervor, daß die Wortbildung von einem anderen Hirnbezirk ausgeht als das Wortverständnis. Wenn demnach ein Tier kein Wortbildungszentrum besitzt, bedeutet das nicht, daß es auch kein Wortverständnis haben kann. Wer spricht, pflegt auch die der eigenen entsprechende Sprache des andern zu verstehen. Man kann diesen Satz jedoch nicht umkehren, denn man kann auch eine Sprache verstehen, die man selbst nicht sprechend beherrscht. Bekannt ist die Fähigkeit vieler Taubstummer, an den Lippenbewegungen Sprechender deren Worte abzulesen, ohne doch selbst diese Bewegungen ausführen zu können. Noch deutlicher zeigt sich dasselbe in der Gefühlssprache.

Jeder versteht die Sprache der Musik richtig zu deuten, ob fröhlich oder traurig, ob ernst oder heiter, auch dann, wenn er selbst nicht fähig ist, ein Musikinstrument zu spielen. In ähnlicher Weise sollte man sich davor hüten, jedes Wortverständnis des Pferdes abzustreiten, nur deshalb, weil es selbst keine Worte zu bilden vermag. Offenbar ist schon von Natur aus das Sprachverständnis weiter ausgelegt als die Sprachbildung. Das ist auch ganz begreiflich. Denn zunächst ist es wichtiger, um sich zu behaupten, die Absichten des anderen zu erkennen, als die eigenen Absichten andern kundzutun. Jeder wird aus eigener Beobachtung wissen, wie groß das Sprachverständnis des Pferdes ist.

Der Schwierigkeit gegenseitiger Verständigung zwischen Mensch und Pferd liegen entwicklungsgeschichtliche Gegebenheiten zugrunde. Sie beruhen darauf, daß eine Tierart um so schwerer zu verstehen ist, je weiter sie entwicklungsgeschichtlich von uns entfernt ist. Angenommen, der letzte gemeinsame Vorfahre zwischen Mensch und Schimpanse lebte vor vielleicht 3 Millionen Jahren, der letzte zwischen Mensch und Hund vor 30 Millionen und der letzte zwischen uns und dem Pferd vor vielleicht 60 Millionen Jahren, so heißt das, Schimpanse und Hund stehen uns nicht nur entwicklungsgeschichtlich, sondern auch psychisch näher als das Pferd, sie sind für uns deshalb auch leichter zu verstehen.

Trotz der abgrundtiefen Kluft zwischen der begrifflichen Wortsprache des Menschen und der Gefühlssprache des Tieres kann also das Pferd doch auch ein gewisses Verständnis menschlicher Worte besitzen. Tatsächlich kennt es Worte wie Hü und Hott, Brr, Trab und Galopp und wohl noch manches andere. Ganz erstaunlich war die sprachliche Verständigung mancher Kutscher mit ihren Pferden. Vor allem beim sogenannten Schleifen gefällter Baumstämme im Wald unter oft schwierigen Geländeverhältnissen gab es derartige Verständigungen lediglich mit der Sprache, oft ohne Verwendung eines Zügels, daß man beinahe geneigt war, ein wirkliches Wortverständnis zugrunde zu legen. Bei solchen Gelegenheiten zeigte sich auch deutlich die Individualität des Pferdes. Einzelne lernten nie »auf das Wort zu folgen«, andere galten ihren Besitzern gerade wegen ihrer überragenden Intelligenz als unbezahlbar. Daher das zwar übertriebene, aber doch ein Körnchen Wahrheit enthaltende Wort: »Das Pferd versteht den Menschen, nicht aber versteht der Mensch das Pferd.« Man muß allerdings bei der Beurteilung jener glänzend geschulten Arbeitspferde berücksichtigen, daß mit ihnen der Kutscher Tag für Tag viele Stunden unterwegs war, in fortwährendem Kontakt, immerzu während schwieriger Arbeiten mit ihnen sprechend, wie es heutzutage bei Sportpferden undenkbar ist. Vom psychologischen Standpunkt aus ist es sicher ein Verlust, daß heutzutage so wenig vom Sprechen Gebrauch gemacht wird. Auch beim Reiten ist das Sprechen mit dem Pferd, soweit es der Umgebung nicht auffällt, keineswegs zu beanstanden. Besonders beim Alleinreiten sollte man sogar möglichst viel mit ihm reden. Folgende Worte von Meistern der »Hohen Schule« werden das bestätigen:

»Bei der Hilfengebung spielt das Gehör eine weitaus größere Rolle als das Auge. Das Gehör des Pferdes ist außerordentlich gut entwickelt und viel aufnahmefähiger für jede Geräuschnuance, als wir Menschen meist annehmen. Die alten Reitmeister nützten diese Eigenschaft aus, indem sie für die einzelnen Anforderungen bestimmte Melodien verwendeten. Schon ein kurzer Zungenschlag wird Pferde, gemeinsam mit anderen vortreibenden Hilfen, zum Vorwärtsgehen aneifern« (Podhajsky).

»Was die Hilfen mit der Stimme betrifft, müssen solche des Anstandes wegen in Gesellschaft anderer Reiter nach Möglichkeit vermieden oder doch nur in sehr unauffälliger Weise angewendet werden, weil es nicht nur andere Pferde leicht stören, sondern auch ein sonderbares Konzert werden würde, wenn ein Dutzend Reiter sich zu gleicher Zeit mit Zungenschlag und Anreden der Pferde vernehmen ließe. Dennoch ist die Nützlichkeit dieser Hilfen nicht wegzuleugnen, und der Bereiter mag sie bei ungestörter Bearbeitung seines jungen Pferdes unter Umständen immerhin anwenden. Das Pferd ist ein von Natur aus geistig sehr begabtes Wesen, dessen Intelligenz durch den Umgang mit dem Menschen außerordentlich ausgebildet wird, und das auch für die Eindrücke

der menschlichen Stimme sehr empfänglich gemacht werden kann. Man
wird daher furchtsame Pferde durch freundliches, sanftes Zureden
zutraulich machen, heftige durch Schmeicheln beruhigen können,
ebenso wie man dem unentschlossenen durch ermunternden Zuruf
flinker über ein Hindernis helfen und das widersetzliche vielleicht durch
drohenden Anruf augenblicklich von einer Unart abhalten kann. Doch
ist die Wirksamkeit solcher Hilfen immer nur bedingt, denn kein Pferd
wird sich auf bloßes Zureden auf die Hanken setzen oder eine gebogene
Stellung annehmen. Der Zungenschlag ist von diesen Hilfen der üblich-
ste. Er dient zur Aufmunterung des Pferdes und gewährt den großen
Vorteil, daß der Reiter dabei in der Richtung und Stellung seines
Körpers nichts zu ändern braucht, was bei den Lektionen der Hohen
Schule oft von bedeutender Wichtigkeit ist. Auch die Parade zum Halten
kann mit Nutzen durch die Stimme unterstützt werden« (Steinbrecht).
Nach alledem ist es nicht zu beanstanden, sondern zu empfehlen, sich
der Lautsprache als Hilfengebung zu bedienen. Ich pflege meine Pferde
daran zu gewöhnen, daß ein leises Zischen mit der Zungenspitze mit
dem Antraben, ein kleiner Schlag mit dem Zungengrund mit dem
Angaloppieren verbunden ist. Die gleichzeitigen Schenkelhilfen, zum
Beispiel für Rechts- oder für Linksgalopp, werden dadurch verringert
und unsichtbar. Die Zungengeräusche sind bei der großen Gehöremp-
findlichkeit des Pferdes so leise, daß sie nicht einmal auf dem
Dressurviereck von den Richtern gehört werden.

»Interessant ist die Geschichte von den tanzenden Pferden der Sybariten, welche sich beim Ertönen einer bestimmten Musik auf die Hinter-
beine stellten und mit den Vorderfüßen nach dem Takte gestikulierten.
Als dieselben Pferde aber auch zur Schlacht gegen die Crotoniaten
gebraucht werden sollten, ließen diese heimlich ihren Trompetern die
den Pferden bekannte Musik der Sybariten beibringen und, als es zum
Angriff ging, diese Quadrille blasen. Kaum hörten die Pferde der Sybariten die ihnen so bekannten Töne, als sie ihren Reitern zum Ärger und
Verderben auf das Herrlichste zu tanzen begannen und, weder zum
Angriff noch zur Flucht zu bewegen, den Crotoniaten zum Siege verhal-
fen« (Schlieben).

Hier muß auch zur Vollständigkeit der sogenannten »denkenden
Pferde« der Herren v. d. Osten und Krall gedacht werden, die um das
Jahr 1905 Aufsehen erregten. Dabei handelte es sich nicht um eine
natürliche, sondern um eine angelernte Kunstsprache. Die beiden Her-
ren hatten in jahrelanger Arbeit ihren Pferden beigebracht, mittels einer
Klopfsprache Fragen zu beantworten und Lösungen von Rechenaufga-
ben auszudrücken. Es sind zahlreiche Artikel und Bücher für und gegen
die Experimente verfaßt worden. Die einen waren davon überzeugt, die
Pferde hätten echte geistige Leistungen vollbracht, andere meinten, die
Tiere hätten lediglich unwillkürliche Zeichen ihrer Lehrer erkannt und

verwertet. Leider erfolgten die Nachprüfungen nicht wissenschaftlich exakt, sondern voreingenommen und emotionell. So sind diese Versuche bis heute ungeklärt geblieben.

Erziehung und Lernen

Als *Erziehung* bezeichnet man die Bildung und Ausbildung bestimmter seelischer Bereiche, vor allem des Verstandes und des Charakters. Damit hängt eng zusammen das *Lernen,* unter dem man im weitesten Sinn das Erwerben neuer oder erweiterter Fähigkeiten versteht. Die wichtigste Grundlage für beides ist das Üben, d. h. die in bestimmten Intervallen ausgeübte Wiederholung irgendwelcher körperlicher oder psychischer Funktionen oder Reize. Insofern können durch Übung sämtliche psychischen Bereiche, beispielsweise Instinkte, Reflexe oder Wahrnehmungsweisen, eine Steigerung erfahren. In diesem Sinn kann auch ein Regenwurm oder eine Amöbe lernen. Bei den höheren Tieren beruht das Lernen im allgemeinen auf drei Grundlagen.

Die erste ist das jedem Lebewesen eigene Bestreben, Angenehmes zu suchen und Unangenehmes zu vermeiden.

Das zweite ist die *Gewöhnung.* Auch »der Mensch ist ein Gewohnheitstier«, wie ein altbekanntes Sprichwort richtig sagt. Erst recht gilt das für das Pferd. Ob angenehm oder nicht, irgendeine Tätigkeit, die sich in unaufhörlichen Wiederholungen abspielt, wird zur Gewohnheit, ja zur tatsächlichen oder scheinbaren Notwendigkeit, die sich als Fertigkeit oder als Kenntnis ausdrückt.

Das dritte ist die *Nachahmung.* Wenn für den Menschen schon das Wort vom Gewohnheitstier zutrifft, so ist er mehr als jedes andere Lebewesen ein Nachahmungstier. Nirgends in der Natur spielt die Nachahmung, der Nachahmungstrieb eine so gewaltige Rolle wie beim Menschen. Zweifellos hängt das mit seinem Wesen als zoon politicon, als Gemeinschaftstier, zusammen. Nur so ist beispielsweise die weltbewegende Macht der Mode verstehbar, weil sie einem Trieb entspringt, der wie viele andere Triebe stärker ist als Verstand oder Vernunft.

Im allgemeinen aber beschränkt man den Begriff des Lernens auf diejenigen Fähigkeiten, die mit einer Verstandestätigkeit verbunden sind. Wenn in diesem engeren Sinn ein Pferd etwas lernen soll, müssen zahlreiche psychische Elemente zusammenwirken, vor allem Wahrnehmen, Behalten, Begreifen, Wollen und Können. Angenommen, ein Pferd soll den fliegenden Galoppwechsel erlernen, so muß es zunächst die treibenden und die verwahrenden Hilfen wahrnehmen, die es im allgemeinen von früher her, vom einfachen Galoppwechsel, bereits gelernt und im Gedächtnis behalten hat. Sodann soll es den Zusammenhang begreifen, um nicht wie bisher nach einigen Zwischentritten, sondern in unmittelbarer Folge, das heißt fliegend, zu wechseln. Zudem erfordert das Begreifen als ein kombinierendes Erfassen eines Zusammenhanges, als Schlußfolgerung, angespannte Aufmerksamkeit. Diese Aufmerksamkeit ist vom Wollen oder Willen, einer Eigenschaft des Charakters, abhängig. Sie läßt sich deshalb durch Erzeugung von Lust- oder Unlustgefühlen, durch Lohn oder Strafe fördern. Wenn nun durch Wahrnehmung, Gedächtnis, Aufmerksamkeit und Kombination der Zusammenhang begriffen ist, so muß noch als letztes die Fertigkeit, das Können erlernt werden, das sich sowohl auf körperliche als auch auf psychische Fähigkeiten erstrecken kann. Die körperlichen betreffen die Gymnastik bestimmter Bewegungsorgane, die psychischen vorzugsweise die Bildung von Reflexbahnen. Der Unterschied zwischen Begreifen und Können zeigt sich dann, wenn das Pferd zwar mit der Vorhand fliegend umspringt, nicht aber mit der Hinterhand, so daß es in den Kreuzgalopp fällt. Es hat offenbar begriffen, was es tun soll, ohne es jedoch schon fertigzubringen. Das Lernen besteht nach alledem in einem fortwährenden Ineinandergreifen von Gefühl (Wahrnehmung), Gedächtnis (Behalten), Verstand (Begreifen) und Charakter (Wollen).

Erfahrungsgemäß ist die Erziehung wichtiger und auch erfolgreicher in der *Jugend* als im erwachsenen Alter. Dies ist bekanntlich darin begründet, daß das junge Individuum seit Uhrzeiten lernen mußte, sich den Bedingungen des Kampfes ums Dasein anzupassen, während das erwachsene die Anpassung in seiner eigenen Jugend bereits vollzogen hat und infolgedessen eine entsprechende Erfahrung besitzt. Schon im allgemeinen Teil wurden die sogenannten frühkindlichen, unbewußt empfangenen Einflüsse behandelt (S. 35). Aber auch nach den noch weitgehend unwillkürlich empfangenen Einwirkungen ist die Plastizität des Seelischen beim jugendlichen Individuum größer als beim erwachsenen. Das wird beim Pferd nicht immer in hinreichendem Maße erkannt oder beachtet. Entweder unterwirft man oft Pferde in noch zu frühem Alter hohen Leistungen oder man läßt ihnen zwar Zeit zur Entwicklung, ohne sich jedoch systematisch um ihre Erziehung zu kümmern.

Freilich hängt dies vielfach mit arbeitstechnischen Schwierigkeiten zusammen. Um so bewunderungswürdiger sind Zuchtstätten, deren Pferde den Ruf der Zutraulichkeit, der Gutartigkeit und Nervenkraft haben, auch wenn sie verschiedenen, nicht miteinander verwandten Blutlinien angehören. Da zeigt sich der Einfluß erfahrener Gestütsmeister, die nicht nur selbst, sondern auch auf dem Weg über das ihnen unterstellte Personal einen guten Einfluß auf die psychische Entwicklung der ihnen anvertrauten Tiere ausüben. Dieser gute — aber auch ein unguter — Geist kann sich in einer Pferdegemeinschaft über Jahre hinaus fortpflanzen auf dem Weg der Tradition, deren Wirksamkeit in

der Tierwelt an der Menschenscheu des Wildes besonders deutlich
erkennbar ist. Selbst Tiere, die niemals mit dem Menschen unliebsame
Erfahrungen gemacht haben, flüchten vor ihm wie vor einem gefährlichen Feind. Das kann nur auf einer Tradition beruhen, die durch
Gefühlsübertragung weitergegeben wurde. Für diese Annahme spricht
die Feststellung, daß Forscher auf von Menschen unbewohnten Inseln,
die sie als erste betreten haben, das Fehlen der Menschenscheu bei dort
lebenden Tieren beobachten konnten.

Auch Xenophon hebt schon die Erziehung in der Jugend hervor: »Die
jungen Pferde sollen so erzogen werden, daß sie nicht nur den Menschen
lieben, sondern auch nach ihm verlangen.«

Als Beispiel dafür, welche Bedeutung im Rennsport von erfahrenen
Fachleuten den jugendlichen Einflüssen beigemessen wird, soll das Urteil
des englischen Trainers Fred Rickaby wiedergegeben werden (referiert
nach Sportwelt 1969). Er hatte sich für die Bewertung von Vollblutjähr-
lingen auf Auktionen ein Punktsystem zurechtgelegt. Dabei gab er bis zu
acht Punkte für die Mutter, bis zu sechs für den Hengst und bis zu vier
Punkte für das Gestüt, in dem der Jährling gezogen war. Bei weniger
hochwertigen Eltern oder Gestüten wurden Abstriche gemacht. Die im
Vergleich zur Abstammung hohe Bewertung der Zuchtstätte dürfte sich
vor allem auf die psychische Seite beziehen, die man eben beim Vorführen eines Pferdes auf einer Auktion weniger deutlich als die körperliche
Entwicklung beurteilen kann. Zugleich brachte der hervorragende Pferdekenner dadurch zum Ausdruck, wie wichtig er den Einfluß der
Umgebung erachtet. Tatsächlich ist es für die psychische Entwicklung
eines Pferdes und dadurch für das gesamte spätere Leben entscheidend,
ob es etwa auf grünen Weiden, an einem plätschernden Bach, unter
rauschenden Bäumen, betreut von ruhigen und freundlichen Menschen
aufgewachsen ist oder in irgendeinem düsteren Stall, in einem kasernen-
artigen Hof unter dem Lärm von Motorfahrzeugen, umgeben von
nervösen, aufgeregten Leuten. Vielleicht sind alle übrigen für die körperliche Entwicklung notwendigen Bedingungen, wie ausreichende Ernährung, hinreichende Bewegung, gute Luft, genügend vorhanden. Dennoch wird das Psychische einseitig und ungenügend ausgebildet werden.
Weil eben die Entwicklung vieler psychischer Bereiche, vor allem die des
Gefühls, weitgehend dem Reich des Un- oder Unterbewußten angehört,
kann sie nur unter dem Einfluß einer natürlichen, das heißt naturgemäßen Umgebung vor sich gehen. Deshalb auch wird sie vorzugsweise
durch unbewußt empfangene Eindrücke geprägt und bleibt verstandes-
mäßigen Einwirkungen nur wenig zugänglich.

Steinbrecht betont ebenfalls die Bedeutung der jugendlichen Einflüsse: »Die erste Sorge des Bereiters sei darauf gerichtet, das Gemüt des
jungen, bis dahin in Freiheit aufgewachsenen Pferdes ruhig zu erhalten
und vor Mißtrauen und Furcht zu bewahren. Er achte deshalb darauf,

daß es im Stall von seinem Wärter sanft, freundlich und mit großer
Geduld behandelt wird. Zum Zeitvertreib im Stall ausgeführte Liebko-
sungen, Spielereien und Verhätschelungen durch Zucker und Brot tau-
gen nichts bei jungen Pferden. Sie veranlassen diese zu Spielereien, die
sehr leicht, namentlich bei Hengsten, in gefährliche Fehler ausarten und
sie Beißen und Schlagen lehren. Merke dir auch: Fortschritte macht dein
Pferd nur, wenn du auf gutem Fuße mit ihm stehst. Selbst wenn du seine
schlechten Neigungen, sein natürliches Widerstreben bekämpfst, muß
dein Umgang mit ihm stets von einer wohlwollenden Gemütlichkeit
angehaucht sein. Üble Laune, Verbissenheit, Ungeduld, mangelnde
Selbstbeherrschung machen jeden wirklichen Fortschritt in der Dressur
unmöglich. Wer wirklich ein Meister in der Reitkunst werden will, muß
neben vielen anderen guten Gaben auch über die verfügen, daß ihm
schon die Bekämpfung von Schwierigkeiten an sich Vergnügen macht
und seine Stimmung dadurch nicht nur nicht getrübt, sondern sogar
gehoben wird.«

Nach Virgil, dem größten Dichter Roms und tierärztlichen Betreuer
der Pferde im Marstall des Kaisers Augustus, soll das Fohlen schon,
wenn es aufgehört hat zu saugen, allmählich an Gegenstände und Lärm
gewöhnt werden, wie ihn Waffen, Trompeten, knarrende oder klap-
pernde Räder und klingende Zäume verursachen, allmählich auch Lieb-
kosungen verstehen und sich derselben freuen lernen und endlich ab und
zu mit einer weichen Halfter gezäumt werden, solange es noch schwach
und ängstlich ist und seine Kräfte noch nicht kennengelernt hat. Wenn
uns erzählt wird, daß die Libyer, wie die Inder bei ihren Elefanten, zur
Abrichtung ihrer Pferde Musik zu Hilfe nehmen, ist damit wahrscheinlich diese Periode des Frommachens zu verstehen (nach Schlieben).

Nicht nur Freundlichkeit, sondern auch Autorität soll dem jungen
Tier entgegengebracht werden, damit es lernt, Respekt vor dem Menschen zu haben. Besonders unter einzeln aufgezogenen Fohlen bringen
manche keinerlei Achtung vor dem Menschen auf, weil sie gewohnt
waren, ihn nur in Form eines albernen Spielkameraden zu kennen.
Aggressivität und Bösartigkeit entstehen weniger häufig durch schlechte
Behandlung, gegen die sich das Tier zur Wehr setzt, sondern meistens
infolge disziplinloser und autoritätsloser Erziehung in der Jugend. Diese
Tatsache beruht auf naturgegebenen Bedingungen. Denn in der natürlichen Umwelt eine Großfamilie in der freien Wildbahn oder auch auf der
ausreichend besetzten Weidekoppel wird es sich jedenfalls daran gewöhnen, daß es noch andere, größere und stärkere Kameraden gibt, denen
man Respekt entgegenzubringen hat.

Wenn also ein junges Pferd in unsere Hände kommt, ist es notwendig, darauf zu achten, daß wir uns nicht nur selbst bei jeder persönlichen
Bewegung sowohl freundlich und vertrauenserweckend als auch ernst
und energisch verhalten, sondern daß die gesamte Umgebung eine gute

Atmosphäre vermittelt. Es hat wenig Sinn, sich selbst Mühe zu geben, wenn in unserer Abwesenheit ein schlechter Ton herrscht. Zwar versteht das Pferd die Worte nicht, aber es fühlt vermutlich etwas davon, wenn es mit Zossen, Bock oder mit ähnlichen geschmacklosen Ausdrücken bedacht wird.

Obgleich sich nach alledem das Schwergewicht der Erziehung in der Jugend abspielen sollte, ist es doch erstaunlich, wie sehr man mit Geduld und Geschick auch noch ältere, schwierige Pferde verändern kann. Als Freiherr von Langen einst nach dem Geheimnis seiner Erfolge — mit nicht von ihm selbst gezogenen Pferden — gefragt wurde, sagte er: »Ich liebe meine Pferde und zeige es ihnen, und meine Pferde lieben mich und zeigen es mir.« Von den Hunnen berichtet Erzdechant Thomas (nach Jankovich): »Wieviel Pferde bei den Hunnen ein Mann auch immer besitzt, sie sind so abgerichtet, daß sie ihrem Herrn nachfolgen wie Hunde.« Doch das ist alles leichter gesagt als getan. Liebe erzeugt ja nicht unbedingt Gegenliebe. Ebenso wie in den menschlichen Beziehungen ist es auch zwischen Mensch und Pferd leichter, zu lieben als geliebt zu werden. Vor allem kann man nicht von heute auf morgen aus einem unzugänglichen Pferd ein liebevolles Wesen machen.

Wie mir scheint, werden Menschen, die von ihren Pferden Leistungen fordern und sich in regelmäßiger Arbeit intensiv mit ihnen beschäftigen, mehr geliebt als solche Pferdebesitzer, die ihre »Lieblinge« lediglich verhätscheln. Ähnliches ist ja bei Hunden allgemein bekannt. Besonders vorteilhaft ist es, wenn man ein einzelnes, nervöses, ängstliches, mißtrauisches oder gar bösartiges Pferd in einen Stall mit gutartigen und vertrauensvollen Kameraden bringen kann. Die psychische Atmosphäre in der größeren Gemeinschaft überträgt sich allmählich auf den Außenseiter. Um so schwieriger ist es umgekehrt, wenn ein Betreuer eine Gruppe von Pferden übernehmen und korrigieren soll, die durchweg verdorben sind.

Große Bedeutung für das Lernen und für die Erziehung hat nach althergebrachter und berechtigter Ansicht das Sprechen mit dem Tier. »Die menschliche Stimme hat einen ungeheuren Einfluß auf Tiere. Wenn sie auch den Sinn der Worte nicht verstehen, entnehmen sie doch dem Tonfall, ob man sie lobt oder tadelt, und besonders nervöse Tiere werden schnell beruhigt, wenn man viel mit ihnen spricht. Ein Pferdewärter, der nicht mit seinen Tieren spricht, taugt nichts« (Montgelas). Zweifellos gilt dieses harte Urteil noch mehr für den Reiter. Da das Pferd gewohnt ist, alle wahrnehmbaren Vorgänge mit dem Gehör zu verfolgen, sollte man sich auch während der Stallarbeit nicht wie eine stumme Puppe bewegen. Während des Putzens genügt schon ein leises Pfeifen oder Zischen zwischen den Zähnen. Es kann dem Tier nur angenehm sein, die sich an seinem Körper abspielenden Vorgänge auf diese Weise zu verfolgen. Darüber hinaus kommt bei hautempfindlichen Pferden auch eine gewisse Ablenkung zustande. Wertvolle Kenntnisse über die schon erwähnte, in alten Zeiten zur Ausbildung vielfach herangezogene Rolle der Musik, sind, sicher zum Schaden der Ausbildung, verlorengegangen.

Unentbehrlich ist aber auch das sogenannte *Strafen*. Mit gutem Zureden allein lassen sich nun einmal Höchstleistungen nicht erreichen. Auch in der freien Wildbahn tut das Pferd ebenso wie jedes andere Tier vieles nicht aus freiem Willen, sondern aus Zwang. Daß Strafen in der Reitersprache nicht als Sühne im menschlichen Sinn zu verstehen ist, sollte jeder wissen, der mit Pferden umgeht. Unter Strafen versteht man in diesem Zusammenhang die Erzeugung eines unangenehmen Gefühls im Gegensatz zur Belohnung, die ein angenehmes, willkommenes Gefühl hervorrufen soll. Strafe im menschlichen Sinn setzt reflektierendes Denkvermögen voraus. Sie soll den Betroffenen dazu veranlassen, eine reflektierende Betrachtung über sein Verhalten anzustellen, womöglich Reue zu empfinden oder wenigstens zu überlegen, ob ein anderes Verhalten nicht vielleicht zweckmäßiger wäre, um in Zukunft unangenehme Folgen der Strafe zu vermeiden. Vom Pferd hingegen kann man nur erwarten, Vor- und Nachteil, Angenehmes und Unangenehmes mit einem bestimmten Verhalten in Verbindung zu bringen, wie man sagt, zu assoziieren. Das Wort Strafen ist also eine recht unglückliche Ausdrucksweise, die wir jedoch mangels einer besseren beizubehalten gezwungen sind.

Deshalb ist es beim Pferd sehr wichtig, die Strafe so rasch und unmittelbar wie möglich auf das unerwünschte Verhalten, seinen »Ungehorsam«, folgen zu lassen, damit der kausale Zusammenhang begriffen wird. Dabei geht es unter Umständen um Bruchteile von Sekunden. Im Idealfall soll die Strafe mit dem unerwünschten oder ungehorsamen Verhalten des Pferdes zusammenfallen und geradezu mit ihm identisch sein. Das falsche Verhalten *selbst* soll dem Pferd als unvorteilhaft erscheinen. Wenn es einen Sprung über ein Hindernis verweigert, indem es vor ihm stehen bleibt oder daran vorbeiläuft, sollte man es besser im gleichen Augenblick hart und laut, etwa mit Pfui, ansprechen, als es später mit der Peitsche zu strafen, wie häufig beobachtet werden kann.

Jede Strafe hat freilich nur dann einen Sinn, wenn sie nicht durch einen entgegengesetzten Vorgang kompensiert wird. Angenommen, ein Pferd erhält beim Sprung über ein Hindernis einen schmerzhaften Ruck im Maul oder beim Landen einen Stoß in den Rücken, so wird es diese Ereignisse vermutlich ebenso als Strafe empfinden wie den anschließenden Peitschenhieb. Es wird sogar die ersten beiden »Strafen« wegen des engeren zeitlichen Zusammenhangs inniger mit dem Springen assoziieren als die verspätete Peitsche. Man kann beim besten Willen nicht erwarten, daß das Tier den Schmerz im Maul als ein Versehen des

Reiters erkennt und entschuldigt, die Strafe mit der Peitsche aber als wohlverdient begreift.

Dieselben Bedingungen wie für das Strafen gelten für das Loben. Man sollte die lobenden Worte schon während des gelungenen Sprunges, nicht erst nach dem Landen aussprechen. Zu diesem Zweck ist es notwendig, sich bereits beim Anreiten vorzunehmen, was man während des Sprunges lobend oder tadelnd aussprechen will. Nur in seltenen Fällen hat die Strafe den Sinn der Züchtigung, nämlich dann, wenn man den Eindruck hat, daß ein Pferd trotz vorhandener Einsicht nicht will, wenn also eine echte Widersetzlichkeit vorliegt. Nur dann soll die Angst vor der Strafe der Zweck des Handelns sein. Im Verlauf der Ausbildung hingegen erfüllen Strafen die Aufgabe, als Hilfszeichen, als sogenannte »Hilfen«, zu dienen.

Wenn es wirklich notwendig ist, eine Züchtigung vorzunehmen, sollte man die gleiche Situation, in welcher der Ungehorsam aufgetreten ist, wiederherstellen, indem man das Pferd beispielsweise genau an dem Punkt aufstellt, an dem es vorher abgewichen ist oder stehenzubleiben begann, und jetzt erst die Strafe mit Gerte oder Sporn vollziehen. Aus diesen Gründen ist es auch fragwürdig, ein Pferd beim Absprung zu peitschen, um es zu einem kräftigeren Sprung zu veranlassen. Es könnte möglicherweise den Schlag nicht als Aufforderung zu stärkerem Absprung, sondern als Strafe dafür, daß es gesprungen ist, empfinden. Angenommen, ein Pferd hat die Untugend oder gar die schon erwähnte Zwangsneurose, während einer Springprüfung in der Nähe des Eingangs oder vor dem darauffolgenden Hindernis stehenzubleiben. In diesem Fall ist es sinnvoll, wenn möglich, an den Eingang zurückzureiten, dort anzuhalten und eine Strafe vorzunehmen. Auf diese Weise wird bewußt oder unbewußt die Strafe mit dem Eingang assoziiert, der in Zukunft als unerfreulicher Ort eher gemieden als aufgesucht wird. Bestraft man das Pferd aber erst zwanzig Meter nach dem Eingang, so wird es das nächstemal vielleicht kombinieren: »Aha, jetzt kommt die Stelle, an der ich jedesmal Prügel bekomme.« Es wird also jetzt erst recht versuchen, aus dem widerwärtigen Platz herauszukommen, indem es zum Ausgang drängt.

Die Motive für das Lernen sind demgemäß einmal das Bestreben, Angenehmes zu suchen und Unangenehmes zu vermeiden, zum andern die Macht der *Gewohnheit*. Denn fortwährende Wiederholungen gewisser Anforderungen führen auch ohne Lohn und Strafe im Laufe der Zeit zu neuen Fertigkeiten.

Besonders augenfällig kommt die Macht der Gewohnheit bei der Reaktion vieler Pferde gegenüber Veränderungen von bisher gewohnten Situationen zum Vorschein. Manchmal ist es geradezu grotesk, wie heftig Pferde reagieren, wenn auf einem gewohnten Weg an einer bestimmten Stelle etwas liegt, was früher nicht dagewesen ist, oder wenn

etwas fehlt, was vorher vorhanden war. Kleinste, dem Reiter oft gar
nicht auffallende Veränderungen können ein erregtes Schnauben oder
ein Scheuen hervorrufen. Verhaltensweisen, die im Leben der freien
Natur keineswegs sinnlos gewesen sind. Von diesem Gesichtspunkt aus
ist auch das von Rengger beschriebene eigenartige Verhalten von Pferden in Argentinien zu beurteilen, die einen Reiter, der nicht den gewohnten Poncho trägt, nicht aufsitzen lassen. Allein die Veränderung der
gewohnten Situation genügte, um sie stutzig zu machen.

Ein drittes Motiv für das Lernen ist die *Nachahmung*. Sie beruht auf
dem allen geselligen Säugetieren eigentümlichen Nachahmungstrieb.
Auch bei uns Menschen ist er nicht weniger mächtig als der Ernäh-
rungs-, der Fortpflanzungs- oder jeder andere Trieb. Denken wir nur an
die weltbewegende Macht der Mode. Hier geht die Nachahmung
bekanntlich so weit, daß sie oft sogar den Trieb der Selbsterhaltung
übertrifft, wenn man sich die vielen gesundheitsschädlichen Modetor-
heiten vergegenwärtigt. Tausende nehmen es auf sich, die Taille zusam-
menzupressen, den Unterleib zu erkälten, an den Füßen zu frieren, sich
den Hals mit Kragen und Krawatte abzuschnüren, Zigaretten zu rau-
chen, nur weil andere es vorgemacht haben. Dabei kommt häufig das im
Kapitel Polarität beschriebene Bestreben der Entelechie zum Vorschein,
über das Ziel hinauszuschießen. Der anderen Frauen nachgeahmte kurze
Rock soll womöglich noch kürzer sein, der lange Mantel noch länger,
die hohen Absätze noch höher als die des Vorbilds. Zweifellos hat dieses
Bestreben, in der Nachahmung den andern zu übertreffen, auch positive
Folgen für die Kultur. Der Turm des Münsters soll noch höher werden
als der des nachgeahmten Domes, Kleidung und Schmuck noch großartiger, das eigene Pferd noch herrlicher und schneller. Eine enge Verflechtung der Nachahmung mit anderen seelischen Bereichen, insbesondere
mit Spieltrieb, Rangstreben, Neid und Neugierde, liegt auf der Hand.

Auch beim Pferd ist der Nachahmungstrieb am Wirken, wenngleich
in geringerer und in weniger unvernünftiger Weise als beim Menschen.
Man macht bekanntlich mit gutem Nutzen bei der Ausbildung von
Pferden davon Gebrauch. Es ist vielfach üblich und nur zu empfehlen,
einem jungen Pferd das Springen über einen Wassergraben dadurch
beizubringen, daß man es einem routinierten Springpferd folgen läßt.
Das ist zweifellos zweckmäßiger als erst umständliche und fragwürdige
Kämpfe herauszufordern. Dasselbe gilt, wenn ein Pferd offensichtlich
Angst an den Tag legt, wenn es einen flachen Teich durchschreiten soll,
nachdem es vielleicht im ganzen Leben noch niemals ein Gewässer
kennengelernt hat. Zwei bemerkenswerte Beispiele schilderte mir der
bekannte Dressurreiter Theodorescu: Sein temperamentvoller Wind-
hund pflegt in der Reitbahn vor den Pferden, die nach der Dressurarbeit
noch geführt werden, in engen Kreisen freudig herumzuspringen. Eines
Tages begann bei ähnlicher Gelegenheit ein Pferd, als man es frei laufen

ließ, dieselben springenden Kreisbewegungen vorzunehmen, die der Hund wiederholt vorgemacht hatte. Theodorescu zweifelte nicht daran, daß hier eine echte Nachahmung im Spiele war. Ferner beschrieb er, wie er bei der Ausbildung praktischen Gebrauch vom Nachahmungstrieb macht. Um einem Pferd das Piaffieren beizubringen, reitet er mit ihm hinter einem bereits perfekten Piaffeur auf einer leicht abwärts führenden Strecke, die das Pferd zu einem gewissen Untertreten veranlaßt. Nun läßt der Vorausreitende sein Pferd piaffieren, während er selbst nachfolgend entsprechende Hilfen gibt. Theodorescu ist überzeugt, daß das Vor-bild dazu beiträgt, das Lernen des nachfolgenden Pferdes infolge der Nachahmung zu fördern und zu beschleunigen.

Ebenso wie alle andern Lernmethoden bedarf auch das Nachahmen häufiger Wiederholungen und infolgedessen Zeit. Am deutlichsten läßt sich dies an Papageienvögeln beobachten. Mit gespannter Aufmerksamkeit verfolgt der Vogel tage- oder wochenlang die vorgesprochenen Worte, scheinbar, ohne darauf zu reagieren, um dann eines Tages ganz unvermutet die Laute nachzusprechen. Daraus wird ersichtlich, daß im Anschluß an die ausgeübten Reize fortdauernde Gehirnprozesse am Wirken waren, deren Mechanismen wir nicht feststellen können. So wird auch das lernende Pferd nicht sogleich mit der Nachahmung beginnen. Erst nach einiger Zeit und nach häufigen Wiederholungen wird eines Tages die Nachahmung in Funktion treten, wird, wie man sagt, der Groschen fallen. Wenn der Papagei später vielleicht unerträglich oft »Jakob, Jakob« oder andere Worte ruft, so mag das mit übersteigerter Nachahmung zusammenhängen.

Hier liegt der Gedanke nahe, ob nicht auch ungünstige Fertigkeiten durch Nachahmung erlernt werden können. Daran ist kaum zu zweifeln, denn: »Schlechte Beispiele verderben gute Sitten.« Man wird deshalb ein junges Pferd möglichst nicht in die Gesellschaft schlecht erzogener Genossen bringen. Ein nicht eindeutig geklärtes Problem ist die Frage, ob Pferde das Koppen durch Nachahmung erlernen können. Mir ist zwar kein Fall bekannt, in dem Pferde diese Unart nachweislich übernommen hätten. Vielmehr kennt man Beispiele, daß Kopper jahrelang mit anderen Pferden im Stall beisammen waren, ohne das Koppen zu übertragen. Umgekehrt erlernen viele Pferde das Koppen ohne jedes Vorbild spontan. Doch genügt das nicht, um die Möglichkeit des Erlernens völlig auszuschließen. Jedenfalls kann man es niemand verdenken, wenn er ablehnt, sein unverdorbenes Pferd neben einen Kopper in den Stall zu stellen.

Das schönste Ergebnis einer guten Erziehung ist *Vertrauen*. Wer Vertrauen entgegenbringt und selbst Vertrauen verdient, ist treu. Solange wir uns der Begrenzung des nicht reflektierenden tierischen Bewußtseins bewußt bleiben, ist es nicht unerlaubt, von einem treuen Pferd zu sprechen. Ein schönes Beispiel dafür bringt Professor Duerst.

Ein ihm selbst gehörendes neun Monate altes Fohlen, das an die ganze
Familie gewöhnt und zutraulich war wie ein Kind, zog sich eines Tages
an einer Sense eine Fleischwunde am Oberschenkel zu. Sein Vertrauen
zu den Menschen war so groß, daß es sich die Wunde ohne ein Zwangs-
oder Betäubungsmittel, das es damals, um 1910, noch nicht in befriedi-
gender Qualität gab, nähen und behandeln ließ.

Daß sich bei der Erziehung auf dem Weg über körperliche und
seelische Haltung eine Wechselwirkung zwischen Pferd und Reiter
ergibt, daß durch den Umgang mit dem Pferd auch die Psyche des
Reiters ebenso wie sein Körper beeinflußt wird, ist bekannt und wurde
schon erwähnt. »Mehr als jede andere Kunst ist die hippische mit den
Weisheiten des Lebens verbunden. Viele ihrer Grundsätze können jederzeit als Richtlinien für das Verhalten im Leben dienen. Diese Erkenntnis
zeigt deutlich den außerordentlichen erzieherischen Wert des Reit-
sports« (Podhajsky).

Adel des Pferdes

> *Après l'homme le Cheval*
> *le plus noble animal.*
> *(Nächst dem Menschen ist das Pferd*
> *das Edelste auf dieser Erd'.)*

Das Pferd ist nach allgemein vorherrschender Ansicht ein von Natur aus
edles Tier. Diese Beurteilung beruht darauf, daß es über viele Eigenschaften verfügt, die beim Menschen als Attribute edlen Wesens gelten.

Schon seine äußere Erscheinung, besonders in aufgerichteter Haltung, vermittelt den Eindruck des Erhabenen und die Empfindung des
Ästhetischen. Es hat eine melodiöse Stimme wie kaum ein anderes
Säugetier, von der deutschen Sprache mit dem lautmalerischen Wort
Wiehern gekennzeichnet. Man kann sich nicht vorstellen, daß es heißen
könnte, das Pferd blökt, bellt oder brüllt. Geradezu unvorstellbar ist es,
das Pferd könnte ein ebenso nervenzermürbendes Schreien veranstalten
wie der Esel. In Gesellschaft unterläßt es jedes unmotivierte Geschrei im
Gegensatz zu anderen Tierarten, wie Rindern, Schweinen, Affen, Scha-
fen, Ziegen oder Hunden (siehe S. 112). Das nächtliche, lautlose Marschieren großer Kolonnen von Hunderten von Pferden, nur unterbrochen vom Schnauben und Prusten, vom Geräusch der Hufe, selten von
einem einzelnen Wiehern, übt wohl auf jeden, der es erleben kann, einen
faszinierenden Eindruck aus. »Pferde erdulden schweigend große
Schmerzen. Werden diese aber gar zu heftig, und besonders, wenn sie

mit Schreck gepaart sind, dann äußern sie furchtsame Laute.« So stellt es Darwin dar, offenbar ebenfalls beeindruckt von dieser Besonderheit des Pferdes. Im gesunden Zustand, auch im Schweißausbruch, verbreitet es niemals einen unangenehmen Geruch. Es kriecht nicht wie der Hund, buhlt nicht um Freundschaft, wahrt vielmehr eine vornehme Zurückhaltung. Es ist nicht stumpfsinnig, sondern sensibel, nicht träge, sondern lebhaft und tätig.

Diese Beurteilung des Pferdes als ein besonders edles Tier beruht auf einer gefühlsmäßigen und subjektiven Betrachtung. Daß sie offenbar allgemeiner Anschauung entspricht, zeigt sich darin, daß sein Name im Gegensatz zu den anderen aufgeführten Tierarten nicht als Schimpfwort benützt wird. Es ist ja merkwürdig genug, daß sich Menschen so häufig durch Vergleiche mit Tieren beschimpfen. »Du Affe, du Rindvieh, du Schwein, du Dreckspatz« sind so geläufige Vergleiche, daß sie oft gar nicht ernstgenommen werden. Niemand aber würde daran denken, einen anderen mit »du Schwalbe, du Adler, du Pferd« zu beschimpfen, einem Vergleich, der sogar als Kompliment empfunden werden könnte.

Die erwähnte Subjektivität könnte nun den Eindruck und damit den Einwand erwecken, daß das Edle ähnlich dem Begriff des Schönen lediglich eine Frage des individuellen Geschmacks sei, über den keine allgemeinen Regeln aufgestellt werden können, denn über den Geschmack läßt sich bekanntlich nicht streiten. Auf diese Einstellung ist es wohl zurückzuführen, daß der Begriff des Edlen in Psychologie und Philosophie wenig behandelt und in einschlägigen Werken nicht geführt wird. Dennoch ist es in einer Psychologie des Pferdes notwendig, zu versuchen, objektive Maßstäbe für das Wesen des Edlen zu finden, um aus dem schwankenden Grund des persönlichen Geschmacks herauszugelangen. Damit kann freilich die Tatsache nicht aus der Welt geschafft werden, daß es ähnlich wie beim Schönen gewisse Relativismen immer geben wird, daß der eine dieses, der andere jenes Pferd als das edlere oder weniger edle empfinden kann. Daraus erwächst die Frage, ob und inwiefern sich das Edle auch objektiv definieren und begründen läßt. Was also ist edel, was ist unedel?

Schon mehrfach wurde darauf hingewiesen, daß sich edlem Wesen zugehörige Eigenschaften, wie Sensibilität, Tätigkeit und Initiative, im Zusammenhang mit vermehrter Beweglichkeit finden. Daß diese Gesetzmäßigkeit offenbar für das gesamte Tierreich gilt, wurde am Beispiel der Fische gezeigt. Die sogenannten Edelfische, insbesondere die Salmoniden, sind nicht nur intelligenter, sensibler, aufmerksamer, sondern vor allem spielfreudiger, lebhafter und beweglicher als die trägen Teichfische. Auch im körperlichen Bereich sind sie höher entwickelt, erkennbar an der Feinzelligkeit der Gewebe und an der feinschuppigen Organisation der Körperoberfläche im Gegensatz zum grobschuppigen Teichfisch. Ähnliche Feststellungen wie zwischen den Huftieren Pferd und

Abb. 66: Poseidon und Hippokampoi, rechts unten ein spielender Delphin.
Fußbodenmosaik der römischen Kaiserzeit. Museum Sousse — Tunesien

Esel, zwischen Fluß- und Teichfischen kann man auch unter den Klau-
entieren treffen. Der schnelle Hirsch ist edler als das weniger bewegliche
Rind, das flüchtige Reh edler als die langsamere Ziege. Ebenfalls ein Tier
des Wassers, jedoch ganz anderer Herkunft als die Forelle, nämlich der
Delphin, ein Säugetier des Meeres, verbindet größte Beweglichkeit mit
psychischen und körperlichen Eigenschaften des Edlen. Es ist wohl kein
Zufall, daß dieses Tier schon immer als ein Inbegriff des Edlen gegolten
und die Bewunderung der Menschen erregt hat, so daß es schon in der
Antike nächst dem Pferd als eines der beliebtesten Tiere, beispielsweise
auf Münzen, dargestellt wurde. Nicht selten wurden sogar Pferd und
Delphin gemeinsam oder gar als Mischwesen, als sogenannte Hippokampoi, geprägt. Poseidon, der griechische Gott des Meeres, führte
nicht nur als Sinnbild den Delphin, er war auch Schöpfer und Beschützer
des Pferdes.

Diese an Säugetieren und Fischen demonstrierte Regel, wonach das
Edle die Folge und die Begleiterscheinung großer Beweglichkeit ist,
scheint auch in der Welt der Vögel zu gelten. Die bewegliche Schwalbe
entspricht zweifellos mehr dem Wesen des Edlen als der Sperling. Die

ihre Beute im Flug schlagenden Falken werden offiziell die edlen genannt, im Gegensatz zu den unedlen, die sie vom Boden aufnahmen. Deshalb würde niemand daran denken, den Namen des Falken oder der Schwalbe als Schimpfwort zu gebrauchen, im Gegensatz etwa zum Spatzen. Als königliches Wappentier, Sinnbild des Adels und adlerhaften Wesens gilt der Adler, der seine lebende, in schneller Flucht sich bewegende Beute aus dem Fluge schlägt, im Gegensatz zum aasfressenden Geier.

Wie die Forelle im strudelnden Fluß, wie der Delphin in den Wogen des Meeres, wie Hirsch und Reh in den Wäldern, wie Schwalben und Falken hoch in der Luft, so hat sich das Pferd in licht bewaldeten Steppengebieten zum edlen, beweglichen Wesen entwickelt. Die durch den weiten Lebensraum erzwungene große Beweglichkeit bedingte gewisse körperliche und seelische Veränderungen, die einer Höherentwicklung entsprechen. Es ist einleuchtend, daß ein bewegliches und lebhaftes Wesen vieler anderer gesteigerter körperlicher und seelischer Eigenschaften bedarf, um den Bedingungen einer schnellen Bewegung gerecht zu werden. Die Anpassung an den mit der Schnelligkeit zusammenhängenden raschen Wechsel der äußeren Eindrücke erfordert schärfere Sinnestätigkeit und größere Reaktionsbereitschaft, mit denen wiederum größere Sensibilität auf körperlichem und psychischem Gebiet verbunden ist.

Das darf nicht so verstanden werden, als ob es nicht auch andere Formen der Weiterentwicklung gibt. Aber zum spezifisch Edlen scheint nur diejenige Höherentwicklung zu führen, die durch gesteigerte Beweglichkeit bedingt ist.

Daraus ergeben sich bestimmte Kennzeichen des Edlen, die objektiv beschreibbar, zum Teil sogar zahlenmäßig meßbar sind. Das primäre Element des Edlen in Form der Beweglichkeit äußert sich zunächst in der *Schnelligkeit,* einem meßbaren Wert. Die edleren Rassen des Pferdes sind schneller als die unedleren. Nun ist die Sachlage aber doch nicht so einfach, daß man etwa sagen könnte, der Adel eines Pferdes steht im direkten Verhältnis zu seiner Schnelligkeit. Es wäre falsch, zu glauben, ein Pferd sei um so edler, je schneller es ist. Das ergibt sich schon daraus, daß Schnelligkeit ein relativer Begriff ist, abhängig von den jeweiligen Distanzen. Ein Pferd, das über 1200 Meter schneller ist als andere, wird diesen vielleicht über 2400 oder über 6000 Meter unterlegen sein. Daraus folgt, daß zur Bewertung der Schnelligkeit auch eine gewisse *Ausdauer* gehört. Es sollte nicht unmöglich sein, zu ermitteln, welches Maß der Distanz und der zugehörigen Schnelligkeit den edelsten Pferden am meisten angemessen ist. Neben der linearen Schnelligkeit und der Dauer, über die hinweg sie eingehalten werden kann, gehören dazu auch noch *Beschleunigung und Wendigkeit.* Diese ist sogar ganz besonders charakteristisch für den Grad hoher Beweglichkeit. Man denke an die blitzschnell sich herumschnellende Forelle oder an den Delphin, an das im schnellen Lauf schlagartig zur Seite springende oder an das tänzelnde Rassepferd (siehe S. 93).

Der Unterschied zwischen linearer Geschwindigkeit auf der einen und Wendigkeit auf der anderen Seite kam bei den arabischen Beduinen im Gebrauch von Pferd und Kamel deutlich zum Ausdruck. Für die Reise verwendeten sie das Kamel, dessen schnellste Vertreter, die sogenannten Rennkamele, dem Pferd an linearer Schnelligkeit nicht nachstanden oder sogar überlegen waren. Im Kampf aber bedienten sie sich des Pferdes, da die geringe Wendigkeit und die Unbeholfenheit des Kamels dafür untauglich waren. Entwicklungsgeschichtlich dürfte diese unterschiedliche Veranlagung damit zusammenhängen, daß das Pferd nicht der freien, sondern der baumbestandenen Waldsteppe entstammt, in der es ständig auch im schnellen Lauf unzähligen Hindernissen ausweichen mußte. Das Kamel dagegen konnte sich in der baumlosen Wüste über lange Strecken hinweg gradlinig fortbewegen.

Beweglichkeit ist demnach ein komplexer Begriff und nicht ohne weiteres durch einen anderen zu ersetzen. Vor allem läßt sich dafür auch nicht der vielfach gebräuchliche, recht ungenaue und abgenutzte Ausdruck Temperament verwenden. Man spricht zwar von lebhaften, trägen, cholerischen oder anderen Temperamenten oder einfach vom temperamentvollen oder temperamentlosen Menschen oder Tier. Exakter aber läßt sich das jedenfalls ausdrücken mit dem Begriff Beweglichkeit, die man nicht nur gliedern, sondern auch abstufen, ja sogar messen kann.

Beweglichkeit, bestehend aus Schnelligkeit, Ausdauer, Beschleunigungsfähigkeit und Wendigkeit als Anpassung an die Umwelt, ist somit die körperliche Grundlage und das Kennzeichen des Edlen. Mit großer Beweglichkeit sind andere körperliche und psychische Eigenschaften eng verbunden. Man vergegenwärtige sich das edle, leichte, feurige Rassepferd. Eine plumpe, grobe Körperverfassung kann nicht edel sein. Sie würde die Beweglichkeit hemmen. Zur edlen *Feingliedrigkeit* gehört die *Trockenheit* der Gewebe. Vor allem das lockere Zellgewebe der Unterhaut ist bei den Edelpferden durch einen geringen Wassergehalt gekennzeichnet. Das tritt nicht nur äußerlich sichtbar in Erscheinung am »trockenen« Kopf, an den »trockenen« Gliedmaßen, es ist auch zahlenmäßig meßbar durch die Blutuntersuchung oder durch Gewichtsbestimmung von Gewebeteilen vor und nach erfolgter Trocknung. Die entsprechenden Differenzen zwischen einzelnene Pferden, zwischen edleren und weniger edlen Rassen und Typen, sind außerordentlich hoch. Besonders erkennbar ist dies an der Beschaffenheit der Knochen. Der elfenbeinharte Knochen des Arabers hat einen geringeren Wassergehalt und ein höheres spezifisches Gewicht als der mehr oder weniger brüchige eines schwammigen Pferdetyps. Diese größere Festigkeit läßt sich experimentell durch Wiegen oder durch Messen der notwendigen Kräfte beim Brechen vergleichbarer Knochen feststellen.

›Man verwechsle nicht Feinheit mit Schwäche, sondern berücksichtige bei der Beurteilung den gesamten Körperbau des Pferdes, denn die Harmonie des Ganzen ist das Entscheidende, und ein in allen Teilen fein gebautes Pferd kann mit seinen scheinbar zarten Gliedern unter entsprechendem Gewicht unendlich Kraft entwickeln. Die Dicke, also der Umfang der Knochen, gibt durchaus keinen Maßstab für die Stärke ab, vielmehr ihr inneres Gefüge; ebenso wie nicht der Umfang der Muskeln, sondern« deren Straffheit ihre Kraft bestimmt« (Steinbrecht).

In Anbetracht dieser aus der äußeren Erscheinung nicht ohne weiteres erkennbaren sogenannten »inneren Werte« ist es ein höchst unglückliches Unterfangen, die Röhrbeinstärke zu messen und die Pferde mit den dicksten Knochen am höchsten zu bewerten. Man betreibt auf solche Weise geradezu eine negative Auslese derjenigen Pferde mit schwammiger und brüchiger Konstitution. Zugleich ist damit eine Auslese der unedlen Typen verbunden. Ein schwammiger, wäßriger, sogenannter lymphatischer Organismus ist plump, schwerfällig, der Beweglichkeit hinderlich und damit dem Edlen zuwiderlaufend. Wenn aber sogar ein derart berühmter Pferdemann wie Steinbrecht in den Wind gesprochen haben sollte, ist wohl nicht zu hoffen, daß sich ein solch unseliger Formalismus und Schematismus jemals ausmerzen läßt.

Ein anderes Merkmal der Eleganz, der Feingliedrigkeit und somit des edlen Pferdes ist die *Schmalhüftigkeit,* die sogenannte melonenförmige Kruppe im Gegensatz zur eckigen, breiten Kruppe vulgärer Typen. Ein weiteres, typisches Merkmal des Edlen ist die kleine, fest angesetzte Milchdrüse. Bei den Griechen der Antike, die man wohl als Apostel der Schönheit bezeichnen kann, galt die schalenförmige Brust, nicht der üppige Busen, als frauliches Schönheitsideal. Mit der schmalen Hüfte ist ein schlanker Hals und ein schmaler erster Halswirbel vergesellschaftet, noch deutlicher als beim Pferd am Menschen erkennbar. Man vergleiche den Hals der Nofretete mit einem sogenannten »Stiernacken«.

In psychischer und psychophysiologischer Hinsicht bedingt Beweglichkeit eine lebhafte und reaktionsbereite Sinnestätigkeit. Dies wiederum erfordert eine hohe und differenzierte Entwicklung der Sinnesorgane, besonders ein großes, lebhaftes *Auge* und eine dünne, zarte und sensible Haut als Kontaktorgan mit der Umwelt.

Die *feine Haut* ist ein deutliches Zeichen für Sensibilität und seelische Aktivität. Umgekehrt spricht man nicht zu Unrecht von einem dickfelligen Charakter, um mangelnde Sensibilität zu kennzeichnen. Das »blaue Blut«, das Durchschimmern des venösen Blutes durch die zarte Haut, galt seit jeher als Zeichen edler Veranlagung. Auch bei edlen Pferdetypen sieht man gelegentlich, besonders in der Erregung, die Konturen der einzelnen Adern durch die Haut hindurchtreten. Ihre Behaarung ist im

Abb. 67: Breit- und Schmalhüftigkeit bei Kalt- und Vollblüter

allgemeinen feiner als bei groben Tieren. Sogar die Haarlosigkeit, vor allem im Gesicht, in der Augen-Nasenpartie, ist bei hochgezüchteten Individuen zu beobachten. Die Sensibilität der Haut läßt sich bis zu einem gewissen Grad meßbar bestimmen durch Kalibrierung der Hautstärke und durch Messung der Empfindlichkeit auf elektrische Stromstöße von zunehmender Spannung. Man kann auf diese Weise feststellen, daß die Empfindlichkeit des Pferdes größer ist als diejenige mancher anderer Tierarten und auch unterschiedlich innerhalb der Gattung Pferd. Für exakte Werte muß allerdings die Behaarung und Leitfähigkeit der Haut berücksichtigt werden. Beweglichkeit, Wärmehaushalt, Hautaktivität, Nervensystem und Psyche stehen also in der engsten gegenseitigen Beziehung.

Aus alledem geht zwingend hervor, daß auch *Intelligenz* zum Wesen des Edlen gehört, damit die erhöhte Sinnestätigkeit, welche infolge der Bewegungssteigerung erforderlich wurde, verarbeitet werden kann. Ein edles Pferd ist nicht nur beweglich, feurig, gefühlsstark, lebhaften Sinnes und aufmerksam, sondern auch intelligent. Stupidität ließe sich niemals mit dem Begriff des Edlen, des Beweglichen in Einklang bringen. Die Intelligenz äußert sich auch sichtbar in bestimmten Körperformen, die auf einem differenzierten und hochentwickelten Nervensystem beruhen. Das kommt in der Entwicklung eines großen Gehirnschädels zum Ausdruck. Die große, breite Stirn ist ein klassisches Merkmal des edlen Pferdes. Da sich Intelligenz nicht nur als Folge der Beweglichkeit, sondern auch aufgrund anderer Anpassungsleistungen entwickeln kann, darf der Satz vermutlich nicht umgekehrt werden. Das heißt, Intelligenz allein ist kein Beweis für edles Wesen.

Ein anderes, hieraus abzuleitendes Prädikat des Edlen ist der *Fleiß*. Auch die beste körperliche Veranlagung ist wenig wert, wenn sie mit Trägheit verbunden ist. Schnelligkeit nützt nicht viel, wenn sie nur mühsam aus einem Lebewesen hervorgeholt werden kann, wenn sie nicht willig angeboten wird. Das faule Tier kann niemals als edel gelten, selbst wenn es mit Sporn und Peitsche getrieben große Schnelligkeit entwickeln sollte. Fleiß und guter Wille gehören demnach zum Begriff des Edlen. Aus diesem Grunde muß mancher fleißige, unermüdliche Kaltblüter für edler gelten als ein fauler Warmblüter, der vielleicht aus rein mechanischen Gründen größere Schnelligkeit erreicht als jener. Noch höher zu bewerten ist die schon mehrfach hervorgehobene *Initiative*. Mit ihr ist untrennbar verbunden der Mut. Feigheit und Initiative lassen sich niemals vereinbaren. Eine notwendige Voraussetzung innerhalb der Gemeinschaft schnell beweglicher Individuen ist ferner die gegenseitige Rücksicht, das *Taktgefühl,* das demnach ebenfalls zum Edlen gehört.

Vom Wesen des Edlen nicht zu trennen ist offensichtlich das Bestreben nach *Reinlichkeit*. Nicht nur das Gefühl sagt uns, daß Unsauberkeit mit edlem Wesen unvereinbar ist. Vielmehr ergibt sich aus der Sensibilität der Haut zwangsläufig die Notwendigkeit, dieses feine, hochorgani-

Abb. 68: Die Konturen der Adern treten in der Erregung durch die Haut. Der Autor auf Botellita xx nach einem Renngalopp

sierte, intensiv durchblutete Organ gründlich zu pflegen und rein zu halten. Mit diesem bewußten oder unbewußten Bestreben dürfte wohl die in allen hochstehenden menschlichen Gemeinschaften und Kulturen zu erkennende Körperpflege, insbesondere in Form verschiedenartigster Sitten oder gar religiöser Vorschriften des Waschens und Badens, zusammenhängen. Im Kapitel über die Hautpflege wurde bereits das instinktive Bestreben des Pferdes nach Staub-, Schlamm- oder Wasserbädern dargelegt. Bei der vom Menschen auf züchterischem Wege erzielten Veredlung des Wildpferdes dürfte es infolgedessen zu einem noch gesteigerten Bedarf nach Hautpflege gekommen sein, den das hochgezüchtete Pferd von sich aus so wenig wie andere Forderungen, etwa in der Ernährung oder Unterbringung, befriedigen kann. Hier sei nochmals an die hethitischen Methoden der Badekultur hingewiesen, die wohl den Höhepunkt in der Geschichte der Körperkultur des Pferdes darstellten (S. 148).

Möglicherweise ist eine weitere und übertragene Folge der körperlichen Reinlichkeit in der Rassereinheit zu erkennen. Der Bastard, im extremen Fall das Maultier, gilt zwar in vielfacher Hinsicht als nützlich, nicht aber als edel. Allgemein spricht man beim edlen Pferd vom rassigen oder Rassetier. Damit ist stets die Vorstellung von der Reinheit seiner Herkunft verbunden.

Als weitere Folge der Beweglichkeit ist zuletzt das *Unabhängigkeitsbedürfnis,* der Freiheitsdrang, zu erwähnen. Es ergibt sich von selbst, daß ein Lebewesen um so mehr unter Beengung und Zwang leidet, je beweglicher es ist. Wie sehr der Freiheitsdrang als Kennzeichen des Edlen seit jeher empfunden wurde, folgt daraus, daß das Knechtische stets als der eigentliche Gegensatz zum Edlen gegolten hat.

Das Höchstmaß an körperlicher und damit wohl auch an psychischer Sensibilität und Aktivität dürften wohl die turanischen Pferde besessen haben, die damit auch das Edelste gewesen sind, was der Mensch jemals in der Pferdezucht hervorgebracht hat. Sie besaßen eine solch zarte und aktive Haut, daß in der Erregung Blut aus den Adern und durch die Haut hindurchtrat.

»Im Jahre 126 v. Chr. kam durch einen chinesischen Diplomaten die Kunde von den ostturanischen (Ferghanas) herrlichen Pferden, blutschwitzenden Rossen aus himmlischem Stamme, nach China. In zwei eigens zu diesem Zweck veranstalteten, verlustreichen Kriegszügen, nachdem friedliche Bemühungen vergeblich geblieben waren, gelang es China, einige der berühmten blutschwitzenden ›himmlischen‹ Pferde zu erobern« (Hančar). Daß es sich bei der Überlieferung des Blutschwitzens nicht um eine Erfindung handelt, geht daraus hervor, daß diese Eigentümlichkeit auch heute noch gelegentlich beobachtet werden kann. Man hat sie verständlicherweise im Laufe der Zeit als unangenehm betrachtet und weggezüchtet. Ob damit aber nicht auch andere mit ihr gekoppelte

Eigenschaften verlorengegangen sind, ist zwar schwer zu beweisen, wohl aber denkbar. Als Rasseeigenschaft jedenfalls ist das Blutschwitzen meines Wissens nicht mehr bekannt. Es ist nicht zu verwechseln mit dem sogenannten Sommerbluten, einer parasitär bedingten Krankheit.

Das Thema wäre unvollständig behandelt, wenn nicht auch auf gewisse Gefahren oder *Nachteile des Edlen* hingewiesen würde. Es kann wohl kein Zweifel darüber bestehen, daß manche hochgezüchteten Pferde schneller, edler und sensibler sind als Wildpferde. Dies geht aber oft auf Kosten der Robustheit. Man kann nicht annehmen, daß sich ein Vollblüter ohne menschliche Hilfe in unwirtlichen Verhältnissen behaupten wird, die dem Wildpferd noch durchaus erträglich sein mögen. Die größere Sensibilität der feinen, dünnbehaarten Haut edler Pferde könnte ebenfalls unter naturgegebenen Bedingungen ein Nachteil sein. Man denke nur an die Überempfindlichkeit gegenüber Insekten. Bezeichnend ist es, daß die Heimat der edlen, blutschwitzenden Pferde Ferghanas nach chinesischen Angaben in einem Gebirge im heutigen Usbekistan lag, also in einem Gebiet, das von stechenden Insekten relativ wenig befallen war. Aus dieser Feststellung darf man die Vermutung ableiten, daß der Züchtung edler, feinhäutiger Pferde in feuchtwarmen, insektenreichen Gebieten besondere Schwierigkeiten erwachsen. Entsprechende Erfahrungen über die geringere Robustheit hochgezüchteter Rassen sind in Kriegszeiten gemacht worden, wenn sie unter Strapazen und Entbehrungen versagten, wo primitivere Typen sich noch behaupteten.

Auch im menschlichen Leben zeigt die tägliche Beobachtung, daß der robuste Ellbogenmensch leichter durchs Leben kommt als der sensible Ästhet. Dennoch bleibt das Edle ein kulturelles Ziel, das sich lediglich davor hüten muß, eine Grenze zu überschreiten, die im Kampf ums Dasein nicht mehr existenzfähig ist. Dabei kann es zu einem »Umkippen« kommen, das man als *Degeneration* bezeichnet.

Die Gefahr der Degeneration wird nicht nur aufgrund mangelhafter Versorgung durch den Menschen, etwa durch falsche Ernährung, heraufbeschworen, sondern vor allem infolge ungenügender Bewegung. Wenn Beweglichkeit Grundlage des Edlen ist, dann ergibt sich daraus zwangsläufig die Folgerung, daß Edelpferde unter einem Mangel an Bewegung mehr leiden müssen als vulgäre. Mehr noch: Wenn der Adel die Anpassung an ein Beweglichkeit erforderndes Milieu ist, dann wird er bei einem Mangel an Bewegung aufgrund der negativen Anpassung an ein bewegungsarmes Milieu verlorengehen. Je edler ein Lebewesen also ist, desto stärker wird es der Gefahr der Degeneration ausgesetzt sein.

Die edlen Pferden von Natur aus gegebenen Eigenschaften, die sich in der Erscheinung und in der Haltung, beides sowohl in körperlicher als auch in seelischer Weise, ausdrücken, können durch den Menschen mit

Hilfe der Dressur noch gesteigert werden. Sogar auf die äußere und innere Haltung des Reiters selbst vermag das Pferd großen Einfluß auszuüben. Auf diese Tatsache mag es zurückzuführen sein, daß der Begriff des Reiters, des Ritters, des Kavaliers, des Caballero in so vielen Völkern und Sprachen zum Synonym des Edlen und Vornehmen geworden ist.

»Wahrscheinlich stammt aus der Zeit des Cyrus bei den Persern die Verwendung der Endsilbe aspes, welche Pferd bedeutet und — wie bei den Griechen die Endung hippos — einen vornehmen Klang hatte« (Schlieben). Schon bei den kleinasiatischen Ariern und von ihnen übernommen bei den Streitwagen fahrenden Hethitern, das heißt vor annähernd 3500 Jahren, war das Wort für Adeliger und Wagenkämpfer gleichbedeutend (nach Kammenhuber). Man scheint also nicht erst in der reiterlichen Betätigung, sondern schon im Umgang mit dem Pferd als einem edlen Lebewesen einen veredelnden Einfluß auf den Menschen empfunden zu haben. Bezeichnenderweise sieht der sumerische König Sulgi um das Jahr 2000 v. Chr. die beste Möglichkeit, sich selbst zu verherrlichen, darin, sich mit einem edlen Pferd zu vergleichen: »Ein schnelles Pferd mit wehendem Schweif, das wohl zu laufen versteht, bin ich« (Kammenhuber). Die Beweglichkeit, die Schnelligkeit und die Ausdauer im Lauf waren also für ihn selbst wie für das Pferd die obersten Prädikate edlen Wesens. Es war übrigens derselbe König, der mit Pferd und Rennwagen an einem Tage 150 Kilometer von Ur bis Nibru zurücklegte, um ein Fest am gleichen Tage zuerst zu Hause, dann bei seinem Freund zu begehen.

In der Kunst wurde das Pferd seit Jahrtausenden herangezogen, um das Wesen des Edlen zu verkörpern und gleichzeitig das Edle in dem mit ihm verbundenen Menschen herauszustellen. Der »edle Ritter« — man denke an Prinz Eugen oder an den »Bamberger Reiter« — wurde vorzugsweise mit seinem Pferd dargestellt. Dies geschah freilich auch deshalb, weil schon äußerlich die Erscheinung des Menschen in Verbindung mit dem Tier gesteigert wurde. So kam es schließlich sogar zu Entartungserscheinungen, als das Pferd nur noch oder in überwiegendem Maße das Mittel war, um die Erscheinung des Reiters vermehrt zur Geltung zu bringen. Häufig war das gleichzeitig mit einer Herabsetzung der Beweglichkeit verbunden. Je klobiger und fetter das Pferd war, desto großartiger schien es zu sein.

Zeitweise wurden eigene Rassen, die manchmal für sinnvollen Gebrauch nahezu ungeeignet waren, nur zum Zweck des imponierenden Eindruckes gezüchtet. Die Gegenreaktion blieb nicht aus. In der darauffolgenden Epoche wurden oft psychische und besonders charakterliche Werte allzu sehr vernachlässigt und nur noch die körperliche Leistung gewertet. Diese einseitige, nur der Nützlichkeit zugewandte Auffassung der Pferdezucht, die gleichzeitig mit einer oft recht mechanistischen oder gar materialistischen Betrachtung des Tieres verbunden wurde, ist bis heute nicht überwunden. Bei anderen Nutztieren ist sie sogar in immerwährendem Fortschreiten begriffen. Pferde auch oder nur wegen ihres Adels, ihrer großartigen Erscheinung, ihrer psychischen Wertigkeit willen zu züchten, vermögen heute nur noch einige wenige Liebhaber. Nicht selten ist es erschütternd zu sehen, wie bei Beurteilungen von Pferden, sei es für die Zucht oder in den mit dem unschönen Wort »Materialprüfungen« bezeichneten Wettbewerben, Psyche und Adel vernachlässigt oder gar übergangen werden. Wie schwer fällt es selbst den Araberzüchtern, ihre wertvollen Linien zu erhalten, weil diese aus rein mechanischen Gründen keine Springkanonen, keine Dressurmonumente, keine für den Wettbetrieb über kurze Distanzen sich eignenden Renntypen repräsentieren.

So fällt es oft schwer, beim Anblick mancher moderner Pferdetypen ein Verständnis für die überschwenglich anmutende Verherrlichung des Edlen im Pferd aufzubringen, das in alten Zeiten wohl häufiger war als jetzt, so großartig besungen im Buch Hiob, wo es im Hohen Lied des Pferdes heißt: »Es springt auf mit stolzem, schrecklichem Schnauben, es scharrt den Boden im Blachfeld und freut sich seiner Kraft, zieht der gewappneten Schar entgegen. Es lacht der Furcht und erschrickt nicht und macht nicht kehrt vor dem Schwert. Über ihm klirrt der Köcher, blitzen Speere und Lanzen, mit Ungestüm und laut stampfend galoppiert es gegen den Feind und läßt sich nicht halten, wenn die Trompete ertönt. Bei jedem Trompetenstoß wiehert es laut und wittert den Kampf von ferne, den Donnerruf der Heerführer und das Schlachtgetöse.«

Das waren die edlen und mutigen Schlachtrosse, die diesen Namen wirklich verdienten, vor 3000 Jahren. Schwerlich können wir diese Schilderung auf das heutige Pferdegeschlecht anwenden, das für ganz andere Aufgaben gezüchtet oder gar zu einer seelenlosen Arbeitsmaschine herabgewürdigt worden ist, auch wenn man berücksichtigt, daß es sich bei jener biblischen Schilderung um Hengste gehandelt haben wird.

Es wäre wohl angebracht, sich heute wieder mehr auf jene oft vernachlässigten psychischen Werte zu besinnen, die ja im modernen Leistungssport erneut praktische Bedeutung erlangen. Dazu gehört die Kenntnis, Pferde psychisch richtig zu beurteilen, sie entsprechend zu behandeln und nicht zuletzt, sie auch hinsichtlich psychischer Hochwertigkeit zu züchten.

Literaturverzeichnis

ANONYMUS: Psychische Stimulierung durch Fasten. Die blauen Hefte — Höchst Nr. 66/45.

ANONYMUS: Schwitzen und Wärmehecheln. Die blauen Hefte — Höchst Nr. 36/52.

ANONYMUS: Rechts-Linksproblem, Ciba-Symposion Nr. 38.

ALBERT, E.: Psychologie des Vollblutpferdes. Beiträge des Direktoriums f. Vollblut-Zucht u. Rennen. Köln.

ALPERS, A., 1962: Delphine. Wundertiere des Meeres. München/Zürich: Scherz.

ARIES, L., 1967: Über den Einfluß der Farben im biologisch-rhythmischen Geschehen. Der Prakt. Tierarzt.

ANTONIUS, O.: Beobachtungen an Einhufern in Schönbrunn. Der zool. Garten 30.

ARISTOTELES 1977: Hauptwerke. Stuttgart: Kröner.

AUGUSTINNS, A., 1958: Der Nutzen des Fastens. Würzburg.

AUTRUM 1955: Sprechen und Verstehen im Tierreich. Würzb. Universitätsreden.

AYALA, F., 1970: Anpassung und Zweckmäßigkeit in der Natur. Naturwissenschaft u. Medizin Nr. 33. Mannheim: Boehringer.

BAUER, H.: Klima und Vollblutzucht. Vollblut-Zucht u. Rennen Nr. 59/3.

BAUER, H.: Genetik und Vollblut. Vollblut-Zucht u. Rennen Nr. 64/20.

BEAULIEU, FR. CH. DE, 1960: Vollblut. München: BLV Verlagsgesellschaft.

BECHER, R., 1970: Erfolge mit Longe, Hilfszügel und Gebiß. Berlin/Hamburg: Paul Parey.

BERTALANFFY, L., 1949: Vom Molekül zur Organismenwelt. Frankfurt/M.: Athenäum.

BIER, A., 1951: Die Seele. München: Lehmann.

BILEK, DUSEK u. STEINITZ 1957: Zootechnika chov Koni. Prag.

BISMARCK, GRAF V., 1826: Taktik der Reuterey. Karlsruhe.

BLENDINGER, H., 1951: Die Polarität als Weltgesetz. Tübingen: Rainer Wunderlich / Hermann Lains.

BLENDINGER, W. (sen.), 1929: Die Bedeutung der Spätreife für den Menschen. Selbstverlag.

BLENDINGER, W.: Psychologie der Reflexe. Vollblut-Zucht u. Rennen Nr. 71/299.

BLENDINGER, W., 1966: Ethik gegenüber dem Tier, Thorraduranther.

BLENDINGER, W., 1961: Über vergleichende Psychologie und Tierschutz. Deutsche Tierärztliche Wochenschrift.

BLENDINGER, W., 1969: Möglichkeiten und Aufgaben einer tiermedizinischen Psychologie. Deutsche Tierärztliche Wochenschrift.

BLENDINGER, W., 1967: Das Pferd heute und morgen. Tierärztliche Umschau.

BLENDINGER, W., 1965: Das Naturgesetz der Einmaligkeit. Thorraduranther.

BLENDINGER, W., 1974: Gesundheitspflege und Erste Hilfe für das Pferd. Berlin/Hamburg: Paul Parey.

BOCH, J., 1960: Tierarzt und moderne Verhaltensforschung. Tierärztliche Umschau.

BOLK, L., 1929: Das Problem der Menschwerdung. Amsterdam.

BOLLNOW, O. F., 1974: Übung als Weg des Menschen. Universitas 8/825. Stuttgart: Wissenschaftliche Verlagsgesellschaft.

BORCH, H. v., 1969: Schlaf und Traum. Universitas 65. Stuttgart: Wissenschaftliche Verlagsgesellschaft.

BRUMMER 1968: Psychosomatische Störungen und Erkrankungen bei Tieren. Deutsche Tierärztliche Wochenschrift.

BRUNNER-TRAUT, E., 1976: Die Alten Ägypter. Stuttgart: Kohlhammer.

BÜCHLMANN, E., 1962: Das artspezifische Verhalten der Pferde als Grundlage seiner Erziehung. Wiener Tierärztliche Monatsschrift.

BUMKE, O., 1942: Gedanken über die Seele. Berlin: Julius Springer.
BÜRGER, U., 1975: Vollendete Reitkunst. 4. Aufl. Berlin/Hamburg: Paul Parey.
BÜRGER-PRINZ, H., 1951: Zur Psychologie des Schmerzes. Der Nervenarzt.
BURKHARDT 1966: Signale in der Tierwelt. Gräfelfing: Moos.

CADE, M., 1964: Die Orientierungskunst der Tiere. Universitas 395. Stuttgart: Wissenschaftliche Verlagsgesellschaft.
CAPELLE, W.: Die Vorsokratiker. Stuttgart: Kröner.
CARRIERE, L. u. B., 1959: Z. f. Tierpsychologie. Berlin/Hamburg: Paul Parey.
CARTHY, J., 1968: Tiere und Wanderung. Frankfurt/M.: Umschau.
CENA 1962: Tierpsychologie und moderne Tierzucht. Züchtungskunde 375.
CREUTZFELD, D., 1971: Die Hirnforschung. Universitas 133. Stuttgart: Wissenschaftliche Verlagsgesellschaft.

DOMBROWSKI 1959: Z. f. Tierpsychologie. Berlin/Hamburg: Paul Parey.
DRIESCH, H.: Alltagsrätsel des Seelenlebens. Geist u. Psyche 2053. München: Kindler.
DUERST: Die Beurteilung des Pferdes.

ECKHARDT, F. v., 1968: Ein unordentliches Leben. Düsseldorf: Econ.
EHRENBERG, P., 1954: Die Fütterung des Pferdes. Melsungen: Neumann-Neudamm.
EIBL-EIBESFELDT, I., 1969: Schlüsselreize und Signale. Universitas 975. Stuttgart: Wissenschaftliche Verlagsgesellschaft.
EIBL-EIBESFELDT, I., 1967: Grundriß der vergleichenden Verhaltensforschung. München: Piper.
ELLENBERGER/BAUM 1943: Handbuch der vergleichenden Anatomie der Haustiere. Berlin: Julius Springer.
ENGELMANN, C., 1968: Über den Geschmackssinn der Haussäugetiere. Züchtungskunde 112.
ERASMUS VON ROTTERDAM 1975: Laus stultitiae — Lob der Torheit. Stuttgart: Wissenschaftliche Buchgesellschaft.

FESTETICS, A., 1968: Grundriß der vergleichenden Verhaltenslehre. Wiener tierärztliche Wochenschrift 553.
FISCHEL, W., 1957: Die höheren Leistungen der Wirbeltiergehirne.
FISCHEL, W., 1954: Kleine Tierseelenkunde. Sammlung Dalp. Bern/München: A. Francke.
FISCHEL, W.: Tiere mit Gefühl und Verstand.
FISCHEL, W., 1967: Vom Leben zum Erleben. Eine psychologische Untersuchung über Leistungen und Ziele der Tiere und Menschen. Berlin / Heidelberg / New York: Julius Springer.
FISCHEL, W.: Können Tiere denken? Urania.
FISCHER, K., 1963: René Descartes — Hauptschriften. Bassermann.
FRAUCHIGER, E., 1953: Seelische Erkrankungen bei Mensch und Tier. Frauenfeld: Huber.
FRAUCHIGER, E., 1969: Wesensunterschiede zwischen Mensch und Tier. Schwz. Arch. Thkd 491.
FRAUCHIGER, E. & R. FANKHAUSER: Vergleichende Neuropathologie der Menschen und der Tiere. Berlin / Heidelberg / New York: Julius Springer.
FREY, G.: Können Maschinen Bewußtsein haben? Naturwissenschaft u. Medizin. Mannheim: Boehringer.
FRISCH, K. v., 1954: Symbolik im Reich der Tiere. München: Hueber.
FUCHS, O. v.: Umgang mit Reitpferden. München: BLV Verlagsgesellschaft.
FÜRL, G. W., 1959: Über die Musikalität der Haustiere. Deutsche tierärztliche Wochenschrift 697.

GARDNER, M., 1967: Das gespiegelte Universum. Hannover: Vieweg.

GEBAUER, B., 1947: Die Tierseele. Tierärztliche Umschau 69.

GEISSLER, E., 1963: Angstzustände bei Kindern. Universitas 321. Stuttgart: Wissenschaftliche Verlagsgesellschaft.

GOETHE, W. v., 1792: Die Kampagne in Frankreich.

GOUDSMIT, S. A. & R. CLAIRBORNE: Die Zeit. Frankfurt/M.: Time-life.

GRADMANN, H., 1963: Die Rückkopplung als Urprinzip der Lebensvorgänge. München: C. H. Beck.

GRASSMANN, P., 1970: Die optimalen Leistungen der lebendigen Organismen und der technischen Welt. Universitas 77. Stuttgart: Wissenschaftliche Verlagsgesellschaft.

GRÖNGRÖFT, B., 1972: Rangordnung bei Pferden. Hannover: Diss.

GRZIMEK, B., 1978: Wir Tiere sind ja gar nicht so! Erlebnisse und Erfahrungen. München: DTV.

GRZIMEK, B.: Das Erkennen von Menschen durch Pferde. Z. f. Tierpsychologie 44/110. Berlin/Hamburg: Paul Parey.

GRZIMEK, B.: Ein Fohlen, das kein Pferd kannte. Z. f. Tierpsychologie 49/39. Berlin/Hamburg: Paul Parey.

GRZIMEK, B.: Die Rechts- und Linkshändigkeit beim Pferd. Z. f. Tierpsychologie 49/406. Berlin/Hamburg: Paul Parey.

GRZIMEK, B.: Rangordnungsversuche bei Pferden. Z. f. Tierpsychologie 49/455. Berlin/Hamburg: Paul Parey.

GRZIMEK, B.: Pferde können Bilder erkennen. RRi. 63/1.

GRZIMEK, B.: Vom farbigen Sehen und der Sehschärfe. RRi. 63/2.

GRZIMEK, B.: Grzimeks Tierleben. München: Kindler.

GUENON, A., 1901: L'ame du cheval.

GUTTE, J., 1950: Ernährung des Vollblutpferdes. Vollblut 173.

GYLSTORFF, I., 1963: Die Herde und Tierarzt. Deutsche Tierärztliche Wochenschrift 135.

HAFEZ, E., 1962: The behaviour of domestic animals, London.

HANČAR, F., 1955: Das Pferd in prähistorischer und früher historischer Zeit. Stuttgart: Herold 55.

HANDLER 1970: Psychologie bei der Ausbildung von Pferden. Vortrag. Reiter- u. Fahrer-Magazin 2.

HARRISON, R.: Tiermaschinen. München: Biederstein.

HARTENSTEIN, E.: Mit dem Pferd durch die Jahrtausende.

HASLER, A. D., 1967: Das Rätsel der Lachswanderungen. Naturwissenschaft u. Medizin. Mannheim: Boehringer 17.

HASSENBERG, L., 1971: Verhalten bei Einhufern. Ziemsen.

HAUCK, E., 1928: Das seelische Verhalten des Pferdes und des Hundes. Wien.

HAUG: Großhirnrinde bei Mensch und Tier. Die blauen Hefte — Höchst Nr. 70/43.

HAUSMANN, W., 1968: Die Tafelfunde von Hattusas und Ugarit. Tierärztliche Umschau 489.

HEHLMANN, W., 1974: Wörterbuch der Psychologie. 11. Aufl. Stuttgart: Kröner.

HEICKE, H., 1968: Wem nützt die Wallachklausel? Vollblut 59.

HEISS, R., 1962: Die Zeit des Menschen und die Zeit überhaupt. Universitas 509. Stuttgart: Wissenschaftliche Verlagsgesellschaft.

HEITLER, W. H., 1961: Der Mensch und die naturwissenschaftliche Erkenntnis. Hannover: Vieweg.

HELLBRÜGGE, TH., 1959: Die Kinderkrankheiten in der Massenzivilisation. Universitas 139. Stuttgart: Wissenschaftliche Verlagsgesellschaft.

HEUN, E., 1962: Zur analytischen Psychologie C. G. Jungs. Thorraduranther.

HEUN, E., 1963: Nahrungsenthaltung bei Naturvölkern. Thorraduranther.

HEUN, E., 1963: Hungern und Fasten als Psychotherapie. Thorraduranther.

HEYNS, K.: Vororganismische Evolution. Frankfurt/M.: Athenäum.

HINTON und BLUM: Begann das Leben im Schlamm? Die blauen Hefte — Höchst Nr. 66/ 31/409.

HISLOP, J., 1975: Theorie u. Praxis d. Rennreitens. Direktorium f. Vollblut-Zucht u. Rennen. Köln.

HOUTANG, M., 1954: Psychologie du cheval. Paris.

HUFELAND, CHR. W., 1978: Makrobiotik oder die Kunst, das menschliche Leben zu verlängern. München: Matthes u. Seitz.

HUTSCHENREITER, C., 1954: Mein Leben für das Vollblut. Schwingen.

IMMELMANN, K., 1982: Wörterbuch der Verhaltensforschung. Berlin/Hamburg: Paul Parey.

ISENBÜGEL u. SEIFERLE: Zur Kulturgeschichte des Pferdes. Die blauen Hefte — Höchst Nr. 70/43.

JANKOVICH, M.: Pferde, Reiter, Völkerstürme. München: BLV Verlagsgesellschaft.

JORDAN, P.: Der Ursprung des Eiweiß-Lebens. Frankfurt/M.: Athenäum.

JORDAN, P., 1969: Gegen die Theorie des Lebens auf anderen Weltkörpern. Vortrag.

JORDAN, P., 1953: Kybernetik. Verh. der deutschen Gesellschaft für Medizin 91.

JORDAN, P., 1971: Wie frei sind wir? Naturgesetz und Zufall. Stuttgart: Fromm.

JORES, A., 1965: Der Schmerz in der Sicht heutiger medizinischer Forschung. Universitas 1027. Stuttgart: Wissenschaftliche Verlagsgesellschaft.

KAINZ, F., 1961: Die »Sprache« der Tiere. Tatsachen — Problemschau — Theorie. Stuttgart: Enke.

KAMMENHUBER, A., 1961: Hippologia hethitica. Wiesbaden: Harrassowitz.

KASZAB, J.: Przewalski-Pferde in freier Wildbahn. Die blauen Hefte — Höchst Nr. 69/40.

KEGEL, K., 1819: Über den Umgang mit Pferden. Bamberg.

KELLER, H.: Die Geschichte meines Lebens. Riedering/Rosenheim: Luft.

KELLER & DEWITZ, 1969: Vergiftungen bei Pferden durch Akazienrinde. Deutsche Tierärztliche Wochenschrift 115.

KLAGES, L., 1932: Der Geist als Widersacher der Seele. 5. Aufl. Bonn: Bouvier.

KLEEMANN, G.: Manege frei! Kosmos. Stuttgart: Franck'sche Verlagshandlung.

KLIMKE, R., 1976: Cavaletti. Ausbildung von Reiter und Pferd über Bodenrick. 5. Aufl. Stuttgart: Franckh'sche Verlagshandlung.

KLINGEL, H., 1967: Soziale Organisation freilebender Steppenzebras. Z. f. Tierpsychologie. Berlin/Hamburg: Paul Parey.

KLINGEL, H., 1968: Soziale Organisation von Bergzebras. Z. f. Tierpsychologie 25. Berlin/ Hamburg: Paul Parey.

KLINGEL, H., 1969: Dauerhafte Sozialverbände beim Bergzebra. Z. f. Tierpsychologie 26. Berlin/Hamburg: Paul Parey.

KLINGEL, H., 1969: Zur Soziologie des Grévy-Zebras. Zool. Anz. 311.

KLINGEL, H., 1972: Das Verhalten der Pferde. Handbuch der Zoologie. Lfg. 49. Berlin / New York: de Gruyter.

KLINGEL, H. & U., 1967: Equus quagga — Begrüßung, Hautpflegeverhalten, Kampfverhalten, Paarungsverhalten. Encyclop. cinemat. 68.

KOCH-ISENBURG, L.: Ein Königreich für ein Pferd. Die blauen Hefte — Höchst Nr. 59/2.

KOCH-ISENBURG, L.: Über das Rätsel der tierischen Instinkte. Die blauen Hefte — Höchst Nr. 58/1.

KOCH-ISENBURG, L.: Ein Beitrag zur Seelenkunde des Pferdes. Die blauen Hefte — Höchst Nr. 64/3.

KOCH, T., 1961: Zur Geschichte des Pferdes. Frankfurt/M.: S. Fischer.

KOEGEL 1951: Die Stellung der Tierpsychologie im Rahmen der vergleichenden Psychologie. Tierärztliche Umschau 244.

Köhler 1963: Instinkt und Stimmung. Das Tier 4. Bern: Hallwag.

Köhler, H., 1970: Beurteilung des Pferdes mit technischen Mitteln. Sankt Georg 3. Düsseldorf: Verlag Sankt Georg.

Komar, G., & L. Szutter, 1968: Tierärztliche Augenheilkunde. Berlin/Hamburg: Paul Parey.

Kotter, L., 1966: Vom Recht des Tieres. München: Hueber.

Krall, K., 1912: Denkende Tiere. Leipzig.

Krane, v., 1879: Anleitung zur Ausbildung von Kavallerie-Remonten.

Kretschmer, E., 1977: Körperbau und Charakter. Untersuchungen zum Konstitutionsproblem und zur Lehre von den Temperamenten. 26. Aufl. Berlin / Heidelberg / New York: Julius Springer.

Kretz 1948: Mensch und Tier — vgl. Psychol. Zürich.

Kühn, H., 1955: Der Aufstieg der Menschheit. Frankfurt/M.: S. Fischer.

Labhardt, F., 1968: Die psychosomatische Medizin und ihre Bedeutung für die heutige Menschheit. Universitas 1149, Stuttgart: Wissenschaftliche Verlagsgesellschaft.

Lehndorff, S., 1956: Ein Leben mit Pferden. Hannover: Landbuch Verlag.

Lindauer, M., 1973: Das Magnetfeld der Erde und der Bienen. Imkerfreund.

Lorenz, K., 1963: Das sogenannte Böse. Zur Naturgeschichte der Aggression. Wien: Borotha-Schoeler.

Mack 1967: Tier und Mensch. Therapie der Gegenwart 1.

Maday, S. v., 1911: Psychologie des Pferdes und der Dressur. Berlin: Paul Parey.

Magerl, H., 1950: Der Tierarzt und das Pferd. Tierärztliche Umschau 375.

Mai, H., 1969: Der Arzt Albert Schweitzer. Universitas 629.

Menge, H., 1926: Menge-Bibel. Die Heilige Schrift. 20. Aufl. Stuttgart: Deutsche Bibelstiftung.

Menuhin, Y., 1971: Die Bedeutung der Musik für die Menschheit in unserer Zeit. Universitas 141. Stuttgart: Wissenschaftliche Verlagsgesellschaft.

Merkt, Uppenborn & Lepel 1940: Beeinflussung der Rosse durch Licht. Das Vollblut 450.

Metzger 1959: Über den Seelenbegriff. Verh. der deutschen Gesellschaft für innere Medizin 84.

Meyer, W. M., 1967: Rennpferde-Training. Zürich: Orell-Füssli.

Michel, L., 1975: Psychologische Testverfahren. Universitas 11/1165. Stuttgart: Wissenschaftliche Verlagsgesellschaft.

Mie, G., 1950: Das Kausalitätsgesetz u. Die Ordnung in der Natur. Frankfurt/M.: Athenäum.

Mitscherlich, A., 1974: Die Idee des Friedens und die menschliche Aggressivität. Vier Versuche. Frankfurt/M.: Suhrkamp.

Mittasch, A., 1953: Erlösung und Vollendung. Meisenheim: Hain.

Monod, J., 1973: Zufall und Notwendigkeit. Philosophische Fragen der modernen Soziologie. 5. Aufl. München: Piper.

Montgelas, v., 1932: Vom Umgang mit Tieren. Leipzig.

Müller 1954: Psychologie und Tierpsychologie. Mh. Vet. Med. 209.

Müller-Limmroth, W., 1965: Schlafverhalten bei Mensch und Tier. Konstanz: Byk-Gulden.

Netzmer, G. v.: Lebensgeheimnisse der Natur.

Neuhäusler, A.: Der Mensch und die Abstammungslehre. Sammlung Dalp. Bern/München: A. Francke.

Nieberle, C., & P. Cohrs, 1970: Lehrbuch der speziellen pathologischen Anatomie der Haustiere. 5. verb. u. erw. Aufl. Stuttgart: G. Fischer.

NISSEN, J., 1968: Springen und was dazugehört. Handbuch und Nachschlagwerk. Berlin/ Hamburg: Paul Parey.

NISSEN, J., 1976: Welches Pferd ist das? 102 Rassen und Schläge, einschließlich der russischen. 9. Aufl. Stuttgart: Franckh'sche Verlagshandlung.

NOLD, R.: Größenzunahme. Wachstumsbeschleunigung und Zivilisation. Sammlung. Bern/München: A. Francke.

OETTINGEN, B. v.: Vollblut-Zucht u. Rennen Nr. 70/41.

OPPERMANN, TH., 1947: Über Blutreserven der Haustiere, insbesondere der Pferde. Hannover: Schaper.

PAALMANN, A., 1977: Springreiten. Ausbildung von Pferd und Reiter für den Springsport, Parcoursreiten, Parcoursgestaltung. 4. Aufl. Stuttgart: Franckh'sche Verlagshandlung.

PAWLOW, J. P., 1953: Die höchste Nerventätigkeit von Tieren. In: Sämtliche Werke, 7 Bände. 9. Aufl. Osnabrück: Zelle.

PLESSNER, H., 1975: Der Mensch als Naturereignis. In: Die Stufen des Organischen und der Mensch. Einleitung in die philosophische Anthropologie. 3. Aufl. Sammlung Göschen. Berlin / New York: de Gruyter.

PODHAJSKY, A., 1966: Die klassische Reitkunst. Eine Reitlehre von den Anfängen bis zur Vollendung. 2. Aufl. München: Nymphenburger Verlagsanstalt.

PORTMANN, A., 1978: Das Tier als soziales Wesen. Suhrkamp Taschenbuch. Frankfurt/ M.: Suhrkamp.

PORTMANN, A.: Metamorphose der Tiere. Karlsruhe: Rheinverlag.

PORTMANN, A., 1962: Über den Instinkt. Universitas 1. Stuttgart: Wissenschaftliche Verlagsgesellschaft.

PORTMANN, A., 1956: Tarnung im Tierreich. Verständliche Wissenschaft 61. Berlin/ Heidelberg/New York: Julius Springer.

PORTMANN, A., 1966: Tötungshemmung und Arterhaltung. Universitas 1177. Stuttgart: Wissenschaftliche Verlagsgesellschaft.

RAHMANN, H., 1969: Sehschärfe. Bild der Wissenschaft 648. Stuttgart: DVA.

RASWAN, C. R., 1930: Der Araber und sein Pferd. Ulm: Ebner.

RAU, G., 1936: Die Beurteilung des Warmblutpferdes. Berlin: Paul Parey.

RAU, G., 1928: Die Reiterkämpfe bei den olympischen Spielen. Ulm: Ebner.

RAUCH, A., 1947: Probleme der Vollblutzucht. Horn/Österreich: Berger.

RENSCH, B., 1972: Neuere Probleme der Abstammungslehre. Die Transspezifische Evolution. 3. Aufl. Stuttgart: Enke.

RENSCH, B., 1973: Gedächtnis, Begriffsbildung und Planhandlungen bei Tieren. Berlin/ Hamburg: Paul Parey.

ROHRACHER, H., 1976: Einführung in die Psychologie. München/Wien/Baltimore: Urban & Schwarzenberg.

RÖHRS & KRUSKA 1969/1974: Der Einfluß der Domestikation auf Nervensystem und Verhalten von Schweinen. Deutsche Tierärztliche Wochenschrift 514 u. 205.

ROSSDALE, P., 1968: Moderne Gestütshaltung und Fruchtbarkeit der Vollblutstute. Schweizer Arch. Tierheilkunde.

ROTFUCHS, H.: Der Eiszeitmensch und das Tier. Die blauen Hefte — Höchst Nr. 63/45.

RUDOLFI, H., 1963: Von Abendfrieden bis Baalim. Sportwelt.

SCHENK & MEYER 1938: Das Fasten. Stuttgart: Hippokrates.

SCHIELE, E., 1972: Arabiens Pferde. München/Bern/Wien: BLV Verlagsgesellschaft.

SCHLIEBEN, A., 1969: Pferde des Altertums. Neudruck der Ausgabe 1967. Wallof: Sändig.

SCHMIDT 1954: Kann sich der Mensch in die Welt des Tieres einfühlen? Der Praktische Tierarzt 159.

SCHMIDT, B., 1923: Die Sprache und andere Ausdrucksformen der Tiere. München.

SCHMIDT, B., 1929: Zur Psychologie unserer Haustiere. Frankfurt/M.

SCHMIDT-KÖNIG: Verständigung unter Tieren. Naturwissenschaft und Medizin. Mannheim: Boehringer.

SCHMIDTKE, H., 1951: Über die Schmerzempfindung der Tiere. Hannover: Dissertation.

SCHMIDTKE, H., 1961: Schmerz und Angst bei Tier und Mensch. Deutsche Tierärztliche Wochenschrift 83.

SCHMIDT-VOIGT, J., 1971: Der Herzanfall. Diagnostik und Therapie in der Praxis. Berlin / Heidelberg / New York: Julius Springer.

SCHNEIDER, K. M., 1930: Das Flehmen. Der zoologische Garten 35.

SCHNEIDER, W., 1960: Überall ist Babylon. Düsseldorf: Econ.

SCHNELL, A.: Von Fehlleistungen des Lebens. Vortrag.

SCHOECK, H., 1974: Der Neid und die Gesellschaft. 4. Aufl. Freiburg/B.: Herder.

SCHOLZ, D., 1969: Über Akzeleration. Bundesgesdhtsbl. 186.

SCHRAMM, B.: Die biochemischen Grundlagen des Lebens. Vortrag.

SCHRAMM, G., 1968: Das Phänomen des Geistes aus der Sicht der molekularen Biologie. Universitas 1163. Stuttgart: Wissenschaftliche Verlagsgesellschaft.

SCHULZ, J. H., 1953: Regulation und Psyche. Verh. der deutschen Gesellschaft f. innere Medizin 37.

SCHÜTZLER, G., 1933: Untersuchung über den Farbensinn der Erdkröte. Berlin: Dissertation.

SCHWARZNECKER, G., 1884: Pferdezucht. Berlin: Paul Parey.

SCHWEITZER, A., 1972: Kultur und Ethik. Mit Einschub von »Verfall und Wiederaufbau«. München: C. H. Beck.

SEIFERT: Wandel des menschlichen Schmerzerlebens. Hamburg: Nordmark.

SEIFERT: Gibt es einen Maßstab für den körperlichen Schmerz des Menschen? Hamburg: Nordmark.

SEUNIG, W., 1978: Reitlehre von Heute. Eine Schule in Briefen. 5. Aufl. Berlin/Hamburg: Paul Parey.

SEUNIG, W.: Von der Koppel bis zur Kapriole. Frankfurt/M.: Goverts.

SHUBSKY 1954: Probleme der Tierpsychologie.

SIMON, W., 1969: Psychosomatik der Musik. Euromed 917.

SIMPSON, G. G., 1977: Pferde. Die Geschichte der Pferdefamilie in der heutigen Zeit und in sechzig Millionen Jahren ihrer Entwicklung. Berlin/Hamburg: Paul Parey.

SKORKOWSKI, E., 1956: Systematik und Abstammung des Pferdes. Zeitschrift für Tierzüchtung und Züchtungsbiologie 1. Hamburg/Berlin: Paul Parey.

SNELL 1959: Körper und Seele im frühen Griechentum. Verh. der deutschen Gesellschaft für innere Medizin 82.

SOMMER, R., 1923: Tierpsychologie. Göttingen: Quelle & Meyer.

SONNEBERG u. KOENIG 1970: Zuchtauslese qualifizierter Brieftauben durch Übungsflüge. Z. f. Tierpsychologie 622. Berlin/Hamburg: Paul Parey.

SPITZ, R. A., 1974: Vom Säugling zum Kleinkind. Naturgeschichte der Mutter-Kind-Beziehungen im ersten Lebensjahr. 4. Aufl. Stuttgart: Klett-Cotta.

SPOHR 1903: Die Logik in der Reitkunst. Ulm: Ebner.

SPRANGER, E., 1966: Psychologie des Jugendalters. 28. Aufl. Göttingen: Quelle & Meyer.

STAUDINGER, H., 1947: Makromolekulare Chemie und Biologie. Basel: Wepf & Co.

STEIN, G.: Duftstoffe im Tierreich. Naturwissenschaft und Medizin. Nr. 24. Mannheim: Boehringer.

STEINBERG, S., 1961: Das Spiel. Die Brücke — Höchst 29.

STEINBRECHT, G., 1935: Das Gymnasium des Pferdes. Berlin.

STEINKRAUS, W.: Reiten und Springen. Schwz. Kavallerist.

STENUIT, R., 1970: Delphine, meine Freunde. München/Bern/Wien: BLV Verlagsgesellschaft mbH.

STEPHAN u. REDECKER 1970: Die Rolle der Haut bei der Thermoregulation von Haustie-
    ren. Deutsch. Tierärztliche Wochenschrift 628.
STRAUCH, I., 1973: Methoden und Ergebnisse der Schlaf- und Traumforschung. Universi-
    tas 1173. Stuttgart: Wissenschaftliche Verlagsgesellschaft.
SULZBERGER, W.: Ferro. Reher.
SUMMERHAYS, R. S., 1975: Das schwierige Pferd. Untugenden im Stall und unterm Reiter.
    4. Aufl. Stuttgart: Franckh'sche Verlagshandlung.
SVEHLA, F., 1968: Venöse Dynamik in Becken- und Wirbelvenen. Erfahrungsheilkunde
    411.

TAROUCA, S., 1963: Nerven und Nervosität als Lebensproblem. Universitas 49. Stuttgart:
    Wissenschaftliche Verlagsgesellschaft.
TEILHARD DE CHARDIN, P., 1967: Die lebendige Macht der Evolution. Werke Bd. 7.
    Freiburg/Br.: Walter.
TEILHARD DE CHARDIN, P., 1976: Die Entstehung des Menschen. München: C. H. Beck.
TESIO, F., 1965: Rennpferde. Stuttgart: Franckh'sche Verlagshandlung.
THOMAS, C., 1976: Die Heilkraft der Musik. Universitas 235. Stuttgart: Wissenschaftliche
    Verlagsgesellschaft.
TINBERGEN, N., 1979: Instinktlehre. Vergleichende Erforschung angeborenen Verhaltens.
    6. Aufl. Berlin/Hamburg: Paul Parey.
TERCAFS, R., 1973: Träumen der Tiere. Das Tier 2/56. Bern: Hallweg.

ÜXKÜLL, J. v. & G. KRISZAT, 1970: Streifzüge durch die Umwelten von Tieren und
    Menschen. Bedeutungslehre. Conditio Humana. Frankfurt/M.: S. Fischer.
ÜXKÜLL, J. v.: Materielle und immaterielle Grundlagen des Lebens. Frankfurt/M.: Athe-
    näum.
UPPENBORN, W., 1977: Pferdezucht und Pferdehaltung. 6. Aufl. Offenbach/M.: Bintz.

VANGEROW, F.: Entwicklung des Lebens. Naturwissenschaft und Medizin. Nr. 24. Mann-
    heim: Boehringer.
VOLF, I., 1969: Das Przewalski-Pferd. Reiter Revue international 1/16.

WACHHOLDER, K., 1955: Der Rhythmus. Universitas 621. Stuttgart: Wissenschaftliche
    Verlagsgesellschaft.
WAGNER, R., 1961: Rückkopplung und Regelung. Verhandlg. dtsch. Naturf. u. Ärzte.
    Berlin / Heidelberg / New York: Julius Springer.
WÄTJEN, R. L., 1975: Dressurreiten. Ein Leitfaden für die Ausbildung von Reiter und
    Pferd. 7. Aufl. Berlin/Hamburg: Paul Parey.
WELLEK, A., 1961: Die Neurose. Universitas 801. Stuttgart: Wissenschaftliche Verlagsge-
    sellschaft.
WELLEK, A., 1949: Die Polarität im Aufbau des Charakters.
WESTHUES, M., 1955: Über den Schmerz der Tiere. München: Hueber.
WHYTE-MELLVILLE: Reitererinnerungen. Vobach.
WICKLER, W., 1970: Verständigungssysteme bei Tieren. Universitas 19. Stuttgart: Wissen-
    schaftliche Verlagsgesellschaft.
WICKLER, W., & U. SEIBT (Hrsg.), 1973: Mimikry, Nachahmung und Täuschung in der
    Natur. In: Vergleichbare Verhaltensforschung. Reader. Hamburg: Hoffmann und
    Campe.
WIESE, L. v., 1961: Die Angst. Universitas 95. Stuttgart: Wissenschaftliche Verlagsgesell-
    schaft.
WILLET, P.: An introduction to Thoroughbred. London: Stanley.
WILLIAMS, M., 1973: Meine Pferdefamilie. Zucht und Psychologie. München/Bern/Wien:
    BLV Verlagsgesellschaft mbH.

WITTKE & KRZYWANEK, 1970: Sportphysiologische Untersuchungen an Rennpferden. Vollblut 41/51.

WOLFF, G.: Wiederbildung der verlorenen Augenlinse beim Salamander. Frankfurt/M.: Athenäum.

WRANGEL, GRAF V., 1927: Das Buch vom Pferde. Ulm: Ebner.

WUNDT, W.: Vorlesungen über die Menschen- und Tierseele.

WYGOTSKI, L. S., 1977: Denken und Sprechen. Fischer Taschenbücher der Wissenschaft. Frankfurt/M.: S. Fischer.

XENOPHON 1977: Über die Reitkunst. Der Reiteroberst. Zwei hippologische Lehrbücher der Antike. 3. Aufl. Berlin/Hamburg: Paul Parey.

ZEEB, K., 1959: Das Verhalten des Pferdes bei der Auseinandersetzung mit dem Menschen. München: Dissertation.

ZEEB, K., & U. GUTTMANN 1974: Wildpferde in Dülmen. 5. Aufl. Bern: Hallweg.

ZELL 1919: Das Pferd als Steppentier. Stuttgart: Franckh'sche Verlagshandlung.

ZOLLER, H., 1969: Selbstgestaltung und ästhetischer Eindruck in der organischen Natur. Universitas 189. Stuttgart: Wissenschaftliche Verlagsgesellschaft.

ZÜRN, F., 1893: Die intellektuellen Eigenschaften der Pferde. Ulm: Ebner.

Bildnachweis

Toni Angermeyer, Abbildung 18
Erich Baumann — Bavaria, Abbildung 57
Wilhelm Blendinger, Abbildungen 2, 8, 9, 10, 11, 12, 13, 15, 22, 25, 26, 28, 37, 45, 46, 47, 48, 50, 51, 53, 54, 55, 56, 59, 62, 63, 64, 65, 67
E. Brunner-Traut, Abbildung 23
Gerfried Brutzer, Abbildungen 36, 61, 68
Paul Chmelick, Abbildungen 24, 43
Comet — Bavaria, Abbildung 49
Gunar Cornelius, Abbildungen 30, 35, 38
Deutsches Archäologisches Institut Rom, Nr. 64.356 — Dr. A. Voretzsch, Abbildung 66
Dr. Herwig Happe — Bavaria, Abbildung 41
Prof. Dr. H. Klingel, Abbildungen 3, 16, 29, 44
Alfons Lütgen — Bavaria, Abbildung 21
Werner Menzendorf, Abbildung 14
Orbis — Bavaria, Abbildung 31, 32, 33, 34
Pfältzer — Bavaria, Abbildung 6
Horst Schäfer — Bavaria, Abbildung 40
Günther Schmidt — Bavaria, Abbildung 60
Staatliche Antikensammlung München, Abbildung 52
Zeitbild — Bavaria, Abbildung 19

Sachverzeichnis

Pareys Reiter- und Fahrerbibliothek

Hans von Heydebreck

Die deutsche Dressurprüfung

3. Auflage. 1988. Ca. 112 Seiten. 23,5 × 15,5 cm. Kartoniert DM 19,80

Hans von Heydebreck gehört zu den Wegbereitern der klassischen Reitkunst. Herausragend unter seinen zahlreichen hippologischen Veröffentlichungen und nach wie vor aktuell ist „Die deutsche Dressurprüfung", die 1928 in erster Auflage erschien. Durch die dritte Auflage, ein Nachdruck der zweiten, neubearbeiteten Auflage von 1972, wird dieses wichtige Buch nun wieder zugänglich gemacht für Dressurreiter, Ausbilder, Richter, Turnierbesucher und alle am Reitsport Interessierten.

A. Knopfhart

Dressur von A—S

2. Auflage. 1987. 145 Seiten mit 80 Abbildungen. 23,5 × 15,5 cm. Kartoniert DM 24,80

Neben den Anforderungen bzw. Bewertungsgrundsätzen vermittelt das Buch Methoden, Verbesserungs- und Korrekturmöglichkeiten, nach denen Pferde von den Anfängen bis zur Grand-Prix-Reife auszubilden sind.

H. Schusdziarra / V. Schusdziarra

Reitergespräche – Der Weg zum unabhängigen Sitz

1986. 56 Seiten mit 22 Abbildungen. 23,5 × 15,5 cm. Kartoniert DM 19,80

Das Buch vermittelt nützliche und praxisbezogene Hinweise für die Grundausbildung des Reiters.

W. Storl

Musik zum Reiten
Für Einzelkür, Pas de deux und Quadrillen

2. Auflage. 1988. 108 Seiten mit 67 Abbildungen im Text und 12 Abbildungen auf Tafeln. 23,5 × 15,5 cm. Kartoniert DM 26,80

Eine Aufzählung von über 170 Musikstücken vom klassischen Repertoir bis zu Werken der leichteren Muse, bildet den Schwerpunkt des Buches.

Preise Stand: 1. Oktober 1987

PAUL PAREY

Berlin und Hamburg

W. Blendinger

Menschen, Pferde und Kultur

Eine naturphilosophische Betrachtung über Ursprung, Aufstieg und Niedergang der Kultur

1981. 177 Seiten, 23 × 15,5 cm. Gebunden DM 38,–

W. Blendinger

Gesundheitspflege und Erste Hilfe für das Pferd

2., neubearbeitete und erweiterte Auflage 1980. 203 Seiten mit 60 Abbildungen. 23 × 15 cm. Gebunden DM 42,–

H. Frhr. v. Stackelberg

Was tun, wenn ... Pferdeprobleme erkennen und lösen

Mit einem Geleitwort von Dr. R. Klimke. 1985. 221 Seiten mit 99 Zeichnungen in 145 Einzeldarstellungen. 21,5 × 13,5 cm. Kartoniert DM 34,80

Eine Art „Erste Hilfe" für Problemfälle beim Umgang mit Pferden und ihren möglichen Untugenden, so z. B. Pferdekauf, Transport, Krankheitsanzeichen, beim Tierarzt, beim Hufschmied, bei der alltäglichen reiterlichen Arbeit, Wanderritte, Straßenverkehr, Longenarbeit, Leistungsschauen und -prüfungen, Jagdreiten.